T0299127

التطوير التنظيمي

مدخل تحليلي

المفاهيم والعلاقات * الاستراتيجيات والعمليات * المناهج والتقنيات

الدكتور

طاهـر محسـن منصور الغالبي

دكتوراه إدارة إعمال

الدكتور

أحمـد علـي صالـح

دكتوراه إدارة إعمال

دار وائل للنشر

الطبعة الأولى

٢٠١٠

م الايداع لدى دائرة المكتبة الوطنية : (2009/9/3925)

الغالبي ، طاهر محسن

التطوير التنظيمي / طاهر محسن الغالبي ، احمد علي صالح .

عمان : دار وائل للنشر والتوزيع ، 2009

40) ص

إ. : (2009/9/3925)

واصفات: التنظيم الاداري / إدارة الأعمال

تم إعداد بيانات الفهرسة والتصنيف الأولية من قبل دائرة المكتبة الوطنية

****

رقم التصنيف العشري / ديوي : 658

ISBN 978-9957-11-837-2 (ردمك)

* التطوير التنظيمي - مدخل تحليلي

* الدكتور طاهر الغالبي - الدكتور أحمد صالح

* الطبعـة الأولى 2010

* جميع الحقوق محفوظة للناشر

دار وائـــل للنشر والتوزيع

* الأردن - عمان - شارع الجمعية العلمية الملكية - مبنى الجامعة الاردنية الاستثماري رقم (2) الطابق الثاني

هـاتف : 00962-6-5338410 - فاكس : 00962-6-5331661 - ص. ب (1615 - الجبيهة)

* الأردن - عمـان - وسـط البـلد - مجمـع الفحيص التجـاري- هــاتف: 00962-6-4627627

www.darwael.com

E-Mail: Wael@Darwael.Com

بسم الله الرحمن الرحيم

﴿ الَّذينَ يـسْتُمعون الْقَولَ فَيَّـتبعُون أَحسْنَهُ
أُولْئِك اَلَّذيِن هَداهُمُ اللهُ وَأوْلئكِ هُمْ أوْلُوا الألْبابِ ﴾

صدق الله العلي العظيم
الزمر (آية ١٨)

الإهـــداء

إلى

دجلة و الفرات
حباً وانتماءً ، تحيةً وسلاماً ، مروراً والتقاءً

عائلتينا
تقديراً وعرفاناً بالجميل على الصبر الجميل

طاهر و أحمد

المقدمـــــــة

بدأً لابد من القول؛ لقد حاولنا في كتابة مقدمة هذا الكتاب أن تكون عملية اجرائية اكثر مما تكون سردية اجمالية. وكما يأتي :

لماذا هذا الكتاب :

أضحت مراكب منظمات الأعمال، وبما لا يقبل الشك، تبحر وسط زحام بيئي شديد المنافسة محدود الرؤية متغير الاتجاهات بشدة متقلب الامزجة والرغبات متعدد الحاجات لا يعرف الثبات والاستقرار بقدر ما يعرف اللاتأكد والازمات المتنوعة مما جعل الموت والانسحاب من السوق أمراً وارداً وسهلاً ليس للمنظمات الصغيرة فحسب بل المنظمات الكبيرة والعملاقة ذات التاريخ الطويل والموارد الكثيفة.

وأمام تلك المعضلة، لم يبقى للمنظمات إلاّ خيار ضروري وثابت واحد دائماً، هو الاحتماء تحت مظلة التطوير التنظيمي بوصفه المنهج الكفيل بقيادة دفتها نحو شاطئ الامان (البقاء)، وسلاحها في أقتناص الفرص وتحقيق السبق (الربحية)، وهاجسها الدائم نحو احداث التغيير والتجديد والتحسين والتجويد (التميز).

ومن هذا المنطلق جاء الكتاب الحالي ليلقي الاضواء على مضامين هذا الموضوع الحيوي وأهميته واستراتيجياته ومناهجه وتقنياته.

ما أهداف هذا الكتاب :

يهدف الكتاب الحالي إلى تزويد القارئ الكريم بالمرتكزات الفكرية للتطوير التنظيمي وتوسيع مداركه في المضامين المعرفية والتطبيقات الاجرائية للموضوع المذكور بما يمكنه من ترجمتها على أرض الواقع، من خلال:

١- تعريفه بالإطار المفاهيمي للتطوير التنظيمي ومنطلقاته الأساسية.

٢- أطلاعه على الاطار العلائقي للتطوير التنظيمي ومضامين عالم التحويل الشامل.

٣- تبصيره باستراتيجيات ادارة برامج التطوير التنظيمي ونماذج عملياته.

٤- اكسابه خبرات اعتماد مناهج التطوير التنظيمي وتقنياته الإجرائية.

لمن موجه هذا الكتاب:

الكتاب الحالي موجه إلى الدارسين من طلبة البكالوريوس بالدرجة الأساس ثم طلبة الدراسات العليا والممارسين والمهتمين، لذلك روعيت الجوانب الآتية في إعداده :

١- البساطة والوضوح : إذ صيغت أفكاره ومضامينه بطريقة واضحة ومبسطة جهد الامكان.

٢- التحديد والاجرائية: إذ نظمت موضوعاته بطريقة محددة وإجرائية من خلال اختيار العناوين الأساسية التي تلقي الضوء على المفاهيم الرئيسية وتوضيح العلاقات والارتباطات والمهمات بشكل مباشر ومحاولة الابتعاد عن الاسهاب والتحليلات الفلسفية المتقدمة لجعله متوائماً مع الفئات الموجه إليها.

٣- الحالات الدراسية والأسئلة التنشيطية: إذْ ضُمن الكتاب بمجموعة من الحالات الدراسية الواقعية والأسئلة التنشيطية (الاسترجاعية، والتفكيرية، والأختيار من متعدد) بهدف توسيع مدارك القارئ.

لماذا المدخل التحليلي في هذا الكتاب :

لقد أعتمد المدخل التحليلي في إعداد محتويات هذا الكتاب، للأسباب الآتية :

١- كونه مدخلاً يؤكد على فهم الظواهر واستيعابها عبر تفتيت عناصرها الأساسية وتشخيص علاقاتها الرئيسية وتوضيح المبادئ التنظيمية الحاكمة لها.

٢- لانه مدخلاً يعتمد في تدفق البيانات والمعلومات بشكل تدريجي متسلسل ومترابط يبدأ بالبسيط ثم الصعب فالأصعب ليحقق في النهاية بناء معرفي متكامل.

٣- بوصفه مدخلاً يحفز على استدعاء (Recalling) الخبرات عند القارئ لاجراء المقارنات وتحليل التناقضات والاتفاقات بين البيانات والمعلومات المطروحة للنقاش .

كيف صنفت وعرضت محتويات هذا الكتاب :

تكونت هيكلية الكتاب من أربعة فصول رئيسية، تضمن كل فصل مبحثين أثنين وبذلك يكون عدد المباحث ثمانية.

أما طريقة عرض محتويات الكتاب فأخذت التدرج الآتي :

العنوان الأكبر هو (الفصل) ويشتق منه عنوان كبير هو (المبحث) الـذي تشـتق منـه الفقـرات (أولاً، ثانياً....) وتشتق من كل فقرة محاور (**1** ، **2** ، **3** ....) ويشتق من كـل محـور تفرعـات (أ ، ب ، جـ ، د ....) ويقسم التفرع إلى (١، ٢، ٣، ٤، ٥ ....) ثم إلى تقسـيم صـغير (● ، ● ، .....) وأخيراً تقسيم أصغر (- ، - ، ....) وكما موضح في الشكل الآتي :

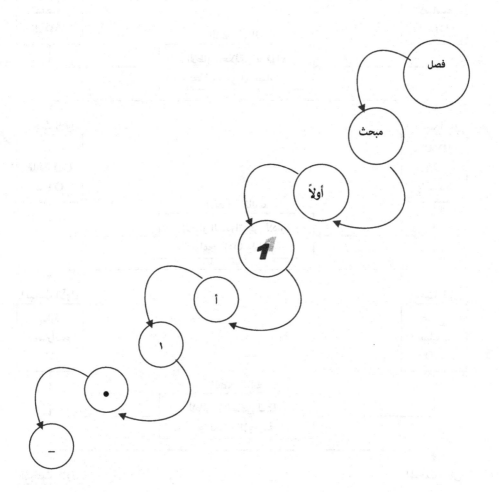

ماذا تتضمن خارطة الطريق الاجرائية لهذا الكتاب

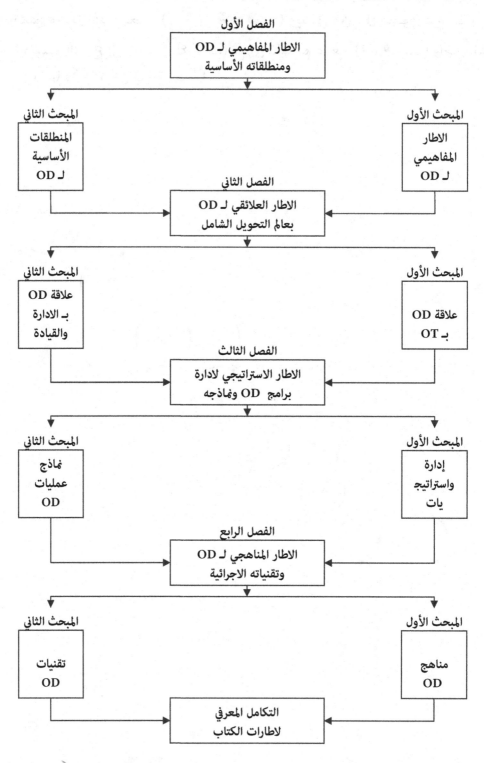

الفصل الأول
الاطار المفاهيمي لـ OD ومنطلقاته الأساسية
المبحث الأول
الاطار المفاهيمي لـ OD
المبحث الثاني
المنطلقات الأساسية لـ OD
الفصل الثاني
الاطار العلائقي لـ OD بعالم التحويل الشامل
المبحث الأول
علاقة OD بـ OT
المبحث الثاني
علاقة OD بـ الادارة والقيادة
الفصل الثالث
الاطار الاستراتيجي لادارة برامج OD ونماذجه
المبحث الأول
إدارة واستراتيجيات
المبحث الثاني
نماذج عمليات OD
الفصل الرابع
الاطار المناهجي لـ OD وتقنياته الاجرائية
المبحث الأول
مناهج OD
المبحث الثاني
تقنيات OD
التكامل المعرفي لاطارات الكتاب

وأخيراً وليس آخراً، فإن المؤلفين لا يدعيان من وراء هذه المقدمة الكمال في مؤلفهما المتواضع، لأن الكمال لله (سبحانه وتعالى) وحده كما انهما لا يدعيان الالمام بجوانب الموضوع كافة لان فوق كل ذي علم عليم. لذلك انهما على استعداد وبرحابه صدر واسعة القبول بأي ملاحظة أو نقد أو تقويم من شأنه ترصين مضامين الكتاب ويجعلها أكثر فائدة ووضوح. وآخر دعونا أن الحمد لله رب العالمين والصلاة والسلام على اشرف المرسلين سيدنا (محمد) الهادي الأمين وآله الطيبين الطاهرين وأصحابه الغر المنتجبين .

المؤلفان

عمان ٢٠١٠

المحتوى العام للكتاب

المحتوى التفصيلي للكتاب

الفصل الأول

الإطار المفاهيمي للتطوير التنظيمي ومنطلقاته الأساسية

الأهداف التعليمية

بعد إطلاع القارئ الكريم على مضامين هذا الفصل واستيعاب محتوياته الفكرية، يكون قادراً على أن:

١. يصف مدلولات تسمية التطوير التنظيمي.
٢. يشرح التطور التاريخي للتطوير التنظيمي.
٣. يذكر المفاهيم المبكرة والحديثة للتطوير التنظيمي.
٤. يميز التطوير التنظيمي عن المفاهيم الأخرى ذات الصلة.
٥. يشخص أهمية التطوير التنظيمي وأهدافه.
٦. يوضح مبادئ التطوير التنظيمي وخصائصه.
٧. يذكر مبررات التطوير التنظيمي وتحدياته.
٨. يصف افتراضات التطوير التنظيمي وبرنامج جاهزيته.

المبحث الأول

الإطار المفاهيمي للتطوير التنظيمي

المخطط الانسيابي لمعلومات المبحث ونتائجها

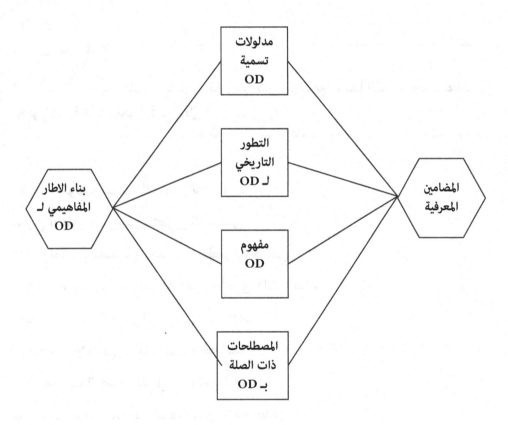

أولاً: مدلولات تسمية التطوير التنظيمي وتطوره التاريخي

● تناقش هذه الفقرة محورين اثنين، هما:

1. مدلولات تسمية التطوير التنظيمي :

تشير مدلولات تسمية التطوير التنظيمي Organizational Development، والذي يرمـز لـهُ اختصاراً (OD) إلى التنافذ والتفاعل والتكامل بين مضمونين فكريين، هما:

* التطوير
مصطلح مشتق مـن الأصـل اللاتينـي (Volupe) والـذي يعنـي إخراج الميزة أو الفائدة الكامنة داخل أي شيء، وبـذلك فهـو نشـاط هادف للتغيير الايجابي للارتقاء بالحالة نحو الأفضل .

أ- التطوير Development (D): وهو مصطلح مشتق من الأصل اللاتيني (Volupe)، والذي يعني إخراج الميزة أو الفائدة الكامنة داخـل أي شيء (Garratt et al., 1998:383)

أما مفهومه العام، يعني: (نشاط، عملية، نتيجة، أو حالـة طـورت بشكل متتابع، هدفه (هدفها) التحسـين والتعـديل والتحـديث. French et al.,) (2000:2

وعلى هذا الأساس فإن التطوير هو نشاط هادف للتغيير الإيجابي للارتقاء بالحالة المدروسة (أفراداً ومجموعات ومنظمات) نحو الأفضل.

لأن التطوير من وجهة نظر (**فرنش وجونير**، ٢٠٠٠: ١٢) يُعنى بتحسين المنظمات وتنمية الأفراد وهذا التركيز المزدوج يُعد نقطة قوة فريدة لهُ.

ولكي يكون التطوير ايجابي ومفيد للمنظمة يجب أن ينقل ليكون أنشطة وعمليات فكريـة ومنهجيـة منتظمة مؤطرة بتفكير إبداعي فردي وجماعي ومنظمي.

* المنظمات
كيان ونشاط في آن واحـد، يضم مجموعـة أفراد يتفاعلون بيـنهم، وكلمـا كـان التفاعـل ايجابي، كانوا قادرين على تحقيـق الأهـداف المرسومة لهم بكفاءة.

ب- التنظيمي متعلق بالمنظمات Organizations (O):
بوصفها كيان ونشاط في آن واحد، يضم مجموعـة أفراد يتفاعلون بيـنهم، وكلما كان التفاعل إيجابي، كانوا قادرين على تحقيق الأهداف المرسومة لهم بكفاءة. (**حسن**،١٩٨٩: ٣٣- ٣٤)

لأن المنظمات، كيان هادف، أي أن سبب وجودها هو من أجل انجاز أهداف محددة، كما أن سبب وجود الأفراد فيها هو لتحقيق أهدافهم الشخصية من خلال تحقيق أهداف المنظمة. (**السالم**، ٢٠٠٨: ٢٣) .

ومن بين أهم أهداف منظمات اليوم وأكثرها حراجة، هو تحقيق البقاء وبلوغ الميزة التنافسية المستدامة، ويأتي ذلك من خلال الانفتاح وقبول الجديد، والتوجه نحو الفعل الدقيق والمبادرة، والاستقلالية والإبداع والمغامرة المحسوبة، (**العامري والغالبي**، ٢٠٠٨: ٤٣ و ٧٠).

أن الضمانة الأكيدة لتحقيق المنظمات لما تقدم هو ضرورة نفاذ (التطوير) إلى المنظمات وحتمية تبني (المنظمات) للتطوير بشكل يحقق التفاعل والتكامل عبر المزاوجة بينهما لولادة ما يسمى (التطوير التنظيمي) أو كما تسمية بعض المصادر بـ (تطوير المنظمات Organizations Development)، والذي يمثل علم السلوك التطبيقي الذي يُعني بتطوير المنظمات والأفراد داخلها من خلال استخدام النظرية وممارسة التغيير المخطط لمواجهة تحديات البيئة المضطربة وازدياد المنافسة من ناحية والمحافظة على التناسق بين الأبعاد التنظيمية مثل: الإستراتيجية والثقافة والعمليات وعلى منظمات سليمة وحيوية في عالم متغير تحكمه اليوم منافسات عملية رهيبة من ناحية أخرى، (**فرنش وجونير**، ٢٠٠٠: ١١).

لأن التطوير التنظيمي (OD) يمثل الجانب الهندسي للعلوم التنظيمية (Engineering Side of the Organizational Sciences)، (**Frenchet et al.**, 2000 : v) .

ومن منطلق تسميته (هندسي) إذن فهو مسؤول عن التجديد والتجميل والتحسين والتغيير والتعديل لجوانب المنظمة الداخلية الأخرى، الموضحة في شكل (١)، وبناء معمارية الاتصال والتكييف مع عوامل البيئة الخارجية، لتحقيق العافية التنظيمية (البقاء، والتكييف، والمحافظة على الموقع والنمو). (**سلفرمان**، ٢٠٠٠: ١٥٨)

ويوضح الشكل (١) دور (OD) بوصفة الجانب الهندسي في المنظمة في تعديل وتحسين جوانب المنظمة الأخرى داخلياً وتحقيق الإتصال والتكييف مع عوامل البيئة الخارجية.

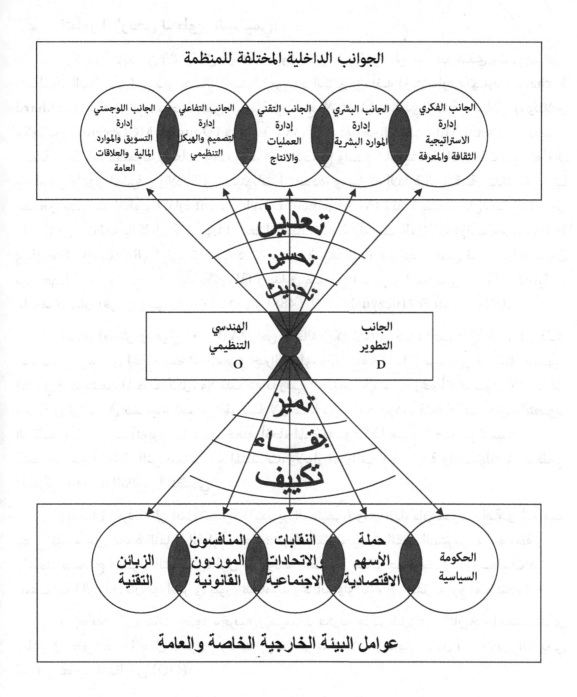

شكل (١)

مهمة OD مع الجوانب الداخلية والعوامل الخارجية للمنظمة

المصدر: من إعداد الكاتبين

2. التطور التاريخي للتطوير التنظيمي:

في البداية لابد من الإشارة إلى أن الكتّاب والباحثين لم يتفقوا على من هو الـذي وضـع تسـمية (التطوير التنظيمي)، ولكن هناك احتمال يؤيـده الكثيرين، أنـه (**ريتشارد بكهارد Richard Beckhard**) عندما كان يبحث عـن تسمية لبرنامج الاستشارات الـذي أعـدة بمشاركة (**دوكـلاص مكجريجور Douglas MCGregor**) في عام (١٩٦٠) في شركة (جنرال ميلز General Mills)، يعطيه الدلالة الحقيقية لمضمونه وأبعاده وحدوده، لأنه برنامج واسع كان يشمل العلاقات بـين العمال والمشرفين وأدوار المشرفين والإدارة في المستويات المتعددة، ومشاركة الإدارة الحقيقيـة، لـذلك لم يكونـا مقتنعين بتسميته (تطوير الإدارة Management Development) لأنه لا يقتصر على الإدارة فقط بل كان يشمل المنظمة بالكامل، كما أنهما استبعدا اعتماد تسمية (تدريب العلاقات الإنسانية Human Relations Training) كونهـا تسمية ذات حـدود ضيقة للغايـة تقتصرـ عـلى نشـاط واحـد، وأن برنامجهما أشمل وأوسع من ذلك بكثير، لذا وجدا في مصطلح (التطوير التنظيمي) الدلالـة الحقيقيـة على ما يريدان (**فرنش وجونير**، ٢٠٠٠ : ٨٥) و (Buchanan & Huczynski, 1997: 488).

وينقل (**فرنش و جونير**، ٢٠٠٠: ٨٨) نص ما قاله (**بكهـارد**) في هـذا الصـدد، إذ قـال: (في ذلك الوقت كنّا نرغب في إعطاء اسم للبرنامج في جنرال ميلز، وكان واضحاً أننا لا نرغب في تسـميته التطوير الإداري لأنه يشمل المنظمة ككل، ولا تسميته تدريب العلاقات الإنسانية رغم أنه يحتـوي عـلى ذلـك، ولم نكـن نرغب في تسميته تحسـين المنظمة لأن هـذا تعبير محـدود لـذلك أطلقنـا عليـه التطوير التنظيمي لأنه جهد تطويري شامل في جميع أنحاء المنظمة، وهكذا خـرج المصطلح لتمييـز التطوير التنظيمي عـن الأشكال التي تتعامل مع المنظمات، ولإبراز الجوانب التطويريـة والشـمولية في المنظمـة والحركية الدافعة للتطوير التنظيمي.

وبعد أن تعرفنا على أصل تسمية (التطوير التنظيمي) ومبرراتها، فإن سـؤال غايـة في الأهميـة يطرح نفسه على مائدة النقاش الفكري، مفاده: (إذا كانت ستينيات القرن العشرين هي محطة إعلان واعتماد مصطلح التطوير التنظيمي، فهل كان وليد لحظته أم هناك جهود معرفية وإسهامات فكريـة سبقت هذا التاريخ كان لها الأثر في بلورة مضامينه وغاياته واوصلته إلى حقل معرفي متخصص ؟)

وللإجابة: نقول هناك جهود معرفية وإسهامات فكرية جرت قبل هذا التاريخ ساهمت بشكل مباشر في تطوير هذا الحقل المعرفي وأوصلته إلى ما هو عليه الآن، ويظهر الشكل (٢) التطور التاريخي لحقل التطوير التنظيمي (OD).

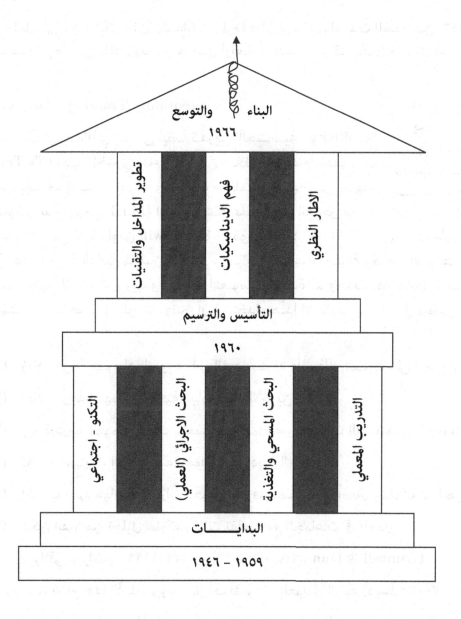

الشكل (٢)

مراحل التطور التاريخي للتطوير التنظيمي

ويتضـح مـن الشـكل السـابق، إن هنـاك ثـلاث مراحـل سـاهمت في إنضـاج ملامـح وأبعـاد وممارسات حقل التطوير التنظيمي، وهي:

أ- البدايات:

وكما يظهر من الشكل تمثل (البدايات) المرحلة الأولى والتي امتدت للمدة من (١٩٤٦-١٩٥٩)، وتكونت هذه المرحلة من تفاعل وتكامل وتواصل أربعة أساليب – أو قد تكون مداخل أحياناً -علمية، هي:

التدريب المعملي Laboratory Training :

> *** التدريب المعملي**
> يسمـى أيضـاً تـدريب الحساسـية أو التدريب المختبري ويمثل استخدام مجموعـات للنقاش، بهدف إحداث تغيير في سلوك المنظمة.

تبلور هذا الأسلوب، والذي يسمى أيضاً تدريب الحساسية Sensitivity Training والتدريب المختبري، عام ١٩٤٦ من خلال استخدام مجموعات للنقـاش، بهـدف إحـداث تغيـير في سـلوك المنظمـة، وقـد تبنـى معهـد (ماسشيوتس للتكنولوجيا M.I.T) اقامة ورشة عمل لهذا الغرض تحت قيادة عالم الاجتماع كيرت لوين Kirt Lewin (حمور، ١٩٨٧: ١٩)

شارك في هذه الورشة القادة المحليين لمناقشة مشكلات اجتماعية مختلفة وقام مراقبو هـذه الورشـة بإبداء ملاحظاتهم للمشاركين، ويبدو أن هذه المعلومات المرتدة قد وجدت الاستجابة، وأدت إلى زيادة إدراك المشاركين بما حدث في الورشة، وتبين أن استخدام هـذا الأسـلوب يسـاهم في تحقيـق الأهـداف الآتية:

(١) زيادة درجة فهم وإدراك وإحساس الفرد بسلوكه وأثر ذلك السلوك على الآخرين.

(٢) زيادة درجة الفهم والشفافية تجاه سلوك الآخرين.

(٣) زيادة درجة الفهم والإدراك بالعمليات الجماعية والعمليات التي تتم بين الجماعات.

(٤) تحسين المهارات التشخيصية للمواقف الفردية والجماعية.

(٥) إكساب الفرد مهارات وخبرات تحويل المعرفة الضمنية إلى أفعال وسلوكيات ظاهرة.

(٦) تمكين الفرد من تحليل سلوكه وآليات تفاعله مع الجماعات في العمل.

(سيزلاقي و والآس، ١٩٩١: ٥٧٩) و (Campell & Dunnetts, 1986: 73)

ويعتمد نجاح هذا الأسلوب وتحقيق أهدافه، على العوامل الآتية (ديسلر: ٢٠٠٣: ٣٠٤) :

(A)- توافر جو من الأمان النفسي (Psychological Safety): يشعر به المشاركون ليعبروا عن أحاسيسهم بصراحة اقتناعاً منهم بإمكانية وجود حل لمشكلاتهم.

(B)- الاستخدام الفّعال للمعلومات المرتدة عن المشاركين في أثناء التدريب.

ورغم أهمية هذا الأسلوب وواقعيته، إلاّ أنه تعرض لجملة من الانتقادات لعل أهمها، هو أن التدريب يتم بعيداً عن العمل، لذلك فإن مسألة نقل المعرفة تبقى ذات أهمية أساسية فزيادة درجة الوعي الذاتي في المختبر لا تماثل مفعول التأثير على المرؤوسين ليعملوا بجد أكثر عند عودتهم لمحيط العمل. (**سيزلاقي و والآس**، ١٩٩١: ٥٨١)

وهذا يعني أن القصور في هذا الأسلوب يكمن في احتمالية بقاء الخبرات التي يكتسبها المتدربين أسيرة المختبرات وعدم إمكانية نقلها وتجسيدها في الواقع العملي والحياتي الذي تعيشه المنظمات.

وأخيراً وليس آخراً، فإن نتائج هذا الأسلوب واستخداماته ساهمت مساهمة مباشرة في إنشاء (المخبر القومي للتدريب N.T.L) الذي أخذ على عاتقة تطوير التدريب ومجموعات العمل والبحث عن أساليب أكثر معاصرة لتطوير المنظمات. (**Buchanan & Huczynski**,1997: 490) .

البحث المسحي والتغذية العكسية Survey Research & Feed Back

بغية معالجة قصور أسلوب التدريب المعملي ومحاولة ربط التدريب بواقع المنظمات المعاش، قام فريق في مركز البحث المسحي* (بجامعة ميشجان) (University of Michigan) بقيادة عالم النفس (**رنسيس ليكرت Rensis Likert**)، صاحب الدراسة المشهورة (أساليب قياس الاتجاهات) التي طور فيها بشكل واسع مقياس ليكرت الخماسي واسع الانتشار، بتطوير أسلوب جديد هو (البحث المسحي والتغذية العكسية) للمدة من ١٩٤٧-١٩٤٨. (**فرنش و جونير**، ٢٠٠٠: ٨٩-٩٠) .

> *** البحث المسحي والتغذية العكسية**
> قيام جميع العاملين بالمنظمة بملىء استقصاءات الاتجاهات التي توزع عليهم، وتستخدم البيانات التي يتم جمعها من خلال الاستقصاء كأساس تعتمد عليه المجموعات في تحليل المشكلات ووضع الخطط اللازمة للتنفيذ

ويشير أسلوب البحث المسحي والتغذية العكسية إلى قيام جميع العاملين بالمنظمة بملىء استقصاءات الاتجاهات التي توزع عليهم، وتستخدم البيانات التي يتم جمعها من خلال الاستقصاء كأساس تعتمد عليه المجموعات في تحليل المشكلات ووضع الخطط اللازمة للتنفيذ، ويُعد هذا الأسلوب أسلوباً ملائماً لفك درجة الجمود التي تعترض إدارة المنظمة وكذلك العاملين من خلال تقديم بيانات مقارنة تفيد بوجود مشكلات تعاني منها المنظمة. (**ديسلر**، ٢٠٠٣: ٣٠٥).

ويتكون البحث المسحي من عنصرين أساسين، هما:

---

* أسس هذا المركز عام ١٩٤٦، وفي عام ١٩٤٨ دمج مع مركز البحث لحركات المجموعة، ليتشكل منهما المعهد الجديد للبحث الاجتماعي برئاسة ليكرت.

- استقصاء الاتجاهات.
- حلقات نقاش صغيرة.

أما خطواته، فهي:

(١) وضع خطط لاستقصاء الاتجاهات والتغذية العكسية وتقويم المعلومات، من قبل الإدارة العليا في المنظمة.

(٢) جمع البيانات من كل العاملين في المنظمة.

(٣) تعاد البيانات مرة أخرى إلى العاملين بالمنظمة في سلسلة من الاجتماعات المتصلة.

(٤) يناقش كل رئيس مباشر، عن طريق اجتماع، المرؤوسين بالبيانات المتعلقة باتجاهاتهم.

(٥) تُعد خطط لإجراء تغييرات تصحيحية وتقديم البيانات للمستوى الأعلى.

ويعتمد نجاح هذا الأسلوب على توافر الشروط الآتية (**سيزلاقي، و والآس**، ١٩٩١: ٥٨٥-٥٨٧) :

(A)-دعم الإدارة العليا من بداية العملية حتى نهايتها.

(B)-توافر المهارات اللازمة لدى الرؤساء والمنسقين لهذا الجهد كوكلاء للتغيير.

(C)-وجود بعض المعايير (الصارمة) لتحديد ما إذا كان لمدخل الاستقصاء والتغذية العكسية أي أثر على الأداء.

(D)-النظر إلى التغذية العكسية للاستقصاء كعملية مستمرة، وأن تكون أداة قيمة من أدوات الإدارة وليست إضافة مؤقتة للنظام الإداري.

البحث الإجرائي (العملي) Action Research

اعتمد أسلوب البحث الإجرائي في عام ١٩٤٥ من قبل (**وليم وايت وأديت هاملتون**) في عملهم مع فندق (ترمونت) بشيكاغو، كما قام (لوين) وطلبته بعمل عدد كبير من مشاريع البحث الإجرائي في منتصف الأربعينيات وبداية الخمسينيات.

ويعرف البحث الإجرائي، على أنه: نموذج استشاري للتطوير التنظيمي ينطوي على الاستنتاجات والتغذية العكسية من التدخلات السابقة من أجل المساعدة في تصميم وتطبيق إجراءات أخرى لزيادة الفاعلية التنظمية.

*** البحث الاجرائي (العملي)**
نموذج استشاري للتطوير التنظيمي ينطوي على الاستنتاجات والتغذية العكسية من التدخلات السابقة من اجل المساعدة في تصميم وتطبيق إجراءات اخرى لزيادة الفاعلية التنظيمية

كما يعرف، بأنه: نموذج للبحث التنظيمي يمكن من خلاله تعميم جزء من المعرفة في ناحية ما من المنظمة على نواحي أخرى، مما يؤدي إلى تحسين وظائف المنظمة بدلاً من المراقبة السلبية (Buchanan & Huczynski, 1997: 496) .

ويساهم اعتماد البحث الإجرائي في تحقيق الأهداف الآتية:

(١) إيجاد حلول للمشاكل الآنية.

(٢) المساهمة في توسيع الخبرات العملية.

(٣) إضافة المعرفة النوعية للأطر النظرية.

ويستند تنفيذ البحث الإجرائي على العلاقة بين ثلاثة عناصر (الأهداف، والتخطيط، والتصرف)، ويقدم (شيبرد Shepard) نموذج لآلية تشغيل العلاقة بين العناصر الثلاثة آنفة الذكر في البحث الإجرائي، كما يعرضه الشكل (٣) (فرنش وجونير، ٢٠٠٠، ٢٠٤-٢٠٥) .

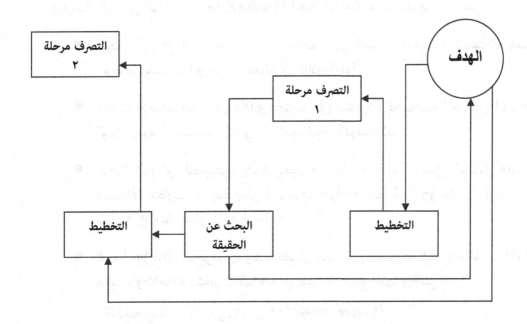

شكل (٣)

نموذج عناصر البحث الإجرائي لـ Shepard

أما خطوات البحث الإجرائي، فتشمل (**Buchanan & Huczynski**, 1997 : 496) :

(١) تحديد المشكلة.

(٢) التشخيص الأولي.

(٣) جمع البيانات من المجموعة المستفيدة.

(٤) التغذية العكسية للمجموعة المستفيدة.

(٥) التقييم المشترك للبيانات.

(٦) التخطيط المشترك للعمل.

(٧) تنفيذ المقترحات من أجل التغيير.

(٨) تكرار الدورة.

وللبحث الإجرائي أنواع يحددها (**Chein, Cook, and Harding**) بأربعة، هي:

- البحث الإجرائي التشخيصي، الذي يعتمد على اختراق الباحث للمشكلة ومن ثم تشخيص مسبباتها ووصف المعالجات اللازمة لها.
- البحث الإجرائي التشاركي، والذي يعتمد على المشاركة الجماعية للعاملين ابتداءاً من البداية مروراً بالتنفيذ الميداني انتهاءً بتطبيق التوصيات.
- البحث الإجرائي التطبيقي، والذي يكون موجهاً لحل مشكلة من المشاكل العملية أو لاكتشاف معارف جديدة يمكن تسخيرها والإفادة منها فوراً، وفي واقع حقيقي وفعلي موجود في منظمة أو دائرة أو أفراد.
- البحث الإجرائي التجريبي، وهو تغيير متعمد ومضبوط للشروط المحددة، لحالة معينة، وملاحظة التغيرات الناتجة في هذه الواقعة ذاتها وتفسيرها.

(**قنديلجي**،٢٠٠٧: ٥١ و١٢٤) و (**Lester**, 1999: 76) .

التكنو - اجتماعي Sociotechnical

ظهر مدخل التكنو -اجتماعي في (معهد تا فستوك Tavistock Institute)، حيث نشأ من زيارة (إريك تريست Eric Trist) إلى منجم فحم وتبصره لعمل (لوين) في حركيات المجموعة ودراسة (بيون) للجماعات بدون قادة وارتباط ذلك بمشاكل المنجم، كذلك تأثر (تريست Trist) بأفكار النظم التي قدمها (فون Von) و (اندرس انجيال Andras Angyal)، (فرنش وجونير، ٢٠٠٠: ٩٣-٩٤).

* التكنو - اجتماعي

تحليل المنظمة على أنها نظام (اجتماعي- تقني) يتفاعل مع البيئة الخارجية، ويشمل النظام الاجتماعي للمنظمة على شبكة من العلاقات بين الأفراد، أما النظام التقني يتألف من المهمات والنشاطات والأدوات المستخدمة لتحقيق هدف المنظمة

ويستند هذا المدخل (التكنو – اجتماعي) في عمله على تحليل المنظمة على أنها نظام (اجتماعي- تقني) يتفاعل مع البيئة الخارجية، ويشمل النظام الاجتماعي للمنظمة على شبكة من العلاقات بين الأفراد، أما النظام التقني يتألف من المهمات والنشاطات والأدوات المستخدمة لتحقيق هدف المنظمة، والنظامين مترابطين ويعتمد كل منهما على الآخر، بوجود التغذية العكسية بين الأنظمة الفرعية المتعددة المكونة لهما. ((Brown & Harvey, 2006 : 140).

ويوضح الشكل (٤) العناصر الأساسية لمدخل (التكنو - اجتماعي) وطبيعة تفاعلاتها والنتائج المتوقعة من وجهة نظر (Pearce & David, 1983: 436).

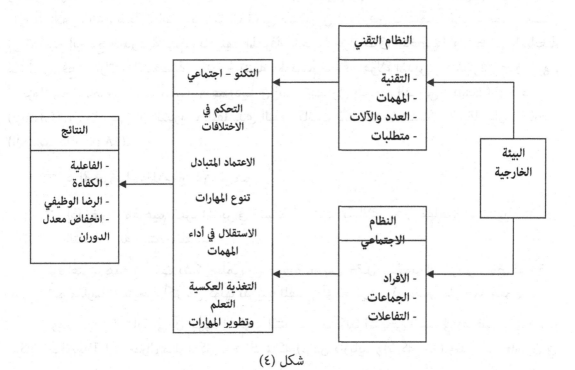

شكل (٤)

العناصر الأساسية لمدخل (التكنو- اجتماعي)

ولضمان نجاح تطبيق المدخل، يرى (**سيزلاقي ووالآس**، ١٩٩١: ٥٢١) مراعاة الشروط الآتية:

(١) أن يكون التركيز على المرونة والقدرة على التكيف بدلاً من التركيز على العناصر الجامدة الثانية التي اقترضتها المداخل التقليدية.

(٢) التركيز على أهمية الجماعات والعلاقات المتبادلة بينها.

(٣) اعتماد المدخل الحالي، كمدخل معاصر لإعادة تصميم الوظائف كونه أسلوب شامل (يشمل البيئة والعوامل الاجتماعية والتقنية في آن واحد).

(٤) يتيح المدخل الإمكانية لاعتماد أساليب متنوعة وعديدة في آن واحد، بفضل القدرة على النظر للنظام بصورته الشمولية المتكاملة والتركيز على تداخل العلاقات والتأثير المتبادل بين هذه المكونات، بصيغ ثنائية أو جمعية، لأن هذا المدخل يركز على منظور التفاعل المتبادل الجمعي بين (الإدارة، العمال، التكنولوجيا والبيئية). إن القدرة على التطوير التنظيمي تستند على إمكانية تصميم وإعادة تصميم العمل وظروفه بشكل يجعل هذه المكونات في أفضل وضع أدائي (**ماهر**: ٢٠٠٧: ١٠٨-١٠٩).

ب- التأسيس والترسيم:

يتبين من الشكل (٢) أن المرحلة الثانية للتطوير التنظيمي هي (التأسيس والترسيم)، وكما أشرنا سابقاً في بداية فقرة التطور التاريخي للتطوير التنظيمي، أن إعلان تأسيس هذا الحقل (OD) وتحديد مهماته جاء عام (١٩٦٠) على يد **(بكهارد) و (مكريجور)** ويبدو أن قناعتهما بأن أساليب المرحلة الأولى، التي شكلت البدايات، كانت تعنى بالمديرين والمشرفين بصفتهم الفردية فهي تسعى إلى تصميم البرامج التدريبية لهم، وتلقينهم المعرفة المجردة حول طرق التخطيط والتنظيم والمتابعة من أجل رفع مهاراتهم الشخصية، لكنها لم تنتبه ولم تهتم بعلاقة هؤلاء المديرين والمشرفين بمرؤوسيهم أو بزملائهم العاملين معهم أفقياً أو عمودياً في إطار عضوي يسمى الفريق (Team) أو الجماعة (Group). وهذا يعني أن التدريب التقليدي الذي كانت تعتمده المنظمات سابقاً كان، يفترض. (**الكبيسي**، ٢٠٠٦: ٤٨).

- عزلة الرؤساء والمشرفين عن غيرهم.

- إذا تغيرت مفاهيم الفرد المدير في المستويات الإدارية الأعلى فإن مفاهيم المستويات الأدنى التابعة لهُ ستتغير تلقائياً.

وقناعتهما هذه ترسخت بشكل علمي إلى ضرورة تأسيس حقل التطوير التنظيمي، بوصفه حقل معرفي يضم ممارسات منهجية أكثر من كونها تدريب تلقيني، أو تحسين جزئي محدود، أو جهد عفوي.

ومما تجدر الإشارة إلى أن جهود التطوير التنظيمي بشكلها المنهجي الشمولي قد ظهرت في ثلاث شركات، فبالإضافة إلى (جنرال ميلز)، كانت هناك شركة (يونين كاربايد)و(شركة إسو)،وقدوجد العاملون في

الموارد البشرية في هذه الشركات أنفسهم في أدوار جديدة، في (يونيون كاربيد) رأى **جون جونز** في العلاقات الصناعية نفسه في دور عالم السلوك الذي يقدم استشارته إلى المديرين الآخرين، وفي (إسو) بدأ المركز الرئيس لقسم الأبحاث في العلاقات الإنسانية ينظر إلى نفسه كمجموعة استشارات داخلية تقدم خدمات للمديرين في الحقل بدلاً من مجموعة تقارير للإدارة العليا، وفي (جنرال ميلز) كانت التأكيد على بلورة وتنسيق تغييرات الثقافة في المنظمة ككل، (**فرنش وجونير**، ٢٠٠٠: ٨٨).

وهكذا نلحظ أن مرحلة تأسيس التطوير التنظيمي كان هدفها شد الانتباه وخلق القناعات بضرورة ترك الأدوار التقليدية في العمل الإداري والتأكيد على وحدة المنظمة هيكلاً ونشاطاً متفاعل لتحقيق التحسين والتعديل والتحديث والتغيير المدروس، لذا فإن بناء إطار نظري لهذا الحقل وتطوير تقنياته وتشخيص مهماته وافتراضاته أصبح ضرورة ملحة جداً، تحملت مسؤولياتها المرحلة الثالثة - مرحلة البناء والتوسع-.

جـ- البناء والتوسع:

اهتمت المرحلة الثالثة للتطوير التنظيمي، ببناء الإطار الفكري والتطبيقي لهذا الحقل والتوسع في الدراسات التحليلية والتجريبية والاختبارية لمجمل علاقات الحقل المذكور وعناصره ومتغيراته، وتؤكد (**ميري لوسميث**) أن ثلاث مراحل فرعية ساهمت مساهمة مباشرة في بناء أطر هذا الحقل وتوسيع دراساته وتطبيقاته، هي، (**حمور**، ١٩٨٧: ٢٢):

* المرحلة الأولى:

ركزت جهود هذه المرحلة التي استمرت من ١٩٦٦ إلى عام ١٩٧٢، على بناء الإطار النظري للتطوير التنظيمي، من خلال، (**حمور**، ١٩٨٧: ٢٢)، (**سلفرمان**، ٢٠٠٠: ٢٤١):

(١) تصحيح منظور النظم الاجتماعية وربطه بالمحيط التنظيمي.

(٢) تحليل المعلومات بالاعتماد على نظرية النظام المفتوح.

(٣) تبني الاتجاه النفسي في تطوير المنظمات.

(٤) تكريس مفهوم نظرية التطوير التنظيمي.

* المرحلة الثانية:

اهتمت جهود هذه المرحلة، التي امتدت من عام ١٩٧٣ إلى عام ١٩٧٩، بفهم الديناميكيات والتفاعلات التي تحدث داخل المنظمات عبر: (**حمور**، ١٩٨٧: ٢٣):

(١) توظيف علم النفس الاجتماعي في تطوير المنظمات.

(٢) توسيع استخدام مفهوم النظم في إدارة المنظمات.

(٣) تبني المنظمات المصفوفية وإدارة فرق المهمات.

(٤) تصميم المنظمات المعقدة.

(٥) تحديد متطلبات التنمية المهنية.

(٦) تأكيد ضرورة اعتماد التغيير المخطط.

*** المرحلة الثالثة:**

طالبت مضامين هذه المرحلة، الممتدة من عام ١٩٨٠ ولحد الآن، بضرورة تطوير تقنيات وأساليب التطوير التنظيمي، بحيث تكون واقعية وقابلة للتطبيق المباشر على المنظمات، لذلك شهدت هذه المرحلة وتشهد، الاهتمام بـ:

(١) تطبيقات التحول التنظيمي (**Organizational Transformation - OT-**).

(٢) تطبيقات الثقافة التنظيمية وتغييرها.

(٣) تطبيقات التعلّم التنظيمي والمنظمات المتعلمة، بوصفها منظمات تسعى إلى تطوير أنماط جديدة للتفكير تساهم في التطوير الذاتي وتحقيق الطموحات الجماعية.

(٤) الهياكل المفلطحة والمنظمات الافتراضية ومنظمات بلا حدود.

(٥) تطبيقات إدارة الفرق وبخاصة المدارة ذاتيا والتمكين.

(٦) تطبيقات الإدارة بالأهداف (MBO) وإدارة الجودة الشاملة (TQM).

(٧) تطبيقات هندسة الرؤية المستقبلية وإعادة هندسة الأعمال.

(٨) تطبيقات إعادة اكتشاف اللقاءات الكبيرة.

(٩) تطبيقات الإدارة على المكشوف (المصارحة بالأرقام) (OBM).

(**فرنش وجونير**، ٢٠٠٠: ٩٥-١٠٠) (**Brown & Harvey**, 2006: 439-440)، (**السالم**، ٢٠٠٨: ٣٠)، (**العنزي وصالح**، ٢٠٠٩: ٣٤٣) والملاحظ، أن التقنيات السابقة تمثل في حقيقتها تدخلات سلوكية تعتمد منهجية علمية لإحداث تغييرات مدروسة في السلوك البشري والعمليات التنظيمية، وعن ذلك قال أحد الباحثين: لما كانت متطلبات المناخ التنظيمي خاصة ما يتصل بالأفراد في تغير مستمر فإن الحاجة لتغيير الجوانب التنظيمية فيها تكون قائمة دوماً، كما أن التغيرات البيئية المستمرة تستدعي تغييرات دائمة تحقق التكيف والتأقلم المطلوب للبيئة بالمقابل تزداد الحاجة إلى تحقيق الاستقرار التنظيمي سواء في النشاطات والوظائف أو في الأفراد والعلاقات التنظيمية وذلك منعاً للإرباك واختلال التوازن إذا ما تركت التغيرات تجري تلقائياً دون تدخل. (**حسن**، ١٩٨٩: ٢٨٨). لأن عبقرية التطوير التنظيمي تكمن في تركيزه على تحسين العمليات التنظيمية، التي تقود حتماً إلى تحسين فاعلية المنظمة، (**Vaill**, 1989: 261)، ورغم أهمية هذه التقنيات، إلاّ أن مسألة اختيار الأنسب منها

للتطبيق يبقى هو الأهم. وقال (**فرنش وجونير، ٢٠٠٠: ١٠١**) عن ذلك: ومع انتشار تقنيات تطوير المنظمات في عدد من المجالات أصبح من الصعوبة بمكان توضيح ما يمت لتطوير المنظمات من عدمه، لذلك أصبح فحص العمليات الموجهة لتطوير الجهود أمراً مهماً لوصف التقنيات الملائمة، إذ ليس هناك شيئاً مقدساً في تطوير المنظمات.

ومما تجدر الإشارة إليه أن أحد مهمات الكتاب الحالي، هو تحديد شروط اختيار التقنية الأنسب من بين تقنيات التطوير التنظيمي، بحسب ظروف المنظمة المبحوثة، والتي سيتم عرضها وتحليلها ضمن الفصل الرابع.

ثانياً: مفهوم التطوير التنظيمي والمصطلحات الأخرى ذات الصلة

- تعرض هذه الفقرة محورين أثنين وتحلل محتوياتهما، وكما يأتي:

1. مفهوم التطوير التنظيمي:

اتضح من العرض السابق أن التطوير التنظيمي مفهوم حديث نسبياً، وعلى هذا الأساس طرحت في الأدبيات المتخصصة عدداً من التصورات له ذات رؤى وتوجهات متفقة تارةً ومختلفةً تارةً أخرى. وبغية تحقيق الاستفادة من عرض هذه التصورات للتطوير التنظيمي، وبيان مديات رؤنها ومضامينها الفكرية ومن ثم تحليلها ومناقشتها، وجدنا في تصنيف (**فرنش وجونير، ٢٠٠٠: ٥٩**)، الذي يصنف المفاهيم إلى مفاهيم مبكرة ومفاهيم معاصرة (حديثة)، الأكثر ملائمة وواقعية، لذا سنعتمده في هذا المحور.

أ- المفاهيم المبكرة للتطوير التنظيمي:

وتمثل مجموعة المفاهيم التي طرحت للتطوير التنظيمي من بداية ستينيات القرن العشرين وحتى نهاية سبعينياته، وهي:

- **مفهوم (بكهارد، ١٩٦٩):** التطوير التنظيمي، (١) تغيير مخطط، (٢) يشمل كل منظمة، (٣) يدار من قبل الإدارة العليا، (٤) بهدف زيادة فاعلية وصحة المنظمة، (٥) وهو تدخل مخطط في عملية التنظيم مستخدماً المعرفة المستمدة من العلوم السلوكية، (٦) بقصد التأثير في قيم المنظمة ومعتقداتها وآرائها، (٧) لتحقيق التكييف بشكل أفضل مع الظروف المحيطة وخاصة التقنية (**Beckhard**, 1969: 9) .

- **مفهوم (بنييس، ١٩٦٩)**، للتطوير التنظيمي، استجابة للتغير، إستراتيجية تعليمية معقدة تهدف إلى تغيير المعتقدات والمواقف والقيم وهيكل المنظمات حتى تتمكن من التكيف بشكل أفضل مع التكنولوجيات الجديدة، والأسواق، والتحديات، ومعدل التغير في حد ذاته، (**Buchanan** & **Huczynski**, 1997) .

- **مفهوم (جبسون وآخرون، ١٩٧٦)**، للتطوير التنظيمي الجهود الهادفة إلى زيادة فاعلية المنظمات عن طريق تحقيق التكامل بين الرغبات والأهداف الشخصية للأفراد مع أهداف المنظمة، (Gibson et al., 1976: 370).

ب- المفاهيم المعاصرة (الحديثة) للتطوير التنظيمي:

وتمثل مجموعة المفاهيم التي تبلورت من بداية ثمانينات القرن العشرين ولحد الآن، والتي وسعت من مضامين هذا المفهوم وحدوده وأعطته ملامح إجرائية اكثر وضوحاً أهمها، جهد مداه طويل، يؤكد على العلاقات الرسمية واللارسمية، يركز على استشراف الرؤية المستقبلية، يشجع استخدام طرق العمل، ويحفز القدرات الذاتية الكامنة للأفراد، وكما يعبر عنها (French et al., 2000: 2)، أن هذه المفاهيم ليس مجرد أي شيء يوفر الأفضل للمنظمة، بل هو نمط خاص من عمليات التغيير مصممة للذهاب باتجاه نوع خاص من نتيجة نهائية، ومن هذه المفاهيم:

- **مفهوم (بيرز، ١٩٨٠)**، التطوير التنظيمي، هو: (١) المساعدة في إحداث الانسجام بين بيئة التنظيم والعمليات والإستراتيجية والأفراد وبين الثقافة، (٢) وتطوير حلول تنظيمية وإبداعية، (٣) وتطوير مقدرة المنظمة على التجديد. (فرنش وجونير، ٢٠٠٠: ٥٩)

- **مفهوم (شمك ورانكل، ١٩٨٥)**، الجهد المبذول من قبل الأفراد العاملين في المنظمة، ويتسم بأنه منظم، ومخطط، ومدعوم، ومتصل، ويعتمد على التحويل في ديناميكية النظام الاجتماعي داخل المنظمات، ويركز على الدراسة الذاتية وملاحظة الظروف والأحداث الحالية، ويتم تأسيسه كتغيير مطلوب، يشمل الإجراءات الرسمية وغير الرسمية، أو العمليات، أو المعايير، أو الثقافة، بهدف تحسين الأداء التنظيمي وتحديثه. (Schumuck & Runkel, 1985:3)

- **مفهوم (فرنش وبيل جونير، ١٩٩٥)**، جهد طويل المدى يدار ويدعم من قبل الإدارة العليا لتطوير الرؤية المستقبلية للمنظمة، والتمكين والتعلم وعمليات حل المشاكل من خلال العمليات الجماعية المستمرة لإدارة ثقافة المنظمة مع التركيز بصفة خاصة على ثقافة فرق العمل وتشكيلات الفرق باستخدام دور المستشار التسهيلي ونظريات وتقنيات علم السلوك بما في ذلك البحث الإجرائي)، (فرنش وجونير، ٢٠٠٠: ٦٢)

- **مفهوم (بايجنان وهيزنسكي، ١٩٩٧)**، محاولة تطبيق معارف وتقنيات العلوم الاجتماعية والسلوكية في المنظمة، لتعزيز كلاً من فاعليتها وجودة خبرة العاملين في العمل، (,Buchanan & Huczynski 1997:489)

- **مفهوم (فرنش وبيل وزوسكي، ٢٠٠٠)**، مجموعة قوية من المفاهيم والتقنيات، التي نشئت في العلوم السلوكية واختبرت في معامل منظمات العالم الحقيقي، لتحسين فاعلية وكفاءة المنظمات والأفراد، عن طريق تشخيص الفرص والمشاكل المتعلقة بإدارة ديناميكيات الإنسان في المنظمة وتقديم الحلول الفاعلة بما يساهم في تحقيق النجاح، (French et al., 2000:vii)

- **مفهوم (ديسلر، ٢٠٠٣)**، أحد المناهج المتخصصة في إحداث التغيير التنظيمي والذي في ضوئه يشارك الموظفون بأنفسهم في اقتراح التغيير والمشاركة في تنفيذه، وذلك من خلال الاستعانة بمجموعة مدربة من المستشارين، وعادة ما تعتمد الشركات كبيرة الحجم على إدارة الموارد البشرية في تنفيذ أنشطة التطوير التنظيمي، والتي يوجد لديها متخصصين على قدر عال من المعرفة والدراية بكيفية تنفيذ هذا المنهج. (**ديسلر**، ٢٠٠٣: ٣٠٢).

- **مفهوم (براون وهارفي، ٢٠٠٦)**، جهود مخططة، ومداخل منظمة للتغيير، تشمل المنظمة بكاملها أو أجزاء كبيرة نسبياً منها، بهدف زيادة فاعلية التنظيم وتطوير القدرات الكامنة لجميع أعضاءه من الأفراد، تشمل سلسلة من أنشطة تدخلات علم السلوك المخططة والتي تنفذ بالتعاون مع أعضاء المنظمة لمساعدتهم في إيجاد طرق تحسين العمل، لتحقيق أهداف المنظمة والأفراد العاملين فيها، (**Brown & Harvey**, 2006 :3) .

وبالاستناد إلى مضامين المفاهيم المعروضة سابقاً (المبكره والمعاصرة)، يُستخلص الآتي:

- تتفق المفاهيم على الجوانب الآتية بصدد التطوير التنظيمي:

(١) يمثل تطبيق للعلوم السلوكية، إذْ يركز بشكل خاص على الجانب الإنساني والاجتماعي في المنظمة.

(٢) يسعى لإحداث تدخلات مخططة.

(٣) يكون هدفه زيادة فاعلية المنظمة وتطوير قدرات الأفراد.

- تختلف المفاهيم في مقاصد التطوير التنظيمي، فقد وردت المقاصد الآتية بشكل متفرد في كل مفهوم:

(١) تغيير

(٢) تحسين.

(٣) تعديل.

(٤) تجديد.

(٥) تحديث.

(٦) تطوير ذاتي.

(٧) استجابة.

(٨) تحقيق انسجام.

(٩) تطوير رؤية مستقبلية.

وبالإفادة من المفاهيم السابقة، ومجمل المناقشات التي دارت حولها، نقدم المفهوم الآتي للتطوير التنظيمي:

(نشاط منهجي طويل الأمد مستديم، يستند على-إطار مفاهيمي ومنطلقات أساسية، واستراتيجيات وعمليات ومناهج وتقنيات -منبثقة عن العلوم السلوكية، يستخدم لإحداث مقاصد مدروسة تأخذ أشكال التغيير الآتية- تحسين، تعديل، تجديد، تحديث، استجابة، بناء رؤية مستقبلية - على المستوى الكلي للمنظمة، بهدف زيادة الأداء المنظمي- كفاءة، فاعلية، إنتاجية- وتنشيط قدرات مواردها البشرية، ينفذ من قبل أصحاب المصالح داخل المنظمة أو بتعاونهم مع المستشار الخارجي).

*** التطوير التنظيمي**
نشاط منهجي طويل الأمد مستديم، يستخدم لإحداث مقاصد مدروسة تأخذ أشكال التغيير على المستوى الكلي للمنظمة، بهدف زيادة الأداء المنظمي-وتنشيط قدرات مواردها البشرية.

أن المفهوم أعلاه، رسم منهجية التطوير التنظيمي، إذْ:

(١) أكد أنه منظور شمولي وليس أحادي الجانب، فهو حركة فكرية ذات مفاهيم وأسس نظرية من جهة، وخطة عملية يمكن تطبيقها وترجمتها على أرض الواقع من جهة أخرى، لأن التطوير التنظيمي ليس اسماً ومفاهيم تُعرف نظرياً بل هو فعل وممارسة حقيقية تنقل المنظمة من وضع إلى وضع أفضل من خلال برامج تغيير متكاملة ومستمرة، (**Brown & Harvey,** 2004:11) . إذ لا يكفي أن تكون لديك إيديولوجية؛ فعليك أن تتمتع بالقدرة على نقلها، وأن تنقل عدوى أفكارك إلى الآخرين. (**Hamel**, 2002:302) .

(٢) شخص هويته (نشاط منهجي مستديم).

(٣) وضح إطاره العام (منظومة مفاهيمية ومنطلقات واستراتيجيات وعمليات، ومناهج وتقنيات).

(٤) حدد مداه الزمني (طويل)، أن الأسباب التي دعت المنظرين والممارسين لإقران برامج التطوير التنظيمي بالأمد الطويل، هي، (**French**, 2000: 6) :

* إن برامج التطوير التنظيمي ذات رؤية، تهدف إلى تحسين قدرات أعضاء المنظمة وقابليتهم في إدارة تغيير ثقافة وعمليات وأساليب حل المشكلات والتجديد الذاتي، ولا يخفى أن تلك الجوانب يعتريها التعقيد والصعوبة لذا تستلزم وقتاً طويل لتعلمها.

* إن المشاكل التنظيمية في العادة ذات أوجه متعددة ومعقدة، لذا فإن تدخل واحد سريع احتمال لا يحل المشاكل، فضلاً عن أن تأمين تعلّم نظام الزبون لحل المشاكل ذاتياً بهذه المدة القصيرة غير ممكن.

(٥) بَيّن مقاصدة الرئيسة (تحديث، تحسين، تعديل، تجديد، استجابة، بناء رؤية مستقبلية).

(٦) اشترط أن تكون المقاصد مدروسة أي (مخططة) وليس عشوائية.

(٧) رسم مجاله الرئيس وهو المنظمة ككل.

(٨) صاغ هدفه، بزيادة الأداء المنظمي وتنشيط قدرات الموارد البشرية.

(٩) بَصر بآلية تنفيذه، أما عن طريق العاملين بالمنظمة بتعاونهم وتفاعلهم لوحدهم، أو بتعاونهم مع المستشار الخارجي.

(١٠) توقع نتائجه النهائية (تكيف، بقاء، تميز).

وأخيراً يمكن تجسيد المفهوم السابق واستخلاصاته بالشكل (٥).

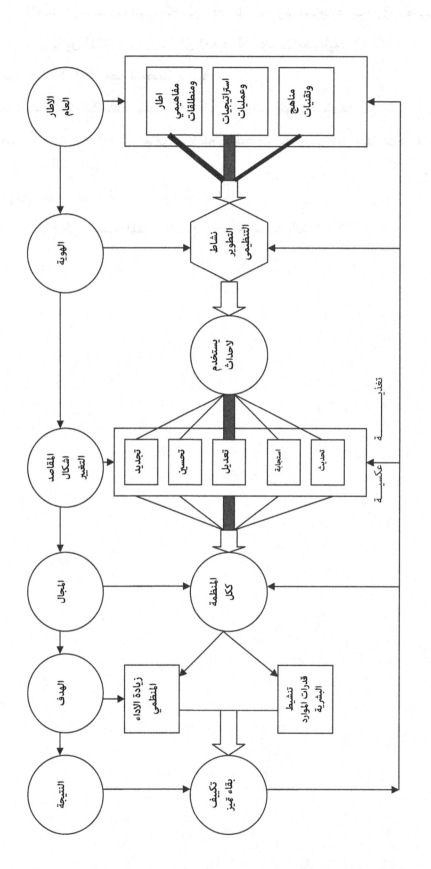

نشاط التطوير التنظيمى

شكل (٥)
منهجية التطوير التنظيمي (OD)

2. التطوير التنظيمي والمصطلحات الأخرى ذات الصلة:

انطلاقاً من المثل القائل: الحكمة تبدأ بتسمية الأشياء بأسمائها الصحيحة، ولأن مصطلح التطوير التنظيمي ترافقه عدداً من المصطلحات الأخرى في أثناء المناقشات النظرية أو/و الممارسات الميدانية، فإن الضرورة العلمية تحتم عرضها ومناقشتها، لسببين اثنين:

أولهما: تحديد معنى ومضامين وأبعاد ومرامي كل منها، تسهم في تكوين رؤية واضحة وتأسيس فهم مشترك، لفك الاشتباك والتداخل وسرعة التميز بينها وبين التطوير التنظيمي.

ثانيهما: تشخيص علاقة هذه المصطلحات بالتطوير التنظيمي، من حيث التفاعل والتبادل والتكامل وآليات تناغمها لتحقيق الهدف الأقوى تميز المنظمة ومواردها البشرية.

وهذه المصطلحات، هي:

أ- التغير التنظيمي (بالياء الواحدة) Organizational Spontaneous change

ظاهرة طبيعية ومستمرة في حياة المنظمات وتحدث دون تخطيط مسبق فهي (تلقائية عفوية) قد تنجم تحت تأثير التغيرات البيئية أو المناخية ذات الصلة بمدخلات المنظمة أو بعملياتها أو بمخرجاتها. (**حسن**، ١٩٨٩: ٢٩٢)، أن الزمن كفيل بإحداث تغير في كل شيء، والمنظمات كنظم مفتوحة تتعامل مع بيئات يحصل فيها تغير، فإن هذا يحث على حصول تغير في المنظمات بمختلف الأشكال.

> *** التغير التنظيمي (بالياء الواحدة)**
> ظاهرة طبيعية ومستمرة في حياة المنظمات وتحدث دون تخطيط مسبق فهي (تلقائية عفوية) قد تنجم تحت تأثير التغيرات البيئية أو المناخية ذات الصلة بمدخلات المنظمة أو بعملياتها أو بمخرجاتها.

ب-التغيير التنظيمي (بالياءين) Organizational Deliberate Change

العملية المقصودة التي تقوم من خلالها المنظمة بالانتقال من حالتها الحالية إلى حالة مستقبلية مرغوبة وذلك من أجل زيادة فاعليتها، (**Jones, 1995: 511**).

> *** التغيير التنظيمي (بالياءين)**
> العملية المقصودة التي تقوم من خلالها المنظمة بالانتقال من حالتها الحالية إلى حالة مستقبلية مرغوبة وذلك من أجل زيادة فاعليتها.

ولاحداث التغيير المذكور تحتاج المنظمة إلى **إدارة للتغيير Change Management**، وهذه الإدارة قد يكون دورها محدود بمتابعة حالات التغير الحاصل في حالات معينة (وقد تكون مبادرة بإحداث التغيير المخطط لنقل المنظمة إلى وضع ورؤية مستقبلية أفضل، فإدارة التغيير هي عمليات فكرية وممارسات عملية تتجسد بخطوات وإجراءات وطرق وأساليب تتبعها المنظمة لتنفيذ التطوير التنظيمي أو التغيير التنظيمي، (**ماهر**: ٢٠٠٧: ٢٤).

> *** إدارة للتغيير**
> **Change Management**
> هي عمليات فكرية وممارسات عملية تتجسد بخطوات وإجراءات وطرق وأساليب تتبعها المنظمة لتنفيذ التطوير التنظيمي أو التغيير التنظيمي.

* التطوير الإداري

جهد يستهدف تحسين مستوى الأداء الإداري من خلال تنمية المعارف وتغيير الاتجاهات وتحسين المستوى المهاري، عبر (تقويم حاجات المنظمة من الوظائف الإدارية الشاغرة، وتقويم مستوى أداء المديرين، وتنمية مهاراتهم الحالية والمستقبلية).

جـ- التطوير الإداري Managerial Development

جهد يستهدف تحسين مستوى الأداء الإداري من خلال تنمية المعارف وتغيير الاتجاهات وتحسين المستوى المهاري، عبر (تقويم حاجات المنظمة من الوظائف الإدارية الشاغرة، وتقويم مستوى أداء المديرين، وتنمية مهاراتهم الحالية والمستقبلية). (**ديسلر**،٢٠٠٣:٢٨٢).

ومن المناسب أن نشير هنا إلى مصطلح أو مفهوم Administrative Development ، والذي يمثل تطوير في أجهزة الإدارة العامة (الحكومية)، جاء مكملاً لجهود الإصلاح والتطوير والتنمية في المجالات الاقتصادية والاجتماعية والسياسية (**الذهبي**: ٢٠٠١: ٧٣).

ويمكن أن نجد ما يشير إلى أن الـAdministrative Development يعني فقط بالتطوير على مستوى الإدارة العليا في المؤسسات والأجهزة الحكومية، وليس التطوير الإداري بمعناه الواسع والذي يشمل الإدارات والمستويات الإدارية كافة.

والتطوير الإداري Managerial Development يبقى محدود قياساً للتطوير التنظيمي (OD) حتى لو شمل هذا التطوير الإداري جميع الموارد البشرية في المنظمة باعتباره أحد المهمات والوظائف العملية لإدارة الموارد البشرية كما يشير إلى ذلك (**Flippo, 1984:4**).

* الاصلاح الاداري

ترميم وبناء على ما موجود دون هدم وتخلص تام من القديم بجميع مظاهره، لذلك فالإصلاح الإداري جهود جزئية ترميمية محدودة لمعالجة حالة خلل أو قصور محدود داخل إطار المنظمة

د- الإصلاح الإداري Managerial Reform (Reparation)

ترميم وبناء على ما موجود دون هدم وتخلص تام من القديم بجميع مظاهره، لذلك فالإصلاح الإداري جهود جزئية ترميمية محدودة لمعالجة حالة خلل أو قصور محدود داخل إطار المنظمة، وإذا اعتمدت المنظمة على جهود الإصلاح الإداري لوحدها فإن حالها سيئول إلى تراكم القصور وبالتالي تدهور الوضع، في حين إذا جاءت جهود الإصلاح الإداري مؤطرة ضمن منظور شامل ومتكامل للتطوير التنظيمي فإنها مفيدة وتساهم في ترقية بعض الجوانب المتأخرة عن حالات النهوض والرقي في الجوانب الأخرى من حياة وعمل المنظمة.

هـ- إعادة الهيكلة Restructure

التقنيـة التـي تعتمـدها المنظمـة لتغيـير موقعهـا المـالي والتجـاري، وتتكون هذه التقنية من الآليات الآتيـة (تقلـيص الحجـم، وتقلـيص المـدى، والشراء المرفوع مالياً)، (**Hitt et al.**, 2003: 215) .

* **إعادة الهيكلة** التقنيـة التـي تعتمـدها المنظمة لتغيير موقعها المـالي والتجـاري، وتتكـون هـذه التقنيـة مـن الآليـات الآتيـة (تقلـيص الحجـم، وتقلـيص المـدى، والشـراء المرفـوع مالياً).

ورغم أن إعادة الهيكلة وإعادة هندسة العمليات يتشابهان بكونهما إعادة تصـميم أجـزاء في المنظمـة وتصحيح جوهري في المسار، إلا أن إعادة الهيكلة تركز على المستوى الأعلى والكلي للمنظمة ووظائفهـا الأساسية في حين تركز إعادة هندسة العمليات (الهندرة) على الجوانب التنفيذية كالعمليات والمهمات والإجراءات الخاصة بالعمل.

وتأخذ إعادة الهيكلة أشكال عديدة كما في أدناه :

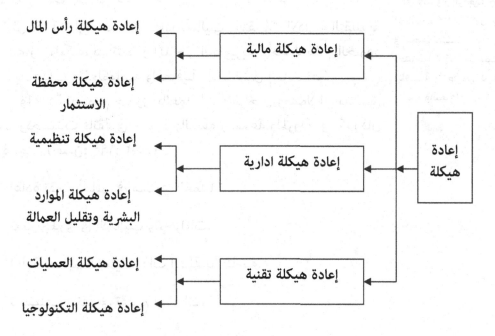

و- إعادة التنظيم Re Organizing

الجهود الهادفة إلى تحسين أداء الجهاز الإداري من خلال إعادة النظر بتوزيع الاختصاصات بين الوحدات المختلفة ونمط العلاقات والاتصالات فيما بينها ونمط التبعية الإدارية للحد من تداخل الاختصاصات والحيلولة دون الازدواجية في العمل.

* إعادة التنظيم
الجهود الهادفة إلى تحسين أداء الجهاز الإداري من خلال إعادة النظر بتوزيع الاختصاصات بين الوحدات المختلفة ونمط العلاقات والاتصالات فيما بينها ونمط التبعية الإدارية للحد من تداخل الاختصاصات والحيلولة دون الازدواجية في العمل

ز- إعادة هندسة الأعمال (الهندرة) Business Reengineering

تُعرف على أنها: (المتغير الوسيط في السعي لأحداث تغييرات طويلة المدى في الفكر الجمعي والعمليات وهو الأمر الذي لابد وأن تواجهه جميع المنظمات عندما تكون جادة في محاولاتها لتلبية احتياجات زبائنها بصورة تنافسية ولتحقيق الربحية والبقاء والتميز) (**صالح والنجار**، ٢٠٠٤: ١٢٩) .

لذلك تمثل تقنية إدارية متقدمة تغادرالأساليب والتقنيات الإدارية التقليدية والإنسانية والسلوكية، بل تتجاوز المداخل التطويرية الأحدث مثل الجودة والإدارة بالأهداف والمعلوماتية والمعرفية، إنها تمثل إعادة تفكير مبدئي وأساسي وإعادة تصميم جذري بالعمليات والمراحل وصولاً إلى تحقيق انجازات وتحسينات فائقة في الجودة والكلفة والسرعة والمرونة، وهكذا فإن الهندرة تعني (**حسن**: ١٩٩: ٣-٤٥).

* إعادة هندسة الأعمال (الهندرة)
تُعرف على أنها: (المتغير الوسيط في السعي لأحداث تغييرات طويلة المدى في الفكر الجمعي وهو الأمر الذي لابد وأن تواجهه جميع المنظمات عندما تكون جادة في محاولاتها لتلبية احتياجات زبائنها بصورة تنافسية ولتحقيق الربحية والبقاء والتميز)

- إعادة تفكير أساسي في مستوى العمليات.
- تغيير جذري في الأساليب والإجراءات.
- إعادة تصميم العمليات ذات الصلة بالإنتاجية.
- تحسينات فائقة في تقديم المنتجات.

إن الهندرة تمثل نموذج إداري جديد لإعادة بناء المنظمة يقوم على التغييرات الأساسية والجذرية على مستوى العمليات لفرض تحقيق تفوق مهم على كافة المستويات، وهكذا فأنها تقنية تختلف عن تقنيات التطوير التنظيمي الأخرى، رغم أنها تشترك مع البعض منها بالحاجة إلى التفكير الإبداعي من خلال الجديد والمتقدم من أفكار، وبما أن هدفها هو إجراء تغييرات جذرية بالتخلي عن العمليات القائمة واستبدالها بنظم عمل جديدة، فإنها تتجاوز الإصلاح والتطوير الإداري، وهذا ما توصلت إليه إحدى الدراسات العربية إذ أكد أكثر من نصف العينة

وبنسبة (٥٢,٢٧%)، وهم من أساتذة الجامعات في مجال الإدارة والاقتصاد والإدارة الصناعية، أن الهندرة تقنية ملائمة جداً للتغييرات الجذرية فضلاً عن التغييرات طويلة الأمد التي تتصف بالاستمرارية. (**صالح والنجار**، ٢٠٠٤: ١٤٨).

ح- الهدم الخلاق Creative Destruction

عملية إحلال مجموعة من العناصر والمنتجات الجديدة التي تتحدى أنماط التنظيم والإنتاج القديمة، لتحقيق التفوق على المنافسين، (**الدوري وصالح**، ٢٠٠٩: ٢٧٠)، وفي إطار هذا النهج من الهدم الخلاق يتم ترك المنظمة تهدم نفسها بنفسها، لكي يتم البدء بصفحة بيضاء جديدة، حيث يعاد بناء المنظمة من جديد، وقد يتداخل هذا المفهوم في بعض الجوانب مع إعادة الهيكلة وإعادة هندسة الأعمال من قبيل السعي للتطوير الجذري وترك الممارسات القديمة، إلا أن هناك اختلاف في أسس وخطوات ومنظور كل تقنية من هذه التقنيات(**ماهر**:٢٠٠٧: ٥٦٧).

> *** الهدم الخلاق**
> عملية إحلال مجموعة من العناصر والمنتجات الجديدة التي تتحدى أنماط التنظيم والإنتاج القديمة، لتحقيق التفوق على المنافسين.

وبعد أن أسقطنا السبب الأول، من خلال عرض المصطلحات وتحديد معانيها ومضامينها؛ لابد من تغطية الإجابة عن السبب الثاني: تشخيص علاقة هذه المصطلحات بالتطوير التنظيمي، وعن ذلك نقول:

أن التمعن في المفاهيم السابقة وتحليل مضامينها، يؤشر وجود علاقة بينها وهذا هو الثابت، لكن طبيعة هذه العلاقة مختلفة مع كل واحد منهم وهذا هو المتغير؛ فهناك علاقة السبب بالنتيجة أو المستقل بالمعتمد، وعلاقة الكل بالجزء والأكبر بالأصغر، وعلاقة النشاط بعناصره أو أدواته، وعلاقة النظام الفرعي بالنظام الفرعي وعلاقة التفاعل والتكامل بين الأنظمة الفرعية، وتأسيساً على الاستنباط السابق، يمكن تأطير علاقة التطوير التنظيمي بالمصطلحات الأخرى على النحو الآتي:

● **علاقة (التغير – ياء واحدة) بالتطوير التنظيمي:**

صورة هذه العلاقة هي علاقة (السبب بالنتيجة) أو (التابع بالمستقل)، فالتغير يمثل (نتيجة) للتطوير الذي يمثل (سبب)، أي لولا وجود التطوير (المتغير المستقل) لما حدث التغير (المتغير التابع)، ومن الأمثلة الحية الداعمة لذلك:

● التغير التلقائي في هيئة الإنسان: من طفل إلى مراهق إلى شاب، ما هي إلاّ نتيجة لتطور نمو هذا الإنسان الذي يُعد السبب.

- دورة حياة المنظمة Organization – Life Cycle ، ما هي إلاّ نمط من أنماط التغير الذي يمكن التنبؤ به، [لأنه نتيجة]* لمراحل مميزة تتقدم خلالها المنظمة، وأن هذه المراحل مرتبة بشكل منطقي وأن الانتقال من مرحلة إلى أخرى ليس عشوائياً وبالتالي فإن بالإمكان التنبؤ به، (**السالم**، ٢٠٠٥: ٥٥) .
- شركة صورة مبيعاتها لعامي (٢٠٠٦) و (٢٠٠٧) كما موضح في المخطط الآتي:

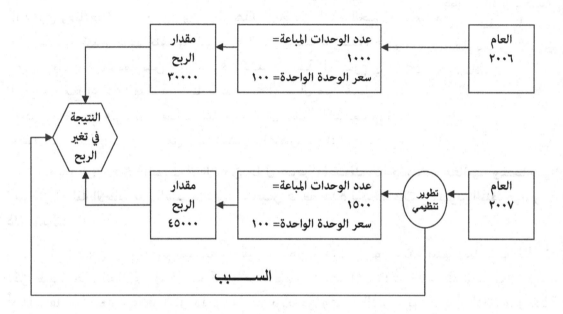

- **علاقة (التغيير - يائين اثنين) بالتطوير التنظيمي**

صورة هذه العلاقة هي علاقة (الكل) بـ (الجزء)، أو النظام الأكبر بالنظام الفرعي، إذْ يمثل (التغيير)، الكل، لأنه قد يكون مدروساً أو عشوائياً، مخططاً أو طارئاً، سلبياً أو ايجابياً، يمكن التنبؤ بنتائجه أو لا يمكن، (**الذهبي**، ٢٠٠١: ٢٨٠-٢٨١)، (**العامري والغالبي**، ٢٠٠٨: ٤٢٣) .

لاحظ المخطط التالي :

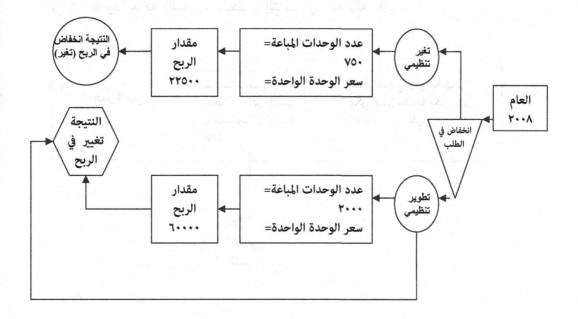

وكمثال توضيحي آخر: تخيل أنك مهندس مسؤول عن صيانة مبنى إداري كبير، وقد لاحظ المدير المسؤول عن ذلك المبنى أن هناك زيادة كبيرة في استخدام طاقة التدفئة بالمبنى مما أدى إلى زيادة كبيرة في كلف التشغيل- هذا يمثل ظاهرة تنظيمية- وهذه الظاهرة بحاجة إلى (تغيير) أي تدخل مقصود، لأن هناك حاجة إلى تخفيض استهلاك المبنى للطاقة، ذلك أنك لن تستطيع إجبار شركة الكهرباء على تخفيض أسعارها، وهذا هو سبب الحاجة إلى التغيير.[الذي قد يكون (مخطط) أو (عشوائي)] ، (جرينبرج وبارون، ٢٠٠٤: ٧٨٠)

أما (التطوير) فهو ذلك الجزء المدروس والمخطط (من عملية التغيير) والذي يمكن التنبؤ بنتائجه التي تكون إيجابية غالباً.

وبالرجوع إلى المثال السابق، فإن التطوير يركز على إيجاد الحلول لإحداث التغيير المدروس، أما عن طريق تعديل المسؤولية الوظيفية بحيث يسمح لموظفي الصيانة فقط بتغيير درجة الحرارة عن طريق التحكم في مقاييس ضبط الحرارة بالمبنى (Thermostats)، أو وضع عدادات زمنية على مقاييس الحرارة تعمل على تخفيض درجة حرارة المبنى بطريقة أوتوماتيكية.

والحل الثالث هو وضع تحذيرات للعاملين تطلب منهم عدم تعديل درجة الحرارة. (**جرنبيرج وبارون، ٢٠٠٤: ٧٨٠**).

ويمكن تصوير علاقة (التغيير) بالتطوير التنظيمي بالمعادلة الآتية:

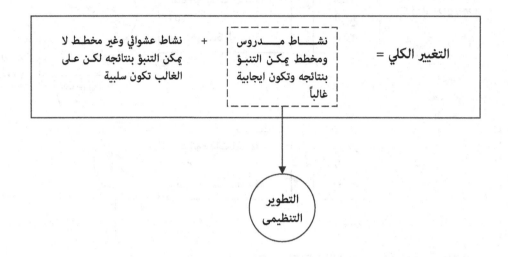

أو

التطوير التنظيمي	=	التغيير الكلي	-	النشاط العشوائي من التغيير
OD	=	Tch	-	Rch

حيث:

Organizational Development = OD

Total change = Tch

Random change = Rch

- **علاقة (التطوير الإداري، والإصلاح الإداري، وإعادة الهيكلة، وإعادة التنظيم، والهندرة، والهدم الخلاق) بالتطوير التنظيمي.**

إن جمع هذه المصطلحات الستة في مناقشة واحدة، سببها تشابه صورة علاقتها بالتطوير التنظيمي، وهي علاقة النشاط بعناصره أو أدواته وتقنياته، فالتطوير التنظيمي هو نشاط مستقل والمصطلحات الستة المذكورة، هي بمثابة أدوات (Tools) هذا النشاط لكلاً منها مهمات جزئية محددة، وحجتنا في ذلك الآتي:

- يُعد التطوير الإداري، أحد الأطر العملية لنشاط التطوير التنظيمي وجزء من أجزاءه يهدف إلى تغيير السلوك الفردي للارتقاء بمستوى الأداء، لأن عملية تطوير الإدارة وخاصة (العُليا) سوف يساهم حتماً في تطوير المنظمة ككل متكامل، (Brown & Harvey, 2006:3)، (ديسلر، ٢٠٠٣: ٦٠٨)، (حسن،١٩٨٩: ٣٠٩) .

- يمثل الإصلاح الإداري، أداة لمعالجة العيوب والمشكلات ومصادر الخلل التي تعاني منها المنظمات وإزالة العقبات التي تعترض سبيلها وبالتالي تحسين فاعليتها في إنجاز الأهداف المرسومة لها، أي الإصلاح ينطلق من افتراض وجود المشكلات ويسعى لتشخيصها وتحديد سبل علاجها والتخلص منها: (العواملة، ١٩٩٢: ١٧٥).

- تجسد إعادة الهيكلة، تقنية لإعادة بناء مراحل العمل من خلال الأقسام الوظيفية، وإحداث التغييرات الهيكلية للتخلص من القيود الإدارية وتعظيم الاستفادة من الموارد المتاحة، (الخضيري، ٢٠٠٣: ٨) و (Bell et al., 1996:218) .

- يعكس إعادة التنظيم، آلية تعتمد لملاحقة، التأثيرات على الهيكل التنظيمي والتي تشمل تغيير أهداف المنظمة أو حجمها أو الظروف البيئية التي تمارس نشاطها فيها أو التكنولوجيا السائدة فيها. (العميان، ٢٠٠٥: ٢٣١)

- تجسد الهندرة، تقنية متقدمة تحاول الابتعاد عن أساليب الترقيع والترميم من خلال تبني منظور متكامل ومنهجي في إعادة التفكير الجذري بالعمليات والمراحل المعتمدة وهجرها لصالح عمليات جديدة بالكامل تعطي نتائج تفوق عالي على المستويات المختلفة، أنها مدخل وتقنية تختلف عن التقنيات والمداخل والأساليب الأخرى للتطوير التنظيمي، ومثل استخدامها نقله نوعية في إنجاز تطوير تنظيمي مهم في العديد من منظمات العالم الصناعي.

- يمثل الهدم الخلاق، آلية تسريع رصين لإحلال المجال الجديد بديلاً عن التقنيات القديمة، لإحداث التقدم وتلبية رغبة الزبون بسلع وخدمات ذات أسعار مناسبة وجودة عالية، (الدوري وصالح، ٢٠٠٩: ٢٧٠).

ويتضح من خلال ما تقدم، أن المصطلحات الستة السابقة، هي فعلاً أدوات مناسبة لإحداث التطوير التنظيمي عبر مساهمات محدودة، لكن لا يمكن أن تكون أي واحدة منها ممثلاً لحقل التطوير التنظيمي، لأن التطوير التنظيمي يركز على الأهداف الكلية لتحسين المنظمة والأنماط الإدارية، وهذا ما يميزه عن تقنيات السلوك الأخرى، (Brown & Harvey, 2006:3, 15) .

وفي نهاية هذه المناقشة، يمكن تجسيد علاقة التطوير التنظيمي بالمصطلحات الأخرى ذات الصلة بالشكل (٦).

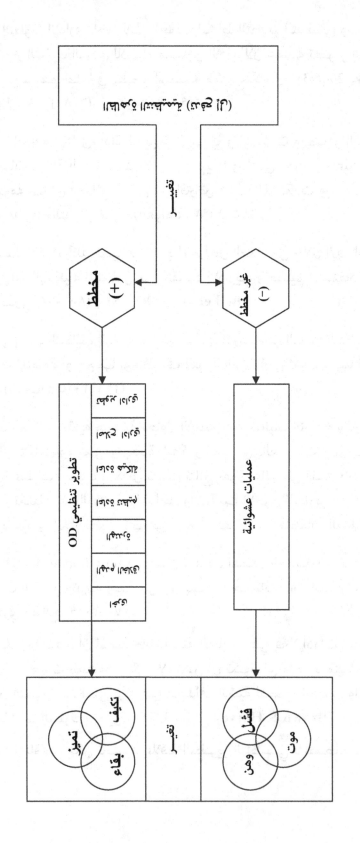

شكل (٦)
علاقة التطوير التنظيمي بالمصطلحات ذات الصلة

ومن الشكل السابق، يتضح:

١- في حالة حدوث ظاهرة تنظيمية فإنها تتطلب تغيير.

٢- هذا التغيير هو إما أن يكون مخطط أو غير مخطط (عشوائي).

٣- إذا كان التغيير (مخطط) فإنه يعني تطوير تنظيمي.

٤- ينفذ التطوير التنظيمي بأدوات مثل (التطوير الإداري، الإصلاح الإداري، إعادة الهيكلة، إعادة التنظيم، الهندرة، الهدم الخلاق).

٥- أن التطوير التنظيمي لهُ القدرة على إحداث (تغير) إيجابي لأنه سبب لهذه النتيجة (التغير).

٦- إما إذا كان التغيير غير مخطط فإن عملياته ستكون عشوائية ولا يمكن التنبؤ بنتائجه لكن على الأغلب تكون سلبية.

المبحث الثاني

المنطلقات الأساسية للتطوير التنظيمي

المخطط الانسيابي لمعلومات المبحث ونتائجها

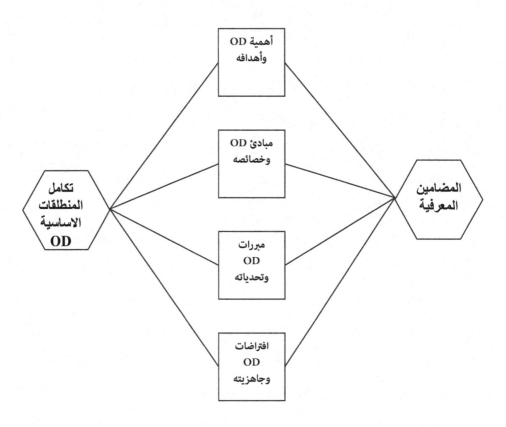

أولاً: أهمية التطوير التنظيمي وأهدافه

مما لا شك فيه أن الأنشطة والعمليات المنهجية المنظمة للتطوير التنظيمي، أصبحت ذات أهمية كبيرة في بيئة الأعمال المعاصرة، ويعود ذلك للأهداف المتوخاة من هذه الأنشطة والعمليات التطويرية، سنحاول هنا بعد استعراض أهمية التطوير التنظيمي، أن نعطي فكرة عن الأهداف التي ترى إدارة المنظمات أن يقوم وينهض فيها التطوير التنظيمي من خلال برامجه المختلفة.

1. أهمية التطوير التنظيمي:

يمكن تلخيص أهمية التطوير التنظيمي بالنقاط الآتية:

* منهج تربوي

تزويد المديرين بالتقنيات والمهارات المطلوبة للتعامل مع التحديات السريعة المفروضة على المنظمات، وتمكينهم من التحكم بالسرع المطلوبة لإحداث المقاصد (صور التغيير المتعددة) وتحديد مستوى الثبات والاستقرار الكافي وأصل تلك السرع لضمان الاستمرار بالنشاط بشكل مرضٍ وتحاشي الثبات والركود.

أ- **منهج تربوي** Educational ، مخطط ومقصود، يزود المديرين بالتقنيات والمهارات المطلوبة للتعامل مع التحديات السريعة المفروضة على المنظمات، وتمكينهم من التحكم بالسرع المطلوبة لإحداث المقاصد (صور التغيير المتعددة) وتحديد مستوى الثبات والاستقرار الكافي وأصل تلك السرع لضمان الاستمرار بالنشاط بشكل مرضٍ وتحاشي الثبات والركود، (Brown & Harvey, 2006: 2-3).

لأن المنظمات اليوم تواجه جملة من الاتجاهات الثورية (Revolutionary Trends)، التي يعرضها الشكل (٧)، (**ديسلر**، ٢٠٠٣: ٤٩)، وعليها التعامل معها بحرفية عالية تستلزم توافر كفايات إدارية مدركة وخبيرة في استخدام تقنيات واستراتيجيات التطوير التنظيمي وإلا ستموت، لأن عالم المنافسة تغير كثيراً عن ذلك الذي كان في الربع الأخير من القرن العشرين، وأصبح هذا العالم يمثل خريطة سياسية اقتصادية تكنولوجية وسوقية جديدة تحتاج لمن يحسن قراءتها والتكيف معها في تعامل رشيق، وهو تعامل ترتهن فاعليته لحد كبير بقدرة المنظمة على تصميم وإدارة استراتيجيات التغيير،(**الغالبي وصالح**، ٢٠٠٩: ٤).

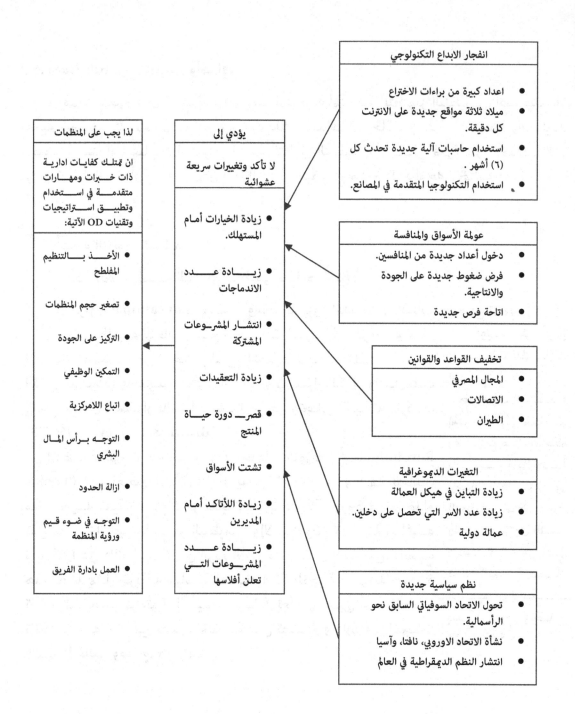

انفجار الابداع التكنولوجي
اعداد كبيرة من براءات الاختراع
ميلاد ثلاثة مواقع جديدة على الانترنت كل دقيقة.
استخدام حاسبات آلية جديدة تحدث كل (٦) أشهر .
استخدام التكنولوجيا المتقدمة في المصانع.
عولمة الأسواق والمنافسة
دخول أعداد جديدة من المنافسين.
فرض ضغوط جديدة على الجودة والانتاجية.
اتاحة فرص جديدة
تخفيف القواعد والقوانين
المجال المصرفي
الاتصالات
الطيران
التغيرات الديموغرافية
زيادة التباين في هيكل العمالة
زيادة عدد الأسر التي تحصل على دخلين.
عمالة دولية
نظم سياسية جديدة
تحول الاتحاد السوفياتي السابق نحو الرأسمالية.
نشأة الاتحاد الاوروبي، نافتا، وآسيا
انتشار النظم الديمقراطية في العالم
يؤدي إلى
لا تأكد وتغييرات سريعة عشوائية
زيادة الخيارات أمام المستهلك.
زيادة عدد الاندماجات
انتشار المشروعات المشتركة
زيادة التعقيدات
قصر دورة حياة المنتج
تشتت الأسواق
زيادة اللأتاكد أمام المديرين
زيادة عدد المشروعات التي تعلن أفلاسها
لذا يجب على المنظمات
ان تمتلك كفايات ادارية ذات خبرات ومهارات متقدمة في استخدام وتطبيق استراتيجيات وتقنيات OD الآتية:
الأخذ بالتنظيم المفلطح
تصغير حجم المنظمات
التركيز على الجودة
التمكين الوظيفي
اتباع اللامركزية
التوجه برأس المال البشري
ازالة الحدود
التوجه في ضوء قيم ورؤية المنظمة
العمل بادارة الفريق

شكل (٧)

الاتجاهات (التحديات) الثورية المفروضة على المنظمات وانعكاساتها ومتطلبات مواجهتها

المصدر: بتصرف من (**ديسلر**، ٢٠٠٣: ٥٠) .

ب- منهج وقائي **preventive**، من ظاهرة القصور الذاتي (Inertia)، القصور الذاتي ظاهرة فيزيائية اكتشفها (**أرسطو**) عام (٣٥٠ قبل الميلاد)، وارتبط منشأ مناقشتها علمياً بشخصين اثنين هما (**جاليليو جاليلي**) و (**اسحق نيوتن**)، ومفهومه العام يعني: (ميل الجسم الساكن إلى الاستمرار في السكون وميل الجسم المتحرك للاستمرار في الحركة بسرعته الأصلية).

* **القصور الذاتي**
ظاهرة فيزيائية اكتشفها (أرسطو) عام (٣٥٠ قبل الميلاد)، وارتبط منشأ مناقشتها علمياً بشخصين اثنين هما (جاليليو جاليلي) و (اسحق نيوتن)، ومفهومه العام يعني: (ميل الجسم الساكن إلى الاستمرار في السكون وميل الجسم المتحرك للاستمرار في الحركة بسرعته الأصلية)

وقد استنتج (**جاليليو**)؛ أنه إذا لم تؤثر على الجسم أي قوة معوقة فإنه يستمر في الحركة الأبد، أما (**نيوتن**) فقد توصل في قانونه الأول؛ أن الجسم يظل في حالة السكون إذا كانت القوة المحصلة المؤثرة عليه (صفراً)، وأبرز سمات هذه الظاهرة هي المفاجئة أو اللحظية (In time)، (**Jerde**, 2001: 77-82) .

وأستعير هذا المصطلح من الفيزياء وأدخل إلى الإدارة وبخاصة إدارة الأعمال للإشارة إلى الحالة التي تمر بها شركات الأعمال أحياناً، وظاهرة (القصور الذاتي) تعني في إدارة الأعمال: عدم قدرة الشركة على تغيير إستراتيجيتها وهياكلها من أجل التوافق مع الظروف التنافسية المتغيرة، (**شارلز وجونز**، ٢٠٠١: ٢٢٤).

* **القصور الذاتي في إدارة الاعمال**
عدم قدرة الشركة على تغيير إستراتيجيتها وهياكلها من أجل التوافق مع الظروف التنافسية المتغيرة.

ومن الأمثلة الواقعية على هذه الظاهرة في شركات الأعمال ما يأتي:

المثال الأول: شركة IBM : ظلت هذه الشركة على قمة شركات الحاسوب العالمية لمدة ثلاثين سنة، وخلال سنوات قليلة تحول نجاحها إلى كارثة بخسارة تقدر بخمسة بلايين دولار، مما ترتب عليه تسريح أكثر من مائة ألف موظف. ولقد كان التدهور الحاد الذي اعترى كلفة قوة الحوسبة نتيجة لتحديث المعالجات الدقيقة، هو السبب الكامن وراء المتاعب والمشكلات التي عانتها هذه الشركة، ومع ظهور المعالجات الدقيقة المتميزة المنخفضة لكلفة تحول السوق عن الأجهزة الكبيرة إلى الحاسبات الشخصية الصغيرة المنخفضة الكلفة، وقد أدى تخلف تقنيات (IBM) وانكماش أسواقها إلى عدم قدرتها على التوافق مع هذا التحول، أن الاستمرارية في العمل وفق النهج السابق تولد عنه قصور ذاتي في الشركة جعلها تواجه إشكالية حقيقية في المنافسة.

المثال الثاني: شركة DAC : لقد قام نجاح هذه الشركة على ابتكار أجهزة الحاسب الصغير التي تعتبر أرخص وأكثر مرونة إذا ما قورنت بالأجهزة الكبيرة (Main Frame)، والتي اشترك **كين أولشن** وفريقه من المهندسين الأذكياء في اختراعها خلال عقد الستينيات، وفي عقد السبعينيات اعتبرت سلسلة الميني كمبيوتر التي عرفت بـ (فاكس VAX) كأفضل نوعية من الأجهزة التي تم إنتاجها، وقد جنت الشركة على إثر ذلك معدلات عالية من الأرباح والنمو السريع.

إلاّ أن الشركة مدعومة بنجاحها تحولت إلى تبني النمط الثقافي الأحادي في مجال الهندسة، وترتب على ذلك أن أضحى مهندسوها خارج دائرة الاستخدام الأمثل إضافة إلى أن أعضاء فريق التسويق والمحاسبة كان يجري استغلالها بشكل هزيل، وأضحت عمليات إدخال تعديلات تقنية هي الشغل الشاغل إلى حد الهوس، وأهمل مسئولو الشركة احتياجات الزبائن، إن الشركة اغترت بنجاحها المبكر وضلت الطريق وفشلت على صعيد الاستجابة لزبائنها والتوافق مع ظروف السوق المتغيرة.

- ويلاحظ من المثالين السابقين؛ أن شركة (IBM) خير من جسد فكرة الشركة الساكنة - بمفهومها النسبي- التي كانت في ركود لم يجري عليه أي حركة وهذا ما جعلها غافلة عن ما يحدث في البيئة ودرجة المنافسة والتحديث معها.

- أما شركة (DAC) فكانت مثال حي على الشركة التي تسير بسرعة مستقرة لم تجري خلالها أي توقفات لتنظر جيداً على ما يدور حولها، وبالتالي أصيبت هذه الشركتين بالقصور الذاتي.

ويعزي (**Beatty & Ulrich**, 2000: 472) أهم أسباب الإصابة بالقصور الذاتي، هو اعتماد مديري الشركات على معايير ساعدت مرة في تحقيق نجاح في الماضي لتحقيق نجاحات مستقبلية.

وهنا يأتي دور التطوير التنظيمي، بوصفه منهج مستديم، ومن خلال تقنياته المتعددة التي تلعب دور القوة المؤثرة في الموازنة بين تحريك السكون إذا ما حدث كما هو حال شركة (IBM)، وإيقاف الحركة المستمرة إذا تطلب الوضع كما هو في شركة (DAC)، لأن تقنيات التطوير التنظيمي، وعلى وفق منهجه العلمي، بإمكانها:

(١) إيقاف السرعة غير المدروسة من خلال إعادة الهيكلة، إعادة الهندسة، الخصخصة...الخ.

(٢) تحريك السكون والسبات النسبي من خلال برامج الخصخصة، TQM، الاندماجات، التحالفات، التعلّم التنظيمي... الخ.

وعن ذلك قال (**شارلز وجونز**، ٢٠٠١: ٢٩٩): الشركات الناجحة ليست تلك التي تظل ساكنة دون تحرك معتمدة بذلك على أمجادها، لكنها تلك الشركات التي تسعى باستمرار لإيجاد الطرق التي تقوم من خلالها بتحسين عملياتها، وهي التي تقوم بعملية رفع مستمرة للقيمة الخاصة بالكفاءات المتميزة.

ويعضد الرأي السابق (**Hamel**, 2002: 335) بقوله: الشركات الثورية المخضرمة، وهي أندر السلالات، هي شركات تدبرت أمر إعادة اكتشاف ذاتها وصناعتها أكثر من مرة، ولم تكتسب شعرها الشائب بفعل السنين بل من خبراتها التي عاشتها خلال تطوير استراتيجياتها.

* **منهج صحي**
تعزيز ديمومة العافية التنظيمية واطالة عمر المنظمة في عالم المنافسة من خلال صيانة دورة حياتها باستخدام برنامجه المتكامل الذي يساهم في تنشيط حلقات العافية الأساسية في مقابل التصدي لحالات الوهن التنظيمي

جـ- منهج صحي Health، لتعزيز ديمومة العافية التنظيمية Organizational Willnees وإطالة عمر المنظمة في عالم المنافسة، من خلال صيانة دورة حياتها، باستخدام برنامجه المتكامل الذي يساهم في تنشيط حلقات العافية الأساسية (التكيف، البقاء، النمو) في مقابل التصدي لحالات الوهن التنظيمي (Organizational Depression) المتمثلة بـ (الانحدار Decline، والوهن Feeble، والفناء -الموت- Death).

إذ يُعد التكيف، الحد الأدنى الذي تتمكن فيه المنظمة من التجاوب مع أي تغيير في داخلها و/أو في البيئة الخارجية، ويُعد أكثر العوامل حسماً في تحديد بقاء المنظمة، فالتغييرات البيئية يمكن تحملها بدون تكيف على المدى الزمني القصير، ولكن بالنسبة للتغييرات على المدى الزمني البعيد فإن التكيف ضروري لاستمرار البقاء،

(**جاكسون وآخرون**، ١٩٨٨: ٥٤٠-٥٤١)

أما البقاء، فهو المكون الأساس لهيكل الهدف التنظيمي والدافع الأساس لرجال الأعمال، إذْ بإمكان المنظمة أن تختار بين أن تعمل الكثير من الأشياء أو لا تعملها، لكنها يجب أن تبقى، (**Star buck**, 1971: 30).

ويعكس النمو، [التغير- ياء واحدة] في حجم المنظمة علامة (دلالة) صحة على طريقة تفكير الإدارة العليا في مضمار المنافسة في حدودها الدنيا، (**الركابي**، ٢٠٠٤: ٣٧٤-٣٨٤) .

ويصور الشكل (٨) دور التطوير التنظيمي في إنعاش دورة حياة المنظمة وضمان استمراريتها في عالم المنافسة.

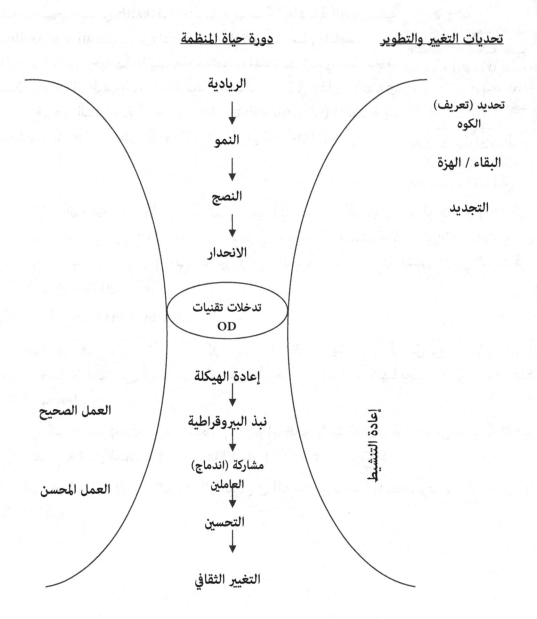

تحديات التغيير والتطوير   دورة حياة المنظمة

الريادية

تحديد (تعريف) الكوه

النمو

البقاء / الهزة

النصج

التجديد

الانحدار

تدخلات تقنيات OD

إعادة الهيكلة

العمل الصحيح   نبذ البيروقراطية

مشاركة (اندماج) العاملين

إعادة التنشيط

العمل المحسن   التحسين

التغير الثقافي

شكل (٨)

دور التطوير التنظيمي في ضمان استمرارية المنظمة

المصدر: (Beatty & Ulrich, 2000: 472) بتصرف

أن المنطق السابق، هو الذي أوجد الحديث عن نوعين من الشركات، هما :

- شركات البقاء: وهي الشركات التي تتبنى برامج التطوير التنظيمي باستمرار لاحداث مقاصد التغيير المختلفة، وتوصف هذه الشركات بأنها ذات تنظيم ذكي، **(الصرن، ٢٠٠٣؛ ٢٠)**، (Brown and Harvey, 2006: 17) .

- **شركات الفناء:** وهي الشركات التي تعجز عن القيام بالتطوير التنظيمي، والتي تجد نفسها مضطرة إلى الخروج من السوق نتيجة لتدهورها ووهنها وأخيراً فنائها.

إذن الرسالة واضحة: التغيير أو الاختفاء عن الأنظار The Message is Clear: Change or Disappear **(كرينبرج وبارون، ٢٠٠٤: ٧٧٦)**

وما يدعم صحة المنطق السابق، نتائج دراسة مكتب الاقتصاد التجاري ووزارة التجارة الأمريكية و (دون وبرادستريت) والخاصة بجمع وتسجيل الإحصاءات الحيوية التي تتعلق ببقاء منظمات الأعمال التجارية، والتي اتضح من خلال تسجيلها لهذه الإحصاءات على مدى خمسة عشر عاماً، أن أكثر من (٥٣٤٦) من منظمات الأعمال الخاصة قد فشلت في البقاء، وأن (٥١%) من أصل (١٦٧٩٤) منظمة فشلت في عام ١٩٨١ لوحدها، **(جاكسون وآخرون، ١٩٨٨ : ٥٣٨)**

وأن مسببات الفشل تعود إلى ضعف تبني برامج التطوير التنظيمي، وتوصلت دراسة عربية أجريت على عينة مكونة من (١١٨) قيادي من قيادات القطاع الخاص السعودي، أن أفراد العينة يؤيدون بشدة إجراء التطوير التنظيمي لأنه يسهم مساهمة كبيرة في تحقيق التكيف والبقاء لمنظماتهم، **(النعيم، ٢٠٠٣: ١٧٣ و ١٧٩)** .

د- منهج استباقي proactive، لأنه أحد مناهج صناعة المستقبل الذي يعتمد على مبدأ بناء الرؤية (vision) والانتقال من النظرية إلى التطبيق والممارسة من خلال الأهداف الحاضرة وصولاً إلى الصورة المستقبلية عبر التحرك باتجاه مستقبل مشرق. (Markeridakis & Whell, 1987: 497)

وتمثل الرؤية في هذا المنهج نجمة مرشدة توجه الجميع في المنظمة نحو مسار الأهداف المستقبلية للتطوير عبر ربط الحاضر بالمستقبل بقصة تصور أحداثاً قابلة للتصديق. (Daft & Noe, 2001: 404)

> *** منهج استباقي** أحد مناهج صناعة المستقبل الذي يعتمد على مبدأ بناء الرؤية (vision) والانتقال من النظرية إلى التطبيق والممارسة من خلال الأهداف الحاضرة وصولاً إلى الصورة المستقبلية عبر التحرك باتجاه مستقبل مشرق.

ويجسد الشكل (٩) طبيعة الرؤية كمرشد لمستقبل التطوير التنظيمي .

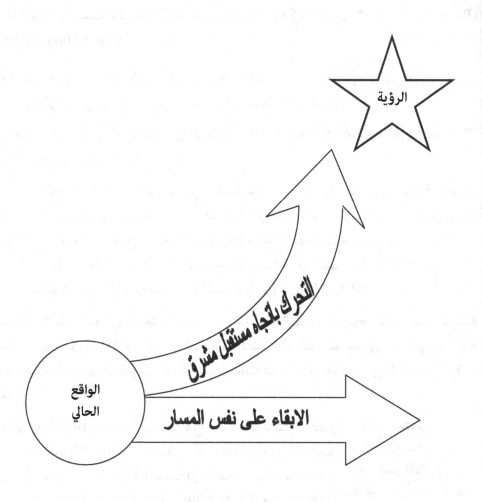

شكل (٩)

طبيعة الرؤية في التطوير التنظيمي

المصدر: (Hitt, 1988: 128) بتصرف

إن الطروحات السابقة هي التي دعت بعض الكتّاب والباحثين أن يطلقوا على التطوير التنظيمي، (التخطيط الاستراتيجي)، (كرينبيرج وبارون، ٢٠٠٤: ٧٧٥)

ومن هذا المنطلق وضع (Beckhard & Harris) في عام ١٩٧٧ معادلة لوصف التغيير المخطط (التطوير التنظيمي) أحد أركانها الرؤية، وصيغة المعادلة هي:

التطوير التنظيمي= اللارضا عن الوضع× الرؤية × الخطوة الأولى > مقاومة التغيير

أو

$$C = D \; x \; V \; x \; F > R$$

حيث:

C = Change ، التغيير المخطط (التطوير التنظيمي).

Dissatisfaction with the status quo = D

Vision of the future = V

First steps = F

Resistance to change = R

(Juseia, 2000: 258)

إن الاهتمام بالتطوير التنظيمي كمنهج مستقبلي رؤيوي فرضته حراجة وضرورات حالة الاستعداد لمواجهة المستقبل والاستجابة لمتغيراته بوصفها المهمة الأساس للمديرين وقادة المنظمات، إذْ يجزم (**ليفت** وآخرون **Leavitt et al.,**) في الحديث عن المنظمات في هذا المستقبل السريع الحركة بأنه سيكون لسرعة ودقة استجابة المنظمة للتغيرات البيئية النصيب الأوفر في تحديد نجاح المنظمة واستمراريتها، (**جاكسون**، ١٩٨٨: ٥٤١).

ومن هذا المنطلق؛ فإن الواقع يفرض على المديرين أن يكونوا صانعي ومؤهلي بل وأساتذة في التغيير والتجديد لكي يصبحوا فاعلين في المستقبل، (**Brown & Harvey, 2006: 34**) .

بشكل يمكنهم من نقل منظماتهم إلى منظمات الأداء العالي (High performance Organizations) تلك المنظمات التي تجيد التغيير كماً ونوعاً وتوقيتياً، (**Carrati, 2000: 99**) .

* وخلاصة القول أن أهمية التطوير التنظيمي تكمن في شموليته في التعامل مع الظواهر التنظيمية، فهو منهج للظاهرة (الحاضرة)، و (المستقبلية)، و (المستمرة) و (الوقتية أو الطارئة). ويعكس الشكل (١٠) أهمية التطوير التنظيمي.

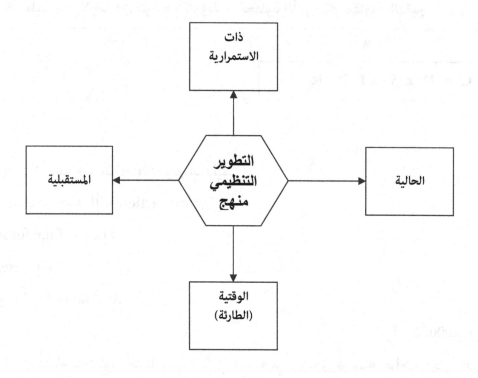

شكل (١٠)

أهمية التطوير التنظيمي

2. أهداف التطوير التنظيمي:

التطوير التنظيمي كنشاط منهجي يسعى من خلال ممارسته إلى تحقيق مجموعة من الأهداف، ومن خلال استعراض بعض الأدبيات المتخصصة في هذا المجال وبخاصة لكتّاب وباحثين معروفين أمثال:

(Bennis, 1969: 15) , (Thompson, 1997: 686) , (French & Bell, Jr, 2000:26)
(Schermerhorn, 2005: 481) , (Brown & Harvey, 2004: 6).

ومن ثم تحليل محتواها وإعادة تصنيفها، اتضح أن هذه الأهداف تتوزع على أربعة مستويات كما موضح في الشكل (١١).

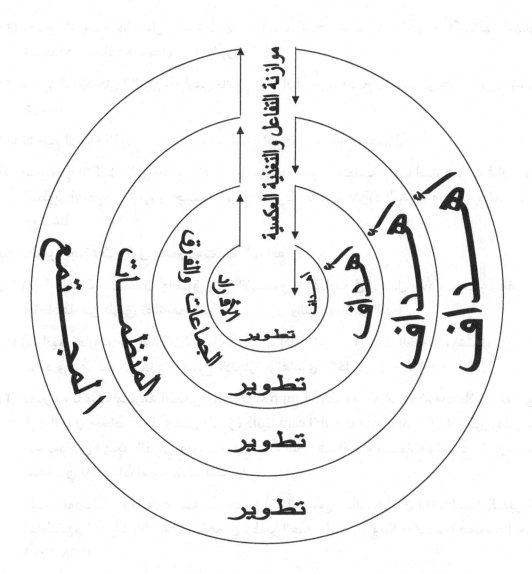

شكل (١١)

مستويات أهداف التطوير التنظيمي

ويلاحظ من الشكل السابق أن مستويات الأهداف، تشمل:

أ- **تطوير الأفراد**: وتتلخص أهدافه بالآتي:

(١) زيادة معنويات الأفراد.

(٢) تحسين قدرات الأفراد على تجديد ذاتهم Self-renewal باستمرار، عن طريق إكسابهم المهارات المتجددة وإمدادهم بالمعلومات الضرورية.

(٣) تحفيز الأفراد على الالتزام الحقيقي بالقيم الإنسانية، حتى تصبح الأحاسيس والمشاعر والرغبات شرعية.

(٤) تشجيع الإبداع الفردي من خلال دعم المبادرات وتهيئة المناخ الملائم لهُ.

(٥) يساهم في التكامل والمواءمة بين أهداف الأفراد وحاجات المنظمة وأهدافها، وبذلك فإن جهود التطوير التنظيمي ترمي في جانب منها إلى تنشيط وتجديد الموارد البشرية وزيادة همتها فردياً وجماعياً.

ب- **تطوير الجماعات وفرق العمل**: وتتجسد أهدافه في:

(١) زيادة فاعلية الجماعات والفرق على الاندماج والمشاركة في العمل والأداء وصناعة القرارات واتخاذها، عن طريق تعليمهم سلوكيات التعاون والثقة وتكامل الأدوار.

(٢) إكسابهم مهارات حل المشكلات جماعياً وآليات إدارة الحوار وتبادل الخبرات، بشكل يزيد من موارد وطرق حل المشكلات ويسرع الإنجاز. **(العامري والغالبي، ٢٠٠٨: ٥١٢)**

(٣) تبصيرهم بأهمية ممارسة التمكين (Empowerment) كمنهج معاصر وضرورة ملازمة لتأسيس فرق العمل وبخاصة فرق العمل المدارة ذاتياً Self managed Team ، لأن التمكين يقلل من الاعتماد على الهيكل الهرمي ويزيد من حرية التصرف في أداء المهمات واتخاذ القرارات مما يساهم في تطوير الأداء وتجديده باستمرار.

حيث توصلت دراسة حديثة لاستطلاع آراء العاملين بالتمكين، أن (٨٣%) من الذين تم استطلاعهم أجابوا أن التمكين يساهم في تطوير العمل باستمرار وبلا توقف، **(حمود واللوزي، ٢٠٠٨: ٢٥٨)** .

(٤) تقليل التواكل الاجتماعي، حيث يشير التواكل الاجتماعي إلى اتكالية أو اعتمادية بعض أفراد الجماعية على عدد معين من أفراد نفس الجماعة في أداء المهمات والأنشطة المعهودة لهم، بما يخلق لا توازن في الجهد والأداء ويولد صراعات قد تؤدي إلى انشطار تلك الجماعة، ويسهم التطوير التنظيمي في تقليل هذا التواكل من خلال (تحديد العدد الملائم للمجموعة وخلق التجانس بينهم وتحديد الأدوار وحصر المسؤوليات)، **(العنزي وصالح، ٢٠٠٨: ٦ و ١٦)**

جـ- تطوير المنظمة: وتنعكس أهدافه على:

(١) تحسين الكفاءة والفاعلية التنظيمية وزيادة الإنتاجية، عن طريق تجديد الوسائل والأساليب والأفكار وتحديثها باستمرار، مما يسهم في حسن استثمار الموارد ورضا أصحاب المصالح وبالتالي تحقيق الأهداف المرسومة، وقد توصلت دراسة ميدانية عربية إلى أن (٧٤%) من أفراد العينة أكدوا أن التطوير التنظيمي يساهم في زيادة الإنتاجية وتحقيق الكفاءة. (**العواملة**، ١٩٩٢: ١٨٨)

(٢) توسيع ممارسات (الإدارة الجماعية) عن طريق ترسيخ قيم المشاركة والاندماج والممارسات الديمقراطية، وهذا سيساهم في تقليل حالات الصراع والتناقض وزيادة روح التعاون وسيادة سلوك المواطن الصالح. (Good citizen Behavior) الذي يتميز بالإيثار الخالص (**Altruism**) الذي يدفعهُ للقيام بأكثر مما تتطلبه واجبات الوظيفة (**Going Beyond the Call of Duty**) بشكل طوعي. (**جريبنرج وبارون:** ٢٠٠٤، ٤٦٠ و ٤٦١)

(٣) زيادة القدرة التكيفية للمنظمة مما ينعكس على تسريع استجابتها لمتطلبات الزبائن وبالتالي تحسين وضعها التنافسي، والظفر بالبقاء كواقع والبحث عن التميز كطموح، ومن الأدلة العملية على هذا الهدف؛ منهج شركة كومباك الذي يقوم على تكييف تصنيعها نحو التغيير الذي يشكل جزءاً هاماً من الصناعة، بدلاً من أن تحاول تغيير الصناعة، والتشديد على المرونة والسرعة بدلاً من الافتراض بأن السوق لن تتغير. (**Bennis**, 1992: 197) .

وهذا هو الذي دفع (**T. Levitte**) بأن يصف الشركة في عصر التغيير، بالآتي: (تحتاج لسرعة ونشاط الغزلان لإنجاز الأعمال وفي نفس الوقت تحتاج لثبات الأفيال حتى تحافظ على أعمالها، من هدم الآخرين لها)، (**نجم**، ٢٠٠٠: ٢٨٦)

(٤) تشجيع اعتماد الهياكل العضوية بدلاً من الهياكل الميكانيكية للتخلص من البيروقراطية القاتلة، التي تتجاوز الحدود المنطقية أحياناً، وكسر قيودها غير المبررة أحياناً والتي تقاوم التغيير والتطوير، وقد أشار (**بنيس** Bennis) منذ عام ١٩٧١ في مقالته (انقراض البيروقراطية) إلى هذه المسألة، بقوله: إن أي بيروقراطية لن تبقى بعد انقضاء فترة تتراوح ما بين خمسة وعشرين عاماً وخمسين عاماً، وذلك بسبب مقاومتها المتأصلة للتغيير وبسبب عدم كفاءة عملياتها الأمر الذي يهدد بقاءها في المدى الزمني القصير. (**جاكسون وآخرون**، ١٩٨٨: ٥٤٣)

(٥) تحديث الإستراتيجيات والمهارات الإدارية اللازمة لتغيير الثقافة التنظيمية، وإخراج القمة الإستراتيجية والمديرين التنفيذيين من الأطر التقليدية للتفكير.

ومن التجارب الميدانية الناجحة على هذا الهدف، تجربة شركة (فورد ford للسيارات)، إذْ تتيح الشركة الفرصة للمديرين ومسؤولي الأقسام جميعاً بدراسةواقعهم ونق ذاتهم لإخراجهم من البوتقة التي كانوا

يحصرون أنفسهم فيها وينظرون للأمور والقضايا والمشاكل التي حـولهم بأساليب ورؤى متباينـة عما اعتادوا عليه New approaches to old problems وبشكل يخرجهم مـن الأطر التقليديـة للتفكير Out of the – Box-Thinking لكي يبحثوا عن البدائل غير التقليدية وأن ينفتح الجميع لما يطرح وتؤخذ المقترحات مآخذ الجد. (**الكبيسي**،٢٠٠٥: ١٤٢-١٤٣)

(٦) عمله جنباً إلى جنب مع منهج القوة والسياسة (power & political)، لإحداث مقاصد التطوير المختلفة، لأن قيم التطوير لا تتماشى مع النموذج السياسي التعددي* في المنظمات وحسب، بـل بإمكانها أن تجعل هذه المنظمات أكثر إنسانية وأكثر فاعلية، من خـلال، (**فرنش وجـونيز**، ٢٠٠٠: ٤٤٥-٤٤٦):

(A) بناء قاعدة نفوذ التطوير بحيث تكون كمدخل لأصحاب النفوذ.

(B) استخدام إستراتيجيات القوة الجهرية المفتوحة للتأثير على أصحاب النفـوذ الأساسـيين لقبـول تطوير المنظمات.

(C) تزويد أصحاب النفوذ بعملية مسهلة للتصدي للمواضيع الحيويـة لتبرهن أنهـا أكثر ابداعـاً وفاعلية من المساومة السياسية.

(D) مساعدة هيكل النفوذ لمواجهة وتحويل نفسه حتى يكتب للتغيير الاستمرارية.

(E) دعم اهتمامات ومصالح الأفراد الأقل قوة الذين يتأثرون بهذه التغيرات.

د- **تطوير المجتمع**: من خلال الحصول مبادرات مواطنة المنظمة، وتشمل، (**& Maignan** **Ferrell**,2001: 461)

(١) المشاركة في التخطيط الاستراتيجي طويل الأمد لتحسين البنى التحتية للجميع.

(٢) إدخال رضا الزبون في تقييمات الأداء.

(٣) الوفاء بمتطلبات تنفيذ وتطبيق القوانين أو الأنظمة البيئية.

(٤) التدريب على الأخلاق الشخصية والمهنية.

(٥) تطبيق قواعد السلوك القيمي من قبل الإدارة.

(٦) منح موارد للمنظمات غير الهادفة للربح (مثل منظمات المجتمع المدني والمنظمات الخيرية).

(٧) دعم الاقتصاد المحلي.

(٨) تدنيه مقدار استخدام الطاقة والمواد التالفة والفضلات.

---

* النموذج السياسي التعددي، يفترض أن المنظمات تحتوي على مجموعات ذات مصالح خاصة تبحث عن تحقيق أهدافها.

ثانياً: مبادئ التطوير التنظيمي وخصائصه

1. مبادئ التطوير التنظيمي :

تمثل مبادئ التطوير التنظيمي، قواعد عامة للاسترشاد النظري والعملي وتتلخص بـالآتي: (schein,2004: 216)، (FOX, 2000: 143-147) و (حسن، ١٩٨٩: ٢٩٢)

أ- **السلطة**: سـلطة التطوير التنظيمـي هـي الإدارة العليـا، وهـي التـي تحركـه بصـيغة رسـمية وفـق مستلزمات تكييف أهدافها وأوضاعها التنظيمية للبيئة.

ب- **المسؤولية**: مسؤولية التطوير التنظيمي مسؤولية مشتركة لجميع المستويات التنظيمية مـن أعـلى القمة إلى أدنى القاعدة، هياكلاً، ومجموعات، وأفراداً، بشكل نسبي متفاوت.

ج- **المرونة**: مرونة التطوير التنظيمي تتجسد في حركته ثنائية القطب (Bipolar) نهايتيـه المتطـرفتين (التطوير التدريجي) مقابل (التطوير الرديكالي)، ومـا بـين تلـك النهـايتين يمكـن تأسـيس مناطق وتوليفات تطويرية بأشكال مختلفة.

د- **الاستمرارية**: استمرارية التطوير التنظيمي تكمن في كونه برامج مستدامة تتجدد باستمرار بسـبب حركية البيئة واضطرابها.

هـ- **التكاملية**: تكاملية التطوير التنظيمي تـأتي مـن تنسـيقه العـالي بـين أهـداف المنظمـة والأهـداف الفرعية للأقسام والجماعات والأفراد الرسمية وغير الرسمية، للوصول لبنية تنظيمية صحية.

ويمكن تصوير مبادئ التطوير التنظيمي بالشكل الآتي:

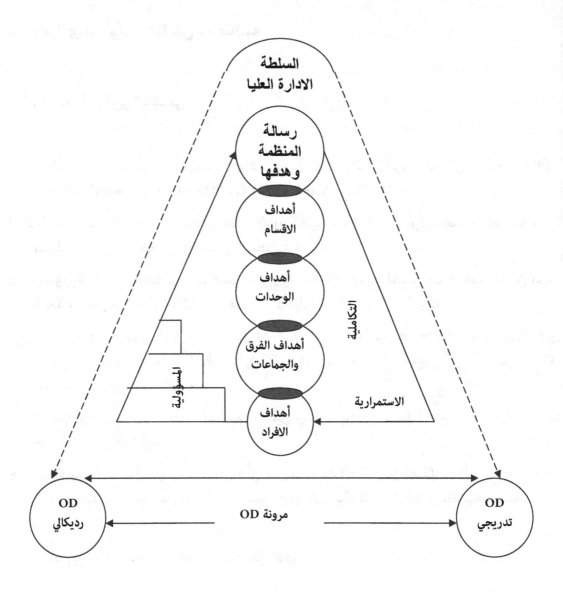

شكل (١٢)

منظومة مبادئ التطوير التنظيمي وآلية حركتيها

2. خصائص التطوير التنظيمي:

يوضح الشكل (١٣) خصائص التطوير التنظيمي

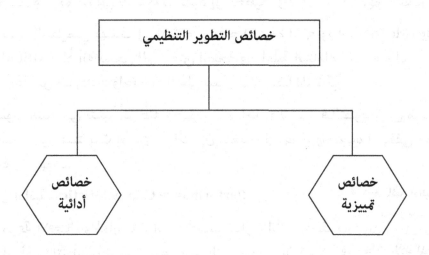

شكل (١٣)

خصائص التطوير التنظيمي

ويظهر من الشكل السابق أن الخصائص، هي:

> * **خصائص تمييزية**
> مجموعة الصفات والمؤشرات التي تميز منهج التطوير التنظيمي عن باقي المنهاج التنظيمية؛ وتمنحه هوية المنهج المستقل كبناء معرفي له خصوصية

أ- **خصائص تمييزية Discrmination Characteristics**

مجموعة الصفات والمؤشرات التي تميز منهج التطوير التنظيمي عن باقي المنهاج التنظيمية؛ وتمنحه هوية المنهج المستقل كبناء معرفي له خصوصية.

وتشمل هذه الخصائص ما يأتي: (**Brown & Harvey**, 2004: 3-4)

(١) التطوير التنظيمي ليس مدخلاً جزئياً للتغيير، حيث يركز على الأهداف الكلية من خلال تطوير المنظمة الواسع وتحسين الأنماط الإدارية، بينما على سبيل المثال التطوير الإداري يهدف إلى تغيير السلوك الفردي فقط [أي نظرته جزئية].

(٢) التطوير التنظيمي أكثر من مجرد تقنية (Technique) مفرده، يستخدم التطوير الكثير من التقنيات، [لأداء مهماته ولا يكتفي بتقنية واحدة محددة]، مثل إدارة الجودة الشاملة (TQM)، الإثراء الوظيفي.

(٣) التطوير التنظيمي لا يشمل التغييرات العشوائية أو ما يتعلق بهذا الموضوع، لأنه يستند إلى تشخيص وتقويم نظامي للمشكلات تقود إلى تخطيط وأنماط خاصة لجهود التغيير.

(٤) التطوير التنظيمي يهدف إلى أكثر من رفع (إيقاظ) المعنويات (Morals) والاتجاهات (Attitudes)، إذْ أنه يسعى إلى تحقيق الصحة والفاعلية الشاملة للمنظمة، التي تتكون من مجموعة من المفردات، واحدة منها على سبيل المثال رضا المشاركين.

(٥) التطوير التنظيمي تتميز أنشطته وجهوده بالتداخل والترابط، فالتطوير على مستوى معين ينعكس على المستويات الأخرى، لذلك فإن التغذية الراجعة، والإتجاه الموقفي تعار أهمية كبيرة في جهوده.

ب- خصائص أدائية Performance Characteristics

مجموعة الأفعال والممارسات التي تصف سلوك الأداء المطلوب إجرائياً من التطوير التنظيمي لتحقيق مخرجاته، التي يتوقع أن تسهم في تحقيق أهداف المنظمة بكفاءة وفاعلية، وتشمل هذه الخصائص ما يأتي:

(**Brown & Harvey**, 2006) و (**ديسلر**، ٢٠٠٣: ٣٠٢)
و (**French et al.**, 2000:5- 6)

> *** خصائص أدائية**
> مجموعة الأفعال والممارسات التي تصف سلوك الأداء المطلوب إجرائياً من التطوير التنظيمي لتحقيق مخرجاته، التي يتوقع أن تسهم في تحقيق أهداف المنظمة بكفاءة وفاعلية

(١) يركز على المجموعة والعمليات التنظيمية بشكل مختلف وبحسب محتوى ومتطلبات كل منها.

(٢) يؤكد على عمل الفريق كوحدة أساسية لتعلّم النماذج الأكثر فاعلية من السلوك التنظيمي.

(٣) يستند على الإدارة التعاونية كأساس لثقافة فريق العمل.

(٤) يؤكد على إدارة الثقافة الشاملة للمنظمة.

(٥) يعتمد مدخل النظم (System Approach) في نظرته إلى العلاقات الداخلية بين الوحدات والأقسام والمجموعات والأفراد، بوصفها أنظمة فرعية متداخلة ومتفاعلة ضمن نظام المنظمة الكلي.

(٦) يتبنى نموذج البحث الإجرائي (Action Research) كوسيلة في جمع المعلومات والتحليل واكتشاف الحقائق ووصف المقترحات.

(٧) يستخدم وكيل تغيير (Change Agent) علوم سلوكية، يسمى المحفز -المغيـر - (Catalyst)* أو الميسر (Facilitator).

(٨) يعتبر جهود التغيير والتطوير عمليات مستدامة.

ثالثاً: مبررات التطوير التنظيمي وتحدياته :

تتردد كثيراً في أدبيات إدارة التغيير والتطوير التنظيمي عبارة، مفادها:

تجدد أو تبدد Renewal or Dissipated

ومضمون هذه العبارة ومكنونها يشير إلى مسألتين مهمتين أو خيارين اثنين لا ثالث لهما في عالم المنافسة والأعمال، هما:

أ- التجدد:

والذي يعني في كل ما تعنيه هذه الكلمة (التطوير) لأن التجدد يمثل عمليات مستدامة ومستمرة لبناء الإبداع والتكيف في المنظمة، (**Brown & Harvey**, 2004:36) .

والتجدد كدلالة للتطوير أصبح ضرورة لامناص منها، ولكن لماذا لامناص منها؟ برغم أنه يمثل كلفه قد تكون عالية جداً؟ كما هو الحال في الاندماج التطويري لبنك أمريكا وبنك سيكورتي باسيفيك الذي كلف (٣٠٠) مليون دولار ضاعت كديون، (**شارلز وجونز**، ٢٠٠١: ٧٥٣) .

والجواب، هو: هناك مبررات، (تمثل فعل Action)، حافزة ودافعة صوب التطوير (التجدد) لضمان التكيف والبقاء والفاعلية، إذْ أشار منظري الإدارة المعروفين (**ارجريس Argyris**) و (**برنارد Barnard**) إلى أن المنظمة الفاعلة حقيقة هي منظمة فيها كل من الأفراد والتنظيم ينمو ويتطور، (**Mckendall**, 1993:97)، وبدون اعتماد التجدد وتبنيه كمنهج فإن المنظمة ستجد نفسها في الاتجاه الثاني (التبدد).

ب- التبدد:

والذي يعني في كل ما تعنيه هذه الكلمة واحدة مما يأتي أو جميعها (الفشل، والوهن، والموت) وبالتالي التراجع والانسحاب من عالم الأعمال والاختفاء الذي قد يكون نهائياً بلا عودة أو وقتياً، كما حدث في (شركة تينكو) المتخصصة في الغاز الطبيعي وبناء السفن وتصنيع أجزاء السيارات، التي خسرت (٧٣٢) مليون دولار بسبب قصور الهيكل التنظيمي والنمط الثقافي في الشركة وعدم مجاراتهما للتطوير الحاصل في البيئة، مما جعلهما عقبات كبرى في سبيل التغيير وبالتالي انسحابها من عالم المنافسة وسوق العمل،(Morris, 2004: 84).

---

* مصطلح مستعار من علم الكيمياء، حيث يشير إلى مادة حافزه، تسبب التغيير الكيميائي دون أن تتغير هي نفسها، (قاموس أكسفورد، ص١٠١).

ولكن لماذا التبدد؟ ولماذا تنساق له المنظمة أو تقع في شراكة Trips؟! وهل هي مجبره على هذا الانسياق؟.

والجواب: هناك تحديات (تمثل رد فعل Reaction) مانعة ومثبطة لبرامج التطوير التنظيمي وجهوده، تمثل (مقاومة للتطوير)، إن نكوص المنظمة وتراجع قدرتها التطويرية وعدم استطاعتها أن تجسد قابلية متجددة من الفعاليات التطويرية بمنتجات وخدمات ترضي بل تبهر بها الزبائن سيجعل المنظمة عاجلاً أم آجلاً في موقف صعب إذا تراكم ينقلها إلى حالة التدهور والتبدد.

* والخلاصة التي نخرج بها من مناقشتنا لعبارة (تجدد أو تبدد) أن هناك نوعين من العوامل، الأولى منها دافعة ومحفزة لقيام برامج التطوير تمثل (مبررات) وتعكس (الفعل) في مقابل الثانية مانعة ومثبطة لهذه البرامج تمثل (تحديات) وتعكس (رد الفعل) أو (مقاومة التطوير)، وفيما يأتي استعراض لمبررات التطوير التنظيمي وتحدياته:

- **مبررات التطوير التنظيمي:**

تقسم هذه المبررات إلى داخلية وخارجية، وكما يأتي:

(١) المبررات الداخلية:

تمثل مجموعة العوامل الدافعة، من داخل المنظمة، نحو التطوير التنظيمي وضرورة تبنيه برامج مستدامة، وتشمل هذه العوامل، (**العامري والغالبي**، ٢٠٠٨: ٤٣٨) و (**Waterman**, 1987:51)

> *** المبررات الداخلية**
> تمثل مجموعة العوامل الدافعة، من داخل المنظمة، نحو التطوير التنظيمي وضرورة تبنيه برامج مستدامة

- دعم الإدارة العليا في المنظمة لبرامج التطوير التنظيمي، وقد يكون ذلك من خلال تبني رؤية مستقبلية جديدة تتسم بالطموح العالي.
- متطلبات إدامة بقاء المنظمة وتفوقها في عالم المنافسة.
- تبني منهج الحاكمية المنظمية، أو أي نهج أو منهج جديد يتماشى مع متطلبات حرجة للتطوير تتطلبها طبيعة الحراك الداخلي في المنظمة أو بفعل انعكاس متغيرات وتبدلات في البيئة الخارجية للمنظمة.
- برامج الاندماج والاكتساب والخصخصة.
- إدارة الصراع التنظيمي وحالات اللأرضا الوظيفي وعلاج الاستقالات من الخدمة.
- برامج إدارة الإبداع والابتكار التنظيمي.

(٢) المبررات خارجية:

تمثل مجموعة العوامل الحافزة، من خارج المنظمة، والتي تسهم في زيادة دافعية المنظمة نحو صياغة برامج التطوير التنظيمي وتنفيذها، وتشمل:

> *** المبررات خارجية:**
> تمثل مجموعة العوامل الحافزة، من خارج المنظمة، والتي تسهم في زيادة دافعية المنظمة نحو صياغة برامج التطوير التنظيمي وتنفيذها.

- تسارع وتيرة التطورات العلمية والتقنية.
- التوجه نحو اقتصاد المعرفة وزيادة الاهتمام بإدارة العقول ورأس المال الفكري.
- إعادة هندسة العلاقات والاهتمام بإدارة رأس المال الاجتماعي.
- الاهتمام بالقيادة النسوية Woman Leader ship.
- تنوع قوة العمل ومشكلات التحرش الجنسي.
- ظاهرة العمالة الطارئة (المؤقتة).
- نمو قطاع الخدمات وزيادة فرص العمل فيه.
- ظهور مشاركة السوق الحرة.
- نمو الممارسات الديمقراطية في الحياة النيابية.
- الوعي العالي بحقوق الإنسان.
- الإهتمام بإدارة التعقيدات.
- المشكلات البيئية وإدارة البيئة.

(**صالح**، ٢٠٠٢: ١) ، (**السالم**، ٢٠٠٩: ٦٣) و (**Brown & Harvey**, 2004: 46)

- **تحديات التطوير التنظيمي:**

تُعد التحديات التي سيتم عرضها ومناقشتها في أدناه؛ بمثابة (مقاومة لبرامج التطوير التنظيمي)، وقد يستغرب البعض من هذا الطرح!! ويسأل في داخل نفسه (لقد سمعنا وعرفنا عن مقاومة التغيير بشكل عام، أما عن مقاومة التطوير فهذا ما لم نسمع عنه،! فلماذا هذه المقاومة طالما أنها برامج مخططة ومستهدفة لإحلال الشيء الجيد بديلاً عن السيء، والحديث بديلاً عن القديم، والتجديد بديلاً عن التبديد، فهل توجد هكذا مقاومة فعلاً؟).

وللإجابة نقول (نعم)، بل والأكثر أن مقاومة التطوير أشد وطأة وأشرس من مقاومة التغيير، لأن التغيير قد ينطوي أحياناً على لا تأكد وتتخله العشوائية، أما برامج التطوير فهي برامج واعية ومستهدفة بذكاء لـ:

(١) اعشاش كتل المصالح غير الشرعية في المنظمات.

(٢) بؤر الفساد الإداري والمالي.

(٣) ترشيق هياكل المنظمات والقضاء على البطالة المقنعة وإعادة توزيع القوة والنفوذ.

(٤) تعليم ممارسات الشفافية والإفصاح.

(٥) زيادة الوعي الأخلاقي والمسؤولية الاجتماعية.

(٦) توسيع ممارسات أنسنة Humanist الإدارة وديمقراطية القيادة.

(٧) إزاحة معيقي التطوير وغير الأكفاء عن المواقع المهمة لأن بقائهم فيها سيعرقل إن لم يقضي على مبادرات التطوير.

وللأمانة، وبكل صراحة هذا ما لا يريح البعض لأنه سيقضي على طموحاتهم غير المشروعة ويقلل إن لم ينهي مصالحهم الشخصية، لذلك يحاولون مقاومة هذه البرامج، وبشراسة، لأن برامج التطوير عادةً ما تقترن بترحيب وتقبل وتحفيز. بعدها ينقلب هذا التحفيز الإيجابي إلى أداة مقاومة، لأن مقاومي التطوير أكثر وعياً وإدراكاً وتأثيراً وسلطةً في الغالب من مقاومي التغيير، ويأخذ الأشكال الآتية:

- تحفيز وئِدي (Infanticideal) وهو تحفيز غايته مناقشة فكرة التطوير وتشجيعها، ومن ثم وئدها (دفنها) إلى الأبد ومن غير رجعه.

- تحفيز إجهاضي (Miscarriage) تحفيز يتقبل فكرة التطوير ويهيئ المستلزمات والدعم لها وعند منتصف الطريق يُسحب هذا الدعم ويترك فريق التطوير لا حول ولا قوة لهُ.

- تحفيز إحباطي (Frustration) تحفيز غايته الاستمرار إلى النهاية في برامج التطوير ومحاولة تصيد الأخطاء أو وضع العقبات أمام نجاح البرامج، والتشهير به ورسم هالة كاذبة حول فشلة، وتوجيه اللوم و/أو العقاب القاسي بفريق التطوير ليجعلهم عبره لكل من يفكر بهذا الطريق مستقبلاً.

* **تحفيز وئِدي**
Infanticideal
وهو تحفيز غايته مناقشة فكرة التطوير وتشجيعها، ومن ثم وئدها (دفنها) إلى الأبد ومن غير رجعه.

* **تحفيز إجهاضي**
Mis Carriage
تحفيز يتقبل فكرة التطوير ويهيئ المستلزمات والدعم لها وعند منتصف الطريق يُسحب هذا الدعم ويترك فريق التطوير لا حول ولا قوة لهُ.

* **تحفيز إحباطي**
Frustration
تحفيز غايته الاستمرار إلى النهاية في برامج التطوير ومحاولة تصيد الأخطاء أو وضع العقبات أمام نجاح البرامج، والتشهير به ورسم هالة كاذبة حول فشلة، وتوجيه اللوم و/أو العقاب القاسي بفريق التطوير ليجعلهم عبره لكل من يفكر بهذا الطريق مستقبلاً.

وتكون هذه المقاومة إما على مستوى:

(أ) **تحديات فردية**: وتمثل مجموعة العوامل السلوكية (النفسية والاجتماعية) التي تعكس القلق الشخصي والتوتر النفسي- للفرد بذاته أو الفرد ضمن المجموعة، والتي تدفعه أو تدفعهم لمقاومة برامج التطوير، وتشمل:

* تحديات فردية:
مجموعة العوامل السلوكية (النفسية والاجتماعية) التي تعكس القلق الشخصي- والتوتر النفسي للفرد بذاته أو الفرد ضمن المجموعة، والتي تدفعه أو تدفعهم لمقاومة برامج التطوير

● **مستوى المقارنة ومستوى المقارنة للبدائل:**

Comparison level and Comparison level for alternatives

يشير مفهوم مستوى المقارنة إلى معدل الربح والكلفة الذي اعتاد الفرد أن يجنيه، أو يتكلفه، في علاقاته السابقة، ويمثل هذا المعدل للفرد المعدل القاعدي الذي يتوقع نيله في أية علاقة مستقبلية، فإذا كانت نسبة الربح إلى الكلفة أقل من مستوى المقارنة القاعدي فإن العلاقة ستكون غير مُرضية، أما إذا كانت نسبة الربح إلى الكلفة أعلى من مستوى المقارنة فسوف تكون العلاقة مُرضية.

● **مستوى المقارنة**
يشير مفهوم مستوى المقارنة إلى معدل الربح والكلفة الذي اعتاد الفرد أن يجنيه، أو يتكلفه، في علاقاته السابقة، ويمثل هذا المعدل للفرد المعدل القاعدي الذي يتوقع نيله في أية علاقة مستقبلية

أما مفهوم مستوى المقارنة للبدائل فيشير إلى توقعات الفرد بشأن نسبة الربح إلى التكلفة التي يمكن أن يحققها في العلاقات الأخرى المتاحة، فإذا كانت النسبة المتحققة من علاقة ما تفوق مستوى المقارنة للبدائل فإن العلاقة تكون مرضية ويرجح أن تستمر، أما إذا كانت النسبة المتحققة من تلك العلاقة أقل من مستوى المقارنة للبدائل فإن العلاقة تكون غير مُرضية ويرجح أن لا تستمر. (مكلفين وغروس، ٢٠٠٢: ١٥٧)

مستوى المقارنة للبدائل
مستوى المقارنة للبدائل فيشير إلى توقعات الفرد بشأن نسبة الربح إلى التكلفة التي يمكن أن يحققها في العلاقات الأخرى المتاحة

٢- **الانجذاب المميت Fatal attraction :**

ويعني أن خصائص المحبوب [وهنا تمثل برامج التطوير] التي جذبت المحب إليه [وهنا الفرد والجماعة] هي ذات الخصائص التي تقود إلى تدهور العلاقة وانتهائها. فقد تكون خصيصة مثلاً (مثير أو ممتع) هي مصدر جاذبية البرامج في نظر الفرد أو الجماعة، ولكن هذه الخصيصة بعينها قد تجعل تلك البرامج غير محبذة بنظر الأفراد والجماعة فيما بعد، نتيجة لاختلاف التوقعات ما بين مصالحهم وتوجهات البرامج.

* الانجذاب المميت
يعني أن خصائص المحبوب [وهنا تمثل برامج التطوير] التي جذبت المحب إليه [وهنا الفرد والجماعة] هي ذات الخصائص التي تقود إلى تدهور العلاقة وانتهائها

ويمر الانجذاب المميت بأربع مراحل، هي:

الافصاح
عن الهموم
البقاء في العلاقة
وتقبل الموقف
وتحمل سلوك
الآخرين
إهمال
العلاقة
الخروج
وترك
العلاقة

وتُعد مرحلتي (البقاء والإهمال) مؤشرات سلبية ومؤشر إنذار، إما (الخروج) فتعد مرحلة هدم خطرة تضعف فاعلية برامج التطوير التنظيمي، أما مرحلة الإفصاح فتعد مرحلة إنذار مبكر بناءه يجب الإفادة منها ومنع عبورها إلى مرحلة البقاء، (**Felmless**, 1995: 295) و (**Rusbult**, 1987:39)

٣- التحيز الخادم للذات The Self-Serving Bias

إن مصطلح التحيز الخادم للذات أطلقه (**Miller & Ross**) منذ عام ١٩٧٥، ويشير إلى قيام الفرد بتفسير سلوكه وتبرير تصرفاته ورمي فشله أو مقاومته أو رفضه لمسألة معينة على عوامل خارجية ولكن الحقيقة في الغالب قد لا تكون كذلك.

*** التحيز الخادم للذات**
قيام الفرد بتفسير سلوكه وتبرير تصرفاته ورمي فشله أو مقاومته أو رفضه لمسألة معينة على عوامل خارجية ولكن الحقيقة في الغالب قد لا تكون كذلك

فمثلاً: لاعبي كرة القدم والمدربين يميلون إلى رد الفوز إلى أسباب تتعلق بهم كالعزم والتصميم في حين أنهم يردون الفشل إلى الإصابات البدنية التي قد يتعرضون لها أو إلى سوء الحظ أو [التحكيم]. (**مكلفين وغروس**، ٢٠٠٢: ٢١٥-٢١٦)، وهكذا بالنسبة للأفراد العاملين في المنظمة عندما لا يندمجون مع برامج التطوير أو لا يستطيعون تنفيذ متطلباته فيردون ذلك إلى سوء البرامج وعدم جدواها.

٤- العدوى الاجتماعية والامتثال Social Contagion and Conformity

تشير العدوى الاجتماعية إلى عملية نفسية يؤثر فيها الأفراد على بعضهم البعض أثناء وجودهم في الجماعة فتتصاعد حدة الانفعالات كما تتصاعد سرعة الاستجابة. (**مكلفين وغروس**، ٢٠٠٢: ٩٥)، مما يؤدي إلى المعارضة والهيجان والإضراب عن العمل، وأحد أهم أسباب هذه العدوى وبخاصة في منظمات الأعمال هو (الامتثال) الذي يمثل نزعة الفرد إلى الانسياق لرأي الأغلبية، إذْ من المعروف وعلى حد قول **سينكا** (**Seneca**)، في رسالته الفلسفية التي بعث بها إلى **لوكاليوس** (**Lucalius**) فيما بين سنة (٦٣-٦٥) قبل الميلاد، أنه من السهولة بمكان أن يتحول المرء إلى جانب الأكثرية، (**مكلفين وغروس**، ٢٠٠٢: ٣). وهذا هو الذي نتوجس منه خيفة في حالة حدوثه في منظمات الأعمال للتصدي لبرامج التطوير التنظيمي وأفشالها.

*** العدوى الاجتماعية والأمتثال**
عملية نفسية يؤثر فيها الأفراد على بعضهم البعض أثناء وجودهم في الجماعة فتتصاعد حدة الانفعالات كما تتصاعد سرعة الاستجابة.

(ب) **تحـديات تنظيميـة:** وتمثـل مجموعـة العوامـل الهيكليـة، والإجرائيـة، والبنائية داخل المنظمة، والتي قد تعمل على إضعاف برامج التطوير التنظيمـي، وتشمل: (**المجالي**، ٢٠٠٧: ١٧ و ٢٢) و (**ماهر**، ٢٠٠٦: ٧١) و(**Wheatley et al.**, 2003: 47-61)، (**Morrison & Milliken**, 2002: 21).

* **تحديات تنظيمية**
مجموعـة العوامـل الهيكليـة، والإجرائيـة، والبنائيـة داخـل المنظمـة، والتي قد تعمل على إضعاف برامج التطوير التنظيمي

(١) حدوث فجوة (gap) بين قيم الإدارة العليا وممارستها السلوكية الفعلية على أرض الواقع.

(٢) اعتماد برامج (أو برنامج) التطوير التنظيمي بشكل مجزأ وليس بشكل حزمة متكاملة.

(٣) السعي لتحقيق النتائج المنطقية ضمن مدد زمنية غير منطقية.

(٤) ضعف اعتماد برنامج التغذية العكسية لتنشيط حلقات برامج التطوير التنظيمي.

(٥) فشل نظام الاتصالات التنظيمية وبخاصة بين الأطراف المنفذة والمستفيدة من برامج التطوير بسبب عدم مراعاة الفروق الفردية للاتصالات. (Individual Differences Communication) .

(٦) فشل سابق في إدارة برامج التطوير التنظيمي وتنفيذها.

(٧) الغرور بالنجاح المالي والارتياح للوضع الراهن [اعتقاداً أنه سيدوم].

(٨) الصمت التنظيمي (Organizational Silence) والذي يعني عدم بوح أعضاء المنظمة بما يكنوه من شعور أو رأي تجاه المشاكل أو القضايا التطويرية والأحجام عن الحديث وإبداء المقترحات، لذا يعتبرونه منظري الإدارة معيق خطير للتغيير والتطوير التنظيمي، وقد ينتج هذا الصمت عن أسباب عديدة أكثرها خطورة الخوف والقلق الذي ينتاب الأفراد من المدراء الكبار وانزعاجهم من المبادرات المقدمة من العاملين.

* **الصمت التنظيمي**
عدم بوح أعضاء المنظمة بما يكنوه من شعور أو رأي تجاه المشاكل أو القضايا التطويرية والأحجام عن الحديث وابداء المقترحات لأسباب عديدة.

ويصور الشكل (١٤) واقع حال مبررات التطوير التنظيمي وتحدياته.

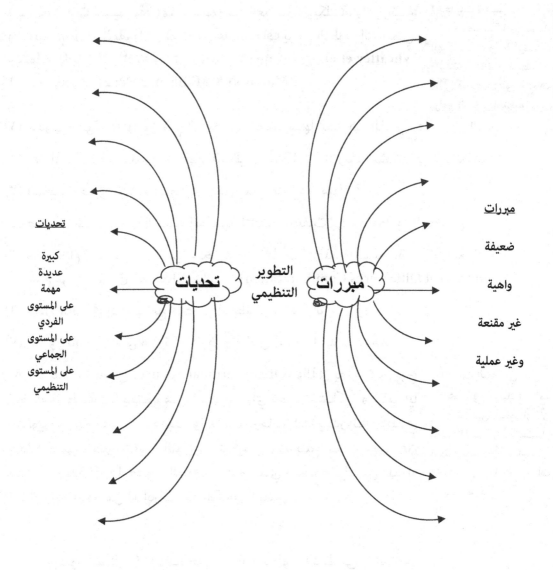

مبررات

ضعيفة

واهية

غير مقنعة

وغير عملية

تحديات

كبيرة
عديدة
مهمة
على المستوى
الفردي
على المستوى
الجماعي
على المستوى
التنظيمي

التطوير
التنظيمي

تحديات

مبررات

شكل (١٤)

قوتا التطوير التنظيمي المتنافرتان (المبررات والتحديات)

ويظهر من الشكل السابق أن التطوير التنظيمي يقع بين قوتين متنافرتين وإن بقاء علاقتهما على هذه الشاكلة يعني لا **تطوير تنظيمي** بالمرة؟! وبناءً على هذه الحقيقة لابد من تفعيل المبررات وإزالة التحديات وتحويلها إلى مساندات لتحقيق التجاذب بين القوتين بديلاً عن التنافر، ويمكن بلـوغ ذلك إذا ما توافرت افتراضات منهجية تستند على مقدمات منطقية فضلاً عن برنامج علمـي لجاهزيـة التطوير التنظيمي.

رابعاً: افتراضات التطوير التنظيمي وجاهزيته

> * الافتراضات
> موجهات أساسية تحكم رؤية برامج التطوير التنظيمي وكيفية تنفيذها، كونها تستند على مقدمات منطقية (*premise*) تولد الفهم المشترك لهذه البرامج وتحدد الخيارات الملائمة لتنفيذها

1. افتراضات التطوير التنظيمي:

الافتراضات (Assumptions) تمثل موجهات أساسية تحكم رؤية برامج التطوير التنظيمي وكيفية تنفيذها، كونها تستند على مقدمات منطقية (premise) تولد الفهم المشترك لهذه البرامج وتحدد الخيارات الملائمة لتنفيذها، وأهمها:

أ- يُعد التطوير التنظيمي ضرورة حتمية لا خيار انتقائي للمنظمات لتحقيق التكييف والبقاء والتميز. وعن ذلك قال (**وارن بينس W.Bennis**): كنت أتحدث مع **ألفن توفلر A.Toffler** مؤلف كتاب صدمة المستقبل الصادر عام ١٩٧٠، عن تسمية منظمة موجودة لحد الآن محصنة ضد التغيير وتكون في نفس الوقت مستقرة ومزدهرة فلم نجد ومما يؤكد ذلك أن (٤٧%) من الشركات التي حققت ثروة أكثر من (٥٠٠) مليون دولار في عام (١٩٧٩) لم تكن على القائمة بعد عشرة سنوات أي عام (١٩٨٩)، (**الغالبي وصالح**، ٢٠٠٩: ٤) .

ب- يقترن قبول ونجاح تطبيق برامج التطوير التنظيمي بدعم وتأييد الإدارة العليا في المنظمة ومشاركتها، وتشير نتائج إحدى الدراسات الحديثة أن دعم الإدارة العليا لهذه البرامج كان السمة المميزة للشركات الناجمة التي وجد فيها نسبة الدعم (٩٤%) عن الشركات الأخرى التي كان فيها نسبة الدعم (٧٦%) فقط. (**كريبزك وبارون**، ٢٠٠٤: ٧٧٧) .

جـ- يوصف التطوير التنظيمي بأنه عملية تغيير منظمة، مؤسس على مجموعة من المبادئ المتماسكة، وتدار من واقع تصميم جيد، وتنفذ بطريقة منهجية. (حمور، ١٩٨٧: ١٤)

د- ينطلق التطوير التنظيمي من النظرة التفاؤلية عن الأفراد، لأن هذه النظرة الايجابية تؤدي ضمناً إلى كسب فوائد عديدة للمنظمة وأعضائها، إذْ من المعروف أن النظام الأهم في المنظمة هو النظام البشري وأن المكونات المادية والموارد الأخرى هي مجرد أنظمة مساعدة في ممارسة دوره ومهماته، (**French & Bell**, 1995:122)

هـ- يعتمد التطوير التنظيمي على تغيير الثقافة التنظيمية كعامل حاكم (Governor) لتعديل السلوكيات وتحديث الممارسات وتجديد الأساليب. (Brown & Harvey, 2004: 71) .

ز- التوازن التنظيمي هو ليس صيرورة للإستجابة للعوامل والإضطرابات الخارجية فقط بل هـو نتيجـة لتحقيق المواءمة (fitting) الحقيقية بين وزن العوامـل الخارجيـة والداخليـة للتطـوير التنظيمـي. (سلفرمان، ٢٠٠٠: ٢٤١)

ح- تستغرق برامج التطوير التنظيمي وقتاً وجهـداً طـويلان، لإحداثـه في المنظمـة، لـذلك يُعـد عنصر الوقت أحد المكونات الضرورية للبرامج المذكورة. (Michael & Waner, 1997; 132)

2. جاهزية التطوير التنظيمي:

تنطلق فكرة الجاهزية (Readiness) أساساً من الاستعداد لمواجهة حالة معينة تستحق التدبر المسبق، إذْ جاء في (المعجم الوسيط) تجهز فلان للأمر، أي استعد وتهيأ لمواجهته، أما الجاهزيـة في الإدارة، تعني: قدرة الإدارة على الاستعداد المسبق لمواجهة مشكلة أو أمر متوقع، فالجاهزية لا تكون فاعلة في الإدارة إلاّ إذا كانت قبل وقوع الحدث وليس بعده، **(السالم والعجلوني**، ٢٠٠٨: ١) .

وتتكون الجاهزية الكلية للإدارة من مجموعة أبعاد تُعد بمثابة منظومات فرعية أبرزها (الجاهزية للتطوير Development Readiness) والتي تعني:

> *** الجاهزية للتطوير**
> مبادرة معرفية (إدراكية) للسلوكيات ومستوى مقاومتها أو دعمها لجهود التطوير

١-مبادرة معرفية (إدراكية) للسلوكيات ومستوى مقاومتها أو دعمها لجهود التطوير : (**Armenakis et al.**, 2000: 327)

٢- قدرة المنظمة على قيادة التغيير [المخطط] نتيجة امتلاكها قدرات ومواهب ذات تأثير في مستوى استجابتها لتحديات التنوع في المعرفة والتكنولوجيا والقيم. (الخفاجي والغالبي، ٢٠٠٨: ٢٥٨) .

ويستخلص مما تقدم أن جاهزية للتطوير التنظيمي تمثل الاستعداد المسبق لتحديات التطوير (مقاومته) التي شخصناها في الفقرة السابقة ومحاولة تفريغ شحنتها السالبة وتحويلها إلى مساندات لإحداث التطوير، إذْ تمثل الجاهزية مانع للصواعق، وكما يقول عن ذلك (**Hamel**, 2000:439): لا نستطيع أن تضع البرق في زجاجة، ولكن نستطيع أن نضع موانع للصواعق.

ومن هذا المنطق بدأ الاهتمام مبكراً بإشارات في الأدب الإداري لجاهزية التطوير؛ ففي عام (١٩٥١) طرح (**لوين Lewin**) مفهوم التذويب (الإذابة) Unfreezing، للمعتقدات، والمواقف، والاتجاهات بالاستناد إلى محيط التغييرات المطلوبة وقدرات المنظمة للنجاح في إحداث هذه التغييرات، (**Armenakis et al.**, 2000:327).

وعضد الرأي السابق (Schein, 1979: 144) إذْ قـال: أن علـة المقاومـة أو الفشـل في جهـود التغيير ترتبط مباشرة في الغالب بعدم القابلية على ترسيم عمليات التذويب بفاعلية قبل الإقدام عـلى حث التغيير.

إن ممارسات جاهزية التطوير في منظورها المعاصر هي أوسع من التركيز عـلى (التـذويب)، إذْ تسبقه وتتعداه لأنها عملية مستمرة متجددة ولكن مستويات استخدامها متباينة بين جاهزية (عاليـة، ومتوسطة، ومنخفضة) بحسب معطيات الموقف أو الحالة.

ويـبرز ذلـك بوضـوح في نقـاط أهميـة بـرامج جاهزيـة التطـوير والتـي تـتلخص بـالآتي: (Armenakis et al., 2000: 327)

أ-   تمثل أولوية ترجيح لمقاومة التغيير من جهة وزيادة فاعلية جهود التغيير والتطوير مـن جهـة أخرى.

ب- تساعد في توجيه الحوار حول تنفيذ جهود التطوير وتحفيز وكيل التغيير لروح المبادرة.

جـ- تسمح بتخيل وتصور مشروع للتطوير في إطار الجاهزية بشكل ينسجم والمديرين المبادرين الذين يلعبون دوراً المدرب وبطل التغيـير والتطـوير ولـيس لاعبـون دور رد الفعـل والمراقـب لمكان العمل ولتأثير المقاومة في التطوير.

وانطلاقاً من أهميـة بـرامج جاهزيـة التطـوير التنظيمـي اقـترح (Armenakis et al: 2005: 300) أنموذجاً لتأسيس جاهزية التطوير وآليات تشغيله والمعروض في الشكل (١٥).

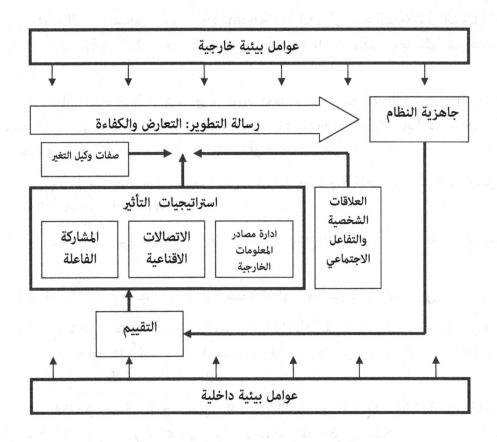

شكل (١٥)

أنموذج لجاهزية التطوير التنظيمي

ويظهر من الأنموذج أن آليات برنامج الجاهزية، تشمل:

(١) رسالة جاهزية التطوير، وهي رسالة موجهة للعاملين في المنظمة وأصحاب المصالح تتضمن أمـرين مهمين ، هما:

- تشخيص الحاجة إلى التطوير (التغيير المخطط) عن طريق تهيئـة أرضيـة للمخـاض الفكـري وانتـزاع الآراء والمقترحات واستنتاج المعارضة والدعم للشروع في برامج التطوير.

- التعرف على الكفاءة الفردية والجماعية في إدراك الحاجة للتطوير والقابلية والاستعداد لدعم جهـود التطوير.

إن رسالة الجاهزية للتطوير قد تستند إلى وجود فجوة أو تعارض بين واقع الوضع الراهن للمنظمـة والوضع الجديد المستهدف ضمن الرؤية الجديدة المعبر عنها في برنامج التطوير التنظيمي، وهذا الأمر يكون

مركزاً على عدم الرضا من الواقع الراهن على مستوى الأداء وتحقيق الأهداف، أو قد تكون رسالة الجاهزية مركزة على ضرورة وحتمية الارتقاء بمستويات الكفاءة إلى درجة التميز والتفرد لواقع عمل المنظمة ضمن الفترة الواردة ضمنها إنجاز برنامج التطوير، وقد ترى الجهة المسؤولة عن التطوير أن تشمل رسالة الجاهزية كلا الأمرين في ذات الوقت.

(٢) العلاقات الشخصية والتفاعل الاجتماعي، جهود الجاهزية تتضمن إقناع شخصي لمجموعة التبادل الاجتماعي لتغيير معتقداتهم واتجاهاتهم ونواياهم بالاستناد إلى التعارض والكفاءة في رسالة التطوير.

(٣) استراتيجيات التأثير، وتشمل ثلاث استراتيجيات لتغيير المعتقدات والاتجاهات لدى العاملين، وهي:

(A) الاتصالات الإقناعية: وتنفذ أما عن طريق الاتصال الشفاهي من خلال أحاديث مسجلة أو عبر المؤتمر المتلفز (تلفزيونية) أو الدائرة المغلقة، أو الاتصال الكتابي عن طريق المستندات والوثائق والرسائل والتقارير السنوية والمذكرات.

(B) المشاركة الفاعلة: وهي مسؤولية وكيل التغيير ويمكنه تحقيقها من خلال:

- إدارة فرص التعلّم لأعضاء التنظيم من خلال أنشطتهم الخاصة واكتشاف اندفاعهم الذاتي نحو برامج التطوير.
- التعلّم البديلي (Vicarious learning)، تجربة وخبرة التعلم البديلي تساعد في تشكيل وتدعيم الثقة في تقنية الإنتاج الجديد ليس على مستوى تحقيق ميزات تنافس ولكن في تطبيق هذه التقنية في بيئة العمل الخاصة بالعاملين الذين يسمح لهم بمشاهدة وملاحظة الآخرين المتبنيين لهذه التقنية الإنتاجية الجديدة، وهكذا لمختلف جوانب التطوير التنظيمي.
- إحداث التفوق، إن سيطرة روح التميز والريادة تساهم في تحضير مسارات التغيير من خلال أخذ المبادرة في توليد جرعات صغيرة بمراحل تصاعدية للتطوير وهذا يزيد من وثائر قبول التغييرات الكبيرة للتطوير.

(C) إدارة المعلومات الخارجية: مصادر من خارج المنظمة تستخدم لدعم رسائل التطوير، مثل وسائل الإعلام التي تبث الأخبار والتي يجب استثمارها لصالح تشجيع التطوير وتحفيز قيامه.

(٤) صفات وكيل التغيير، وتشمل (المصداقية، والصراحة، والثقة، والخبرة)، والتي تلعب دوراً كبير في فاعلية برنامج الجاهزية إذا كانت متوافرة بدرجة كبيرة.

(٥) تقييم الجاهزية، إن قيادة جهود بناء جاهزية للتطوير تتطلب تقييم وتثمين جاهزية النظام ويمكن تحقيق ذلك عن طريق بحث مسحي منهجي وباستخدام الأدوات التالية (استبانه، مقابلة، مشاهدة) مع مراعاة مبدئي (الصدق والثبات) في الأدوات المذكورة.

فإذا كانت مستويات الجاهزة لم تصل بعد إلى الحد الذي يسمح بالبدء ببرنامج التطوير فيمكن العمل على تفعيل المبادرات للجاهزة من خلال سلسلة من الإجراءات الجديدة، وهذا يعتمد أيضاً على الوقت المتاح للمناورة والوصول إلى المستهدف ضمن حالة المنظمة المشخصة من قبل الإدارة ووكيل التغيير.

إن استخدام استراتيجيات التأثير المذكورة في الأنموذج السابق (كنوع وعدد) من قبل المنظمات تحكمه مصفوفة بعديها الأساس (الإلحاحية Urgency) و (الجاهزية Readiness)، ويصور الشكل (١٦) المصفوفة المذكورة.

الالحاحية \ الجاهزية	منخفضة	مرتفعة
واطئة	**برنامج مغامر** – اتصال إقناعي – مشاركة فاعلة – إدارة معلومات خارجية – صفات وكيل التغيير	**برنامج توكيد ومحافظة** – اتصال إقناعي – مشاركة فاعلة – إدارة المعلومات الخارجية
عالية	**برنامج أزمة** – اتصال إقناعي – صفات وكيل التغيير	**برنامج استجابة سريعة** - اتصال إقناعي

شكل (١٦)

أنواع برنامج الجاهزية والاستراتيجيات الملائمة لكل برنامج

المصدر: من إعداد المؤلفين بالاستناد إلى (Armenakis)

إن حُسن تطبيق أنموذج برنامج الجاهزية واعتماد استراتيجياته في التأثير على وفق بعدي المصفوفة (الإلحاحية والجاهزية) سيساهم مساهمة فاعلة وكبيرة في تغيير عادات ومعتقدات وآراء العاملين في المنظمة ويقلل من مخاوفهم ويدفعهم بدلاً من تحدي برامج التطوير التنظيمي ومقاومتها إلى مسانداتها، أي تحويل قوتا التطوير المتنافرتين في الشكل (١٤) إلى قوتين متجاذبتين وكما موضح في الشكل (١٧).

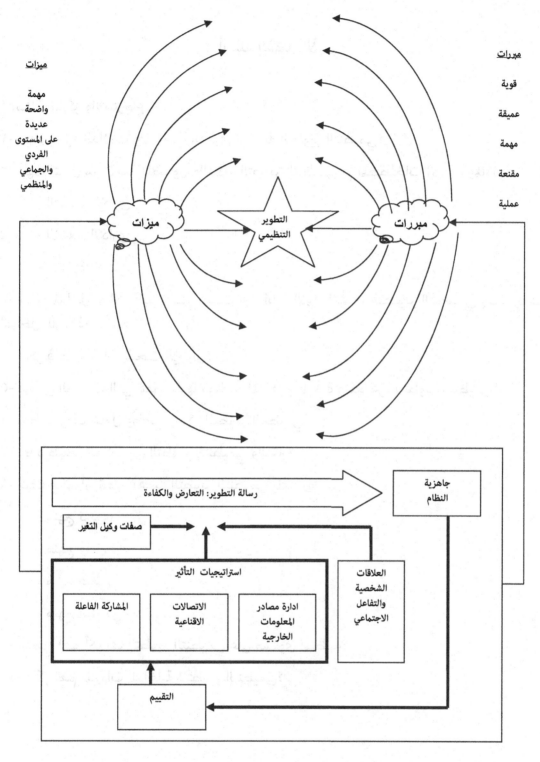

ميزات

مهمة
واضحة
عديدة
على المستوى
الفردي
والجماعي
والمنظمي

مبررات

قوية
عميقة
مهمة
مقنعة
عملية

التطوير
التنظيمي

ميزات

مبررات

رسالة التطوير: التعارض والكفاءة

جاهزية
النظام

صفات وكيل التغير

استراتيجيات التأثير

المشاركة الفاعلة

الاتصالات
الاقناعية

ادارة مصادر
المعلومات
الخارجية

العلاقات
الشخصية
والتفاعل
الاجتماعي

التقييم

شكل (١٧) الجاهزية وإعادة ترتيب قوى التجاذب للتطوير التنظيمي

أسئلة الفصل الأول

* أسئلة التذكر والاسترجاع

١- حدد بتركيز الدلالات والمضمون الفكري لتسمية التطوير التنظيمي؟

٢- أيهما أشمل من ناحية المضمون والدلالة التطوير التنظيمي أم المصطلحات الآتية ، ولماذا .

- التطوير الإداري

- الإصلاح الإداري

- الهندرة

٣- أذكر المداخل أو الأساليب التي مثلت البدايات الأولى لنشوء التطوير التنظيمي وتطوره عبر المراحل اللاحقة؟

٤- أذكر فقط خطوات البحث الإجرائي؟

٥- ما هي الجوانب التي تتفق عليها مضامين المفاهيم المبكرة والمعاصرة للتطوير التنظيمي؟

٦- أعطِ تعريف شامل وواضح ومركز للتطوير التنظيمي؟

٧- حدد طبيعة العلاقة بين التطوير التنظيمي والتغير؟

٨- كيف يمكن أن تحدد أهمية التطوير التنظيمي باعتباره

- منهج تربوي

- منهج وقائي

- منهج صحي

- منهج استباقي

٩- ما هي أهم أهداف التطوير التنظيمي على مستوى المنظمة؟

١٠- أذكر أهم المبررات الداخلية للتطوير التنظيمي؟

** أسئلة التفكير والرأي

١- اعمل جدول تقارن فيه بين فكرتك الأولية عن الـOD قبل الإطلاع على هذا الفصل وبعد دراستك لهُ.

٢- خذ منظمة تعرفها جيداً وأجري تحليلاً مركزاً لها موضحاً فيه الإشكالات الرئيسية المهمة جداً (عدد محدود لا يتجاوز ثلاثة أو أربعة)، ضع برنامج للتطوير التنظيمي متكامل لها وبين كيفية تنفيذ هذا البرنامج، ناقش ذلك مع مجموعتك الدراسية، بعد ذلك اكتب تقرير نهائي بذلك بالتعاون مع ثلاثة أفراد من المجموعة، قدم التقرير للإدارة العليا في المنظمة للاستفادة منهُ.

٣- إذا كانت مفردات وعناصر التطوير التنظيمي عديدة، وأن تطويرها وتغييرها يحتاج إلى موارد ووقت وجهد مختلف، ففي تقديرك أيهما أصعب في التطوير التنظيمي من المفردات أدناه رتبها تنازلياً من حيث الصعوبة.

- الهيكل التنظيمي - المعدات والمكائن الإنتاجية - الثقافة التنظيمية - ثم علق عليها.

٤- لماذا تعتبر الجهود المبذولة لزيادة جاهزية المنظمة مهمة جداً قبل البدء في تنفيذ برنامج التطوير التنظيمي؟

٥- في اعتقادك أين يحتمل أن تصطدم جهود التطوير التنظيمي التي تجريها الإدارة بعقبات أكبر، في الأعمال الخاصة أم في المنظمات الحكومية، قارن من خلال جدول بين العقبات المحتملة في هذين النوعين من المنظمات وعلق على ذلك.

*** أسئلة الخيار من متعدد

١- يساهم استخدام أسلوب التدريب المعملي (التدريب المختبري) في تحقيق الأهداف أدناه، عدا واحدة ليس من ضمنها:

A- زيادة فهم الفرد وإدراك وإحساس الفرد بسلوكه وأثر ذلك على سلوك الآخرين.

B- زيادة درجة الفهم وإدراك العمليات الجماعية والعمليات التي تتم بين الجماعات.

C- تمكين الفرد من تحليل سلوكه وآليات تفاعله مع الجماعات في العمل.

D- الاهتمام بإدارة التعقيد.

٢- يعتمد نجاح أسلوب البحث المسحي والتغذية العكسية على توافر جملة من الشروط ندرجها في أدناه عدا واحدة ليس منها:

A- النظر إلى التغذية العكسية للاستقصاء كعملية وقتية غير مستمرة.

B- دعم الإدارة العليا للعملية من بدايتها إلى نهايتها.

C- وجود معايير صارمة لتحديد ما إذا كان لهذا الأسلوب أي أثر على الأداء.

D- أن يمثل الأسلوب أداة قيمة من أدوات الإدارة وليس إضافة مؤقتة للنظام الإداري.

٣- يسمى التغيير المتعمد والمضبوط للشروط المحددة، ولحالة معينة، وملاحظة التغييرات الناتجة في هذه الواقعة ذاتها وتفسيرها:

A- البحث الإجرائي التطبيقي.

B- البحث الإجرائي التجريبي.

C- البحث الإجرائي التشاركي.

D- البحث الإجرائي التشخيصي.

٤- في إطار المدخل التكنو- اجتماعي (Sociotechnical)، فإن النظام الاجتماعي يتكون من الآتي، ماعدا

A- الجماعات.

B- العدد والآلات.

C- التفاعلات.

D- الأفراد.

٥- واحدة من بين العبارات التالية صحيحة:

A- لا تتفق المفاهيم المبكرة والمعاصرة بكون التطوير التنظيمي يسعى لإحداث تدخلات مخططة.

B- يوجد عدم اتفاق بين المفاهيم المبكرة والمعاصرة بكون التطوير التنظيمي يسعى إلى زيادة فاعلية المنظمة وتطوير قدرات الأفراد.

C- تتفق المفاهيم المبكرة والمعاصرة على أن التطوير التنظيمي يمثل تطبيق للعلوم السلوكية، حيث التركيز على الجانب الإنساني والاجتماعي في المنظمة.

D- تتفق المفاهيم المبكرة والمعاصرة في مقاصد التطوير التنظيمي.

٦- تسمى العملية المقصودة التي تقوم من خلالها المنظمة بالانتقال من حالتها الحالية إلى حالة مستقبلية مرغوبة وذلك من أجل زيادة فاعليتها:

A- التغير التنظيمي.

B- التطوير الإداري.

C- إعادة الهيكلة.

D- التغيير التنظيمي.

٧- تتجسد أهمية التطوير التنظيمي كمنهج تربوي بـ:

A- تعزيز ديمومة العافية التنظيمية وإطالة عمر المنظمة في عالم المنافسة.

B- صناعة مستقبل المنظمة الذي يعتمد على بناء الرؤية المستقبلية.

C- تزويد المديرين بالتقنيات والمهارات للتعامل مع التحديات وتوافر كفايات إدارية مدركة وخبيرة في استخدام تقنيات واستراتيجيات التطوير التنظيمي.

D- لا شيء مما ذكر أعلاه.

٨- القصور الذاتي (Inertia) ظاهرة فيزيائية تعني ميل الجسم الساكن إلى الاستمرار في السكون وميل الجسم المتحرك للاستمرار في الحركة بسرعته الأصلية، وفي إدارة الأعمال تعني:

A- التطور السريع غير المدروس.

B- عدم الاهتمام بالعمل الجماعي.

C- عدم قدرة المنظمة على تغيير استراتيجياتها وهيكلها من أجل التوافق مع الظروف التنافسية المتغيرة.

D-أداء مالي متدني ومتدهور من قبل المنظمة.

٩- جميع الآتي هي أهداف للتطوير التنظيمي على مستوى الأفراد ماعدا:

A- زيادة فاعلية الجماعات والفرق على الاندماج والمشاركة في العمل والأداء.

B- زيادة معنويات الأفراد.

C- تحفيز الأفراد على الالتزام الحقيقي بالقيم الإنسانية.

D- تشجيع الإبداع الفردي.

١٠- أدناه مجموعة من الخصائص التمييزيه للتطوير التنظيمي عدا واحدة ليس منها:

A- التطوير التنظيمي أكثر من مجرد تقنيه مفرده.

B- يهدف إلى أكـثر مـن رفع أو إيقـاظ المعنويـات والاتجاهـات إذ يسـعى إلى تحقيـق الصحة والعافية الشاملة للمنظمة.

C- التطوير التنظيمي يمثل مدخل جزئي للتغيير.

D- التطوير التنظيمي لا يشمل التغييرات العشوائية.

مراجع الفصل الأول

1. جاكسون، جون وآخرون، (١٩٨٨)، **نظرية التنظيم- منظور كلي للإدارة**- ترجمة خالد حسن زروق، معهد الإدارة العامة، الرياض.
2. جرينبرج، جيرالد وبارون، روبرت (٢٠٠٤)، **إدارة السلوك في المنظمات**، ترجمة رفاعي محمد وإسماعيل علي بسيوني، دار المريخ للنشر، الرياض.
3. حسن، محمد حربي، (١٩٨٩)، **علم المنظمة**، دار الكتب للطباعة والنشر، الموصل.
4. حسن، محمد حربي، (١٩٩٩)، **هندرة المنظمات تقنية المستقبل**، الجامعة الهاشمية، مركز الدراسات والاستشارات وخدمة المجتمع، الأردن.
5. حمود، خضير كاظم واللوزي، موسى، (٢٠٠٨) **مبادئ إدارة الأعمال**، إثراء للنشر والتوزيع، عمان.
6. حمور، ميرغني عبد العال، (١٩٨٧) **التطوير التنظيمي والخصوصية العربية**، المنظمة العربية للعلوم الإدارية، القاهرة.
7. الخضيري، أحمد محسن، (٢٠٠٣)، **إدارة التغيير- مدخل اقتصادي للسيكولوجيا الإدارية للتعامل مع متغيرات الحاضر لتحقيق التفوق والامتياز الباهر في المستقبل للمشروعات**، دار رضا للنشر، دمشق.
8. الخفاجي، نعمه والغالبي، طاهر، (٢٠٠٨)، **قراءات في الفكر الإداري المعاصر**، دار اليازوري للنشر والتوزيع، عمان.
9. الدوري، زكريا وصالح، أحمد علي، (٢٠٠٩)، **الفكر الاستراتيجي وانعكاساته على نجاح منظمات الأعمال**، دار اليازوري للنشر والتوزيع، عمان.
10. ديسلر، جاري (٢٠٠٣)، **إدارة الموارد البشرية**، ترجمة محمد سيد أحمد وعبد المحسن جودة، دار المريخ، الرياض.
11. الذهبي، جاسم، (٢٠٠١)، **التطوير الإداري: مداخل ونظريات- عمليات واستراتيجيات**، دار الكتب للطباعة والنشر، بغداد.

١٢. الركابي، كاظم نزار، (٢٠٠٤)، **الإدارة الإستراتيجية: العولمة والمنافسة**، ط، دار وائل للنشر والتوزيع، عمان.

١٣. السالم، مؤيد سعيد والعجلوني، محمد اقبال، (٢٠٠٨)، **جاهزية المنظمات للتغيير: حلقة مفقودة في إدارة التغيير**، بحث مقدم إلى المؤتمر العلمي الدولي السنوي الثامن لجامعة الزيتونه، عمان ٢١-٢٤ نيسان. (القي في جلسات المؤتمر).

١٤. السالم، مؤيد سعيد، (٢٠٠٨)، **نظرية المنظمة: الهيكل والتصميم**، دار وائل للنشر، عمان.

١٥. السالم، مؤيد سعيد، (٢٠٠٩)، **إدارة الموارد البشرية- مدخل استراتيجي تكاملي**- إثراء للنشر والتوزيع، عمان.

١٦. سلفرمان، ديفيد، (٢٠٠٠)، **نظرية المنظمة**، ترجمة عادل محمود الرشيد، جامعة اليرموك، اربد.

١٧. سيزلاقي، اندرو والاس، مارك، (١٩٩١) **السلوك التنظيمي والأداء**، ترجمة جعفر أبو القاسم محمد، معهد الإدارة العامة، الرياض.

١٨. صالح، أحمد علي والنجار، صباح (٢٠٠٤)، الخصخصة والهندرة: وجهان لعملة واحدة أم أحدهما محفز لقيام الآخر- بحث استطلاعي لآراء عينة من المتخصصين في العلوم الإدارية والاقتصادية، **مجلة كلية الإدارة والاقتصاد**، العدد (٥١)، الجامعة المستنصرية، بغداد.

١٩. صالح، أحمد علي، (٢٠٠٢)، **التغيير ومقاومة التغيير التنظيمي**- مدخل التحديات المعاصرة- المركز القومي للتخطيط والتطوير الإداري، بغداد.

٢٠. الصرن، رعد حسن، (٢٠٠٣)، **أقوال مأثورة في الإدارة**، دار رضا للنشر، دمشق.

٢١. العامري، صالح والغالبي، طاهر، (٢٠٠٨)، **الإدارة والأعمال**، ط/٢، دار وائل للنشر، عمان.

٢٢. العميان، ممود، (٢٠٠٥) **السلوك التنظيمي في منظمات الأعمال**، ط/٣، دار وائل للنشر عمان.

٢٣. العنزي، سعد وصالح، أحمد علي، (٢٠٠٩)، **إدارة رأس المال الفكري في منظمات الأعمال**، دار اليازوري للنشر والتوزيع، عمان.

٢٤. العنزي، سعد، وصالح، أحمد علي، (٢٠٠٨)، أضواء وآراء حول واقع ومستقبل إدارة الموارد البشرية صعبة المرأس في منظمات الأعمال، **مجلة العلوم الاقتصادية والإدارية**، المجلد (١٤)، العدد (٥٠)، بغداد.

٢٥. العواملة، نائل (١٩٩٢)، التغير والتطوير التنظيمي في أجهزة الإدارة العامة في الأردن: دراسة ميدانية، **مجلة أبحاث اليرموك سلسلة العلوم الإنسانية والاجتماعية**، المجلد (٨)، العدد (٢)، اربد.

٢٦. الغالبي، طاهر وصالح، أحمد علي، (٢٠٠٩)، تصميم مصفوفة التقنيات إدارة التغيير مستندة إلى سمات التنافس المعرفي، **مجلة العلوم الاقتصادية**، جامعة البصرة، العدد (٢٥)، البصرة.

٢٧. فرنش، ندل وجونير، سيسل، (٢٠٠٠)، **تطوير المنظمات: تدخلات علم السلوك لتحسين المنظمة**، ترجمة وحيد بن أحمد الهندي، معهد الإدارة العامة، الرياض.

٢٨. قنديلجي، عامر، (٢٠٠٧)، **البحث العلمي واستخدام مصادر المعلومات التقليدية والإلكترونية**، دار اليازوري للنشر والتوزيع، عمان.

٢٩. الكبيسي، عامر، (٢٠٠٥)، **إدارة المعرفة وتطوير المنظمات**، المكتب الجامعي الحديث، الإسكندرية.

٣٠. الكبيسي، عامر، (٢٠٠٦)، **التطوير التنظيمي وقضايا معاصرة**، دار رضا للنشر، دمشق.

٣١. ماهر، أحمد، (٢٠٠٧)، **تطوير المنظمات: الدليل العملي لإعادة الهيكلة والتميز الإداري**، وإدارة التغيير، الدار الجامعية، الإسكندرية.

٣٢. المجالي، آمال ياسين، (٢٠٠٧)، **أثر الصمت التنظيمي في عملية صنع القرارات**- دراسة ميدانية تحليلية للمؤسسات العامة الأردنية، جامعة عمان العربية للدرايات العليا، عمان، غير منشورة.

٣٣. مكلفين، روبرت وغروس، رتشارد (٢٠٠٢)، **مدخل إلى علم النفس الاجتماعي**، ترجمة ياسمين حداد وآخرون، دار وائل للنشر، عمان.

٣٤. نجم، عبود نجم، (٢٠٠٠)، **أخلاقيات الإدارة في عالم متغير**، المنظمة العربية للتنمية الإدارية، القاهرة.

٣٥. النعيم، عبد اللطيف بن صالح (٢٠٠٣)، قياس اتجاهات قيادات منظمات القطاع الخاص السعودي نحو التطوير التنظيمي، **مجلة جامعة الملك سعود**، المجلد (١٥)، العلوم الإدارية (١)، الرياض.

٣٦. هل، شارلز وجونز، جاريت، (٢٠٠١)، **الإدارة الإستراتيجية- مدخل متكامل**- الجزء الأول، ترجمة رفاعي محمد ومحمد عبد المتعال، دار المريخ للنشر، الرياض.

٣٧. الهواري، سيد، (٢٠٠٠)، **الإدارة: الأصول والأسس العلمية للقرن الـ ٢١**، مكتبة عين شمس، القاهرة.

1. Armenakis, A., et al., (2000), **Creating Readiness for Organizational Change**, Reading (29), Organization Development and Transformation, French, w., et al., McGraw- Hill, New York.

2. Beatty, R., & Ulrich, D., (2000), **RE-Energizing the Mature Organization**, Reading (42) in the Organization Development and Transformation, French, w., et al., McGraw- Hill, New York.

3. Beckhard, R., (1969), **Organization Development Strategies and Models**, Addison-Wesley publishing Co., Boston.

4. Bell, D., (1996), Descriptive normative and prescriptive interaction decision making, **Journal of The Operation Research Society**, Vol: 14, No,3.

5. Bennis, W., (1969), **Organization Development: its nature, origins and prospects**, Addison- Wesley Publishing co. New York.

6. Bennis, W., (1992), **leaders on leadership: interviews with top executives**, Harvard Business School Press, USA.

7. Brown, D., & Harvey, D., (2006) **An Experimental Approach to Organization Development**, 7th ed., Prentice- Hall international, New Jersey.

8. Buchanan, D., & Hyczynski, A., (1997), **Organizational Behavior- an introductory text**, 3rd ed., prentice Hall, London.

9. Campbell, J., & Dunnette, M., (1986), **Effectiveness of T-Group Experiences in Managerial Training and development**, Psychological Bulletin, August.

10. Daft, R., Noe, R., (2001), Organizational Behavior, **Har court College Publishers**, Sandiego.

11. Felmlee, D., (1995), Fatal attractions: Attention and distention in intimate Relationships, **Journal of Social and Personal Relationships**, No:12.

12. Flippo, E.B, (1984), **Personal Management, McGraw-Hill Book**, New-York.

13. Fox, W., (2000), **Sociotechnical system principles and guidelines: past and present**, in the Organization Development and Transformation, French, w., et al., McGraw- Hill, New York.

14. French, W., et al., (2000), **Organization Development and Transformation: Managing**, Effective, change, McGraw-Hill, New York.

15. Garratt et al., (1998), **Developing Strategic Thought Redis Covering the Art of direction giving,** McGraw- Hill book Company, New York.

16. Garratt, B., (2000), **the twelve Organizational Capacities**, Valuing people at work, Harper Collins Business, London, vol:23, No, 2.

17. Gibson, J., (1972) **Organization Development for survival**, American management Association, New York.

18. Hamel, G., (2002) **leading the Revolution**, arrangement with Harvard Business School Press, New York.

19. Hitt, A., et al., (2003) **Strategic Management: Competitiveness & Globalization**, 5th ed., South –Western College Publishing, USA.

20. Jerde, B., (2001), **principles of physics**, McGraw Hill, London.

21. Jones, G., (2007), **Organizational Theory text & Cases, 5th .**, Wesley Pub., New York.

22. Jusela, G., (2000), **Meeting the Global Competitive challenge: Building System that learn on a large scale,** Reading (24) in the Organization Development and Trans formation, French, w., etal., McGraw- Hill, New York.

23. Lester, J., (1999), **Writing Research paper: A Complete guide**, 9th ed., Longman, New York.

24. Maignan, I., & Ferrell, O., (2001), **Corporate CitizenShip as a marketing instrument: Concepts,** evideuce and research directions, European Journal of Marketing, vol:35, No, 314.

25. Makridakis, S., Whell, W., (1987) **Forecasting Methods and Applications**, John Wiley & Sons, New York.

26. Mckendall, M., (1993), The Tyranny of change: Organizational Development Revisited, **Journal of Business Ethics**, February.

27. Michael, B., & Waner, W., (1997), **Theory Organization of Organization Development (OD) Practioners group & organization Management**, vol:22,issue:3

28. Morris, B., (2004), **the Real Story**, fortune, May 31.

29. Morrison, E., & Milliken, F., (2002), **Practicia A**, I ssues selling A why information Does not flow up Hierarchies Easily :www.brandconsult.com /pdf/lssue 21.

30. Rusbult, C., (1987), **Responses to dissatisfaction in close relationships: the exit- voice-loyalty-neglect Model,** Development Dynamics and Relationships, London.

31. Schein, E., (1979), **Personal change through interpersonal relationships**, the Dorsey press, New York.

32. Schein, E., (2004) **Organizational culture and leadership Jossey- Bass**, San franciseo.

33. Schermerhorn, J., (2005) **Management, 8th ed.**, Wiley & Sons, New York.

34. Starbuck, W., (1971), **Organizational Growth and Development, Organizational and Development Middlesex**, England.

35. Thompson, J. (1997), **Strategic Management**, ITP Co., London.

36. Vaill, p., (1989), **Seven process frontiers for Organization Development**, "in the Emerging practices of Organization Development, NTL institute.

37. Waterman R., (1987), **the Renewal factor: Bantam books**, New York.

38. Wheatley, M., (2003), **Organization Development at work**, Pfetter An Imprint of Wiley, San Francisco.

الفصل الثاني

الإطار العلائقي للتطوير التنظيمي بعالم التحويل الشامل للمنظمات ومعطياته الرئيسية

الأهداف التعليمية

بعد إطلاع القارئ الكريم على مضامين هذا الفصل واستيعاب محتوياته الفكرية، يكون قادراً على أن:

١. يُعرف عالم التحويل الشامل للمنظمات ومكوناته.
٢. يحدد بداية تداول مصطلح التحول التنظيمي ومضامينه الفكرية.
٣. يذكر مفهوم التحول التنظيمي وخصائصه.
٤. يوضح ضغوط التحول التنظيمي وصوره.
٥. يشخص محددات التحول التنظيمي وآليات ضبط تموجاته.
٦. يفسر علاقة التحول التنظيمي بالتطوير التنظيمي واتجاهاتها.
٧. يذكر قيم التطوير التنظيمي وأخلاقياته.
٨. يحدد بدايات الإدارة والقيادة التحويلية وأساسياتها.
٩. يوضح خصائص المدير والقائد التحويلي.
١٠. يفسر متلازمة ثنائية القطب بين الإدارة والقيادة التحويلية.
١١. يصف مبررات اعتماد الإدارة والقيادة التحويلية في برامج التطوير التنظيمي.
١٢. يشرح نتائج اعتماد الإدارة والقيادة التحويلية في برامج التطوير التنظيمي.

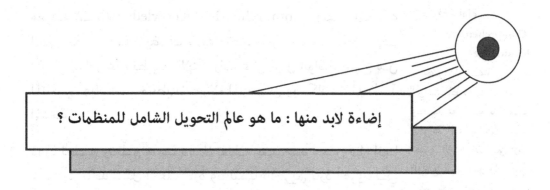

إضاءة لابد منها : ما هو عالم التحويل الشامل للمنظمات ؟

في منتصف ثمانينات القرن العشرين تغيرت الدنيا وانقلبت رأسا على عقب... وتغير معها الفكر الإداري وانقلب هو أيضا رأسا على عقب، لقد أصبح واضحاً ان العالم الآن في حالة غليان وموجات تصادمية وفي حالة فوضى (Chaos) ولا توازن: (الهواري، ٢٠٠٠: ٤٨١).

كل ذلك بسبب ظهور عالم جديد؛ فرض ضغوطاً على المنظمات وإدارتها لكي تأخذ شكلا جديداً مما يجعل المبادئ التقليدية في الإدارة تفقد بريقها لأنها لا تتماشى مع سمات هذا العالم، في مجالات كثيرة، وقد أدى ذلك إلى سقوط الامبراطورية التقليدية في الإدارة، (ماهر، ٢٠٠٧: ٢٨) .

ان الضغوط التي فرضها العالم الجديد جاءت بسبب (مرتكزاته الفكرية وخصائصه الجوهرية ومكوناته الأساسية)، إذْ تعتمد مرتكزاته الفكرية على (التنافس المعرفي Competitive Knowledge) الذي يبنى على أساس ابداع معرفة جديدة قيّمة وفريدة اكثر مما يكون على أساس الوصول المفضل إلى المواد الأولية أو الانتفاع الكامل من الموجودات الملموسة.

> * **التنافس المعرفي**
> **Competitive Knowledge**
> ابداع معرفة جديدة قيّمة وفريدة اكثر مما يكون على أساس الوصول المفضل إلى المواد الأولية أو الانتفاع الكامل من الموجودات الملموسة.

وابرز سمات هذا التنافس، هي:

- معرفة متميزة Excellently Knowledge : وهي المعرفة التي يتم امتلاكها حصراً من قبل المنظمة بفضل العمل الذي يتيح لها انتاج سلع وخدمات يكون تجميعها للخصائص المميزة فريداً لا يقلد وبالتالي يكون مربحا بصورة معززة.

> * **معرفة متميزة**
> **Excellently Knowledge**
> وهي المعرفة التي يتم امتلاكها حصراً من قبل المنظمة بفضل العمل الذي يتيح لها انتاج سلع وخدمات يكون تجميعها للخصائص المميزة فريداً لا يقلد وبالتالي يكون مربحاً بصورة معززة.

- معرفة شاملة Comprehensive Knowledge : وهي المعرفة الضرورية لأي نشاط يضيف قيمة وتُعد معرفة متقدمة محورها الابداع القادر على تطبيق الابتكارات على أرض الواقع اسرع من المنافسين وباستثمار معطيات هؤلاء المنافسين وبامكانات المنظمة المتاحة.

- دورة تعليم وتعلّم متجددة، لا تقف عند حد معين بل إنها مستمرة، تأخذ شكل التعلّم تارةً وتعليمها للآخرين تارة أخرى. لكي تكون المنظمة، منظمة متعلمة **(Learing Organization)**

* **معرفة شاملة**
Comprehensive Knowledge
وهي المعرفة الضرورية لأي نشاط يضيف قيمة وتُعد معرفة متقدمة محورها الابداع القادر على تطبيق الابتكارات على أرض الواقع اسرع من المنافسين وباستثمار معطيات هؤلاء المنافسين وبامكانات المنظمة المتاحة.

تستفيد من خبراتها السابقة بأحداث التحسينات والتطويرات والتجديدات بصورة مستدامة.

(**الغالبي وصالح**، 2009 : ١٠-١٢).

أما خصائص هذا العالم، فتتلخص بالآتي (**Ram**, 2000:221) (**خليل**، ١٩٩٦: ١٧) :

- زيادة شدة المنافسة العالمية Global Competition .
- تسارع تصميم استراتيجيات التنافس على أساس تحقيق الميزة التنافسية المستدامة **(Sustainble Competitive Advantage)** .
- اعتماد المنافسة المستندة على الوقت كمعيار حاسم في الأداء والتميز **(Time - based Competition)** .
- زيادة معدلات الابتكار والتغيير التكنولوجي بشكل مذهل.
- زيادة الاهتمام بإدارة العلاقات مع الموردين واعتبارهم جزء من عائلة المنظمة.
- التعلّم مدى الحياة Long life learning .

ان العالم الجديد سمي عالم التحويل الشامل للمنظمات **(Total Organizations Transformation)** ويرمز له اختصاراً (TOT) .

ونظرا لأهمية هذا العالم وضرورة الافادة من معطياته، أنعقدت المؤتمرات التي تطالب بالتحويل الشامل للمنظمات وإعادة حيويتها لمواجهة الضغوط التنافسية المفروضة عليها، ويُعد (رالف عليمان Ralph Kilmann) أول المهتمين بهذا العالم، إذ عقد مؤتمر بعنوان (تحويل الشركات Corporate Transformation) واصبح كتاب المؤتمر هو الشرارة الأولى للأهتمام بدراسة هذا العالم. (**الهواري**: ٢٠٠٠: ٤٨١-٤٨٥).

وبصدد المكونات الأساسية لعالم التحويل الشامل للمنظمات؛ فهو يتكون من ثلاثة عوالم فرعية، هي:

١- التحول التنظيمي Organizational Transformation (OT)

٢- القيادة التحويلية Transformational Leadership (TL)

٣- الإدارة التحويلية Transformational Management (TM)

ويصور الشكل (١٨) عالم التحويل الشامل للمنظمات.

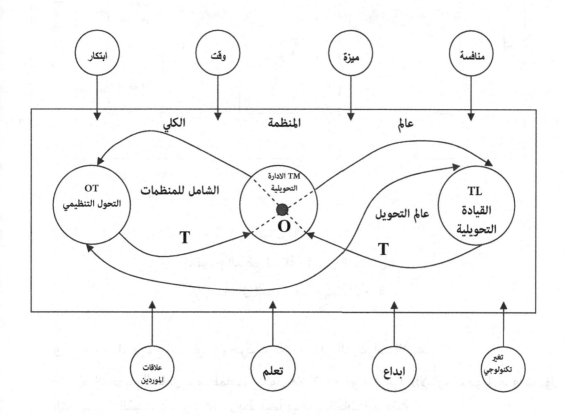

شكل (١٨)

عالم التحويل الشامل للمنظمات

(d)

ويفترض المنطق العلمي وجود أرتباط بين عالم التحويل الشامل للمنظمات والتطوير التنظيمي (OD)، وبغية استكشاف تلك العلاقات ونوعها وطبيعتها جاء الفصل الحالي. ولتسهيل عملية تشخيص العلاقات المذكورة وفهمها نقترح الانموذج الفرضي الآتي:

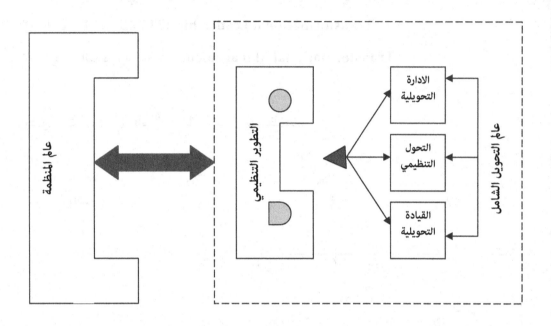

شكل (١٩)

الانموذج الفرضي لعلاقة التطوير التنظيمي

بعالم التحويل الشامل وعلاقتهما بالمنظمة

ويتضح من الانموذج السابق، ان حركيته تعتمد على الفرضيات الآتية:

أ- ان عالم التحويل الشامل للمنظمات، يتكون من ثلاثة عوالم فرعية (الإدارة التحويلية، والتحول التنظيمي، والقيادة التحويلية) تترابط فيما بينها بعلاقات أرتباطية.

ب- توجد علاقة أرتباط بين عالم التحويل الشامل مجتمعاً، أو منفرداً عبر احد عوالمه الثلاثة، والتطوير التنظيمي. وقد تكون تلك العلاقة عضوية او وظيفية او الاثنين معاً.

ج- توجد علاقة ارتباط بين (عالم التحويل الشامل والتطوير التنظيمي) من جهة وعالم المنظمة من جهة أخرى، وتأخذ شكل العلاقة صورة العضو (الجزء) إلى الكل أو/و صورة التكامل بين الأعضاء أو /و صورة التداؤب. لتحقيق هدف مشترك واحد هو (تميز المنظمة) .

ومما تجدر الإشارة إليه، أنه قد يثار سؤال مفاده: ألاّ تعد إدارة الجودة الشاملة (TQM) من متغيرات عالم التحويل الشامل؟ وللجواب، نقول (نعم) أنها من متغيرات العالم المذكور المهمة والتي تساعد في بث الروح لهذا العالم بوصفها تقنية حاسمة تعتمدها العوالم الفرعية في إحداث التغيير والتحسين والتحديث والتجديد المطلوب.

أن عملية استكشاف العلاقات الموضحة في الأنموذج السابق ستكون من مسؤولية الفصل الحالي، عبر مبحثيه الأول والثاني.

المبحث الأول

علاقة التطوير التنظيمي بالتحول التنظيمي وقيمة واخلاقياته

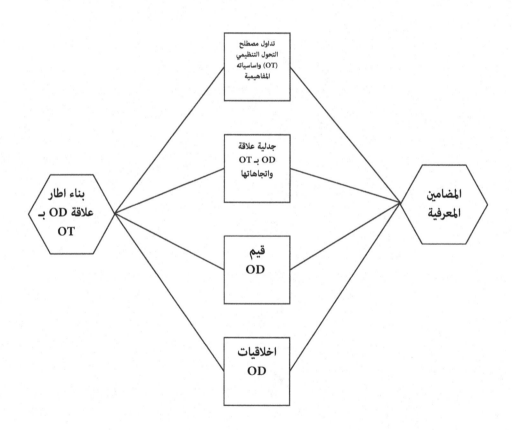

أولاً : علاقة التطوير التنظيمي بالتحول التنظيمي

تحاول معلومات هذه الفقرة وتحليلاتها تغطية محورين أثنين، هما:

1. تداول مصطلح التحول التنظيمي ومضامينه الفكرية:

قبل مناقشة جدلية علاقة التطوير التنظيمي بالتحول التنظيمي، تقتضي المنهجية الموضوعية عرض مسألة في غاية الأهمية، جوهرها تساؤل مفاده: متى تم تداول مصطلح التحول التنظيمي وما مضامينه الفكرية من حيث (المفهوم، والخصائص، والضغوط، والصور، والمحددات، والآليات).

إن الإجابة عن التساؤل السابق سيكون مهمة الفقرات الفرعية الآتية:

أ- محاولة تمهيدية للدخول في الموضوع:

لوكهيدمارتن: قصة صراع من أجل الحياة*

Lock heed Martin: A Survival Story

تعتبر خسارة نسبة ولو محدودة من السوق نكسه بالنسبة لأي شركة، ولذلك فإن لك ان تتخيل المصيبة بشركة خسرت (٦٠%) من سوقها فجأة، لقد كان هذا بالضبط ما واجهته شركة لوكهيد مارتن - إحدى اعظم شركات الفضاء في العالم - عام (١٩٨٩) بسبب انتهاء الحرب الباردة بين الاتحاد السوفيتي السابق والدول الغربية، فقد أدى انتهاء هذه الحرب إلى انخفاض تخصيصات حكومة الولايات المتحدة على الدفاع القومي، وإلى إجراء عدد من التخفيضات في ميزانية وكالة الفضاء الأمريكية (NASA) كما ان الخسائر التي منيت بها صناعة الطيران في تلك الفترة كان لها تأثير كبير على صناعة الفضاء أيضاً. ولذلك فإنك إذا قلت: إن هذه الظروف تركت شركة لوكهيد مارتن في حالة اضطراب شديد فإنك تكون قد استعملت لغة مخففة للتعبير عن وضع الشركة في ذلك الوقت. وإذا أردت ان تعبر بصراحة عن وضع الشركة في ذلك الوقت فإنك تقول: إن الشركة كانت تقاتل من أجل الحياة.

---

* المصدر: جيرنبرج، ج وبارون، (٢٠٠٤)، إدارة السلوك في المنظمات، ترجمة د. رفاعي محمد رفاعي و د. اسماعيل بسيوني، دار المريخ، الرياض، ص٧٧٣-٧٧٥. بتصرف ومناقشة من قبل المؤلفين، مع المحافظة على ترجمة النص العربي كما ورد في المصدر، رغم انه يشير إلى (قصة بقاء).

وبعد عقد من الزمن فإن الشركة لم تبق فقط على قيد الحياة بل إنها مزدهرة مع زيادة حجم مبيعاتها من ١٠$ بليون إلى ٣٠$ بليون. ما الأسس التي دارت عليها قصة هذه الشركة؟ أولاً: قامت الشركة عام ١٩٩٥م بالاندماج مع شركة مارتن ماريوت ليكونا معاً شركة لوكيهد مارتن. وقد كانت الفكرة التي أدت إلى هذا الاندماج بسيطة وواضحة: ذلك أن لدى كل شركة خبرات فنية لا تملكها الاخرى، ولذلك فإن اندماج الشركتين معاً يعتبر اختياراً حكيماً. وقد أدت هذه الاستراتيجية الدور المطلوب بكفاءة، فقد حصلت الشركة الجديدة على جزء أكبر من السوق الذي كانت كل منهما تعمل فيه. وفي الحقيقة فإن شركة لوكهيد مارتن الآن هي قائدة السوق في مجال بناء الأقمار الصناعية، وفي مجال إطلاق سفن الفضاء إلى مدارها في الولايات المتحدة. كما أنها أكبر مورد لوزارتي الدفاع والطاقة ووكالة الفضاء الامريكية.

وقد قام الصراع من أجل البقاء أيضاً على إعادة هيكلة الشركة للتخلص من جزء كبير من نفقاتها الإدارية أيضاً. ذلك أن إعادة الهيكلة مكنت الشركة من التخلص من ١٦ مليون قدم مربع من مساحة مصانعها، ومن ١٠٠,٠٠٠ عامل وبذلك وفرت ٢,٦ $ بليون سنويا. كذلك كان بإمكان الشركة توفير جزء كبير من تكلفة الإنتاج. وأهم من ذلك كله ان تحصل على أكبر عائد من العاملين الذين استمروا في العمل بالشركة. ذلك أنه خلال الثمانيات عندما كان لدى الشركة عمل أكثر من الطاقة المتوفرة لديها فإنه لم يتوفر لإدارة الشركة حافز قوي لإدارتها بذكاء وحنكة. اما اليوم فإن الإدارة الذكية هي مفتاح بقاء شركة لوكهيد ونجاحها.

وقد ركز المسئولون في الشركة على التخلص من عدد من المستويات الإدارية الموجودة بالشركة، مما أدى إلى نقل عمليات اتخاذ القرارات إلى المستويات الإدارية الدنيا بالشركة. وقد عبر نورمان أر. اوجستين Norman R. Augustine رئيس مجلس إدارة الشركة عن ذلك بقوله: إن الشركة تعمل جاهدة على تفويض سلطة اتخاذ القرارات إلى أدنى مستوى إداري يمكنه القيام بذلك. فعلى سبيل المثال فإنه عندما طلبت وكالة الفضاء من الشركة تخفيض خزان الوقود بسفن الفضاء قام المهندسون بمحاولاتهم في ذلك المجال، ولكنهم وقفوا صاغرين أمام ٨٠٠ رطل إضافي طلبت الوكالة تخفيضها ولم يجدوا لذلك سبيلاً. وهنا اقترح أحد العاملين تحقيق ذلك عن طريق التوقف عن طلاء الخزان وبذلك تحقق التخفيض المطلوب في الوزن. وقد تم حل المشكلة لأن العامل كانت لديه قوة تقديم الحل.

ويبذل المسؤلون بالشركة جهوداً كبرى لتظل الشركة متقدمة على منافسيها. فعلى سبيل لمثال فإن رئيس مجلس إدارة الشركة وباقي رجال الإدارة العليا يحتفظون بخطوط اتصال مفتوحة مع العاملين بالشركة وعددهم ٢٠٠,٠٠٠ عامل. وهم يأملون بذلك إبعاد الشائعات التي يمكن ان تطلق حول مستقبل الشركة.

وتعمل شركة لوكهيد مارتن جاهدة على إسعاد العاملين بالشركة وعملائها. فعلى سبيل المثال فإنه لم يكن أمراً غير عادي منذ عدة سنوات ان يتم شحن بعض الوحدات الإلكترونية ناقصة بعض الأجزاء من مصانع الشركة بمدينة أرلاندو Orlando ولاية فلوريدا. أما اليوم فإنه يتم وضع ورقة تتضمن اسم ورقم تليفون العامل الذي قام بتجهيز المجموعة. ولذلك فإن فقد إحدى القطع يعتبر من ذكريات الماضي.

ان الدروس المستخلصة من الحالة السابقة تشير ودون شك ان شركة لوكهيد مارتن مارست تغيير مخطط مدروس (تطوير) ولكنه جذري، أما لماذا (Why) جذري؟ لان رغبة الشركة وتمسكها في البقاء لم تترك لها حرية الاختيار. وقد عبر (تشارلز داروين) عن ذلك عندما قال: ان البقاء لا يكون من حظ أقوى الكائنات أو أذكاها بل أقدرها على التكييف مع التغييرات البيئية.

● أما كيف (How) جذري وما (What) نتائجه، لأن قراراته وتقنياته وممارساته هي الدليل على ذلك وكما يأتي:

(١) اندماج الشركة في عام (١٩٩٥) مع شركة مارتن ماريوت ليكونا معاً (شركة لوكهيد مارتن) وكان هذا القرار اختياراً حكيماً، لأن أبرز نتائجه:

(A) زيادة الحصة السوقية للشركة الجديدة.

(B) توسيع وعاء خبرات الشركة الجديدة من خلال اندماج خبرتي الشركتين.

(C) قيادة سوق بناء الاقمار الصناعية وسفن الفضاء.

(٢) إعادة هيكلة الشركة من خلال:

(A) التخلص من (١٦) مليون قدم مربع من مساحة مصانعها وهذا يعني تحريك فرص استثمارية من الجمود إلى واقع مملوس ذو فائدة.

(B) ترشيق (Downsizing) هيكل الموارد البشرية من خلال تسريح (١٠٠,٠٠٠) عامل.

(C) تخفيض عدد المستويات الإدارية والتخلص من الاغطية الزائدة .

وكانت آثار هذا القرار متجسدة بالنتائج الآتية:

● توفير (٢٠٦) مليون دولار.

● توفير جزء من كلفة الانتاج.

● الحصول على اكبر عائد من جهود الموارد البشرية التي بقيت في الشركة.

● تسريع عمليات اتخاذ القرار من خلال توسيع ممارسة تخويل الصلاحيات.

(٣) أصبحت ممارسات الإدارة الذكية هي أساس بقاء الشركة ونجاحها، والتي ابرز ممارساتها:

(A) توسيع قنوات الاتصال مع كافة المستويات الإدارية وجعلها مفتوحة على طول الوقت للقضاء على الشائعات التي يمكن ان تطلق حول مستقبل الشركة.

(B) اسعاد العاملين والزبائن عبر اشباع حاجاتهم وايصال طلباتهم دون خلل وبحسب رغباتهم.

وتأسيسا على ما تقدم، يظهر ان المنظمات عامة مهما كان نشاطها وهدفها تحتاج إلى التطوير الدائم والمستمر وهذا ما عرفناه سابقاً ولا نختلف عليه الآن او مستقبلاً، ولكن الجديد، الذي استخلصناه من الحالة السابقة، هو نوع التدخل المطلوب لاحداث التطوير، فقد أتضح ان التطوير قد يأخذ منحنى جذري (رديكالي) يحتاج إلى جرأة في القرار الاستراتيجي وآليات مدروسة لضبط ايقاعاته وحركة تموجاته. وبالتالي فهو يختلف عن منحنى التطوير الاعتيادي التدريجي، ولذلك اطلق عليه اسم (التحول التنظيمي).

ب- مفهوم التحول التنظيمي وخصائصه:

بدءاً لا بد من الإشارة، ان الفعل تحول مشتق من الاتينية (Transformare) وتعني حول الشيء وغير طبيعته، وظيفته ونشاطه وظروفه، ليكون شيء آخر مختلف. ويشمل مفهوم التحول مجالات عديدة وعلى مكونات متنوعة: العلاقات، الأفراد، المجموعات، الفرق، المجتمعات المحلية، الانظمة السياسية... (Hacker & Roberts, 2004: 1) ومن مجالات التحول الاساسية هو التحول التنظيمي (Organizational Transformation) والذي يرمز له اختصار (OT) والذي ظهر وبدأ تداوله في عام (١٩٨٠)، كتطبيقات جديدة، لمساعدة القادة بشكل مباشر في التعامل مع التغييرات واسعة النطاق في النظام الممتد بسبب زيادة وتاثر هذه التغييرات في المجال البيئي (**French et al.** 2005: vii).

وتأكيداً لما تقدم، يعرض الشكل (٢٠) المراحل والعوامل والخصائص التي ساهمت في ظهور التحول التنظيمي.

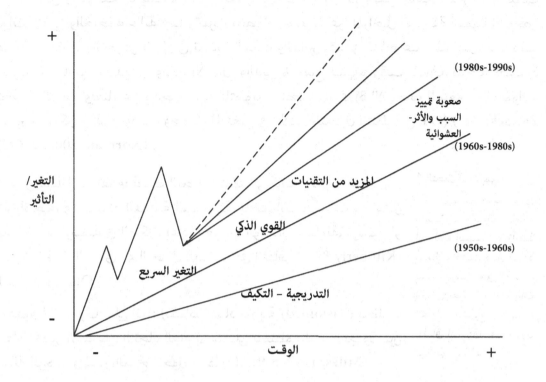

الشكل (٢٠)

المراحل والعوامل والخصائص التي ساهمت

في ظهور التحول التنظيمي

(Source: Morland, 1984: 229)

ويتضح من الشكل السابق، ان مرحلة (خمسينيات وستينيات) القرن العشرين كانت عملياتها التطويرية تكيفية بشكل تدريجي بسبب محدودية الحاجة إلى التغيير والثبات النسبي في البيئة والمنافسة، إلاّ أن مرحلة (ستينيات إلى ثمانينيات) القرن العشرين شهدت حاجة أكبر وملحة لاجراء التطوير المستهدف، لأن التغيير أصبح اكثر سرعة، واقوى تأثير، ويحتاج إلى الذكاء والمزيد من التقنية، (وهذا ما دعى إلى تأسيس حقل متخصص في هذا المجال أطلق عليه التطوير التنظيمي والذي اشرنا إليه في الفصل الأول) يأخذ على عاتقه مسؤولية تأهيل المنظمات للاستجابة لهذه التغيرات والتغييرات المفروضة وتدخلات تدريجية (Incerementental) لأنها ملائمة لاحتواء متغيرات هذه المرحلة وأحداث الأستجابة المطلوبة على المدى البعيد، (**Porras & Silvers**, 1991: 51-78).

ولكن في مرحلة ثمانينيات القرن العشرين صعوداً إلى الآن، تغير الحال كثيراً إذْ اصبحت تأثيرات التغيير والحاحيته عالية جداً وتميزت بخصائص منفردة عن المراحل السابقة أهمها النواقص العشوائية الكثيرة والغموض العالي في تحديد السبب والتأثير وتمييز التابع عن المستقل، مما دفع المنظرين والممارسين والمديرين وقادة الأعمال، والذين لم يصبح لديهم وقت للترف، نتيجة الضرورة الملحة إلى البحث وبعناء عن مدخل جديد للتطوير التنظيمي له قدرة الاستجابة للمتغيرات العشوائية للتغيير وبشكل جذري وكبير، وحصل المبتغى في ولادة (التحول التنظيمي **OT**) (**Zawacki & Norman**, 2005: 216-222) .

* **التحول التنظيمي**
تغيير جذري في الاستراتيجية، والبناء، أو العملية التنظيمية. تأخذ أشكالا متعددة، مثل زيادة نسبة الرسمية في الهيكل، إعادة تعريف الوحدات العاملة، توسيع او تضييق نطاق السوق، او التحول الهندسي في الثقافة

- ومن منطلق ما تقدم؛ يُعرف التحول التنظيمي بإنه: (تغيير جذري في الاستراتيجية، والبناء، أو العملية التنظيمية. تأخذ أشكالاً متعددة، مثل زيادة نسبة الرسمية في الهيكل، إعادة تعريف الوحدات العاملة، توسيع او تضييق نطاق السوق، او التحول الهندسي في الثقافة) (Kimberly & Quinne 1984:1)

وبمفهوم آخر يعرف؛ على أنه: (نشاط مقاد برؤية (Visionled) يتطلب اسقاط قصير الأمد على الاتجاه العام المستقبلي للمنظمة لسد الفجوة بين الحالة الراهنة والمسار الحرج لتحول المنظمة). (**Miles**, 1997: 5-9).

ومن وجهة نظر باحثين آخرين؛ يمثل (توسع وامتداد حديث للتطوير التنظيمي OD، يرمي إلى احداث تغيير مهم وكبير في هيكل المنظمة، وعملياتها، وثقافتها، وتوجهاتها في بيئة عملها، من خلال تطبيق ممارسات ونظريات العلوم السلوكية لاحداث تأثير واسع النطاق في النماذج بطرق جذرية واساسية، وتوليد نماذج جديدة للتنظيم وأداء العمل واحداث تغيرات جذرية في فلسفة الإدارة). (**French et al.**, 2000: vii).

وبمنظور آخر؛ فهو (التغييرات الملموسة والواضحة في طبيعة او نشاط، أنظمة المنظمة بهدف ازاحة الرتابة في العمل واحلال الحراك المستمر لاحداث التحسين بالمراحل المختلفة للنشاط المطلوب في مجالات الاداء، وباعتماد البصيرة والفطنة)، (**Hacker & Roberts**, 2004: 1-2) .

وبمفهوم مركز، يعني: (نتائج رئيسية وشاملة لأعادة اتجاه المنظمة). (**Schermerhorn**, 2005: 472) .

وعند (**Brown & Harvey**, 2006:48)؛ يعني (التغييرات الهامة التي تشكلت في إطار زمني قصير للتعامل مع مشكلات البقاء أو المشكلات ذات النمط الأزموي).

* واستنباطاً من المفاهيم السابقة، يتضح ان الخصائص المميزة للتحول التنظيمي، هي:

(١) يتعامل مع المشكلات الحرجة مثل مشكلات البقاء والازمات.

(٢) يقاد برؤية واضحة مبنية على البصيرة والفطنة.

(٣) يحتاج طاقة هائلة من الموارد المختلفة، كونه يتعامل مع التغييرات الهامة والكبيرة.

(٤) يمثل استمرارية بالممارسة يفترض ان تكون لمدة محدودة قصيرة، رغم انه يأتي في إطار رؤية طويلة الأمد.

(٥) يسعى لاحداث تغييرات جذرية (رديكالية).

(٦) يركز على غلق او تجسير الفجوة الحاصلة بين الحالة الراهنة والمسار الحرج (Critical Path) لتحول المنظمة.

(٧) يسهم من خلال نتائجه إلى توليد نماذج جديدة في العمل والاداء وتغيير في بناء فلسفة الإدارة.

وبالإفادة من مضامين المفاهيم السابقة والخصائص المستنبطة منها يمكن تعريف **التحول التنظيمي** بمستوى الكتاب الحالي، بأنه:
نشاط مقاد برؤية، يحتاج طاقة هائلة من الموارد الجديدة أو/و التي موجودة ويعاد تخصيصها، لأحداث تغييرات جذرية شمولية ذات ممارسات قصيرة الأمد على الاتجاه العام المستبقلي بهدف غلق الفجوة الحاصلة بين الحالة الراهنة والمسار الحرج لتحول المنظمة، وضمان البقاء والاستمرارية والتميز.

ويجسد الشكل (٢١) مضامين مفهوم التحول التنظيمي، ودوره في غلق الفجوة بين الاداء المرغوب والاداء الفعلي وإعادة حركة المنظمة على المسار الحرج.

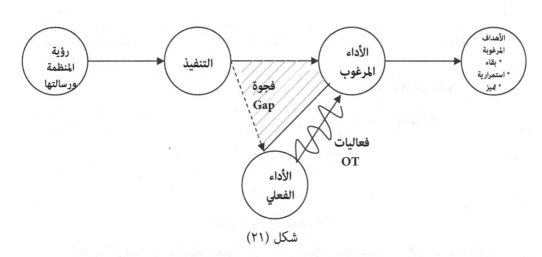

*** التحول التنظيمي**
نشاط مقاد برؤية، يحتاج طاقة هائلة من الموارد الجديدة أو/و التي موجودة ويعاد تخصيصها، لأحداث تغييرات جذرية شمولية ذات ممارسات قصيرة الأمد على الاتجاه العام المستبقلي بهدف غلق الفجوة الحاصلة بين الحالة الراهنة والمسار الحرج لتحول المنظمة، وضمان البقاء والاستمرارية والتميز

شكل (٢١)

مضامين مفهوم التحول التنظيمي ونتائجه

جـ- ضغوط التحول التنظيمي وصوره

(١) ضغوط التحول التنظيمي: تتلخص ضغوط التحول التنظيمي بما يأتي:

(A) أزمات هبوط مستوى الاداء الحاد وزيادة احتمالية الانحدار والموت التنظيمي، إذْ يرى (ويتزل وجونسون Weitzel & Jonsson's) في انموذجهما الموضح في الشكل (٢٢)، ان هناك خمس مراحل

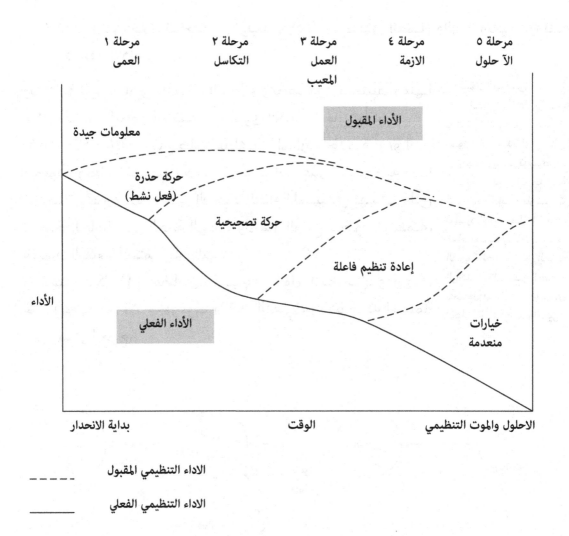

شكل (٢٢)

دورة حياة المنظمة والاداء

الافتراق بين الاداء الفعلي والاداء المقبول وتتابع محاولات التصحيح عبر المراحل المختلفة

لتدهور وانحدار الاداء والمنظمة وبالتالي موتها وقضائها، وهذه المراحل هي المرحلة الأولى تحدث عندما لا ترى (تصاب بالعمى) المنظمة علامات الانحدار، وتحدث المرحلة الثانية عندما تدرك المنظمة الحاجة للتغيير، لكنها لا تقدم بأي تصرف (تتكاسل). في المرحلة الثالثة تبذل المنظمة محاولات لكنها غير مناسبة (العمل المعيب) وفي المرحلة الرابعة تبدأ الازمة الحقيقية والتي يجب ان يكون هناك تدخل من نوع التحول التنظيمي لاحداث تغيرات رديكالية وإلاّ دخلت المنظمة المرحلة الخامسة آلاّ حلول والموت (**Jones**, 2004: 258-260).

ومن الأمثلة الميدانية على التحول التنظيمي ما قام به (**هتريش فون**) الرئيس التنفيذي لشركة سيمنز الالمانية عندما استثمر المعرفة المتميزة داخل الشركة في إجراء تطوير رديكالي على وحدة اشباه الموصلات لجهاز التلفون المحمول (315C) مما ساهم في تقصير دورة انتاجه من (١٣) ساعة إلى (٥) دقائق وبسعر (٢٣٠) دولار وهو أقل من نصف سعر تلفون (نوكيا) البالغ (٧١١) دولار وبوزن بطارية أخف وعمر أطول من بطاريات الشركات الأخرى وبخاصة المنافسين (نوكيا واريكسون والكاتيل)، وقد ساهم هذا الاجراء في انقاذ تدهور شركة سيمنز التي تراجعت إلى المرتبة التاسعة في سوق التلفون المحمول، (**الغالبي وصالح**، ٢٠٠٩: ٩).

(B) ازمات اللأتوافق التنظيمي مع الضغوط البيئية، ففي مقالتهما الموسومة (في البصق باتجاه معاكس للرياح) صور (**Demerath & Thiessen**) المنظمات غير المستقرة بوصفها تلك المنظمات التي تقف على حافة البقاء، وسبب ذلك هو اللأتوافق مع الضغوط البيئية. ولتقليل هذا اللاتوافق وتحقيق البقاء والاستمرارية اقترحا الكاتبين ان تكون المنظمات اكثر نزوعاً للتطرف والخلاف ومغادرة الاساليب التقليدية والاجراءات التصحيحية الوقتية، (**جاكسون وآخرون**، ١٩٨٨: ٥٤٥-٥٤٦)، أي بمعنى تبني التدخل الجذري المتمثل بالتحول التنظيمي بوصفه الاجراء الأنجع لتذويب اللاتوافق مع البيئة وتحويله إلى توافق تام. ومن الأمثلة الواقعية على هذه الحالة ازمة شركة مرسيدس حيث لم يتم بيع كميات كبيرة من السيارة مرسيدس ذات الشهرة الرائعة خلال مدة طويلة وبعد ان خسرت الشركة (٣,٥) بليون في عام ١٩٩٥ أدرك رئيسها ان الشركة على حافة البقاء في قيادة السوق لذا فإن الامر يتطلب تدخل جذري من خلال قرار تحول تنظيمي مصيري وكان القرار هو الاسراع في الاندماج مع كرايسلر لزيادة حجم المبيعات الذي هو كفيل بإعادة قيادة السوق لها، وفعلا حقق لها هذا الاندماج أعادة توصيف طبيعة صناعة السيارات في العالم وحققت في عام ١٩٩٨ ارباحا بلغت (٢,٦) بليون دولار، (**جرنيبرج وبارون**، ٢٠٠٤: ٧٧٨) .

(C) التحول التكنولوجي والمعايير المجتمعية، من المعروف والملموس ان نسب التغيير تتصاعد بسبب التكنولوجيا الجديدة والسريعة التي ساهمت في تقليل المدد اللازمة للتجربة مما جعل التحسين التدريجي في التكنولوجيا القديمة ينجز لصالح قفزات جذرية، رديكالية وتحويلية، في التكنولوجيا. وخير مثال واقعي على ذلك: صناعة الطباعة والالكترونيات والتسجيل التي تجذب اليها مفكرين جدد باستمرار يملكون افكار ابداعية خلاقة تثور التكنولوجيا.

ان هذه التغييرات في التكنولوجيا تتطلب تحويل في طرائق العمل اليومية والاسبوعية وكذلك التي يخطط لها مستقبلاً، لذلك تتزايد الحاجة إلى التخطيط الاستراتيجي الذي لهُ عند بعض المنظمات سمعة (الثاقب) b-o-r-i-ng ، لمواجهة حالات التغيير السريع في الاحداث، وإعادة توليفة السوق، وقصر دورة التكنولوجيا. لان التحول التكنولوجي ساهم في سحب أفق العملية التخطيطية إلى أقصر- مسقبل وبزخم أقوى، وصيرورة - تحول - موقفية ذات جاهزية عالية، **Hacker & Roberts**, 2004: 20-21), (**Bohm & Edwards**, 1991: 25).

(D) تجاهل وضع برنامج لإيجاد خلف من رجالات الإدارة بالجودة الممتازة، أو ما يسمى الأدارة الرديفة (Substitute Management) أو (الادارة بالخلافة Management by Succession) ويؤدي هذا التجاهل إلى بروز ثغرات في المعرفة والاداء، وإذا ما أصبحت هذه التغيرات كبيرة جداً أو كثيرة للغاية فإن الفشل يبدو مؤكداً ، (**Kemball - Cook**, 2001: 91) .

وفي الواقع الميداني الكثير من هذا التجاهل ماضياً وحاضراً، إذا ما سيستمر مستقبلاً، إذْ تجاهلت الكثير من المجتمعات والمنظمات تهيئة الإدارة الرديفة وقيادتها وكانت في خضم، او مقبلة، لمواجهة احرج الظروف او المواقف التي تصاحبها التغييرات الجذرية ذات الأهتزازات العنيفة، والأَمْر من ذلك ان بعض هذه المنظمات توافرت فيها مثل تلك الادارات والقيادات ولكن اغفلت أحقيتها، وآلت الامور إلى شخوص ليس رجالاتها المطلوبين لهذه المواقف مما سبب الكثير من الازمات والمعضلات وحتى الكوارث.

ومن هذا المنطلق خصص، (**أندرال إي. بيرسون**) في مقالته الموسومة (بناء المؤسسة بالكفاءات)، فقرة بعنوان (أخلق نواة من القادة Create a Core Leaders) ناقش فيها ضرورة وأهمية (الرديف Substitute أو الظل Shadow)، إذْ قال: وأفضل الطرائق للشروع في ضخ المواهب الجديدة في مشروع كبير هو أن تُعيّن مجموعة من المديرين المجربين دون أن يكون في مخيلتك أي مناصب خاصة لهم. (ويسمى هذا في عالم كرة القدم انتقاء المواهب وليس الانتقاء للمناصب، وتتم تغذية نظام الشركة بهؤلاء الافراد عندما تتولد الفرص في نهاية المطاف. ولكنهم في البداية يمكن أن يعملوا معك او مع أي من الموظفين الكبار على مشاريع خاصة - وبهذا يقومون بدور مستشارين داخليين. ويمكن تعيينهم في الأقسام او الوظائف التي تحتاج إلى مساعدة معينة أو في المشاريع الجديدة. فالمهم هنا هو ان هؤلاء المديرين المحترفين سيكونون كل في مكانة (يكونون القدوة للآخرين) ويتعرفون على شركتك (استعدادا لمهمات اكثر تحديداً). (باور، ١٩٩٧: ٢٢٥ و ٢٣٦) .

وعضدت دراسة عربية معاصرة ما تقدم، بالقول: انه في عصر المعرفة تبرز الحاجة إلى دراسة جودة المديرين لأنها أحد اسرار نجاح العقل الإداري في منظمات الأعمال المعاصرة، إذْ تصف درجة حكمة العقول الإدارية في توظيف المعلومات والمهارات والمعارف والمواهب لتحقيق النجاح المتجسد في التحسين المستمر لقيمة المنظمة.وشخصت ذات الدراسة جوةالجودةعندالمديرين العرب في مستويات الأداء المتدني وعدم نهوض منظمات الأعمال بمهماتهابالشكل المطلوب لكي تصبح تنافسية ومجاريةل مثيلاتهافي بيئة الأعمال الدولية ، ومن هذا المنطلق طالبت الدراسة بإجراء تحول في ممارسات المدير العربي لتجسير فجوة الجودة من خلال زيادة

الحوار وعرض التجارب وتبادل الافكار، وتوسيع نافذة الحوار الـدولي والعـالمي، وتشـخيص المـديرين المرجعيين، واستمرارية التطوير والتحسين المستمر)، **(الخفاجي والغالبي، ٢٠٠٨: ٥٥-٦٨)** .

ويمكن تصوير ضغوط التحول التنظيمي بالشكل (٢٣). ويتضح منه أن هذه الضغوط تـؤثر في مسار المنظمة وتوجهها المستقبلي وبالتـالي تجبر المنظمـة وتسـحبها نحـو احـداث التحـول، وبعكسـه ستوقف مسار المنظمة في منطقة معينة وتمنع مواصـلة تقـدمها ومـن ثـم اضـعاف بنيتهـا وتـدهورها وأخيرا موتها.

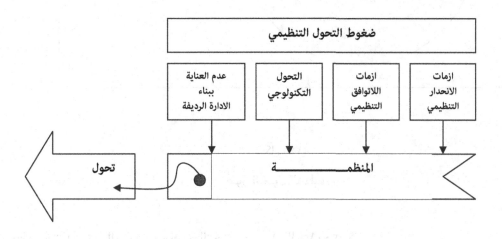

شكل (٢٣)

ضغوط التحول ودورها في أجبار المنظمة وسحبها لاحداث التحول.

(٢) صور التحول التنظيمي

ان التحول التنظيمي لا يمثل عمليات عشوائية، بل عمليات منهجية لهُ صور متعددة، ويسـهم في تكوين كل صور من صوره مجموعة عوامل وظروف سابقة وحالية وتوجهات مستقبلية. وابرز صور التحول التنظيمي، يعرضها الشكل (٢٤).

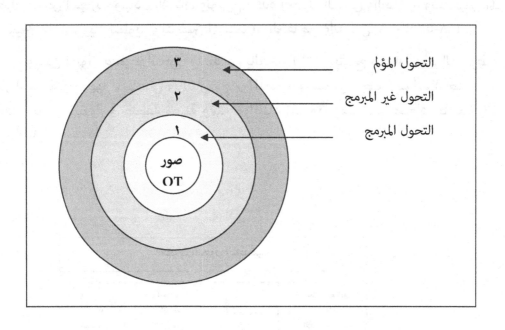

شكل (٢٤)

صور التحول التنظيمي

ويظهر من الشكل السابق، أن صور التحول هي (هال، ٢٠٠١: ٤٣٩) :

(A) التحول المبرمج Programmer Transformation

التحـول الـذي يخطـط لـهُ عـن طريـق ابحـاث وتطـوير السـلع والخدمات، (وعلى وفـق برمجـة زمنيـة واضحة تبـين بدايـة ونهايـة بـرامج التحول وحجم الكلف والموارد المطلوبة).

(B) التحول غير المبرمج Unprogrammer Transformation

(تحول مخطط له من حيث أهداف التطوير والتحسين)، ولكنه غير مبرمج من حيث المدة وحجم الموارد لأن المنظمة لا تستطيع أن تتنبأ متى تتوفر لديها الموارد. ويحدث هذا النوع من التحول عندما تتوافر موارد تفوق حاجة المنظمة وتستخدم هذه الموارد الفائضة لأغراض التجديد والتحسين الجذري وعلى وفق ما مخطط له.

*** التحول المبرمج**
التحول الذي يخطط لهُ عن طريق ابحاث وتطوير السلع والخدمات، (وعلى وفق برمجة زمنية واضحة تبين بداية ونهاية برامج التحول وحجم الكلف والموارد المطلوبة).

*** التحول غير المبرمج**
(تحول مخطط له من حيث أهداف التطوير والتحسين)، ولكنه غير مبرمج من حيث المدة وحجم الموارد لأن المنظمة لا تستطيع أن تتنبأ متى تتوفر لديها الموارد.

(C) التحول المؤلم Painful Transformation

* التحول المؤلم
تحول يفرض على المنظمة، مثل ما يحدث عندما تكون هناك أزمة ويتطلب الأمر اتخاذ قرار او تصرفات معينة

تحول يفرض على المنظمة، مثل ما يحدث عندما تكون هناك أزمة ويتطلب الأمر اتخاذ قرار او تصرفات معينة. وقد يكون التجديد ناشئاً من داخل المنظمة كما قد يفرض عليها عن طريق قوى معينة في البيئة المحيطة. وفي الغالب تصاحب هذا النوع من التحول اجراءات مؤلمة وباهضة الثمن على كافة الاصعدة المادية والمالية والانسانية والنفسية وغيرها. وإذا ما فرض هذا التحول على المنظمة فإن الاحتياج هنا يكون لقيادة تحويلية تستطيع ان تخرج المنظمة من الوضع الحرج وتعيدها إلى التوازن المناسب.

د- محددات التحول التنظيمي وآليات ضبط تموجاته

(١) محددات التحول التنظيمي:

كشفت العديد من الدراسات النظرية والتطبيقية؛ ان هناك جملة من المحددات لبرامج التحول التنظيمي هذه المحددات تلعب دوراً كبيراً في تفعيله او تثبيطه، أهمها:

(A) المركزية واللامركزية الإدارية، حيث كشفت دراسة (**Hage,** 1980: 209)، ان المركزية مطلوبة ومرغوبة في بداية برامج التحول، بينما اللامركزية تكون ضرورية في مرحلة تطبيق البرامج وتنفيذها.

(B) ضغوط المنظمات الأخرى، وتعني ان التحول قد يكون مفروضاً على المنظمة من منظمة أو منظمات أخرى، ويؤكد (**McNeil & Minihan,** 1997: 490) في دراسة لهما أجرياها في مستشفيات ومصانع للادوات الطبية، إذْ ذكرا ان هناك اعتماد متزايداً من المستشفيات على مصنعي الادوات الطبية بسبب تنامي معدلات الاداء في المستشفيات، هذا الاعتماد يعود إلى كون نوعية ومصداقية الادوات الطبية هو بأيدي مصنعي الادوات وليس بأيدي المستشفيات.

(C) السياسات الحكومية، فيمكن ان تكون تلك السياسات مشجعة او غير مشجعة لبرامج التحول، فمثلاً: سياسات الحكومة اليابانية - بما في ذلك الضريبة، والتجارة وتنظيم التبادل الخارجي – أفضل تنسيقا وأكثر تشجيعا للتحول والتجديد من السياسات الأمريكية لذلك كانت الشركات اليابانية اكثر تحولا وتجديدا مقارنة بنظيراتها الأمريكية، (**هال**، ٢٠٠١: ٤٤٧).

(D) هيكل القوة داخل المنظمة وقيم الائتلاف السائدة، ففي العديد من الحالات قد يدفع تركيز القوة إلى السكون وعدم قبول تغييرات جذرية لتحول المنظمة، مثلما قد يساعد هذا التركيز على تبني رؤية قوية لدى القائد الذي يحث جهود التحول في حالات أخرى. وقد تلعب قيم القيادات والإدارات العليا دوراً في تنشيط برامج التحول التنظيمي في المنظمة بسبب الحراك والتفاعل الايجابي، أو قد تكون كابحة لهذه البرامج وتحافظ على الحالة الراهنة، (**Griffin and Moorhead**: 2006: 406-408).

(٢) آليات ضبط تموجات التحول التنظيمي

بالرغم من ان المنظمة المتواجدة في بيئة اضطراب شديدة يجب عليها ان لا تكتفي بالاستجابة للتغيير، بل يجب ان تكون مبادرة (proactively) للحصول على ميزات من الفرص والابداع. ان هذه المنظمات تميل إلى التلائم والتجديد والتحول باعتبارها توجهات أساسية لها، بل هي بطلة في عمليات الابداع، أنها منظمات أسرع من غيرها في تطوير الأفكار الجديدة وأكثر استجابة إلى التغييرات في شروط المنافسة، والاكثر من غيرها للحصول على الالتزام من خلال المشاركة الواسعة للعاملين في عمليات التحول، **Brown & Harvey**, 2006: 39) .

وبرغم ما تقدم وأهميته وضرورته، لكن برامج التحول التنظيمي تحتاج لآليات لضبط تموجاتها باعتبار ان تموجات التحول؛ أكثر حدة وتطرف واضطراب وان بقائها على هذا المنوال يعني جماحها وانفلاتها وعدم السيطرة عليها وبالتالي تصبح أداة تعويق لا تطوير للمنظمة، ويصور الشكل (٢٥) النظرة الأولية لبرامج التحول دون آليات ضبط.

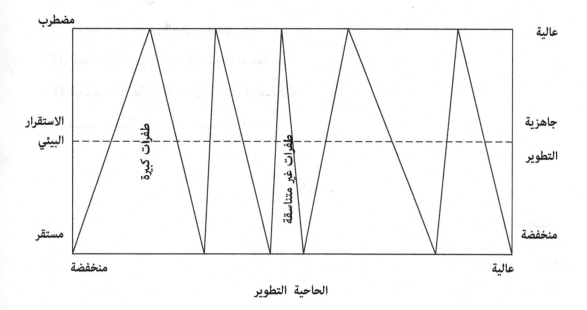

شكل (٢٥)

تموجات التحول التنظيمي

ويتضح من الشكل ان المنظمة ستكون لاهثة في مسيرتها سواء كانت بيئتها مستقرة او مضطربة، وجاهزيتها عالية او منخفضة والحاحية التطوير منخفضة أو عالية، دون اوقات استراحة واستقرار، مما يجعلها منهكة القوة ومبددة للموارد دون فائدة. عليه تحتاج إلى آليات لضبط تموجات برامج التحول التنظيمي وجعلها منسقة ومتناغمة مع برامج التطوير الأخرى في المنظمة، لأن المنظمة ليست بحاجة دائمة ومستمرة لبرامج التحول التنظيمي فقط بل تحتاجها في مدد قصيرة وأوقات ازمات واستجابات بيئية حرجة، إلى جانب برامج تطوير أخرى في أوقات غير الازمات (الاعتيادية) وعندما تكون الحاجة إلى التطوير محدودة. لأننا لا ننسى- ان برامج التطوير مكلفة وان استمرار المجازفة فيها لا تحمد عقباه.

وقد كشفت بعض الدراسات ان هناك آليات لضبط تموجات التحول التنظيمي وجعلها اكثر اتساقية مع برامج التطوير الأخرى وهذه الآليات، هي **(Armenakis et al.** 2000: 334), **(Miller**, 1982: 51-131).

(A) الاستقرار البيئي مقابل الاضطراب البيئي.

(B) التكيف المنظمي العالي مقابل الواطئ.

(C) الحاحية التحول العالية مقابل المنخفضة.

(D) الجاهزية العالية للتحول مقابل المنخفضة.

ويمكن تجسيد الآليات السابقة بالشكل (٢٦).

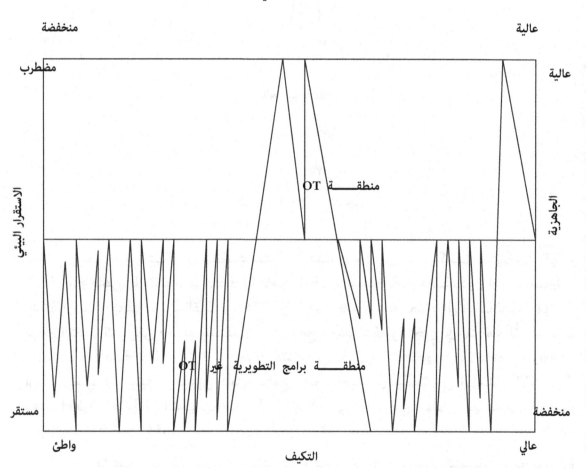

شكل (٢٦)

تموجات برامج OT وغير OT في التطوير التنظيمي

ويلاحظ من الشكل ان الآليات المذكورة (الجاهزية مقابل الاستقرار) و (التكيف مقابل الالحاحية) تلعب دوراً في ضبط ايقاعات التحول التنظيمي كمنظومة تطوير مقابل اشكال التطوير الأخرى، وكيف أن التحول يستخدم في حالات معينة لها ظروف محدودة وبعد انتهاءها تعود المنظمة إلى حالة الاستقرار والتكييف المقبول وبهذا يتحقق التوازن التطويري، والذي يعني موازية المنظمة بين التطوير الجذري والتطوير الاعتيادي بحيث لا تكون جامحة في الجذرية ولا نائمة عن التدريجية ولا العكس، بل يعتمد كل منهم في ظروفه المطلوبة. لأن بقاء الشركة على ايقاع واحد، التحول التنظيمي OT مثلا، قد يؤدي إلى وقوعها بما أسماه (**داني ميلر**) بالتناقض الظاهري (Paradox) والذي يحدث عندما تنبهر الشركات بما تحرزه من نجاح مبكر، إذْ تعتقد ان الامعان في السير على نفس الدرب هو الطريق لضمان النجاح في المستقبل. ونتيجة لذلك تصبح الشركة مغرقة في التخصص وذات توجهات داخلية مما يؤدي إلى فقدانها لرؤية حقائق السوق والمتطلبات الأساسية لتحقيق المزايا التنافسية. ولا شك ان ذلك يقود عاجلا أو آجلا إلى الفشل. وصنف (**ميللر**) شركات التناقض الظاهري، على النحو الآتي:

- **الصانعون المهرة**: مثل شركات تكساس انسترومنت وديجتال ايكويمبنت (DEC) التي حققت نجاحاً مبكرا من خلال الامتياز والتفوق في مجال الهندسة. إلاّ ان تلك الشركات أصابها هوس الاستغراق في التفاصيل الهندسية لدرجة افقدتهم الرؤية الحقيقية الواقعية للسوق.

- **البنائون**: ومنهم شركتا (جلف أندوسترن) و (أي تي تي) اللتان تمكننا بنجاح من انشاء شركات متنوعة النشاط، ومن ثم أصبحت الشركتان مفتونتان بفكرة التنويع لذاتها، حتى انهما استمرا في التنويع إلى حد الخروج عن الحيز الذي يضمن تحقيق الأرباح.

- **الرواد**: مثل شركة (وانج لايدرتوريز) وقد استمرت ايضاً تلك الشركة مفتونة بعمليات التحديث المبتكرة التي نجحت في انجازها، واستمرت في السعي وراء عمليات تجديد وتحديث إضافية أفرزت فيما بعد منتجات جديدة، ولكن عديمة الجدوى. (**شارلزهل وجونز**، ٢٠٠١: ٢٢٦-٢٢٧).

2 . جدلية علاقة التطوير التنظيمي بالتحول التنظيمي

تُعد مسألة توضيح علاقة التطوير التنظيمي (OD) بالتحول التنظيمي (OT) أمراً في غاية الأهمية. لأن عدم الوضوح المفاهيمي (بين مضامينهما الفكرية وابعادهما وتوجهاتهما) قد يساهم في ارباك أكبر في هذا الحقل المهم، (**Porras & Silvers**, 2005: 80-96) .

أن تشخيص علاقة الموضوعية المذكورين (OD& OT) يتجاذبه اتجاهين فكريين؛ هما:

*** الاتجاه الأول: يرى أنهما نظامين فرعيين ضمن نظام اكبر هو التغيير المخطط**

*** الاتجاه الثاني: يرى ان التحول التنظيمي نظام فرعي من أنظمة التطوير التنظيمي**

وبغية مناقشة مضامين هذين الاتجاهين والخروج بقناعات أكثر مقبولية لشكل العلاقة - حتى وان كانت نسبية -، يستلزم أعتماد معايير منهجية للمناقشة. وفي ضوء الاطلاع على العديد من الدراسات التي تناولت تحليل اشكال العلاقات لموضوعات مقاربة او مناقشة جدلية العلاقة، وجد أن المعايير الأكثر ملائمة لتحليل الاتجاهين هما:

- أفتراض الاتجاه.
- الحجج الداعمة للافتراض.
- الصيغة الوصفية لافتراض الاتجاه.

وعلى هذا الأساس سيتم في الادنى مناقشة الاتجاهين السابقين في ضوء المعايير المعتمدة وعلى النحو الآتي:

- **الأتجاه الأول: التطوير التنظيمي والتحول التنظيمي نظامين فرعيين.**

يرى مؤيدو الاتجاه الأول؛ أن التطوير التنظيمي والتحول التنظيمي هما نظامين فرعيين ضمن نظام أكبر هو التغيير المخطط (Planned Change) ومن أبرز مؤيدو هذا الأتجاه الباحثين:

(**Beer**, 1987: 339), (**Evans**, 1989: 39), (**Miller**, 1989: 100)

(**Latham**, 1995: 65), (**Porras & Silvers**, 80- 97)

أ- افتراض الاتجاه الأول: ينطلق هذا الاتجاه من افتراض اساسي، مفاده:

التطوير التنظيمي والتحول التنظيمي وجهان لعملة واحدة هو التغير المخطط

ب- الحجج الداعمة لأفتراض الأتجاه الأول: يستند مؤيدو هذا الاتجاه على الحجج الآتية في اسناد افتراضهم:

(١) يمثلان مدخلين للتغيير المخطط، ينهلان من منبع واحد هو نظريات العلوم السلوكية وينطلقان منها في أحداث التحسين والتعديل والتحديث. بشكل تكاملي (أي أحدهما يكمل الآخر) ففي الوقت الذي يحدث (OD) أثره التراكمي من خلال ممارسات مستمرة وتزايدية للتطور تعطي نتائج إيجابية على المدى الطويل يقابله الوجه الآخر (OT) باحدث أثره على المدى القصير في إطار ممارسة جذرية وسريعة

تحاول الإدارة تقليل وقتها للانجاز والوصول إلى النتائج المستهدفة منها والعودة إلى حالة التطوير المعتادة.

(٢) يرتبطان بعلاقة تداؤبية (Synergetic) متلازمة لضمان التكامل والتناسق بينهما بشكل يضمن لهما تحقيق غاية واحدة هي غاية التغيير المخطط المتمثلة بالانتقال من حالة قائمة إلى حالة جديدة تختلف في إطارها وعملياتها ونتائجها.

(٣) يحتفظان بخصوصية واستقلالية ملامح كل وجه (أي كل نظام فرعي لهُ ملامحه المميزة)، ففي الوقت الذي يسعى فيه (OD) إلى تأهيل العمل المنظمي، وإيجاد أفضل مطابقة بين قدرات المنظمة والمتطلبات البيئية الحالية، واحداث التغييرات التي تساعد المنظمة على إيجاد أفضل موائمة مع البيئات المستقبلية المتنبأ بها في ظروف اعتيادية واجراءات مرحلية متتابعة، يسعى (OT) إلى أحداث تغيير في الرؤية التنظيمية، واحداث التغيير النموذجي الذي يساعد المنظمة على مطابقة أفضل بيئات مستقبلية مرغوبة وبسرعة واجراءات جذرية عميقة وبخاصة في الظروف غير الاعتيادية، والازمات.

قد يقال ان البيئة الحالية اصبحت تتسم بكثرة التغييرات وسرعتها لاسباب عديدة (شح الموارد، شدة المنافسة، تراكم المعرفة وجذرية التغييرات فيها، تطورات تكنولوجية هائلة، قصر دورة حياة المنتجات... الخ). وان هذا اصبح هو الوضع الاعتيادي، لذلك فإن المنظمات العظيمة والتي تنشد التميز اصبحت منظمات متعلمة لا تواجه مشكلة في ترك "القديم" من المفاهيم والأفكار والعقائد والتي ولدت نجاحات للمنظمة فقد وقت ليس ببعيد وتستعيض عنها دائماً في الجديد المتجدد وباستمرار هذا الأمر يعني تحول تنظيمي.

ولا يقتصر الأمر اليوم على اجراء تحويرات وتغيرات مخططة بسيطة تحاكي فقط آليات العمل وبعض جوانب الهيكل، بل ان الأمر يتطلب تحويل تنظيمي لانه يطاول تغيير الرؤية والثقافة والسلوكيات والقيم المتجذرة في عادات الافراد والمجموعات والنظم الفرعية في المنظمة، (**Beer**, 1987: 339), (**Miller**, 1989: 100), (**Porras & Silvers**, 2000:80-92) .

ويفصح (**Porras & Silvers**, 2000:81) عن هذا الاتجاه في انموذجهما المسمى (انموذج التغيير المخطط A Model of Planned Change) الموضح في الشكل (٢٧).

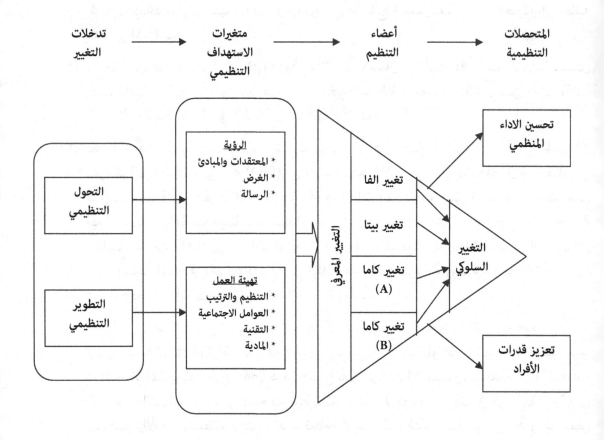

شكل (٢٧)

انموذج (Porras & Silvers, 2000)

لعلاقة التطوير التنظيمي بالتحول التنظيمي

ويظهر من الانموذج السابق – شكل ٢٧ –، ان التطوير التنظيمي والتحول التنظيمي هما نظامين فرعين (للتغيير المخطط) يسعيان للتأثير في أعضاء التنظيم لاحداث (التغيير المعرفي Cognitive Change) لديهم، من خلال:

(A) تغيير الفا Alpha change

تشمل هذه التغييرات تعديلات في بعض مستوى الحالة الراهنة الموجودة، ويعطي معايرة ثابتة لجهاز القياس مرتبطة بثبات مفاهيمي للمجال. وبتعبير آخر ان (تغيير الفا)، يشمل تعديلات بسيطة محدود جدا في السلوك الفردي تمس سطح لا عمق الحالة الراهنة لذلك تكون معايرتها ثابتة على جهاز القياس، بوصف ان اشعة الفا (α) فيزيائياً هي غير قادرة على اختراق ورقة، ومن الأمثلة على هذا التغيير، تعديلات بسيطة على بعض اجراءات العمل الروتينية، تغيير وتوقيتات التنفيذ، إعادة مراجعة الاعمال بطريقة غير المألوفة.

> *** تغيير الفا**
> تشمل هذه التغييرات تعديلات في بعض مستوى الحالة الراهنة الموجودة، ويعطي معايرة ثابتة لجهاز القياس مرتبطة بثبات مفاهيمي للمجال.

(B) تغيير بيتا Beta Change

تشمل هذه التغييرات، تعديلات وتحديثات في بعض مستوى الحالة الراهنة الموجودة، ولكنها بشكل أكبر تأثير وأكثر اعمق من (تغيير الفا) تمس سطح وعمق الحالة الراهنة إلى مستوى محدود ومعروف في السلوك الفردي لذلك تكون معايرتها متغيرة بشكل بسيط على جهاز القياس. بوصف ان اشعة (β) فيزيائيا هي قادرة المرور عبر نسيج الجسم البشري لمسافة (١-٢) سنتميتر. ومن الأمثلة على هذا التغيير، الغاء اجراءات عمل محدودة واحلال جديدة بديلا عنها، ادماج عمليات محدودة مع بعضها البعض، توسيع وظائف معينة، اثراء وظائف محدودة.

> *** تغيير بيتا**
> تشمل هذه التغييرات، تعديلات وتحديثات في بعض مستوى الحالة الراهنة الموجودة، ولكنها بشكل أكبر تأثير وأكثر اعمق من (تغيير الفا) تمس سطح وعمق الحالة الراهنة إلى مستوى محدود ومعروف في السلوك الفردي لذلك تكون معايرتها متغيرة بشكل بسيط على جهاز القياس.

(C) تغيير كاما Camma Change

تشمل هذه التغييرات، هزات عنيفة وجذرية في الحالة الراهنة، تمس السطح والعمق إلى مستوى كبير جداً وتكون معايرتها متغيرة باستمرار لا تعرف الثبات، إلاّ بوجود آليات ضبط التموجات، بوصف اشعة كاما (Y) فيزيائياً هي قادرة على المرور إلى الاجسام ولا تستطيع ايقافها إلاّ الرصاص السميك او الاسمنت وتشمل هذه التغييرات (الاشعة) مستويين اثنين، هما:

> *** تغيير كاما**
> تشمل هذه التغييرات، هزات عنيفة وجذرية في الحالة الراهنة، تمس السطح والعمق إلى مستوى كبير جدا وتكون معايرتها متغيرة باستمرار لا تعرف الثبات.

- تغيير أشعة كاما (A) : وتُركز على احداث تغير يتسم بعمق واضح في السلوك الفردي، ولكن ليس لحد الجذرية.

> *** تغيير كاما (A)**
> وتركز على احداث تغير يتسم بعمق واضح في السلوك الفردي، ولكن ليس لحد الجذرية.

* **تغيير كاما (B)**
وتركز على احداث تغير يتسم بتغير جذري كبير واضح وصريح في السلوك الفردي.

- تغيير أشعة كاما (B): وتُركز على احداث تغير يتسم بتغير جذري كبير واضح وصريح في السلوك الفردي.

ومن الأمثلة على هذه التغييرات إعادة البناء الفكري لاعضاء التنظيم، إجراء عمليات الترشيق العنيفة، إعادة الهيكلة الجذرية، إعادة هندسة العمليات، تغيير الثقافة التنظيمية، قرارات الاندماج الكبرى أو اقامة التحالفات المصيرية.

أن الخلاصة التي يمكن الخروج بها بعد عرض الانموذج السابق، هي ان المنظمات يمكن ان تتعرض لنوعين من التغييرات المستهدفة المخططة

الأولى: تمثله تغييرات (الفا وبيتا) وهي تغيرات محدودة ذات تموجات مسيطر عليها تستهدف احداث تعديلات تتراوح بين مس سطح الظاهرة او الحالة دون مس العمق إلى مس السطح وجزء من عمق الحالة وجوهرها لذلك تتراوح معايرتها (قياسها) بين الثبات إلى الثبات النسبي (التغير المحدود). وهذه التغيرات بنوعيها (الفا وبيتا) تعكسان تماماً ممارسات التطوير التنظيمي (OD) التي تتعامل مع الحالة في الظروف الاعتيادية وعلى وفق حسابات العقلانية المحدودة.

أما **الثانية**، تمثله تغيرات (كاما) وهي تغيرات سريعة وجذرية ذات تموجات غير مسيطر عليها بسهولة، تستهدف احداث تعديلات تمس السطح والعمق بشكل كبير، لذا تتميز معايرتها (قياسها) بالتغيير المستمر، وتعكس تغييرات (كاما) ممارسات التحول التنظيمي (OT) التي تتعامل مع الحالة في الظروف غير الاعتيادية والأزموية وعلى وفق حسابات اللاتأكد والغموض.

أن ممارسات (OD و OT) معاً ونتيجة لتناسقهما وتكاملهما تساهم في تحقيق مخرجات تنظيمية تتمثل في تحسين اداء المنظمة وتعزيز قدرات الأفراد.

ج- الصيغة الوصفية لأفتراض الاتجاه

ان المناقشات والتحليلات السابقة، تمكننا من تقديم:

(A) صيغة نوعية لافتراض الاتجاه الأول، يعكسه الشكل (٢٨). والذي يمثل إعادة بناء الشكل (٦) بعد التطور المفاهيمي الذي جرى في عرض البيانات والمعلومات من الفصل الأول إلى الثاني.

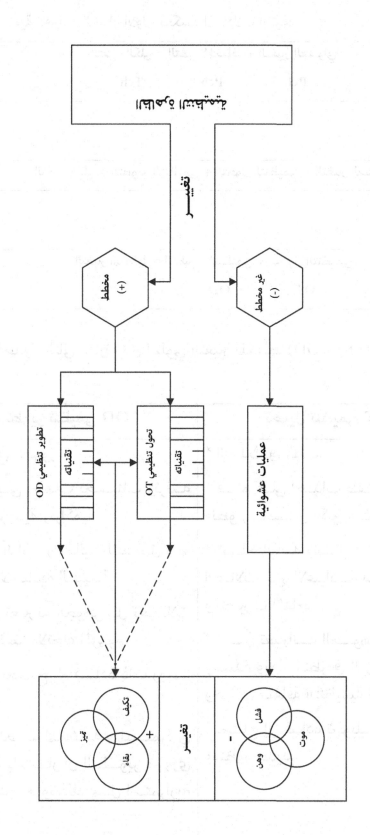

شكل (٢٨)

علاقة التطوير التنظيمي بالتحول التنظيمي بوصفهما

نظامين فرعين للتغيير المخطط

(B) صيغة كمية لافتراض الاتجاه الأول، تعكسه المعادلات الآتية:

التغيير الكلي = التغيير المخطط + التغيير العشوائي
Rch Pch Tch

أو:

التغيير الكلي = التطوير التنظيمي + التحول التنظيمي + التغيير العشوائي

إذن:

التغيير المخطط = التطوير التنظيمي + التحول التنظيمي
OT OD

ويوضح الجدول التالي مقارنة بين اسلوبي التغيير المخطط (OD) و (OT)

تطوير تنظيمي OD	**تحويل تنظيمي OT**
* الاقدم في الظهور * قائم على احداث تحسينات وترقية تدرجية تزايدية وتراكمية * تصلح آلياته وأساليبه للتعامل مع الحالات الاعتيادية الطبيعية * لا تمس تغييراته الجوهر بل تعديلات سطحية ضمن الاتجاه المرسوم. * قد لا يحتاج إلى قيادة ذات رؤية جديدة * يمثل الحالة المعاشية والمستمرة في المنظمة باعتبار ان التطوير ضروري للبقاء والنجاح وبذلك يمثل استمرارية واستدامة.	* الاحدث في الظهور. * قائم على احداث طفرات جذرية وتطوير محسوس وكبير وبشكل سريع. * تصلح آلياته وأساليبه للتعامل مع الحالات غير الاعتيادية مثل الازمات والتغييرات المفاجئة. * تمس تغييراته الجوهر كمفاهيم وعقيدة ويعاد النظر في الرؤية والاتجاه وجوانب الثقافة التنظيمية الجوهرية. * يحتاج إلى قيادة تحويلية ذات رؤية ومنظور جديد.

* يمثل الحالة المعتادة في الصناعات ذات التطور التكنولوجي التراكمي والذي يجري وفق طرق منتظمة ومنهجية يتم متابعتها من قبل المنظمات.	* يمثل الحالة غير المستمرة في المنظمة، باعتبار ان التحول اصبح ضروري لذلك يجري في فترات قصيرة لا يفترض ان تكون ممارسة دائمية ولكنها ضرورية للمنافسة والنجاح، ولغرض نجاحه وتفعيله يفترض ان يوضع ضمن توجه شمولي صحيح ومستمر. * يمثل الحالة المعروفة في الصناعات ذات التطور السريع والكبير والديناميكية الدائمة، فهو الوضع المشاهد في الصناعات الحديثة شديدة المنافسة وجذرية التغيير.

ببساطة يمكن القول هنا يتم تحجيم ال (OD) لتصبح مساوية إلى (OI) في حين ان ما نريد التركيز عليه هو أن (OD) تمثل مجمل جوانب (OT) و (OI) كما هو الحال في الاتجاه الثاني.

*** الاتجاه الثاني: التحول التنظيمي نظام فرعي من أنظمة التطوير التنظيمي**

يرى مؤيدو الاتجاه الثاني؛ أن التحول التنظيمي ما هو إلاّ نظام فرعي ضمن النظام الأكبر التطوير التنظيمي (OD).

ومن ابرز مؤيدو هذا الاتجاه الباحثين:

(**Chin & Benne**, 1997: 32), (**Szilagy**, 1991: 584-589), (**Greenberg & Baron**, 2004: 776-778), (**Schermerhorn,** 2005: 472-473), (**Brown & Harvey**, 2006: 48).

أ- افتراض الاتجاه الثاني: ينطلق هذا الاتجاه من افتراض أساسي، مفاده:

التطوير التنظيمي هو في الحقيقة يعني التغيير المخطط، وان التحول التنظيمي يمثل الجيل الثاني او الدرجة الثانية من التطوير التنظيمي.

ب- الحجج الداعمة لافتراض الاتجاه الثاني: يعتمد مؤيدو هذا الاتجاه على الحجج الآتية في اسناد افتراضهم:

(١) أن التطوير التنظيمي (OD) ما هو إلاّ التغيير المخطط، إذْ أشار (**Chin & Kenneth**) إلى ذلك بوضوح بقولهما: (التطوير التنظيمي أو التغيير التنظيمي المخطط هو محاولة مقصودة... OD, or planned organizational change, is a deliberate attempt:.... (**Brown & Harvey** : 2006: 48)

وعضد الرأي السابق (French, et al., 2000: 110) بقولهم:

(ميدان نشاط التطوير التنظيمي هو المنظمات، وتسمى هذه المباراة التغيير المخطط)

The action arena of (OD) is Organizations. The name of the game is planned change.

وثنى على هذا الرأي (Porras & Silvers, 2005: 80) بالقول: (التطوير التنظيمي يُعد لحـد الآن مماثل لمصطلح التغيير المخطط). OD, which until recently was synonymous with the term planned change.

(٢) مفهوم الجيل والدرجة وتكرارها، من خلال الرجوع إلى عدد من المعاجم والقواميس، ظهر:

(A) ان الجيل Generation ، وفقاً لقاموس (Oxford, 1994: 513) يعني:

- خبرة متناقلة من جيل إلى جيل آخر.

- أجيال متتابعة الواحد بعد الآخر، الجيل الاول، الجيل الثاني وهكذا.

- متوسط مدة تمتد ما بين ٢٥-٣٠سنة في إطارها يولد الصغار ثم يكبروا ويصبحوا بالغين.

- مرحلة واحدة في التطور وتقدم الانماط الأنتاجيـة (الجيـل الثاني مـن الحاسبات، الجيل الثالث من الانسان الآلي).

واستنادا لقاموس (Webster, 1997: 485) فالجيل هو:

- مجموعة كائنات حية، مجموعات أفراد ولدوا وعاشوا معاصرين لبعض.

- مجموعات أفراد لديهم مواقع في إطار المعاصرة مع بعضهم الآخـر (طلبة كليـة معينـة)، كل واحد منهم لديه مدة محدودة.

- التطورات المبكرة لنمط معين (الجيل الأول من المقاتلات النفاثة).

(B) أما الدرجة، تشير إلى: مستوى الصعوبة والمسؤولية التي تقع ضمن مجموعـة مـن الأنشطة والبرامج التي تناسبه في درجة الصعوبة والمسؤولية والمتطلبات لكنها تختلـف في نـوع المهمـة والأداء والممارسات. ويمكن تصوير الدرجة بالشكل (٢٩).

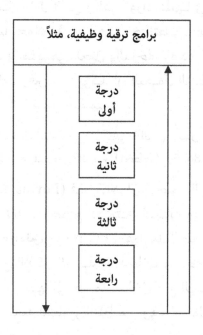

برامج ترقية وظيفية، مثلاً
درجة أولى
درجة ثانية
درجة ثالثة
درجة رابعة

شكل (٢٩)

تحليل مضمون الدرجة

يظهر من الشكل، أن الدرجات الوظيفية من (الاولى إلى الرابعة) جميعها تقع ضمن برامج تسمى (الترقية الوظيفية)، وهذا يعني ان هذه الدرجات تخضع لموضوع واحد وتسير في توجهاته إلاّ انها تختلف في الصعوبة والخصائص والمتطلبات.

● في ضوء مفاهيم (الجيل) و (الدرجة) واستنادا لمضامينهما يمكن القول، ان التحول التنظيمي هو فعلاً وليد لنمط او برنامج اكبر هو التطوير التنظيمي، وعلى أساس الأدلة الآتية:

- ان المدة المحصورة بين الجيل الأول للتطوير التنظيمي، والذي بدأ ما بين (اواخر أربعينيات وبداية خمسينيات) القرن العشرين، والجيل الثاني لهُ والذي بدأ في ثمانينات القرن الذكور، استناداً لمعطيات الشكلين (٢) و (١٨). أمدها ثلاثون سنة، كمعدل، وبذلك تحقق الشرط الأول بحسب مفهوم الجيل في قاموس (Oxford).

- ان الجيل الثاني للتطوير التنظيمي وهو (OT) يمثل مرحلة متقدمة في الممارسة والتطبيق والتقنيات عن الجيل الأول، وعلى هذا الأساس توافر الشرط الثاني لعلاقة الآب بالابن او الأصل بالفرع، وهذا يعني ان للتطوير التنظيمي اجيال (الجيل الأول للتطوير التنظيمي، الجيل الثاني للتطوير التنظيمي....).

- ان الجيل الثاني للتطوير التنظيمي استفاد كثيراً من مضامين وممارسات الجيل الأول لهُ وانتقلت لهُ خبرات الجيل الأول التي وظفها وزاد عليها في الخصائص والتوقيتات لكنهما (الجيل الأول والثاني) بقيأ يعملان في حدود برامج التطوير التنظيمي، متفاعلين ومتكاملين، وهذا تحقق لشرط ثالث في مفهومي الجيل والدرجة. ويردد كلمة الجيل او / و الدرجة عدد من الكتّاب والباحثين المعروفين مما يؤكد أن التحول التنظيمي هو ابن شرعي للتطوير التنظيمي وجيله الثاني او الدرجة الثانية منه.

فقد عرف (**ليفي ومري**)، التحول التنظيمي في كتابهما الذي يحمل نفس العنوان (Organizational Transformation) بأنه: الدرجة الثانية للتطوير (التغيير المخطط). (**Levy & Merry** : 1986: 5)

أما (**Porras & silver**, 2000: 80) فقد قالا: ان التحول التنظيمي (OT) يقال له الجيل الثاني من التطوير التنظيمي (OD). وجمع الكلمتين السابقتين (الجيل والدرجة) عن التحول التنظيمي نصاً ومضموناً (**فرنش وجونير**، ٢٠٠٠: ٩٥) ، بقولهما: الجيل الثاني لتطوير المنظمات: حالياً هناك اهتمام كبير بنظرية وتطبيق الأفكار الناشئة والتدخلات ومناطق التطبيق والتي يمكن تسميتها بالجيل الثاني لتطوير المنظمات، وكل منها إلى حد ما يتداخل مع الآخر. ويركز الجيل الثاني لتطوير المنظمات بالتحديد على الدرجة الثانية للتطوير التنظيمي وهو التحول التنظيمي.

ويثني على اعتماد الكلمتين السابقتين (**كرنيرج وبارون**، ٢٠٠٤: ٧٧٧) بقولهما: التغيير الجذري، هو الدرجة الثانية، او الجيل الثاني للتطوير التنظيمي والذي يكون أكثر تعقيداً. وتمثل قصة شركة لوكهيد مارتن التي ذكرت في بداية الفصل الحالي مثالاً مجسداً للتحول التنظيمي.

> *** التغيير الجذري**
> هو الدرجة الثانية، او الجيل الثاني للتطوير التنظيمي والذي يكون أكثر تعقيداً.

(٣) تحديد الجيل الأول للتطوير التنظيمي أو الدرجة الأولى منه، إذا كان التحول التنظيمي هو (الجيل الثاني) أو (الدرجة الثانية) للتطوير التنظيمي؛ إذن مَنْ هو الجيل الأول او الدرجة الأولى منه؟ ومن خلال مراجعة الدراسات المتخصصة أتضح أن الجيل الأول او الدرجة الأولى منه، هو:

(التدرج التنظيمي Organizational Incremental)

ويرمز لهُ أختصاراً، بمستوى هذا الكتاب، (OI) والذي يشير إلى أحداث التغييرات وادخال التعديلات والتحسينات على الأداء المنظمي بطريقة تدريجية وبوقت طويل وخلال الاوقات والظروف الاعتيادية، وعادة ما تستمر برامج (OI) وقتا أطول من (OT) وتتميز باستقرار تموجاتها وانتظامها بشكل نسبي.

وتناول الكتّاب والباحثين مصطلحي ومفهومي الجيل الأول (OI) والجيل الثاني (OT) كثيراً، إذْ قال (**فرنش وجونير**، ٢٠٠٠: ٩٦) بهذا الصدد: وبدرجة متزايدة يقوم مهنيو تطوير المنظمات بالتفرقة بين الجهود المعتدلة او المتطورة تجاه التحسين التنظيمي وتلك الجهود الكبيرة او بتعبير آخر الجهود الثورية. فمثلاً: تحدث (هيج) عن التجديدات ، قائلا: قد تتفاوت التجديدات في درجة شدتها. فالتدخل الراديكالي هو انطلاق ذو دلالة من

الممارسات السابقة. وقد يطور التجديد داخل المنظمة كما قد يستورد من الخارج. وقد تكون التجديدات شيئاً ما جديداً كلياً ولم يطبق من قبل في أية منظمة، كما قد يكون جديداً فقط بالنسبة لمنظمة معينة. (**Hage**, 1980: 191).

وفرق (بارزاك وآخرون) بين التطوير التكييفي التدرجي والتطوير على نطاق واسع. (**Barczak e tal.**, 1987: 35)

وصنف (تادلر وتشمان)، (التحول) في جانب و (ثني Bending) الهيكل في جانب آخر. (**Nadler** & Tushman, 1989: 194-204).

وقارن (جودستين وبيرك) بين (الضبط الدقيق) ويقصد به (OI) مع التغيير على نطاق واسع ويقصد به (OT) ، (**Goodstein & Burke**, 1991: 17)

وأكد (سيزلاقي والاس، ١٩٩١، ٥٤٨) ان التطوير التنظيمي يتراوح (من الجذري إلى المتدرج) يحكمها في ذلك سرعة التطوير وعمقه.

وميز (كرينرج وبارون، ٢٠٠٤: ٧٧٧) بين (التطوير البسيط المستمر Frist-order) الذي يكون محدوداً وشاملاً ولا يتضمن تعديلاً جوهرياً في نشاط المنظمة، وهذا النوع من التطوير تدخله شركة تويوتا على سياراتها بانتظام وبجرعات صغيرة متتابعة بهدف تحسين كفاءة انتاج سياراتها وأدائها و (التطوير الجذري Second - order) وهو التطوير الأكثر تعقيداً ويتضمن تغيير جذري ضمن اطار عدد من المستويات بالمنظمة وأنواعاً متعددة من خصائص نشاطها.

وحدد (**Schermerhorn**, 2005: 472-473) الفرق بين التغيير المخطط (التطوير) التدريجي والتحويلي، على النحو الآتي:

ان التطوير التدريجي هو طوي (ثني) وتعديل طرائق حالية لتحسين الأداء، أما التطوير التحويلي فهو نتائج رئيسية وشاملة لاعادة توجه المنظمة.

وبَيْن (**ماهر**، ٢٠٠٧: ٢٥) أن احد مؤشرات تصنيف أنواع التطوير التنظيمي هي (السرعة) فبرامج التطوير ذات السرعة المنخفضة هي (التدريجي) أما ذات السرعة العالية والفجائية فهي (التحويلي).

ج- الصيغة الوصفية لافتراض الاتجاه الثاني :

تأسيسا على الطروحات السابقة، يمكن ان نقدم الصيغة الوصفية لافتراض الاتجاه الثاني على النحو الآتي:

التغيير الكلي = التغيير المخطط + التغيير العشوائي

وبما أن:

التغيير المخطط = التطوير التنظيمي

إذن :

التطوير التنظيمي = التدرج التنظيمي + التحول التنظيمي
OT + OI = OD

* محاكاة جدلية العلاقة واستنباط أنموذج

بعد طرح الاتجاهين الفكريين لعلاقة التطوير التنظيمي بالتحول التنظيمي. وصلنا إلى ضرورة محاكاة جدلية العلاقة وعلى هذا الاساس ستجري هذه المحاكاة على أساس حوارين، هما:

* الاستعلام الجدلي
يقوم على محاكاة (الفرض) و (الفرض المضاد أو المعاكس)، والغرض من هذه المناظرة يتجسد في طرح (الآراء) في إطار واضح مع اقترانها بفروض واجراءات عمل نتيجة لذلك يمكن صياغة منظور شامل لفهم العلاقة.

أ- الحوار النوعي: يعتمد هذا الحوار على منهج (الاستعلام الجدلي Dialectic Inguiry)، الذي يقوم على محاكاة (الفرض) و (الفرض المضاد أو المعاكس)، والغرض من هذه المناظرة يتجسد في طرح (الآراء) في إطار واضح مع اقترانها بفروض واجراءات عمل نتيجة لذلك يمكن صياغة منظور شامل لفهم العلاقة، (شارلز وجونز، ٢٠٠١، ٦٥).

وسيكون الحوار على النحو الآتي:

(١) أن وصف التغيير المخطط بإنه يشمل وجهان، أولهما: التطوير التنظيمي، وثانيهما: التحول التنظيمي. وصف نظري يقترب من الترف الفكري أكثر منه واقعي اجرائي، إذ لا يوجد تغيير مخطط إلّا وقصده إحداث تطوير مستهدف واعٍ ومدرك. وبدون ذلك سيكون تغيير عشوائي مرتكزة الشك والصدفة وبالتالي فإن نتائجه الغالبة ليس بالضرورة تطوير، وعلى هذا الأساس فإن المنطق المقبول هو ان التغيير المخطط = التطوير التنظيمي. وهذا يرجح كفة الاتجاه الثاني على الأول.

(٢) أن اعتبار التطوير التنظيمي والتحول التنظيمي وجهان لعملة واحدة بوصفهما ينهلان من نظريات العلوم السلوكية، ليس مبرراً قوياً وحجته ضعيفة لأن هناك الكثير من الاتجاهات الإدارية نهلت من هذه النظريات مثل (القيادة، واتخاذ القرارات، والجماعات، وفرق العمل....)، لكنها ليس أوجه لعملة واحدة هذا من جهة، ومن جهة ثانية فإن هذه الحجة ان صحت فإنها تصح لفكرة كون التحول التنظيمي هو امتداد طبيعي من أصله التطوير التنظيمي من حيث الانتماء إلى الجذور وتشابه التوجهات والمضامين والسير في طريق واحد مشترك نحو الرؤية المقصودة ولكن باختلاف حجم النتائج ومساحة الحركة.

(٣) ان القول بأن التطوير التنظيمي يركز على الممارسات طويلة الأمد في مقابل تركيز التحول التنظيمي على الممارسات قصيرة الأمد، كما ذكر في حجج الاتجاه الأول هو الآخر مردود عليه، إذْ ان ممارسات التطوير التنظيمي قد تكون (طويلة او /و قصيرة). ويسند هذا الرأي (**French et al.**, 2005: 16-34) بقولهم: ان أهداف برامج التطوير التنظيمي تزيد على المدى القصير او الطويل الفاعلية التنظيمية.

وهذا يعني أن التطوير التنظيمي أكبر من التحول التنظيمي الذي يعد جزءاً منه يمثل برامجه على المدى القصير ولديه جانب آخر يمثل برامجه على المدى الطويل وهو الجيل الأول (التدرج التنظيمي OI). كما اننا نعتقد أن نجاح وتفعيل برامج التحول التنظيمي (OT)، ستكون أفضل إذا وضعت في اطار شمولي تكاملي طويل الأمد وليس مجرد طفرات مقطوعة ومتجزئة عن مضمونها وتوجهها الصحيح والمدروس وبما يكفي من الزمن.

(٤) ان التسليم بافتراض الاتجاه الأول، يعني أن التنسيق المنهجي بين اداء التطوير التنظيمي والتحول التنظيمي سيكون مصيرة التضارب والتداخل والازدواجية وان احتمالية الفشل واقعة لا محال، لأن التطوير التنظيمي سيعتمد برامج مرحلية تدريجية ورديكالية جذرية في الوقت نفسه سيعتمد التحول التنظيمي برامج رديكالية جذرية مما يسبب التضارب والتداخل وبالتالي ستكون نتائجه الفشل في عالم شديد المنافسة لا يسمح فيه الخطأ، يعبر عنه (هاميل، ٢٠٠٢، ٣٨٠) بالشكل (٣٠) .

شكل (٣٠)

(إياك أن تخطئ، فإن الشركات التي تحتل المراكز المتميزة في السوق يمكن أن تكون شركات ثورية)

لذا فإن افتراض الاتجاه الثاني اكثر مقبولية وواقعية لأنه يعتبر التطوير التنظيمي الكل وان وجهاها (التدرج التنظيمي OI) و (التحول التنظيمي OT) وبالتالي ستكون منهجية واحدة ترسم خطوط وتوجهات وتقنيات كل وجه بما يخلق تناسق وتناغم في الأدوار والأداء والنتائج.

وخير مثال على ذلك، أسلوب (شركة شوب) في التجديد الذي يشبه (السلم الحلزوني) شكل (٣١) والذي يقوم على ملاحقة الحلول الأفضل لصالح الزبون المستثمر بشكل لا ينتهي أبدا. فالتجديد الذي لا يلين، يرتقي بالشركة بشكل دوراني حول السلم الحلزوني كلما صعدت نحو مستوى يعلو باستمرار في سبيل ارضاء الزبون واسعاده. ويشمل هذا السلم الحلزوني (**هاميل**، ٢٠٠٢: ٣٧٩) :

- تجديدات للاصلاح الهامشي والتجريب.
- تجديدات متوسطة المدى.
- تجديدات جذرية (رديكالية)

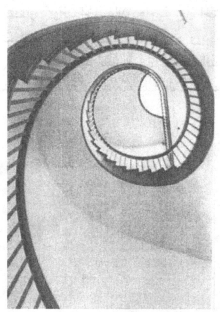

شكل (٣١)

أسلوب شواب في التجديد الذي يشبه الدرج الحلزوني يقوم على ملاحقة الحلول الأفضل لصالح الزبائن المستثمرين بشكل لا ينتهي ابداً

(٥) تأسيسا على مضامين الفقرة (٤)، فإن التداؤبية ستكون بين (OI) و (OT) وليس كما ورد في الاتجاه الأول بين (OD) و (OT). لأن المنظمات تحتاج إلى ما يسمى (بالاستقرار - الحركي Dynamic - Static) ففي الوقت الذي تحتاج فيه إلى برامج تطوير (تدريجية) تحتاج في أوقات أخرى إلى برامج تطوير(تحويلية) لخلق ديناميكية

(حركية) عالية لمواجهة موقف معين أو أزمة مفاجئة، ومن ثم العودة إلى (التدريجيـة) لخلـق الثبات من أجل تحقيق ما اسميناه (التوازن التطويري).

ولعل أفضل تجسيد لهذه الفكرة (انموذج كراينر Greiner) المسمى (انموذج التطوير والثورة) والموضح في الشكل (٣٢).

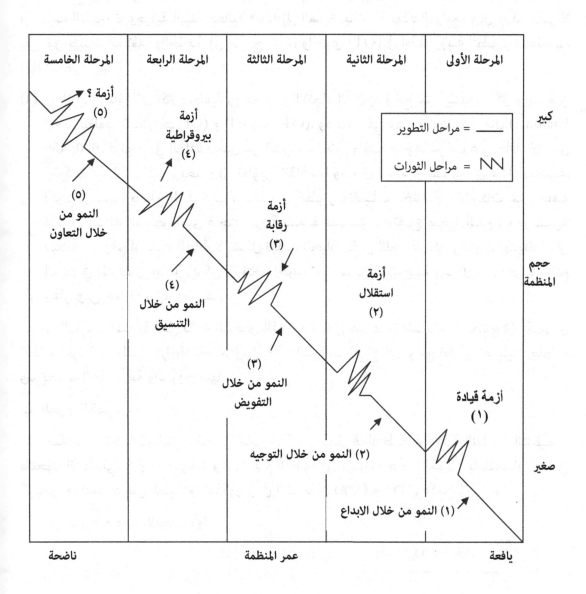

شكل (٣٢)

انموذج كراينر Greiner

المصدر: جونسون وآخرون، ١٩٨٨: ٥٧٠

ويستخلص من الانموذج السابق ان المنظمة تجري عمليات تطوير تدريجي (الخط المستقيم) لمدة معينة ثم تجري عمليات تطوير (جذرية) بشكل ثورات ذات صدمات قوية ولمدة قصيرة ثم تعود مرة أخرى إلى برامج التطوير التدريجي المستقرة نسبياً ثم تخلق ثورة عبر برامج التطوير الجذري بعدها تعود إلى برامج التطوير التدريجي، وهذه المبادلة هي مبادلة (الاستقرار / الحركية).

ومع ازدياد ترددية نسبة واعداد برامج التحول التنظيمي في المنظمات المعاصرة لاسباب تعود إلى سرعة التغييرات وحركية البيئة الحالية قياسا إلى السابق بالنسبة لهذه البرامج، فإن هذا الأمر لا يغير من طبيعة العلاقة والحاجة إلى برامج (OI) وأخرى (OT) في اطار رؤية لتطوير التنظيمي (OD) تصاعدية.

(٦) ان الاتجاه الثاني كان اكثر منطقية ووضوح من الاتجاه الأول إذْ وضح متى يستخدم كل وجه من اوجه التطوير (التدريجي OI) و (التحويلي OT)، وكيف. ففي مقارنة توضيحية، قال (Pacton, 2000: 439): توجد في العادة نوعين من الشركات ذات مواقف حرجة، شركات على حافة الافلاس وشركات متعثرة، وكليهما يحتاج إلى تطوير لانقاذهما وضمان استمرار بقائهما في عالم المنافسة، لكن: كل منهما يحتاج إلى اسلوب مختلف في التطوير وتقنيات مختلفة، فالشركات على حافة الافلاس مشابه للشخص الذي صحته حرجة نتيجة السمنة - ارتفاع ضغط الدم وعوز شديد للتلائم - ورغم ان هذه الحالة لا تشكل تهديد للحياة بنفس اللحظة، لكن ربما يأتي تهديدها على الحياة في المستقبل وبالتالي يمكن ان تتخذ اجراءات تحسينية وعلاجية بشكل تدريجي منتظم وعلى وفق جدولة ثانية ومستقرة.

أما الشركات المتعثرة فهي تشبه الشخص الذي يعاني من هبوط بالقلب، لذلك يحتاج ان يكون في العناية المركزة ويتطلب جراحة عاجلة. ومثل هذه الشركات تحتاج إلى برامج تطوير تحويلية جذرية وسريعة لمعالجة الأزمة والخروج منها.

ب- الحوار الكمي:

بغية اسناد تحليلات الحوار النوعي سابق الذكر، وجعل قرار طبيعة علاقة التطوير التنظيمي بالتحول التنظيمي اكثر موضوعية وقبول تم اللجوء إلى اجراء الحوار الكمي* باستخدام المنطق الرياضي وبالاعتماد على الصيغتين المذكورتين في الصفحتين (١٢٨) و (١٣٤) وكما يأتي :

(١) من طروحات الاتجاه الأول:

$$Pch = f(O_D + O_T) \quad \text{.........................} \quad (1)$$

* قام الاستاذ الدكتور وليد اسماعيل السيفو المتخصص في الاقتصاد القياسي والرياضي مشكوراً بمراجعة الصيغة الرياضية المقترحة ومحاورة المؤلفين في افتراضاتها ثم تعاونوا في بناء الصيغة بشكلها الحالي .

بأفتراض

(A) ليس بالضرورة ان يكونا المتغيرين متساويين، أي:

$$OD \neq OT \quad \text{.................} \quad (2)$$

(B) ان التغييرات في (متغير التغيير المخطط Pch) هي دالة لكل من التغيرات التي تحصل في كل من (OD) و (OT)، أي:

$$\Delta\, Pch = f\,(\Delta\, OD)$$

$$\Delta\, Pch = f\,(\Delta\, OT)$$

(٢) من طروحات الاتجاه الثاني:

$$\Delta\, Pch = f\,(\Delta OD) \quad \text{....................} \quad (3)$$

واستنادا لطروحات هذا الاتجاه فإن

$$\Delta\, OD = OT + OI \quad \text{...................} \quad (4)$$

وبتعويض مكونات المعادلة (٤) في المعادلة (١) للاتجاه الأول، فإن:

$$Pch = OT + OI + OT \quad \text{...................} \quad (5)$$

وبضم الحدود نستنتج الآتي:

$$Pch = 2O_T + O_I \quad \text{...................} \quad (6)$$

$$\therefore Pch = OD = 2O_T + O_I \quad \text{...................} \quad (7)$$

$$\therefore O_D > O_T \quad \dots\dots\dots\dots\dots\dots \text{(8)}$$

وعليه، فإن المعادلة التقديرية ستكون كما يأتي:

$$Pch = \beta_0 + \beta_1 O_D + \beta_2 O_I + U \quad \dots\dots\dots\dots \text{(9)}$$

حيث (U) تمثل المتغيرات العشوائية الأخرى التي لم يتضمنها النموذج (٩)، حيث أن:

$$OD > OT$$

ويتضمن Pch ⟸ 2OT مضافاً إليه OI ولهذا فإن المعادلة اعلاه، هي:

$$\Delta\, Pch = f\,(\Delta\, 2O_T + \Delta\, O_I) + U$$

$$Pch = \beta_1 + 2\beta_2 O_T + \beta_3 O_I + U \quad \dots\dots\dots\dots \text{(١٠)}$$

أو

$$OD = \beta_1 + \beta_2 O_T + \beta_2 O_I + U$$

حيث أن:

$$OD = 2\,OT \qquad \text{(أي تضرب OT في (٢) لنحصل على OD)}$$

$$\therefore OD > OT$$

- ان الطروحات والتحليلات والمناقشات السابقة تؤكد أرجحية الاتجاه الثاني على الأول، بسبب عقلانية ومنطقية وواقعية افتراضية وحجة الداعمة – نظرياً وعملياً – ومن هذا المنطلق فإن الكتاب الحالي يتبنى منطق ان التحول التنظيمي هو نظام فرعي لنظام التطوير التنظيمي. وان التطوير التنظيمي يتكون من نظامي التحول التنظيمي (OT) والتدرج التنظيمي (OI) وان علاقة هذين النظامين في احداث التطوير هي علاقة (لا متناهية Infinity)، كما يصورها الشكل (٣٣).

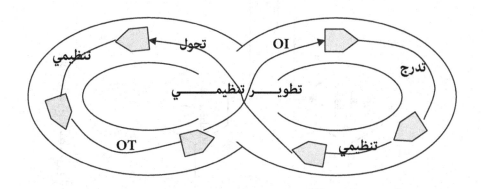

شكل (٣٣)

علاقة لا متناهية التحول والتدرج التنظيمي

في احداث التطوير التنظيمي

وتأسيساً على كل ما تقدم وفي ضوء تبني منطق التحول التنظيمي جزء من التطوير التنظيمي،
نعيد بناء النموذج الموضح في الشكل (٢٨)، بالنموذج (٣٤) الآتي ويكون هذا النموذج هـو رؤيـة
الكتاب الحالي والمرشد المنهجي للفصول اللاحقة.

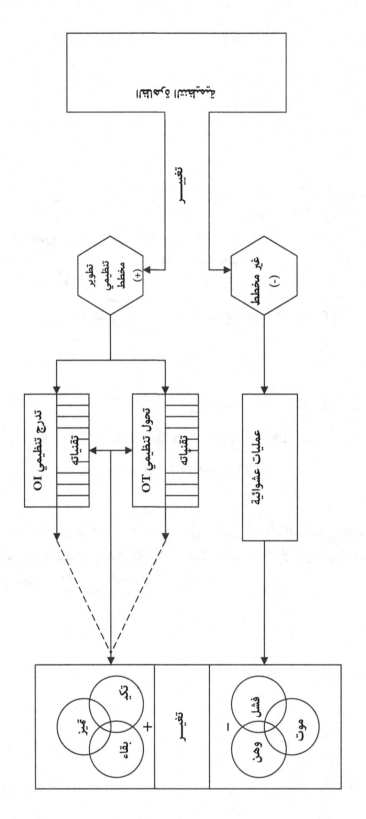

شكل (٣٤)
علاقة التدرج التنظيمي بالتحول التنظيمي بوصفهما نظامين فرعيين للتطوير التنظيمي

ثانيا: قيم التطوير التنظيمي وأخلاقياته

١. قيم التطوير التنظيمي

يحاول هذا المحور تغطية الإجابة عن ثلاث تساؤلات رئيسة، هي:

أ- ماذا تعني القيم وما أهميتها.

ب- كيف تطورت القيم في الفكر الإداري.

ج- ما قيم التطوير التنظيمي.

وفي الادنى الاجابة عن التساؤلات المذكورة:

أ- معنى القيم وأهميتها:

* نذكر في الادنى معنى القيم بشكل عام والقيم التنظيمية بشكل خاص:

* القيم التنظيمية
معتقدات بخصوص ما هو حسن أو سيء وما هو مهم أو غير مهم.

- معتقدات بخصوص ما هو حسن أو سيء وما هو مهم أو غير مهم، **(فرانسيس و ودكوك، ١٩٩٥: ١٧)**.

- اعتقاد – ضمني أو صريح – تعبر عما يراه فرد أو جماعة معينة بأنه المسلك المفضل، ويؤثر في اختيارهم لطرائق وأساليب وغايات التصرف. **(العميان، ٢٠٠٥: ١٠٨)**.

- نوع خاص من المعتقدات يحملها أعضاء التنظيم وتشير إلى ما هو مقبول او غير مقبول أو ما هو جيد او سيء ويعتقد هؤلاء الأعضاء بقيمتها ويلتزمون بمضامينها فهي اذن تحدد السلوك المقبول او المرفوض وتتسم بالثبات قياسا إلى الاتجاهات **(الغالبي والعامري: ٢٠٠٨: ١٨٥)**.

- المبادئ السرمدية الخالدة التي تقود وتوجه المنظمة وتوضح بعمق المعتقدات الاساسية للمنظمة، والتي تطبع السلوك اليومي للإدارة والعاملين، وتمثل جوهر فلسفة المنظمة لتحقيق النجاح، كونها تعطي شعوراً بالتوجهات المشتركة لكل العاملين من خلال تعريفهم بالمعايير التي يجب الالتزام بها، ومن ثم تتكون لديهم القدرة على اتخاذ قرارات تدعم هذه المعايير، وهذا سيساهم في منح المنظمة قوة كبيرة، **(إدريس والغالبي، ٢٠٠٩: ٦٨-٦٩)**.

* أما أهمية القيم التنظيمية فيحددها (Morrisey, 1996) بالآتي:

- تعطي سعة في التفكير وتوجه جهود المنظمة في المجالات المختلفة.

- تحدد وتُعين نوع الأعمال التي تكون المنظمة أو لا تكون فيها.

- ترسم توقعات المنظمة وتوصلها إلى الآخرين.

- تعمل على استقطاب الأفراد ذوي المهارات والخبرات الكفؤة في العمل.

- تحدد أولويات العمل الأساسية.

ورغم أهمية ما تقدم؛ إلاّ أن التحدي الأكبر الذي يواجه القادة والأفراد في المنظمات ليس في كتابة منظومة من القيم النبيلة، لكن في أن يجعلوها الدستور الذي يحكم جميع تصرفاتهم ويجسد سلوكياتهم وأدائهم اليومي. لذلك فإن أنسب (بيان Statement) لمنظومة القيم، هو الذي يعبر عن مواقف المنظمة واولوياتها حول المضامين الآتية (**إدريس والغالبي**: ٢٠٠٩: ٦٩-٧٠) :

- الأفراد: أي بمعنى طريقة التعامل مع العاملين والزبائن.
- العمليات: أي بمعنى طريقة إدارة المنظمة واتخاذ القرارات وتقديم المنتجات والخدمات.
- الأداء: أي بمعنى التوقعات بخصوص مسؤوليات المنظمة وجودة منتجاتها وخدماتها.

ويوضح الشكل (٣٥) المضامين الأساسية لبيان منظومة قيم المنظمة.

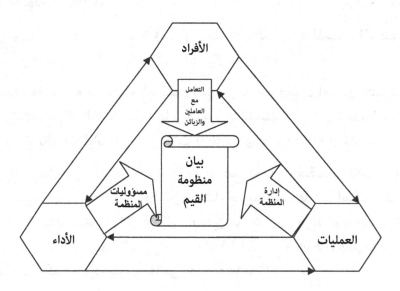

شكل (٣٥)

المضامين الأساسية لبيان منظومة القيم

ب- تطور القيم التنظيمية في الفكر الإداري

لقد تطورت القيم التنظيمية في الفكر الإداري، عبر سبع مراحل تميزت كل مرحلة بافتراض اساسي وجوهر القيم ، **(فرنسيس ودكوك، ١٩٩٥: ١٩-٢٨)** .

ويعرض الشكل (٣٦) مراحل تطور القيم وافتراضاتها الأساسية وجوهرها.

المرحلة	الافتراض	جوهر القيم
٧	الواقعية	لا تأتي الأشياء الجيدة بسهولة
٦	الامكانات	امكانية تطوير الناس
٥	التوازن الفردي	الانجاز في القمة
٤	الاجماع في الرأي	إدارة مصالح الائتلافات
٣	المواجهة	الدفاع القوي أمر حيوي
٢	الانسانية	الاهتمام بالناس له نتائجه
١	العقلانية	التحليل العلمي له ثماره

شكل (٣٦)

مراحل تطور القيم عبر الفكر الإداري

من إعداد الكاتبين بالإفادة من (فرنسيس ودوكوك، ١٩٩٥:٢٦)

ج- قيم التطوير التنظيمي: أن علاقة القيم بالتطوير التنظيمي وترابطهما، هي علاقة الرئة بالجسد. فالقيم تُعد بمثابة الرئة التي تتنفس منها برامج التطوير التنظيمي، فوجود قيم صحيحة وملتزم بها ستجعل برامج التطوير التنظيمي تتنفس الهواء النقي، لأنها ستحكم وتنظم آليات هذه البرامج وتحدد تصرفات وسلوكيات مسؤولو ومهنيو التطوير التنظيمي تجاه الأطراف المتأثرة بتلك البرامج، ومسؤوليات الأطراف المذكورة تجاه المسؤولين عن هذه البرامج.

ويمكن هنا الاشارة إلى قيم العديد من الأطراف المؤثرة والمتأثرة ببرامج التطوير التنظيمي التي تتبناها المنظمة، ويفترض ان يكون هناك تأكيد على اهمية الجانب القيمي المسؤول من قبل كل طرف اتجاه الأطراف الأخرى وحتى تلك التي لا تتدخل بشكل مباشر في اعداد هذه البرامج كالمجتمع الواسع. فالمنظمة باعتبارها الطرف المستفيد من برامج التطوير التنظيمي عليها ان لا تتخلى في كل الظروف عن الجانب الانساني والاجتماعي في هذه البرامج اتجاه العاملين والزبائن والموردين والبيئة وغيرهم. هكذا تكون برامج تخفيض الحجوم موضوعة في اطار منظور قيمي تنظيمي صحيح وشفاف وعادل ولا يؤثر سلباً على طرف لتعطي استحقاق لأطراف أخرى دون لمسة انسانية رحيمة. كذلك العاملين يفترض بهم العمل وفق نظام قيم سليم كأفراد او مجموعات او نظم فرعية كادارات تتكون منها المنظمة. والقيم الفردية هنا مهمة حيث عدم المبالغة بالتركيز على المصالح الضيقة الانانية بعيدا عن وضع هذه المصالح في اطار نظام قيمي مستنير وشفاف وعادل وصادق وحكيم. واذا ما استعانت المنظمة بخبراء ومستشارين خارجيين في التطوير التنظيمي، فإنها أي المنظمة تعي أهمية التزام هؤلاء المستشارين بمعايير قيمية عالية، وان تتعامل معهم بروح المسؤولية والتعاون والثقة (Maister et al: 2000: 35-47). فالمستشار الخارجي لا يفترض أن يفشي اسرار المنظمة لأي جهات أخرى، فهو كالطبيب الذي يتعامل بقيم واخلاق فاضلة مع مرضاه.

وقد هدف البحث المسحي للقيم الذي قام به الباحثين روبرت هيرلي وآلان شيرش ووارنر بيرك ودونالد أيند Robert Hurley, Allan Church, Warner Burke and Donnld Eynde ، في عام ١٩٩٢، وطبق على عينة مكونة من (١٠٠٠) ممارس للتطوير التنظيمي، أستجاب لهُ (٢٨٩) من المجموع الكلي أي بنسبة (٢٩%)، للاجابة عن ثلاثة اسئلة رئيسية، هي:

(١) ماذا جذبك للتطوير التنظيمي؟

(٢) ما القيم التي تعتقد انها متلازمة مع عمل التطوير التنظيمي اليوم؟

(٣) ما القيم التي يفترض ان تكون ملازمة لعمل التطوير التنظيمي اليوم؟

* ففي الأجابة عن السؤال الأول كانت أكثر خمس اجابات متكررة، هي:

(A) الاحداث التغيير.

(B) للتأثير الايجابي على الناس والمنظمات.

(C) لتعزيز الفاعلة والربحية للمنظمات.

(D) التعلم والنمو.

(E) ممارسة النفوذ والتأثير.

* أما في الاجابة على سؤال (القيم) صنف المستجيبون (٣١) قيمة مُعبر عنها بعبارات على مقياس خماسي متدرج من ١ (قليل الاهمية) إلى ٥ (مهم إلى أبعد حد) وأخذ متوسط للقيم العالية بعد ذلك. فكانت القيم الغالبة التي تعتبر مهمة لملازمة التطوير التنظيمي، كما يأتي:

(A) تحقيق الكفاءة والفاعلية.

(B) الانفتاحية في الاتصالات.

(C) تمكين العاملين من التنفيذ.

(D) تعزيز الانتاجية.

(E) تشجيع المشاركة التنظيمية

* وبصدد الاجابة عن (القيم) التي يفترض ان تكون ملازمة لعمل التطوير التنظيمي اليوم، فكانت القيم الثلاث الأكثر تكراراً، هي:

(A) توفير مستلزمات ابداع العملية والمنتج.

(B) تشجيع الثقافة التعاونية.

(C) تشجيع البحث والتعليم المستمر.

(فرنش وجونير، ٢٠٠٠: ١٢٢-١٢٤)

ويمكن تجسيد قيم التطوير التنظيمي بالشكل (٣٧)

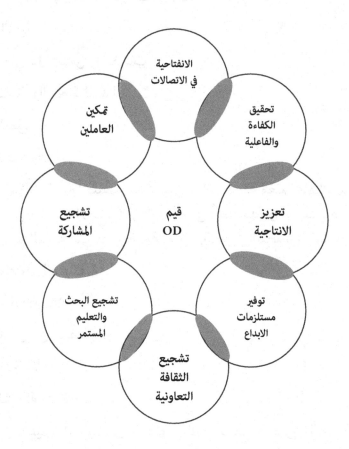

شكل (٣٧)

قيم التطوير التنظيمي

ومن الأمثلة الواقعية عن دور قيم التطوير التنظيمي في تنشيط نتائج برامج التطوير التنظيمي، هو ما حدث في شركة ليفي شتراوس وشركاه Levi Strauss & Co.، هذه الشركة التي أسست في العام (١٨٥٠) واشتهرت بصناعة الملبوسات والجمع بين النجاح التجاري القوي والالتزام بالقيم الاجتماعية وبقوتها العاملة. والذي حدث هو تطوير (بيان طموحات Aspirations Statement) وذلك في عام ١٩٨٧، ويمثل هذه البيان مبادرة رئيسية لتعريف القيم المشتركة التي ستكون بمثابة مرشد للإدارة والموارد البشرية، وتضمن البيان المذكور، القيم الآتية **(Bennis,** 1996: 53 - 73) :

- قيادة تجسد الصراحة.
- قيادة تقدر التنوع.
- قيادة تقدم تكريماً أعظم.
- قيادة تلتزم بالسلوك الاخلاقي.
- قيادة تشجع الاتصالات.
- قيادة تؤمن بالتفويض.

ونتيجة للالتزام بهذا البيان كانت النتائج في عام ١٩٨٩، على النحو الآتي:

- بلغ حجم العمليات الدولية (٣٤%) من مجموع المبيعات.
- بلغت نسبة الزيادة في الأرباح (٤٥%).
- ارتفاع حجم المبيعات الكلية بنسبة (٣١%) وبعائد مقداره (٣,٦) مليار دولار.

ومثال آخر، ذهب أحد الزائرين إلى الصين لرؤية سجن يقع في ضواحي الاقليم. وعند دخوله من خلال البوابات الضخمة للمبنى العتيق توقع ان يشاهد نظاماً جائراً قد طبق على مساجين في ظروف تشبه العصور الوسطى تقريبا. غير ان الواقع كان عكس ما توقعه الزائر فقد كان السجن يعج بالنشاط الهادف. فهناك فرقة موسيقية مؤلفة من مجموعة مساجين كانت تتدرب على قطعة موسيقية (لموتسارت Mozart)، ومجموعة مساجين أخرى يتعلمون الشعر، وكانت في كل زاوية من زوايا السجن روح التحسين والتهذيب. قام الزائر بمقابلة مدير السجن الذي أخبره قائلاً : (إن مهمتنا هي إيقاظ جوانب الخير في مرتكبي المخالفات. إن هذا ليس سجناً بالمعنى المألوف. إننا نستهدف ان نكون (اصلاحيين حقيقيين). إن السجن مثله مثل أي منظمة أخرى، فهو عبارة عن مؤسسة بنيت على أساس من القيم، (**فرنسيس ودوكوك**، ١٩٩٥: ١٧)

أخلاقيات التطوير التنظيمي

يحاول المحور الحالي تغطية الإجابة عن التساؤلين الاتيين:

أ‌- ما المقصود بالاخلاقيات واخلاقيات الأعمال.

ب‌- ما اخلاقيات التطوير التنظيمي

أ- مفهوم الاخلاقيات واخلاقيات الأعمال:

● يشير مفهوم الاخلاقيات بحسب قاموس (Longman) إلى التوافق مع معايير او قيم أو سلوك او أدب يختص في الغالب بالمهن.

أما أخلاقيات الأعمال، وفي إطار أخلاقيات الإدارة، فتعني:

- تطبيـق للمعاييـر الاخلاقيـة الفرديـة في مواقـف الاعـمال المختلفة(Pride et al: 2002:37).

- ان اخلاقيات الأعمال تمثل مجموعة المبادئ والقيم الاخلاقية التي تمثل سلوك منظمة ما وتصنع محددات على قراراتها في المواقف والحالات المختلفة (Wiley: 1995:22).

- سلوك ملتزم بالجوانب الأخلاقية والقيمة المعبرة عن الثقة والشفافية والابتعاد عـن التميـز والمراوغة والصدق بحيث يؤدي إلى نتائج مرضية لجميع الأطراف عبر اعتماد وسائل وأدوات مشروعة.

- منظومة مـن القيم الاجتماعيـة والذاتيـة تحكـم التصرفات الفرديـة والمؤسسية في مختلـف المواقف والظروف وتحدد السلوكيات الجيدة وغير الجيدة وتنعكس في القوانين والتعليمات وقواعد السلوك والمعايير المهنية. (**الدوري وصالح**، ٢٠٠٩: ٤٣٢ و٤٣٤).

ب- أخلاقيات التطوير التنظيمي

أكـد كـل مـن (Beatty & Ulrich, 2000: 471)، ان التطويـر التنظيمي ومنذ بداياته الأولى (ومـن ثم في مرحلـة الترسيم) في عـام ١٩٦٠ كـان يعمـل وفقـا لإطار يركـز على الجوانب الانسانية والاخلاقية تجاه المنظمات والعاملين فيها.

* الاخلاقيات
التوافق مع معايير او قيم أو سلوك او أدب يختص في الغالب بالمهن.

* أخلاقيات الأعمال
منظومة مـن القيم الاجتماعية والذاتية تحكم التصرفات الفردية والمؤسسية في مختلف المواقف والظروف وتحدد السلوكيات الجيدة وغير الجيدة وتنعكس في القوانين والتعليمات وقواعد السلوك والمعايير المهنية.

* أخلاقيـات التطـويـر التنظيمي
السبيل الانسب لتكون برامجة بعيدة عن القسر- والاجبار غير المشروع وتكون ممارساته جيدة وليست سيئة.

ومع ذلك كان وما زال جدل حول ما إذا كانت أساليب التطوير التنظيمي تفرض قيم المنظمة على العاملين دون أي اكتراث باتجاهاتهم أم لا. فالتطوير التنظيمي يحدث من جانب واحد، ويتم فيه فرض قيم المنظمة التي تتصف بالقوة على العامل الذي يتصف بالضعف بالمقارنة بالمنظمة. وهناك قضية ذات صلة بذلك وهي ان هذه الأساليب لا تعطي العامل حرية الاختيار، ولذلك فقد توصف بالاستغلال. (**كرينبرج وبارون،** ٢٠٠٤: ٨١٣-٨١٤).

وبالرغم مما تقدم فإن العديد من المتخصصين في مجال التطوير التنظيمي لا يوافقون على ان ممارسات التطوير التنظيمي غير اخلاقية، ويرفضونها رفضا قاطع، لأن مثل هذا الادعاء قد يؤدي إلى القول بأن الممارسات الأدارية كافة غير اخلاقية. ان الاجابة الواقعية هي ان الخلل ليس في ممارسات التطوير التنظيمي بل، ان وجد، فهو في سوء استخدام المنظمات لسلطاتها، لأن أساليب وممارسات التطوير التنظيمي مثل أي أداة - حتى البندقية! لا يمكن ان تكون بالضرورة أداة جيدة او سيئة، لأن الاستخدام الجيد أو السيء يتوقف على مستخدم الآلة. ومن هذا المنطلق نجد أن الالتزام بأخلاقيات التطوير التنظيمي، هو السبيل الانسب لتكون برامجة بعيدة عن القسر والاجبار غير المشروع وتكون ممارسات جيدة وليست سيئة.

أن كون العديد من برامج التطوير التنظيمي مهمة وذات شأن وتأثير كبير لذلك يفترض العناية الخاصة بها وتحليلها من الناحية القيمية والاخلاقية، وحتى تلك السلوكيات والتصرفات الصغيرة والثانونية يفترض ان تكون على اسس اخلاقية صحيحة لكون هذه الجوانب تعزز الثقة بين كافة الأطراف وتساهم في بناء سمعة المنظمة. يفترض ان تكون الجوانب الاخلاقية سليمة في انشطة التطوير التنظيمي وان تصبح ثقافة تنظيمية يتقاسمها الجميع. ومن الضروري الاشارة إلى اهمية فحص وتفسير السلوك الأخلاقي في برامج التطوير التنظيمي وفق منظور ومدخل تكاملي يأخذ جميع الآتي بنظر الاعتبار (**الغالبي:** ٢٠٠٩: ١٠٧-١٢٠).

- تعظم البرامج والقرارات والسلوكيات فيها المصلحة الذاتية للمنظمة ككيان على المدى البعيد (مدخل الفردية).
- تقدم البرامج والقرارات والسلوكيات فيها أكبر منفعة لاكبر عدد من الأطراف كأفراد ومجموعات (مدخل المنفعة).
- تحافظ البرامج والقرارات والسلوكيات فيها على الحقوق الأساسية لكل الناس (مدخل الحقوق).
- تشتمل البرامج والقرارات والسلوكيات فيها على العدالة والنزاهة والاستقامة والحيادية (مدخل العدالة).

فإذا كانت هذه البرامج والقرارات والسلوكيات فيها تلبي اشتراطات جميع المداخل اعلاه فإن هذا الأمر يمثل حالة متميزة وأن هذا الأمر يمثل مدخل تكاملي من الضروري ان يتوفر على الأقل في برامج التطوير التنظيمي ذات الأهمية الكبرى، في حين يتم إعادة فحص مفردات أي برنامج تطوير تنظيمي إذا لم يلبي متطلبات مدخل

أو مدخلين من هذه المداخل، ويرفض البرنامج الذي لا يلبي متطلبات جميع هذه المداخل باعتباره يثير اشكالية حقيقية للمنظمة عندما تتبناه.

ولعل قائمة اخلاقيات التطوير التنظيمي التي وضعها (تنينوم ودافيس)، تُعد الأكثر فاعلية ووضوح حتى يومنا هذا، وشملت الآتي (فرنش وجوينر، ٢٠٠٠: ١١٨-١١٩) :

- بعيداً عن مفهوم ان الناس أساساً سيئون إلى مفهوم ان الناس أساساً طيبون.

- بعيداً عن تجنب التقييم السلبي للأفراد إلى تأكيد ادميتهم.

- بعيداً عن النظر للأفراد كثوابت إلى رؤيتهم انهم في تغيير.

- بعيداً عن المقاومة والخوف من اختلاف الأفراد إلى قبول ذلك والاستفادة منهم.

- بعيداً عن استخدام الفرد بالرجوع إلى وصف وظيفته إلى النظر إلى الفرد كانسان كامل.

- بعيداً عن الغاء تعبير الاحاسيس إلى تغيير مناسب واستخدام فعال.

- بعيداً عن السلوكيات المستعارة والخداع إلى سلوك حقيقي.

- بعيداً عن استخدام المكانة للمحافظة على القوة والمستوى الشخصيـ إلى استخدام المكانـة في مواضيع تنظيمه ذات علاقة.

- بعيداً عن عدم الثقة في الناس إلى الثقة فيهم.

- بعيداً عن تجنب مواجهة الناس بالمعلومات المتعلقة إلى عمل مواجهة مناسبة.

- بعيداً عن تجنب المخاطرة إلى الرغبة في المخاطرة.

- بعيداً عن النظر إلى مهام العمل على اساس أنها جهود غير منتجة إلى النظر إليهـا اساسـاً عـلى انها طريقة فعالة لتحقيق المهمات.

- بعيداً عن التركيز الأساس للمنافسة إلى تركيز متعاظم للتعاون.

المبحث الثاني

علاقة التطوير التنظيمي بعالم الادارة والقيادة التحويلية ونتائجها

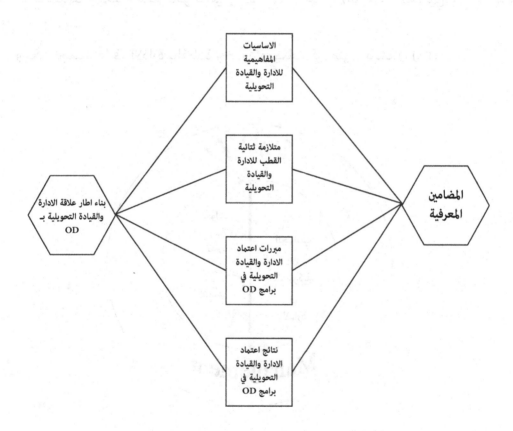

أولا: الأطار الفكري لعالم الادارة والقيادة التحويلية

تسعى معلومات هذه الفقرة ومناقشاتها إلى تغطية محورين أثنين، هما:

1. البدايات والأساسيات المفاهيمية للإدارة والقيادة التحويلية

بدءاً لابد مـن الإشـارة إلى حـدود كـل مـن الإدارة (Management) والقيـادة (Leadership) ومهماتها الأساسية، برغم العلاقة المتداخلة بينهما والمتمثلة بعلاقة العضو بالجسم، فالإدارة هي أوسـع نطاقا إذ تركز على الجوانـب السـلوكية (Behavioral) وغـير السـلوكية (Non-Behavioral) لمهـمات المنظمية كافة. بينما تركز القيادة على الجوانب السلوكية فقط. ومن هذه المنطلق فإن القيادة جزء من منظومة الإدارة، وأحد انظمتها الفرعية التي تسعى للتأثير على باقي الأنشطة والوظـائف الإداريـة في المنظمة لتحفيزها وشحذ هممها نحو تحقيق الأهداف المرغوبة. (العامري والغـالبي، ٢٠٠٨، ٤٥٨)، (الهواري، ٢٠٠٠: ٢٤٥).

ويمكن تجسيد علاقة الإدارة بالقيادة وحدود ومهمات كل منهما بالشكل (٣٨).

شكل (٣٨)

علاقة الإدارة بالقيادة وحدود مهماتها

وبعد تحديد علاقة الإدارة بالقيادة، نناقش الآن بدايات الإدارة والقيادة التحويلية:

أ- **بـدايات الإدارة والقيـادة التحويليـة:** تشـير الأدبيـات المتخصصـة أن البـدايات الأولى للاطـار الفكري إلى (الادارة التحويلية) و (القيادة التحويليـة) هـي مـا بـين منتصـف ثمانينـات القـرن العشرـين ونهايتـه، وتحديـداً للمـدة مـن عـام ١٩٨٥ إلى ١٩٨٨ ، (**الهـواري**، ٢٠٠٠: ٤٨١) و (**Tichy & Devanna,** 1988:75) و (**Bass,** 1985:214)

وان كانت قبل ذلك إشارات ليست واسعة للتداول في هذا الموضوع وبخاصة لمصطلح القيـادة التحويلية، أما مبررات بروز هذا الاطار الفكري إلى السطوح المنهجية والممارسـات الميدانيـة، فتـتلخص بالآتي:

(١) تتطلب استراتيجية المنظمة من أجل البقاء على قيد الحياة في القـرن الحـادي والعشرـين، مقـدرة على النظر جيداً إلى البيئات التنافسية والتقنية والتنظيميـة فضـلا عـن القـدرة عـلى شـق طريـق المنظمة كي يعني نفسها وتزدهر في ذلك السياق.

ولتحقيق ذلك يتطلب من المنظمة تحويل نفسها والبيئة التنافسية لتتبـوأ موقـع قـوة طليعـي في القرن المذكور من خلال إدارة مؤمنة بالتحويل ومجسدة لهُ على أرض الواقع. وبدون هذا التحويل وتوافر إدارته سـتكون المنظمـة خـارج المنافسـة وضـحية للمنافسـين القـادرين عـلى فعـل ذلـك، (**غروس**، ٢٠٠١: ٧١) .

(٢) تحتاج المنظمة لضمان البقاء وتحقيق التميز المستدام إلى التطـوير المسـتمر والشـامل ولتحقيـق ذلك تحتاج إلى قيادة تحب التغيير والتطوير، والقيادة التي تحـب ذلـك هـي القيـادة التحويليـة، التي تمثل مدخل جديد ومعاصر في الفكر الإداري وبديل مكمل ومتطور لنماذج القيادة التقليدية التي تمثلها المداخل السابقة، والتـي يطلـق عليهـا مجـازاً انمـوذج القيـادة التبادليـة او التفاعليـة. (**Transactional Leadership**). (**الهواري**، ٢٠٠٠: ٢٥٦)، (**داغر وصالح**، ٢٠٠٠: ٤٤).

وعلى هذا الأساس فإن القيادة التحويلية ليست بديلـة عـن القيـادة التبادليـة وإنمـا مكملـة لهـا ومطورة لجوانب لم تركز عليها القيادة السابقة إلاّ وهـي الجوانـب الشـعورية او العاطفيـة التـي تمارس تأثيراً واضحاً بشـأن انجـازات الجماعـات والمـنظمات،(**الزيـدي**، ٢٠٠٧: ٩٩) (**Bass,** 1990: 256) ,(**Wein berger,**2003: 3) .

وتأسيساً على المنطق السابق- يصور (بيكس وونس) تكاملية علاقة القيـادة التحويليـة بالتبادليـة والتحول في عالم القيادة بالشكل (٣٩).

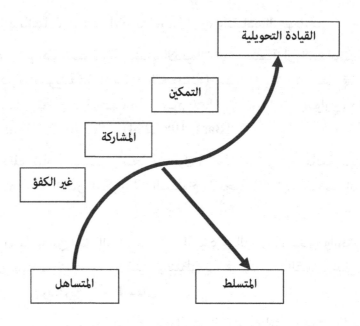

شكل (٣٩)
التحويل في عالم القيادة
بتصرف (Beggs & Williams, 2004: 2)
المصدر: (الزيدي، ٢٠٠٧ : ٩٨)

وبعد استكمال عرض بدايات عالم الإدارة والقيادة التحويلية ومبررات اطارهما الفكري، نقدم في الأدنى الاساسيات المفاهيمية لهذا العالم.

ب- الأساسيات المفاهيمية للإدارة والقيادة التحويلية

من اجل عرض منهجي وواضح للأساسيات المفاهيمة للإدارة والقيادة التحويلية، ستعتمد المؤشرات الآتية لهذا الغرض:

(١) مفهوم الإدارة التحويلية وأهدافها: هي الإدارة التي تدرس بعناية السياق التنافسي الذي تجد المنظمة نفسها فيه، وتتعرف على خصائص التنافس في المستقبل في مجال أنشطة العمل التي تريد المنظمة أن تتابعها. إنها لا تقول: ها هي ذي منتجاتنا/ خدماتنا، الآن أين نستطيع بيعها-بل تقول بدلا من ذلك: إننا نرى العالم يسير في اتجاه جديد وها هي ذي قوتنا الحالية، وهذا ما نوّد وضع أنفسنا فيه للعمل في المستقبل. والآن لنخبر بقية العالم كيف يبدو المستقبل وكيف سنكون مزودّي الخيار (Option) في ذلك السياق. (**غروس**، ٢٠٠١: ٧١).

*** الادارة التحويلية**
الإدارة التي تدرس بعناية السياق التنافسي- الذي تجد المنظمة نفسها فيه، وتتعرف على خصائص التنافس في المستقبل في مجال أنشطة العمل التي تريد المنظمة أن تتابعها.

إن الإدارة التحويلية تتعامل مع حالة صيرورة او حالات صيرورة متكررة باستمرار لتصل حد الاتصال غير المتقطع من وضع حالي إلى وضع مرغوب مستهدف.

ان مجمل تفاصيل الممارسة الإدارية والأنشطة الوظائفية تأخذ منحى مختلف سواء في مرحلة الانتقال او عند الوصول إلى الوضع الجديد المستهدف. هذا الاختلاف تجسده خصائص ممارسة إدارية تحويلية مرنة وذكية ومتغيرة. إن الادارة التحويلية هي إدارة تغيير واضح يغلب عليه طابع الشمولية والردكالية والجذرية في البيئة المعاصرة للشركات.

وعند النظر إلى مضامين المفهوم السابق، يظهر أن الإدارة التحويلية تهدف إلى تحقيق الآتي:

(A) تحديد آليات التنافس الناجح في السياق التنافسي.

(B) تحديد مسيرة العالم في اتجاهاته الجديدة، لتوظيف قوة المنظمة الحالية والمحتملة لتحقيق رؤية مرغوبة ضمن هذه الاتجاهات الجديدة.

(C) تثقيف السوق حول المستقبل الموعود وحول قدرة المنظمة على تقديم المنتجات/ الخدمات اللازمة في المستقبل.

(D) تصميم استراتيجية تحويلية معتمدة على تضمين الاسواق العالمية كعنصر حاكم في معادلة المستقبل، لأن الأسواق العالمية تضم اوسع مجموعة ممكنة من الزبائن المحتملين.

(E) صناعة قرار استراتيجي واتخاذه لدفع مجال نشاط عمل المنظمة إلى المستقبل.

(٢) مراحل الإدارة التحويلية ومتطلباتها: أن عملية ممارسة الإدارة التحويلية تمر بمجموعة من المراحل المتتابعة، يطلق عليها المتتالية رباعية الاطوار للإدارة التحويلية، وتشمل ما يأتي: (Barney, 1991: 120)

(A) تصور المستقبل: ويتضمن الإجراءات الآتية:

- تحديد البيئات التقنية والتنظيمية التي سوف تسود في المستقبل.
- إستباق المنافسين الذين يتواجدون في السوق.
- فحص وتشخيص الجدارات الجوهرية التي تمتلكها المنظمة.

(B) تصميم استراتيجية مواجهة المستقبل: وتضم مجموعة خطوات، هي:

- تحديد مجالات الاستثمار التي تحقق لها قيادة السوق وبخاصة في مجال البحث والتطوير (R & D).
- تحديد المنتجات / الخدمات الجديدة والمطلوبة لبيئة المستقبل.
- تحديد آليات متابعة الأنفاق على البحث والتطوير والتصميم.

(C) تثقيف أصحاب المصالح حول المستقبل: وتشمل الرسائل الآتية:

- أعلام الزبائن بشأن الظروف القادمة والطريقة التي تقدم فيها منتجات او خدمات المنظمة ومستوى جودتها.

- تبصير المالكين والمساهمين والعاملين بأسس بناء الرؤية وغاياتها الأساسية.

- اقناع الزبائن (اسواقا ومستهلكين) بأهمية رؤية الشركة المستقبلية التي ستنعكس في منتجات وخدمات مهمة وذات مواصفات وجودة تشبع الحاجات وتحقق الرغبات، ويتحقق ذلك من خلال تفاصيل واضحة وشفافة.

- أعلام الاطراف المجتمعية الأخرى بدور الرؤية في الحفاظ على البيئة.

(D) تطبيق الاستراتيجية: وتُعد هذه المرحلة الأصعب من بين الخطوات، لأنها تتطلب في بعض الاحيان اتخاذ قرارات في غاية الصعوبة ومصيرية ومؤلمة، كما حصل لشركة (اندرسون) للاستشارات عندما انفصلت عن الشركة الام (ارثر اندرسن) للحسابات والتدقيق.

ويمكن تصوير مراحل الإدارة التحويلية بالشكل (٤٠)

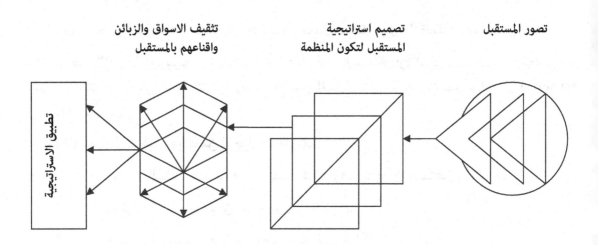

شكل (٤٠)

مراحل الإدارة التحويلية

إن مراحل الإدارة التحويلية او المتتالية الرباعية الاطوار للإدارة التحويلية، تستلزم توافر مجموعة من المتطلبات أهمها:

- القدرة على التخلي عن الأعمال السابقة او الطرائق السابقة التي كانت تدير بموجبها الأعمال.
- الوعي بأن الإدارة التحويلية ذات كلفة تنظيمية عالية والتي تستغرق لاستكمال نفسها سنين عديدة. وغالبا ما يسفر هذا النهج عن ولادة منظمة جديدة وولادة عسيرة، مستقلة عن المنظمة السابقة، من أجل ان تتابع الاستراتيجية الجديدة.
- الوعي بأن الإدارة التحويلية منهج متشدد من الناحية التنظيمية يسقط بؤرة الاهتمام السابق وطريقة العمل السالفة من اجل الانطلاق في اتجاه جديد غير مضمون. والواقع ان الشركات التي فعلت ذلك لم تقفز من على صخرة لتبدأ عملا جديدا بل ناضلت من أجله سنوات قبل ان تقطع الصّلة بالاتجاه السابق. (غروس، ٢٠٠١: ٨١-٨٥)

(٣) وصف المدير التحويلي وخصائصه

المدير التحويلي، الشخص المسؤول عن المحافظة على أنظمة الاعمال لتكون في مكانها الصحيح وتوفير الطاقة الضرورية لاستمرار المنظمة وابعادها عن حالة التدهور، من خلال استخدام مواهبه ومهارات ومعارفه المتفردة والمتطابقة مع رؤية المنظمة ورسالتها (Hacker & Roberts, 2004: 59-65).

*** المدير التحويلي**
المدير التحويلي، الشخص المسؤول عن المحافظة على أنظمة الاعمال لتكون في مكانها الصحيح وتوفير الطاقة الضرورية لاستمرار المنظمة وابعادها عن حالة التدهور، من خلال استخدام مواهبه ومهارات ومعارفه المتفردة والمتطابقة مع رؤية المنظمة ورسالتها.

أن مواهب ومهارات ومعارف المدير المذكورة في التعريف السابق، تتجسد بشكل كبير في خصائصه الآتية:

(A) **متمكن أداريا:** أي يعرف كيف يجعل العمل يؤدي كما يجب ووفقا للغايات والأهداف الموضوعة بما يسهم في تحقيق النتائج الموصوفة عن طريق:

- إجادة التخطيط وإعداد الموازنات.
- تقليل التذبذبات والسيطرة على الانحرافات.
- اجراء التحسينات التصاعدية من خلال العمليات المعيارية، والمستمرة.
- التركيز على البيئة الداخلية والمعيارية.

(B) محلل عقلاني: أي لديه قدرات تحليلية تستند على الرشد والعقلانية واستخدام المنطقية في إيجاد الترتيب، من خلال:

- تحديد علاقة السبب بالنتيجة بدقة.
- تشخيص المبررات والأسباب الحقيقية للأداء.
- تصميم حلول للمشكلات الحالية والمتوقعة.

(C) متحمس وذو طاقة: أي لديه قابليات لايجاد الطاقة وتوظيفها بإتجاه حل المعوقات وجعل الوظائف والأعمال تنجز على خير ما يرام، عن طريق:

- الربط الايجابي بين الطاقات والانجاز.
- استخدام الروح المتفردة في احداث الارتباط القوى بين بيئة العمل وغاية الحياة.

(D) مؤدي كنجم: أي لديه قابليات على الأداء العالي، لذلك يوصف بأنه نجم الأداء العالي، من خلال:

- قدرته على صياغة أهداف الأفراد.
- قدرته على صياغة أهداف الوحدات التنظيمية.
- قدرته على استخدام منطق الرشد والعقلانية في المواقف المختلفة.
- قدرته على وضع اجندة للتحرك من (الالف إلى الياء) متضـمنة القياسـات المطلوبـة ومعايير النجاح.(Hacker & Roberts, 2004: 60-64).

ويمكن تصوير خصائص المدير التحويلي سابقة الذكر بالشكل (٤١).

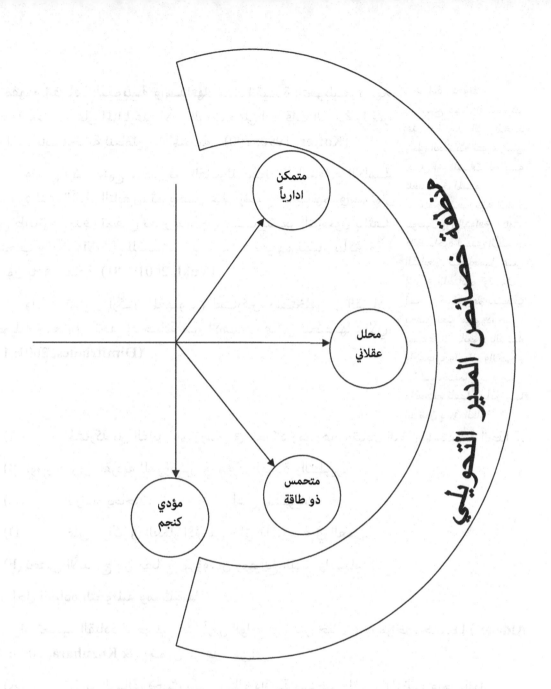

شكل (٤١)

خصائص المدير التحويلي

* القيادة التحويلية

منهج طويل الأمد يركز على المزايا على الأمد البعيد وعلى العلاقات القوية وليس على المتطلبات الحالية للعاملين في المنظمة.

منهج يسعى فيه القائد للوصول إلى الدوافع الكامنة والظاهرة لدى الأفراد التابعين، ثم يعمل على إشباع حاجاتهم، واستثمار أقصى طاقاتهم بهدف تحقيق تغيير مقصود، حيث يشعر التابعون بالثقة والاعجاب والولاء والاحترام للقائد، مما يزيد من دافعيتهم للقيام بأكثر مما يقومون به في العادة.

(٤) مفهوم القيادة التحويلية وأهدافها: تمثل القيادة التحويلية، منهج طويل الأمد يركز على المزايا على الأمد البعيد وعلى العلاقات القوية وليس على المتطلبات الحالية للعاملين في المنظمة   (Kotter, 1990: 190) .

وتعني ايضا: منهج يسعى فيه القائد للوصول إلى الدوافع الكامنة والظاهرة لدى الأفراد التابعين، ثم يعمل على إشباع حاجاتهم، واستثمار أقصى طاقاتهم بهدف تحقيق تغيير مقصود، حيث يشعر التابعون بالثقة والاعجاب والولاء والاحترام للقائد، مما يزيد من دافعيتهم للقيام بأكثر مما يقومون به في العادة، (Yukl, 2001: 181)

ولدى تحليل اركان المفهومين السابقين، يستخلص ان القيادة التحويلية تسعى إلى تحقيق جملة من الاهداف يمكن تلخيصها بالآتي، (Dimitriades, 2001: 130)

(A)   المشاركة بين القائد والمرؤوسين في محاكاة ومضاهاة وتبادل الرؤى المستقبلية الجذابة.

(B) توفير الفرص الفردية للمرؤوسين في مجال القيادة والتطوير.

(C)   الارتقاء بحاجات المرؤوسين إلى أعلى المستويات.

(D)   خلق شراكة في العمل اكثر من خلق المساهمة في العمل.

(E) تحقيق الأندماج بين مصالح المرؤوسين ومصالح القائد واهتماماته.

(٥) مراحل القيادة التحويلية ومتطلباتها

ان تجسيد القيادة التحويلية على أرض الواقع، يأتي من خلال عدة مراحل، حددها (Aldage & Kuzuhara, 2003: 321) بخمس مراحل، هي:

(A)   تطوير الرسالة، بحيث تكون رسالة واقعية تستجيب لفرص المنظمة وتحدياتها.

(B) تشخيص قناعات المرؤوسين وحاجاتهم وتوقعاتهم وربطها مع رسالة المنظمة، بما يؤدي إلى خلق فهم مشترك بين الإدارة والمرؤوسين بأن بلوغ هذه الرسالة هي مسؤولية الجميع كشركاء.

(C)   تطوير القيادة، التي تحث المرؤوسين على اعتناق الرسالة والدفاع عنها والولاء لها من اجل تحقيقها.

(D)   تمكين المرؤوسين لعمل ما هو مطلوب لتحقيق الرسالة.

(E)تقديم دعم قوي للمرؤوسين عن طريق أظهار الاهتمام بحاجاتهم.

ويعكس الشكل (٤٢) منظور الكاتبين المذكورين لمراحل القيادة التحويلية.

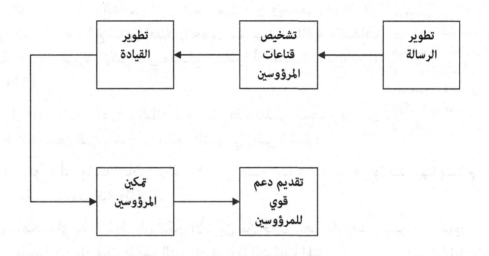

شكل (٤٢)

منظور (Aldage & Kuzuhara) لمراحل القيادة التحويلية

المصدر : (الزيدي ،٢٠٠٧ : ١٠٢)

أن مراحل القيادة التحويلية، تحتاج المتطلبات الآتية:

− تنمية إدراك المرؤوسين لأهمية الرؤية المستقبلية.

− تعليم المرؤوسين أهمية رؤية ومصالح وأهداف المجموعة والمنظمة وضرورة تقديمها على المصالح الشخصية.

− تحفيز المرؤوسين على التطوير والتحسين المستمر.

− تعليم المرؤوسين الالتزام وحفظ العهود.

− تشجيع المرؤوسين على الاستقامة وتجسيد القيم الأخلاقية.

- تنمية التقويم السليم والموضوعي عند المرؤوسين للبدائل المتاحة لمسارات الافعال المختلفة بالفطنة القائمة على المنطق والمهارة وحسن التمييز في المقارنات المختلفة، (**رجب**، ٢٠٠٦: ١٩٠) ، (**ووترمان**، ١٩٩٩: ٤٠٢-٤٠٥)

(٦) وصف القائد التحويلي وخصائصه:

القائد التحويلي، الشخص الذي يمكن المرؤوسين ويدفعهم للأداء إلى ما هو أكثر مما متوقع منهم أصلا والعمل بمستويات فائقة وأهداف جماعية بدلا من مجرد التركيز على مصالح مباشرة أو آنية. (Krishnan, 2001: 126)

*** القائد التحويلي**
الشخص الذي يمكن المرؤوسين ويدفعهم للأداء إلى ما هو أكثر مما متوقع منهم أصلا والعمل بمستويات فائقة وأهداف جماعية بدلا من مجرد التركيز على مصالح مباشرة أو آنية.

ان القابليات والمهارات الظاهرة في التعريف المذكور تتجسد بشكل واضح في الخصائص التي يتمتع بها القائد التحويلي والتي تشمل:

(A) **رؤيوي:** أي يمتلك القابلية والقدرة على رسم صورة متناغمة يتواجد فيها بسلام جميع المكونات الانسانية والمادية.

(B) **مُمكن:** أي له القدرة على تمكين الآخرين من خلال جعل المرؤوسين يثقون ويعملون بإبداع ، واحدة من الصفات المهمة التي تتصف بها الشركات المتفوقة والمبدعة هي (الانتاجية من خلال الأفراد)، وكما قال (Peters & Waterman) في كتابهم (البحث عن التميز) وكذلك Austin & Peters، عن فكرة التمكين للناس من خلال القيادة في كتابهم (الرغبة الجامحة للتفوق: فارق القيادة)، ان الشركات المتفوقة تنتبه إلى أربعة قضايا أساسية مهمة (الزبائن، والابداع، والناس، والقيادة) ودور القادة هو تمكين العاملين.

(C) **مبتكر:** أي لهُ القدرة على تعليم الآخرين لاكتشاف غاياتهم في الحياة، لأن هناك عمق كبير في الابتكار وتوليد الأفكار تتواجد وتسكن في النفس البشرية. يهيئ القائد التحويلي الأرضية المناسبة لانتزاعها عبر تبصيرهم بمتطلبات الابتكار، وهي (الغاية، التصور والخيال، والفضولية، والشجاعة، والتفكير الناقد). ومن ثم استخدامها في تكوين اشياء جديدة لم تكن موجودة سابقا.

(D) **باني الاجماع:** أي له القدرة على تحقيق الاجماع بين المرؤوسين وادامة العلاقة معهم، بما يسهم في توحيد التوجه والكلمة والعمل الجماعي نحو تحقيق الرؤية، (**Hacker & Roberts**, 2004: 67-76)

ويصور الشكل (٤٣) خصائص القائد التحويلي.

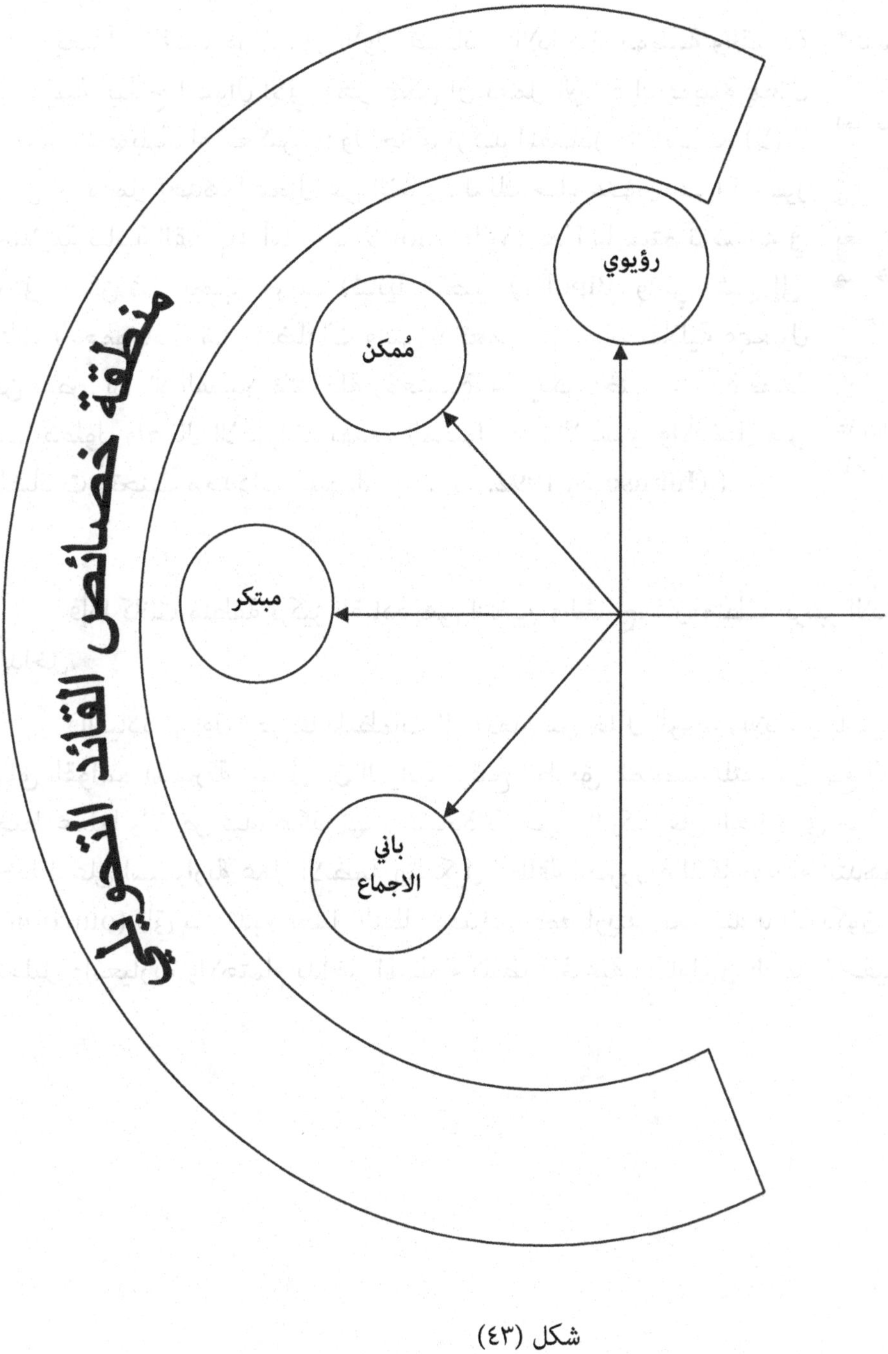

منطقة خصائص القائد التحويلي

رؤيوي

مُمكن

مبتكر

باني الاجماع

شكل (٤٣)

خصائص القائد التحويلي

2. متلازمة "ثنائية القطب" للإدارة والقيادة التحويلية

بعد أن ناقشنا في المحور الأول خصائص الإدارة التحويلية والقيادة التحويلية، يطرح السؤال الآتي: (هل يمكن ان تعمل الإدارة التحويلية بمعزل القيادة التحويلية، أو العكس؟)؛ وللإجابة، تؤكد المصادر والادبيات، (لا) لا يمكن ان تعمل إحدهما بمعزل عن الأخرى. لذلك جاء عنوان هذا المحور (متلازمة ثنائية القطب). أما (لماذا لا Why not) فهذا ما سيتم توضيحه في الأدنى، ولكن قبله يجب تعريف (ثنائية القطب (Bipolar) والتي تشير إلى: فئات (مجموعات) من المتضادات والتي لا تعمل جيدا باستقلالية وبمعزل عن بعض. ان كلا القطبين متداخلة ومعتمدة، ولا يمكن اختيار واحدة فقط منها كحلول وأهمال الاخريات، بهدف الحصول على الاحسن والأفضل من المضادات وتجنب محددات كليهما، (Johnsons, 1992: 17-25) .

*** ثنائية القطب**

تشير إلى: فئات (مجموعات) من المتضادات والتي لا تعمل جيدا باستقلالية وبمعزل عن بعض. ان كلا القطبين متداخلة ومعتمدة، ولا يمكن اختيار واحدة فقط منها كحلول وأهمال الاخريات، بهدف الحصول على الاحسن والأفضل من المضادات وتجنب محددات كليهما.

فإذا كانت منطقة تركيز القيادة هي التغيير والخارج، فإن منطقة تركيز الإدارة هي المعيارية والداخل.

فالقيادة تحاول تحريك المنظمات إلى الامام من خلال الرؤية والابتكار باعتبارها الرافعات التي تخلق القواسم المشتركة للعمل. ان القيادة توضح الطريق للمنظمة للتعامل مع القوى الخارجية في محيط عملها والفرص فيه، هكذا تهتم القيادة بالتغير والتركيز على الخارج، في حين ان الادارة ضرورية للحفاظ على استمرارية عمل الانظمة وتشكيل الطاقة الضرورية للبقاء وعدم التدهور. ان المتحصلات (outcomes) تأتي من تدبير لعمل النظام وصيانته ومعياريته وتحسينه لذلك يكون مجال عمل الإدارة التحليل والمعيارية والاهتمام بداخل المنظمة كانظمة فرعية تتكامل في العمل لتحقيق النتائج.

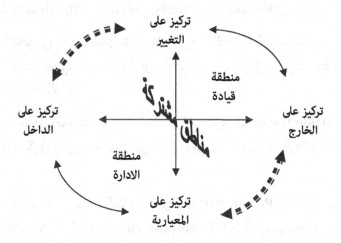

متلازمة ثنائية القطب للإدارة والقيادة التحويلية

ان التميز والعظمة للشركات في بيئة التنافس المعاصرة لا تأتي بسهولة ودون وجود كلا القطبين (الادارة/ القيادة)، حيث ان المؤشرات الحالية تبين ازدياد مساحات المناطق المشتركة والتي يتطلب فيها العناية الفائقة بلعب الدورين المهمين الإداري والقيادي من جانب وكذلك تقتضي الضرورة العمل وفق آليات الحركية والثبات من جانب آخر لغرض التقدم باتجاه تحقيق أهداف ورسالة ورؤية المنظمة وفي تقديرنا ان الصعوبة تصبح اكبر عندما تعمل بتفاعل وتكامل مع الآخرين أخذا دورهم بأهمية قصوى، وليس العمل بشكل منفردا لاعبا لدورك كما يجب منغلقا عن أدوار الاخرين.

ان مبررات متلازمة الإدارة والقيادة التحويلية، وضرورة عملهما جنبا إلى جنب، تعكسه العلاقات والمؤشرات الآتية:

أ- **تداخل العمل القيادي والإداري:** ان العمل الإداري تزداد فيه مهمات القيادة، ولكون القادة يعملون من خلال شبكة من العلاقات المتداخلة المعقدة، لذلك ازدادت لعبة التداخل غير الرسمي من الآخرين بدلا من كونه مجرد قوة رسمية تمارس على الآخرين، لذلك لا يمكن الفصل بين مضاداتهما بل يجب الاستفادة منها لتحقيق المواءمة الأفضل. لأن قيادة قوية جيدة دون إدارة ناجحة يعني أن المنظمة تسير في علو شاهق على حافة وجرف هاوي، وإدارة قوية جيدة دون قيادة المنظمة يعني دخول المنظمة في نفق البيروقراطية القاتل، (Kotter, 1999: 11) .

تكامل الخصائص القيادية والإدارية: أن خصائص القيادة التحويلية لا يمكن ان تحقق النجاح بمفردها، والعكس صحيح أي ان خصائص الإدارة لا يمكنها تحفيز العاملين بمعزل عن خصائص القيادة، والسبب ان

حاجة كل نوع من الخصائص إلى النوع الآخر ضرورة لا بد منها لتحقيق التكامل وبالتالي تحقيق الأهداف المرسومة وكما يأتي (**Kacker & Roberts**, 2004: 67-70) :

(١) القائد التحويلي يكون قادراً على بناء الرؤية الجديدة للمستقبل (What can be) في الوقت نفسه يجب ان يكون إداري تحويلي عن طريق تحليل حقائق الواقع الراهن (What is today) .

(٢) القائد التحويلي يوظف طاقات التفكير الابتكاري (Outside the box) في الوقت نفسه يجب ان يكون إداري تحليلي من خلال تجسيد المهنية في الإدارة للأعمال (Inside the box) .

(٣) الإداري التحويلي يمتلك طاقة وحماس (Power within) وبالتالي يجب ان يعرف كيف (يُمكن الاخرين Empowering in Other) كقائد تحويلي محترف.

(٤) الإداري التحويلي يسعى لتحقيق النتائج المرجوة لذلك يجب ان يكون قائدا ملما في بناء الاجماع لتحقيق النتائج.

ج- **تحقيق (التغيير) يحتاج (الثبات):** في الوقت الذي يسعى القائد التحويلي إلى أحداث التغيير المستمر، فإن ذلك يحتاج إلى عقلية الإداري التي تؤمن بضرورة تحقيق الثبات، لخلق موازنة (الحركية - الثبات Dynamic - Static) أو (Dynamicly Staybel) والذي تكون فيه الجاهزية ممتازة مهما تكن الظروف غير مؤكدة، لأن تغيير على طول، لا يكون، وثبات على طول، لا يكون (Kotter, 1991: 13-25).

د- **ان بيئة عمل المنظمات الحالية تتسم بتحديات عديدة وتتطلب مزيد من الاهتمام بالتغيير،** هكذا أصبح جانب القيادة وبالذات التحويلية يأخذ مساحة اوسع في انشطة المنظمات. ولكي يتجسد هذا الأمر بممارسات فعلية فقد تم اعتماد أساليب مثل إدارة الجودة الشاملة، والهندرة، وإعادة الهيكلة وتغييرات الثقافة باعتبارها تحرك الممارسات والجانب الإداري ليصل إلى مستوى إدارة تحويلية تساهم في نجاح جهود التحول الشامل للمنظمة وزيادة قدرتها على التعامل مع التحديات الجديدة في البيئة التسويقية. ان ترابط القيادة والإدارة يمثل اليوم الضمان لعدم فشل جهود وبرامج تحول الشركات وتطورها المستمر.

وانطلاقا مما تقدم وتأسيسا عليه، فإن انموذج خصائص الإدارة التحويلية شكل (٤٢) لا يمكن ان يعمل بمفرده، وأيضا انموذج خصائص القيادة التحويلية شكل (٤٣) لا يمكن هو الآخر ان يعمل لوحده، لذا فإن ثنائية القطب وتفاعل خصائص الانموذجين في انموذج واحد، هو السبيل الكفيل بتحقيق أهداف المنظمة. ويعكس الشكل (٤٤) الانموذج التكاملي لمتلازمة الإدارة والقيادة التحويلية.

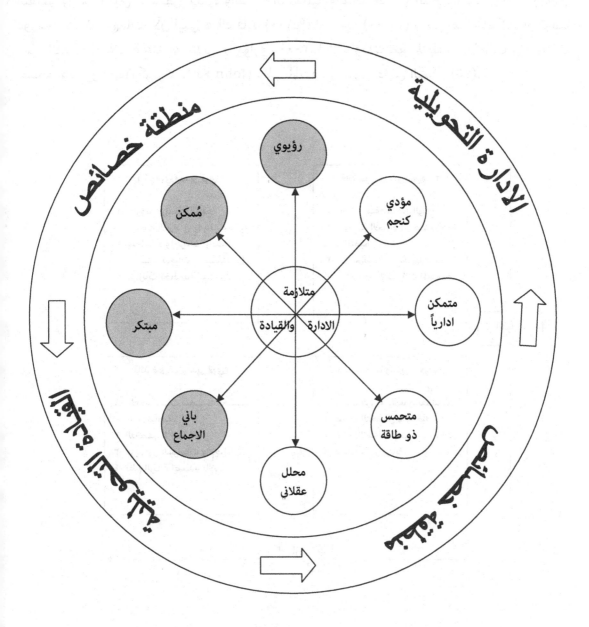

شكل (٤٤)

انموذج متلازمة ثنائية القطب للإدارة والقيادة التحويلية

المصدر : من إعداد المؤلفين

ويظهر من الشكل السابق (انموذج متلازمة ثنائية القطب للإدارة والقيادة التحويلية) أن التفاعل والتكامل بين خصائص الإدارة والقيادة التحويلية واضحة جدا، واحدهما تكمل الأخرى وتفعل دورها في أنجاز المهمات، لأن ليس هناك قائد (١٠٠%) او مدير (١٠٠%) ولكن من الممكن ان تزيد نسبة القيادة او الادارة عند أي مدير. (الهواري، ٢٠٠٠، ٢٤٩). وذلك تبعاً لمتطلبات الموقف وإجراءات حسمة، ويصور (جون كوتر John Kotter) ذلك بالمصفوفة الموضحة في الشكل (٤٥).

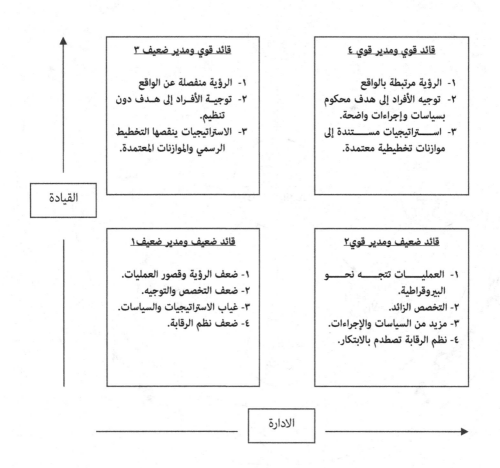

شكل (٤٥)

مصفوفة كوتر للإدارة والقيادة

المصدر: (الهواري، ٢٠٠٠، ٢٤٩) بتصرف من قبل المؤلفين يتمثل بترقيم النوافذ الأربعة فضلا عن كتابة خصائص النافذتين (١ و ٤)، إذ هي خالية في اصل المصفوفة، من أجل زيادة الايضاح والفهم.

ثانيا: مبررات اعتماد الإدارة والقيادة التحويلية في برامج التطوير التنظيمي ونتائجها

تهدف معلومات هذه الفقرة ومناقشاتها إلى توضيح مبررات اعتماد الإدارة والقيادة التحويلية في برامج التطوير التنظيمي ونتائج هذا الاعتماد، من خلال محورين أثنين، هما:

1. مبررات اعتماد الإدارة والقيادة التحويلية في برامج التطوير التنظيمي

تشير الأدبيات والبحوث والدراسات المتخصصة إلى أن هناك مجموعة من المبررات التي تشجع اعتماد الإدارة والقيادة التحويلية في برامج التطوير التنظيمي، ومن خلال تحليل محتوى هذه المبررات وتفسير مضامينها الفكرية امكننا تصنيفها في أربع مجموعات المتمعن فيها يجدها أما مبررات محفزة لاحداث التطوير أو مبررات تحتاج إلى احداث التطوير وكما يلي:

أ-تبني برامج التطوير والتغيير كضرورة تنظيمية: ان عالم الادارة والقيادة التحويلية يعتبر برامج التطوير والتغيير ضرورة تنظيمية لا مناص منها ولا تخلي عنها سواء كانت تلك البرامج (جزئية ام كلية، وقتية ام دائمية).

وبالتالي فهذا العالم فرض منطق التطوير فرضا الزاميا على المنظمات كمتلازمة للبقاء والتميز. بعد ان ظلت الكثير منها والعقود طويلة منظمات راكدة وروتينية تشجع الاستقرار وتخشى ـ التطوير والتغيير، حتى أن بعض القيادات التقليدية (في الدول النامية) التي كانت تهيمن عليها كانت ترفع شعاراً يقول: "إذا أردت ان تطول فلا تطور". (الكبيسي، ٢٠٠٥: ١٢٣).

والتي نعتقد ان العديد منها لا يزال اليوم يتذمر من سرعة التغيير وهو مندهش لهذه الحالة.

أن فرض منطق التطوير والتغيير كضرورة تنظيمية مستدامة، وليست ظاهرة وقتية أو عابرة لها وقت محدد وبعدها ينتهي كل شي – أي لها بداية (نعم) ولكنها مستمرة ومتجددة ومستدامة ليست لها نهاية، ينطلق من الافتراضات المعرفية لعالم الإدارة والقيادة التحويلية ومرتكزاته الفكرية وخصائصه ثنائية القطب وممارساته التطبيقية تجاه موضوع التطوير والتغيير، والتي يمكن تلخيصها بما يأتي:

(١) بعيدا عن التكيف المميت والتغيير البطئ في المنظمات، أن منطق عالم الإدارة والقيادة التحويلية يسعى إلى تبصير المنظمات باعتماد برامج التطوير والتغيير كبعد من الابعاد المهمة في الثقافة التنظيمية، في محاولة لابعادها عن الوقوع في فخ ظاهرتين خطرتين على حاضرها ومستقبلها، هما:

(A) ظاهرة التكيف المميت

هذه الظاهرة تبدو غريبة ونحن نتكلم دائما عن زيادة قدرة المنظمة على التكيف مع بيئتها. والتكيف قد يعني جرعات بطيئة من التحسين في الوضع بدلا من التغيير الجذري الذي يتسم بالمخاطرة. ولكن في بيئة

الأعمال اليوم لا يكفي التكيف البطئ إلا في حالة وقف التداعي واتخاذ اجراءات تغيير تتماشى مع حالة المنافسة الشديدة.

ان مثال مستعار من الكائنات الحية يوضح خطورة هذه الظاهرة على منظمات الأعمال. فقد لوحظ أن الضفادع كائنات ذات قدرة تكيف ممتازة، فهي تأخذ لون الطبيعة التي تعيش فيها، كما انها تعيش في اليابسة وفي الماء في مختلف الظروف والاحوال. ان وضع ضفدعة في ماء ووضعه على النار لزيادة درجة حرارته تدريجيا جعلها تتكيف بوتائر تصاعدية، ولم تتحرك من الاناء رغم امكانها القيام بذلك، وهذا ما جعلها تصل حد الموت مستعينة بقدرتها على تكييف وضعها. لقد اصيبت بالقصور الذاتي، حيث لو وضعت هذه الضفدعة في ماء حار في البداية لقفزت منه. إنها لم تستشعر الحاجة إلى التغيير والتطوير بل تشبثت بجهود الاصلاح والترقيع حد الموت.

هكذا تواجه المنظمات ذات المصير وهي تحاول عدم التطوير وتغيير الوضع لقصور في تحديد الحاجة إلى اجراء التغيير والتطوير في الوقت المناسب، (Goodstein & Pfeiffer, 1993: 3) .

(B) ظاهرة التراخي والانتظار إلى حد حصول الاسوء

لا تجيد ادارات اغلب المنظمات فن التقاط الاشارات الضعيفة ذات الاهمية العالية والتأثير الكبير والتي عبر عنها (Ansoff) بـ Weak Signal في البيئة الخارجية والأسواق بالتحديد. ويرغب الجميع حصول ما يشد الانتباه، ولكن هذا الأمر يأتي بعد تأخر الحالة مرة أخرى نستعير من الكائنات الحية معطيات لهذه الظاهرة، فهذا الفيل الذي يتصف ببطء الحركة ولا تتحفز قواه للعمل والنشاط إلا بعد ظهور بوادر الخطر للعيان، كملاحظة النيران لكي يغير سلوكياته المعتادة، هكذا المنظمات يحتاج العاملون فيها إلى من يدق ناقوس الخطر امامهم عدة مرات، بل الأغلب لا تتحرك قواهم إلا بعد مشاهدة ما يقلق كثيرا لغرض التغيير والتطوير الجذري، ان اول ما يتبادر للذهن بقاء الحالة مع تحسين واصلاح شكلي، ولكن قد يكون وقت التغيير والتطوير الجذري اصبح متأخرا ليحمل المنظمة تكاليف باهضة على مختلف المستويات.

مما تجدر الإشارة إليه إلى ان أول من استخدم استعارة الفيل للمنظمات هو (جيمس بيلاسكو James Belasco) في كتابه (تعليم الفيل الرقص Teaching the Elephant to Dance) لكي يشد الانتباه إلى ضرورة اشعال الثيران وعمل خطة قوية للتطوير، (الهواري، ٢٠٠٠: ٢٥٥).

(٣) تجسيد اللأخطية وتجنب الخطية قدر المستطاع، من المعروف ان المنطق (التبادلي Transaction) يعمل في ما يطلق عليه نظام خطي liner ، وبالمعنى الخطي، فإن مراكز القرار تمارس الضغط على المرؤوسين، والمرؤوسين يبدون رد فعل بنسبة مباشرة بالنسبة للضغط الممارس عليه، فليس هناك عوامل عرضية، مثل تأثير بيئة العمل، موقع السوق، المعنى الخاص بالعمل، والتنافس مع الزملاء او الرغبة الانسانية بالتعبير عن الذات. ومع انها لا يجر تجاهلها بالكامل إنما تُعد تحت سيطرة مراكز القرار التبادلي. (وبطبيعة الحال فإن هذا المنطق لا يشجع على تبني التطوير كمنهج مستدام). بعكس المنطق (التحويلي Transformation

الذي يعمل وفقا النظام (لاخطي Non- liner) مفتوحا أمام العوامل العرضية، كالحاجة إلى التعبير عن الذات، وتأثير بيئة العمل، والتنافس مع الزملاء، ومهمة مراكز القرار التحويلي، هي خلق البيئة لمثل هذه العوامل لإظهار نفسها طالما انها تعد كحوافز أساسية لمثل هذا التطوير والتغيير التحويلي (**الزيدي**، ٢٠٠٧: ١٠١)، (**Morrotto et al.**, 2001: 12)

(٣) تحويل الأفكار إلى فرص تطويرية، ليس بوسع المدير الجيد ان يؤدي عمله بفاعلية إلاّ في محيط من التطوير المستمر. وقد عبّر عن هذه الفكرة رسام كاريكاتير في (Saturday Review) عندما صور مديرا وهو يجلس على مكتب ضخم ويملي على سكرتيرته أن (أحضري لي صفقة، أشعر وكأني أريد ان ادور). لا يستطيع اكتشاف التوليفات الجديدة من الفرص إلاّ مدير شركة يوجد في عملها تطويرات كثيرة. ويأتي حافزة الابداعي من محاولة تحويل الاقتراح او الفكرة الموجودة على مكتبه إلى شيء نافع ومفيد. وسوف يحاول ان يجعل من التطوير اسلوب حياة له في المنظمة وسوف يراجع الاستراتيجية باستمرار حتى وان كانت النتائج الحالية جيدة، (**بيرسون**، ١٩٩٧: ٥٠).

ب- تصور المستقبل والعمل على وفق رؤية واضحة: يعتمد عالم الإدارة والقيادة التحويلية على تصور المستقبل والعمل على وفق رؤية واضحة، استنادا لمقولة (الطريق الأفضل للتنبؤ بالمستقبل هو ابتكاره (The best way to predict the future is to creat it)، (**الكبيسي**، ٢٠٠٥: ١٢٠).

وأكد باحث آخر ما تقدم بقوله: ان جوهر القيادة ذاته هو ان تكون لديك رؤية لا بد من ان تشرحها وتفصلها بوضوح وقوة في كل مناسبة، لا يمكنك ان تدق طبلا لا ثقة لك فيه. إذ لا تستطيع ان تقود افرادا دون ان تقوم بتوضيح المستقبل الخاص بهم، (**الصرن**، ٢٠٠٣: ٥٢ و ٥٤).

وتعضد كل من تقدم نتائج الدراسة الميدانية التي قام بها كل من (كوزس وبوسنر Kouzes and Posner) والتي شملت عينتها (٧٥٠٠٠) شخص من انحاء العالم وطلب منهم تحديد سمات القيادة التحويلية المثالية، وكررت هذه الدراسة على ثلاث مدد زمنية، هي عام (١٩٨٧) و (١٩٩٥)، و (٢٠٠٢). وكان من بين أربع سمات جرى الاجماع عليها وتكررت مراتبها في المقدمة خلال المدد الدراسية الثلاث هي (التطلع للمستقبل) فضلا عن سمات (الأمانة، والكفاءة، والتحفيز). ومن خلال عرض السمات الأربع المشار إليها بدراسة لاحقة على عينة في عشرة بلدان في الجدول (١) كانت نتائج ترتيبها على النحو المذكور، (**كوزس وبوستر**، ٢٠٠٤: ٤٦-٤٩).

جدول (١)

النسبة المئوية لسمات القيادة التحويلية في بعض الثقافات

البلد	النسبة المئوية للسمات			
	الامانة %	التطلع إلى المستقبل %	التحفيز %	الكفاءة %
استراليا	٩٣	٨٣	٧٣	٥٩
كندا	٨٨	٨٨	٧٣	٦٠
اليابان	٦٧	٨٣	٥١	٦١
كوريا	٧٤	٨٢	٥٥	٦٢
ماليزيا	٩٥	٧٨	٦٠	٦٢
المكسيك	٨٥	٨٢	٧١	٦٢
نيوزيلندا	٨٦	٨٦	٧١	٦٨
سكاندينافيا	٨٤	٨٦	٩٠	٥٣
سنغافورة	٦٥	٧٨	٩٤	٧٨
الولايات المتحدة	٨٨	٧١	٩٣	٦٩
الوسط الحسابي• للسمات	٨٢,٥	٨١,٧	٧٣,١	٥٧,٢

المصدر: (كوزس وبوسنر، ٢٠٠٤: ٤٩)

- استخرج من قبل المؤلفين لزيادة الايضاح والوصف.

ومن معلومات الجدول يتضح ان سمة (التطلع للمستقبل) جاءت بالمرتبة الثانية بوسط حسابي مقداره (٨١,٧%) فيما جاءت بالمرتبة الأولى (الامانة) بوسط حسابي (٨٢,٥%) وبفرق ضئيل جدا عن (التطلع للمستقبل) مقداره (٠,٨%) بينما كان الفارق بين (التطلع للمستقبل) وسمتي (التحفيز) و (الكفاءة) كبيرا إذ بلغ (٨,٦%) و (٢٤,٥%) على التوالي.

ويجسد (Hacker & Roberts, 2004: 73)، دور التحويليين في تصور المستقبل وبناء رؤية وقيادة الآخرين نحوها بالشكل (٤٦) الذي يؤكد على ان دورهم يتلخص بـ:

(١) مساعدة الأفراد الآخرين على اكتشاف أنفسهم.

(٢) المعالجة والتعديل المفيد في المدى القصير.

(٣) التركيز على عوامل طاقة الفرد اكثر مما تعتقد المنظمات وتتصور.

ان دور القائد يتمثل في اتاحة المجال لكي يكتشف المرؤوسين ذواتهم وقابلياتهم وقدراتهم، وان هذا الأمر يساعد في قيادتهم نحو الرؤية الجديدة. ونتحدث هنا عن فكرة التمكين للعاملين من خلال القيادة التحويلية، وليس اعطاء الأوامر والرقابة المشددة إلى تلجم الابداع والابتكار.

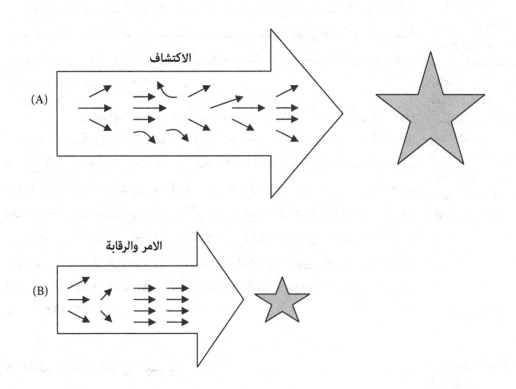

شكل (٤٦)

تصور المستقبل واكتشاف الآخرين وقيادتهم نحو الرؤية (A) مقارنة بالدور القديم (B)

Source : (Hacker & Roberts , 2004 : 73)

ج- تحويل المنظمة إلى منظمة متعلمة:

ان العالم التحويلي (إدارة وقيادة) هو الوسيلة الوحيدة التي من خلالها يمكن لأي منظمة ان تصبح متعلمة؛ لأن (المديرين - القادة) التحويليين هم بمثابة المصممون والمعلمون الذين وهبوا انفسهم لبناء منظمة من نوع جديد. وهم لذلك يشجعون عملية تمكين الموارد البشرية ويجعلون المعلومات متاحة للجميع ويشركون العاملين في صياغة الاستراتيجية الناشئة ويعملون على تقوية ثقافة المنظمة، (**الهواري**، ٢٠٠٠: ٤٩٣).

لذلك أكدت الدراسات المعاصرة ان المنظمات المتعلمة تتميز عن المنظمات التقليدية بنمط قيادتها وبهياكلها التنظيمية ومواردها البشرية ونظم معلوماتها واستراتيجياتها وثقافتها. (**Garret**, 2000: 133)

- **المنظمة المتعلمة:** المنظمة المتعلمة، هي المنظمة التي تعلم وتشجع التعليم بين أعضائها وتروج تبادل المعلومات بين العاملين، ومن ثم تخلق قوة عمل اكثر معرفة واجواء عمل مرنة للغاية حيث يبحث العاملون عن الأفكار الجديدة ليتكيفوا معها وليتبادلونها من خلال رؤية مشتركة لاحداث التطوير والتغيير المستدام.

والمنظمة المتعلمة، هي المنظمة التي تعلم وتشجع التعليم بين أعضائها وتروج تبادل المعلومات بين العاملين، ومن ثم تخلق قوة عمل اكثر معرفة واجواء عمل مرنة للغاية حيث يبحث العاملون عن الأفكار الجديدة ليتكيفوا معها وليتبادلونها من خلال رؤية مشتركة لاحداث التطوير والتغيير المستدام. (الكبيسي، ٢٠٠٥: ١١٤).

أن من المزايا المنفردة (للمديرين - القادة) التحويلين في اثراء معارف المنظمة وزيادة تعلمها، هو استخدامهم أسلوب (رواية القصة)، ويعلق (هوارد جاردنر) الاستاذ في جامعة (هارفارد) حول ذلك الأسلوب بالقول: ان القادة يحققون فاعليتهم من خلال القصص التي يرونها هنا. وقد استخدمت مصطلح (يروي) اكثر من (يخبر) لأن عرض القصة في كلمات هي الطريقة المثلى للتخاطب فضلا عن ذلك - ومن خلال التخاطب بالقصص - يحاول ان يحفزوا اتباعهم. فالقادة ذووا الرؤى لا يفضلون تكرار القصص الحالية او السابقة ولكنهم يخلقون قصصا جديدة، (كوزس وبوسنر، ٢٠٠٤: ١٦٢-١٦٣).

* **تفجير طاقات الموارد البشرية :** الاهتمام برغباتهم وطموحاتهم ومنحهم المزيد من الطاقة والتحفيز والتشجيع لتحقيق احلام وطموحات اعلى لصالحهم وصالح المنظمة التي يعملون فيها.

د- تفجير طاقات الموارد البشرية

يكون العالم التحويلي اكثر ايجابية على أداء الموارد البشرية، لأنه يسهم في تفجير طاقاتهم من خلال الاهتمام برغباتهم وطموحاتهم ومنحهم المزيد من الطاقة والتحفيز والتشجيع لتحقيق احلام وطموحات اعلى لصالحهم وصالح المنظمة التي يعملون فيها. (**Dubinsly**, 1996: 292), (**Smith**, 2004: 312).

ويتحقق ذلك من خلال ما يتصف به (المدير - القائد) التحويلي من خصائص متلازمة ثنائية القطب التي تم الاشارة إليه سابقا.

وعضد هذا الرأي (**بيرسون**، ١٩٩٧: ٣٦-٣٧) بقوله: ان أفضل المديرين العاملين ينتظمون حول الناس أكثر من انتظامهم حول المفاهيم أو المبادئ، لأن ذلك يمثل رسالة مضمونها ان هناك في الحياة ما هو أهم من تحقيق الأرباح وأنهم يهتمون ان يحيا موظفوهم حياة متوازنة.

ويقدم (ماكس دي بري) مالك ورئيس مجلس إدارة (هيرمان ميلر) لصناعة الاثاث بولاية (ميتشجان) قصة مؤثرة توضح الارتباط بين الصوت المميز للمسؤول والأداء، مفادها:

لديّ حفيدة تسمى (ذو) وهي باليونانية تعني (الحياة) لقد ولدت قبل اكتمال نموها، وكانت تزن رطلا واحدا ونحيفة جدا لدرجة ان خاتم زواجي يمر من ذراعها إلى كتفها، والمسؤول عن ولادتها والذي فحصها قال لنا إن فرصة بقائها على قيد الحياة تتراوح بين خمسة إلى عشرة بالمائة فقط. وعندما عقمنا انفسنا أنا وزوجتي لكي نزورها رأيناها في الحضانة في وحدة العناية المركزة للمواليد المبسترين حيث تم توصيل أداتين من أدوات الحقن في سرتها وفي قدمها، وشاشة عرض على كل جانب من صدرها، وانبوب تنفس وانبوب تغذية في فمها ومما زاد الأمر تعقيدا ان والد (ذو) سافر قبل شهر من ولادتها وعندما لاحظت ذلك ممرضة خبيرة تسمى (روث) أعطتني بعض التعليمات لعدد من الشهور القادمة. قالت: على الأقل أنت الأب بالانابة، اريدك ان تأتي إلى المستشفى كل يوم لتزور (ذو) وعندما تأتي أريدك أن تلمس جسمها ورجليها وذراعيها بأطراف أصابعك وبينما تداعبها يجب ان تخبرها مرة تلو أخرى كم تحبها لأنها ينبغي عليها ان تربط بين صوتك ولمساتك.

وكانت (روث) تفعل شيئا صحيحا في صالح (ذو) وفي صالحي ايضا ودون ان تلاحظ كانت تعطيني أفضل الممارسات التي يجب ان يتحلى بها القائد وهي ان يربط بين نبرة صوته ولمسته لأن أظهار صوتك يعني ان تحترم آراء الآخرين حتى يمكنهم احترام أرائك. (كورس وبوسنر، ٢٠٠٤-٦٩-٧٠).

ان الضرورة تقتضي من القائد ان يمتلك الوعي والشعور بتوجيه الحياة الخاصة ووضوح الغرض متجسدا برؤية وقيم وأهداف ضرورية جدا لايجاد معنى للوجود والتفوق. ان امكانية لعب دور في هذا المجال حيال المرؤوسين يصبح متطلب نجاح للقائد في المنظمة. ان وضع مجمل التصورات في خطط وافعال تساهم في التقدم باتجاه نتائج مرغوبة ومفيدة يصبح ممكنا، (**Hacker and Roberts**: 2004: 118) .

2 .   نتائج اعتماد الإدارة والقيادة التحويلية في برامج التطوير التنظيمي

ان نتيجـة اعـتماد الادارة والقيـادة التحويلية في بـرامج التطـوير التنظيمـي هـو التحـول إلى منظمات ذات معنى (Transforming for Organizations of meaning) .

وهي منظمات تسري فيها الروح الوثابه وبناء الصلابة النفسية بفعالية وعلى المستويات كافة (فردية، وجماعية، ومنظمية) وابرز خصائص تلك المنظمات:

أ- تعشيق الروح Engaging The spirit

في هذه المنظمات:

(١) حيوية الروح متطلب يسبق الابتكار وضرورة له، لأنهـا ضروريـة جـدا لـدمج واسـتخدام قوة وافكار قوى العمل، لذلك ترى أغلب العاملين ينجذبون نحـو المـنظمات التي تـنهج منظور الشخص المتكامل (الجسم، والعقل، والروح) ويصور الشكل (٤٧) تعشيق الروح.

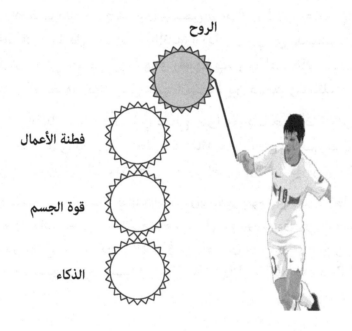

شكل (٤٧)

تعشيق الروح

ان مسألة الشخص المتكامل مسألة في غاية الأهمية، وبدونها لا يتحقق الابتكار والابداع، وهذا ما يلاحظ في كثير من الانظمة التعليمية وحتى في دول كبرى مثل الولايات المتحدة الأمريكية، فأن النظام التعليمي غير قائم على أساس تكامل (الجسم، والعقل، والروح)، بل تحاول هذه الأنظمة الفصل بينها وتقديمها كأجزاء صغيرة ضمن موضوعات المساقات (المناهج).

(٢) جلب المعاني إلى مكان العمل ممارسة حية، لأن مكان العمل في هذه المنظمات لا يمثل معطى صغير للعاملين يعملون فيه بحدود مطلوبة، ويتشكل ببساطة من خلال المعاني المعطاة للمنظمة من قبل القيادة العليا. بل هو المكان ذو الغرض والغاية والمعاني لكل الأفراد وحياتهم في المنظمة مرصوفة ومعشقة بالثقة الجماعية وتتولد الروح الجماعية الفاعلة من خلالها، (Hacker & Roberts, 2004: 33-36).

(٣) الافراد مكونات وكائنات روحية، وكما صرح بذلك (Wayne Dyer) بقوله: (نحن روح في جسد وليس جسد فيه روح، نحن ليس كائنات انسانية لها تجربة روحية ولكن كائنات روحية لها خبرة وتجربة انسانية)، (Dyer, 2001: 2) .

في المنظمات ذات المعنى تحاول القيادة ان ترى العاملين باعتبارهم كيانات روحية، وليس مجرد قدرات عقلية وجسدية تقدم أفضل ما لديها للمنظمة. وإذا استطاع القائد ان يجسد منظور متكامل من المعتقدات والقيم الروحية، فإن مكان العمل سيأخذ معنى جماعي، وعندما تلتزم روحية الفرد بعمل جماعي مستمر ومثابر تصبح اكثر قدرة على التحول.

ان بناء وتشكيل حيوية الروح يأتي في إطار تراكم الخبرات والمعارف، ان ظهور مشكلة يولد حل أولي قائم على استجابة شعورية سريعة تتقدم إلى حل نوعي عبر تحليل رشيد مستند إلى استخدام القدرات العقلية، قد يرقى إلى حل تكاملي من خلال الاتصال وتبادل المعلومات والخبرات والاراء في مجمل النظم الفرعية للنظام الكلي، وهذا الحل قد يحسن من خلال توظيف نماذج عقلية ابداعية تولدت بفعل الممارسات والتجارب لتعطي حلول قائمة على خبرات مهمة. وهكذا تتعزز امكانية بناء الروح الابداعية ليتولد وعي روحي يساهم في ترقية الحلول للمشاكل الجديدة والتي تواجهها المنظمة لأول مرة وهكذا تبنى منظمة مفعمة بالحيوية.

ويصور الشكل (٤٨) نموذج لبناء الحيوية الروحية في المنظمة.

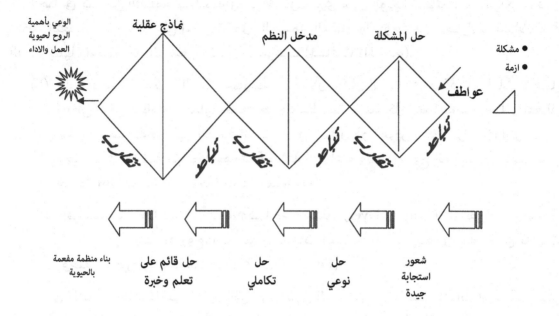

شكل (٤٨)

بناء الحيوية والروح في المنظمة

* **الصلابة النفسية:** الالتزام والتحكم والتحدي، وتمكين العاملين من تبني المخاطرة والتعامل مع اللايقينية

(٤) تنمية الصلابة النفسية، أي تنمية العاملين في المنظمة اتجاه الالتزام والتحكم والتحدي. إذ ان تنمية تلك الصلابة ستمكن هؤلاء العاملين من تبني المخاطرة والتعامل مع اللايقينية، وابرز ممارسات تنمية الصلابة النفسية، هي:

- القيام بالتجارب الصغيرة وتطوير النماذج فيها.
- توفير مناخ من الامان والحرية لتحفيز العاملين على التجارب.
- منح العاملين فرصة الاختيار.
- تشجيع الاعتراف بالخطأ وتعزيزه كسلوك مرغوب.

ان الغاية من تنمية الصلابة النفسية هو لجعلها قوة قادرة على مواجهة المخـاطرة واللايقينيـة وتحقيق التوازن معها لانه عند توازن هاتين القوتين ستحصل المنظمة على المـراد وهـو شـعور وإدراك العاملين فيها بأنهم مسؤولين عن التطوير وأحداثه ومتابعة نجاحه. (كوزس وبوسنر، ٢٠٠٤: ٢٦٠-٢٧٠)

ويعكس الشكل (٤٩) علاقة الصلابة النفسية بالمخـاطرة واللايقينيـة ودور تـوازنهما في إدراك مسؤولية التطوير.

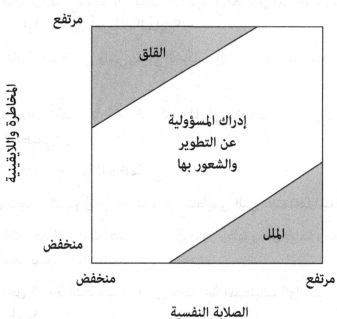

شكل (٤٩)

العلاقة بين الصلابة النفسية والمخاطرة

المصدر : (كورنس وبوسنر ، ٢٠٠٤ : ٢٧٠)

اسئلة الفصل الثاني

* اسئلة التذكر والاسترجاع

١- استعرض بإيجاد طبيعة التداخل بين مكونات عالم التحول الشامل للمنظمات؟

٢- حدد تعريف واحد للتحول التنظيمي، تجد انه ملائم لتجسيد الخصائص المميزة لهُ، ثم عـدد هـذه الخصائص لمعرفة مدى تواجدها في تعريفك السابق؟

٣- استعرض أهم ضغوط التحول التنظيمي والتي تدعو الشركات إلى اعتماد برامج رديكالية وشـمولية للتغيير؟

٥- اذكر الملامح الأساسية لتغييرات (الفا، بيتا، كاما A ، كاما B)، أي من هـذه التغيـيرات أكـثر انطباقـا على حالات التحول التنظيمي؟

٦- حدد معنى واضح للقيم، واذكر اهميتها للمنظمة؟

٧- باختصار كيف يمكن ان تتجسد القيم في برامج التطوير التنظيمي التي تعتمدها المنظمة؟

٨- استعرض عدد من المبررات تجد انها ذات أهمية كبيرة في بروز وظهور منهجيات وممارسات الإدارة التحويلية والقيادة التحويلية، وعلق عليها؟

٩- بين من خلال الرسم مراحل الإدارة التحويلية؟ ما هي مجموعة المتطلبات الواجب توافرها لقيـام إدارة تحويلية في المنظمة؟

١٠- لنجاح منظمات الأعمال في البيئة المعاصرة، يتطلب الأمر تلازم وجود ادارة وقيـادة تحويليـة، بـين نمـوذج هـذا التـلازم الثنـائي مـن خـلال تكامـل منطقتـي خصـائص الإدارة التحويليـة والقيـادة التحويلية، وعلق عليه؟

** اسئلة التفكير والرأي

١- في اطار نموذج (Weitzel and Jonsons) المذكور في الشكل (٢٢)، اين تضع إدارة الجودة الشاملة (TQM) كاتقنية مناسبة لتصحيح حالة الافتراق والفجوة بين الأداء الفعلي للمنظمة والاداء المستهدف المرغوب؟ علق على ذلك.

٢- أي من الاتجاهات ادناه تؤيد ولماذا، في العلاقة بين التطوير التنظيمي والتحول التنظيمي؟

- التطوير التنظيمي والتحول التنظيمي نظامين فرعيين مختلفين في إطار التغيير المخطط، ولا علاقة بينهم.
- التحول التنظيمي يمثل الجيل الثاني من التطوير التنظيمي وبالتالي فإن التطوير التنظيمي اوسع محتوى ليشمل التطوير التدريجي (التزايدي) بالإضافة إلى التحول التنظيمي.
- التطوير التنظيمي والتحول التنظيمي هما نفس المنظور وبالتالي يمكن احلال الواحد مكان الآخر في جميع المواقف والظروف والاحوال.

٣- لو عرض عليك برنامج للتطوير التنظيمي لجامعة ما، وطلب منك فحص الجوانب القيمية والاخلاقية فيه، ماذا تعمل وكيف تتوصل لرأي دقيق وصحيح.

٤- كيف تجد العلاقة بين المدير التحويلي والقائد التحويلي من خلال خصائصهم، هل هي علاقة تبادلية، تضادية، تكاملية؟ ما أهمية ذلك لنجاح الشركات؟

٥- ماذا يحصل إذا:

(أ) أمتلك مدير الشركة لخصائص قائد قوي (تحويلي) وخصائص مدير ضعيف؟

(ب) امتلك مدير الشركة لخصائص مدير قوي (تحويلي) وخصائص قائد ضعيف؟

(ج) امتلك مدير الشركة لخصائص مدير ضعيف وقائد ضعيف؟

(د) امتلك مدير الشركة لخصائص مدير قوي (تحويلي) وخصائص قائد قوي (تحويلي)؟

*** اسئلة الخيار من متعدد

١- ان التميز في الشركات اليوم يستند إلى ضرورة العناية بالعاملين كأشخاص متكاملين. والشخص المتكامل يتمحور حول

A- الاهتمام بالجسم والروح.

B- الاهتمام بالروح فقط.

C- الاهتمام بالجسم والعقل والروح.

D- الاهتمام بالعقل والجسم.

٢- ظاهرة التكيف المميت في المنظمات تعني

A- عدم قدرة المنظمة على التكيف مع ما يحصل في البيئة الخارجية.

B- الركون إلى قدرات المنظمة في التكيف التدريجي والمستمر وعدم استشعار الحاجة إلى التغيير والتطوير في الوقت المناسب.

C- استشعار الحاجة على التغيير والتطوير الجذري في وقت مبكر.

D- لا شيء مما ذكر اعلاه.

٣- واحدة من بين الآتي ليس من خصائص منطقة الإدارة التحويلية

A- عقلانية التحليل.

B- الابتكار.

C- الحماس والطاقة.

D- التمكين الإداري.

٤- واحدة من العبارات ادناه صحيحة

A- تركز القيادة على الثبات والمعيارية والوضع الداخلي للمنظمة.

B- تركز الإدارة على التغيير والوضع الخارجي للمنظمة.

C- تركز الإدارة على الخارج والقيادة على الداخل.

D- تركز القيادة على التغيير والوضع الخارجي للمنظمة.

٥- تحتاج عمليات ومراحل القيادة التحويلية إلى المتطلبات ادناه

A- تنمية ادراك المرؤوسين لأهمية الرؤية المستقبلية.

B- تشجيع المرؤوسين على الاستقامة وتجسيد القيم الاخلاقية.

C- تحفيز المرؤوسين على التطوير والتحسين المستمر.

D- جميع ما ذكر اعلاه.

٦- ما هو الافتراض الذي يقف خلف القيمة الجوهرية (الاهتمام بالناس له نتائجه)

A- الانسانية.

B- الامكانات.

C- العقلانية

D- الاجماع في الرأي.

٧- عن أي الافتراضات تعبر الصيغة الوصفية التالية:

$$OT + OI = OD$$

A-   التطوير التنظيمي لا علاقة له بالتحول التنظيمي.

B-   التحول التنظيمي هو الجزء الأكبر والحاوي للتطوير التنظيمي.

C-   قد يكون التطوير التنظيمي تدرجيا (تزايدا) او تحوليا جذريا.

D-   لا شيء مما ذكر اعلاه.

٨- واحد من الترتيبات التالية صحيحة فيما يتعلق بعمق وجذرية التغيير في السلوك (من قليل ومحدود   إلى واسع وعميق).

A- تغيير بيتا، تغيير كاما B، تغيير الفا، تغيير كاما A.

B- تغيير الفا، تغيير بيتا، تغيير كاما A، تغيير كاما B .

C- تغيير كاما B، تغيير كاما A، تغيير الفا، تغيير بيتا.

D- تغيير الفا، تغيير كاما A، تغيير بيتا، تغيير كاما B .

٩- جميع ما يلي هي ضغوط التحول التنظيمي في الشركات عدا واحدة.

A- ازمات الانحدار التنظيمي.

B- التحول التكنولوجي.

C- العناية ببناء وإيجاد الإدارة الرديفة.

D- ازمات اللاتوافق التنظيمي.

١٠- يشمل عالم التحويل الشامل في المنظمات الآتي ما عدا

A- الإدارة التحويلية.

B- القيادة التحويلية.

C- التحول التنظيمي.

D- التمكين الإداري.

مراجع الفصل الثاني

١. ادريس، وائل والغالبي طاهر، (٢٠٠٩) **المنظور الاستراتيجي لبطاقة التقييم المتوازن**، ط/١، دار وائل للنشر، عمان.

٢. بيرسون، اندرال، (١٩٩٧)، **بناء المؤسسة بالكفاءات**، ضمن كتاب **فن الإدارة** - قرارات مختارة جمعها جوزيف إل. باور، ترجمة أسعد ابو لبدة، دار البشير، عمان.

٣. جاكسون، جون وآخرون، (١٩٨٨)، **نظرية التنظيم - منظور كلي للإدارة** - ترجمة خالد حسن رزوق، معهد الإدارة العامة، الرياض.

٤. جرينبرج، جيرالد وبارون، روبرت، (٢٠٠٤)، **إدارة السلوك في المنظمات**، ترجمة رفاعي محمد واسماعيل علي بسيوني، دار المريخ للنشر، الرياض.

٥. خليل، نبيل مرسي، (١٩٩٦)، **الميزة التنافسية في مجال الأعمال**، الدار الجامعية، القاهرة.

٦. داغر، منقذ وصالح، عادل حرحوش، (٢٠٠٠)، **نظرية المنظمة والسلوك التنظيمي**، مديرية دار الكتب للطباعة والنشر، بغداد.

٧. رجب، جيهان عبد المنعم (٢٠٠٦)، اطار مقترح لدراسة اسلوب القيادة التحويلية، والتمكين على التزام مندوبي المبيعات تجاه الشركة كمحددات لأسلوب البيع الموجه بالعميل ونواتج الأداء، **مجلة الدراسات المالية والتجارية**، كلية التجارة - جامعة بني سويف، العدد (٤).

٨. الزيدي، ناظم جواد (٢٠٠٧)، **العلاقة بين سلوك المواطنة التنظيمية والقيادة التحويلية وأثرهما في تفوق المنظمات**، أطروحة دكتوراه مقدمة إلى كلية الادارة والاقتصاد، جامعة بغداد، غير منشورة.

٩. سيزلاقي، اندرو والاس، مارك، (١٩٩١)، **السلوك التنظيمي والأداء**، ترجمة جعفر أبو القاسم محمد، معهد الإدارة العامة، الرياض.

١٠. صالح، أحمد علي والخفاجي، نعمة (٢٠٠٦)، التصور المستقبلي لنوافذ الشركة الاستراتيجية بين مؤسسات التعليم العالي ومؤسسات الأعمال الخاصة ومصفوفة تطبيقها، **مجلة الدراسات المالية والتجارية**، كلية التجارة، جامعة بني سويف.

١١. العامري، صالح والغالبي، طاهر، (٢٠٠٨) **الإدارة والأعمال**، ط/٢، دار وائل للنشر، عمان.

١٢. العميان، محمود، (٢٠٠٥)، **السلوك التنظيمي في منظمات الأعمال**، ط/٣، دار وائل للنشر، عمان.

١٣. الغالبي، طاهر محسن، (٢٠٠٩)، **إدارة واستراتيجية منظمات الأعمال المتوسطة والصغيرة**، دار وائل للنشر والتوزيع، عمان.

١٤. الغالبي، طاهر وصالح، أحمد علي، (٢٠٠٩)، تصميم مصفوفة التقنيات إدارة التغيير مستندة إلى سمات التنافس المعرفي، **مجلة العلوم الاقتصادية**، العدد (٢٥)، جامعة البصرة.

١٥. غروس، روبرت، (٢٠٠١)، **استراتيجية العولمة**، ترجمة ابراهيم يحيى الشهابي، مكتبة العبيكان، الرياض.

١٦. فرانسيس، ديف وودكوك، مايك، (١٩٩٥)، **القيم التنظيمية**، ترجمة عبد الرحمن احمد هيجان، معهد الإدارة العامة، الرياض.

١٧. فرنش، ندل وجونير، سيسل، (٢٠٠٠)، **تطوير المنظمات: تدخلات علم السلوك لتحسين المنظمة**، ترجمة وحيد بين احمد الهندي، معهد الإدارة العامة، الرياض.

١٨. الكبيسي، عامر، (٢٠٠٥)، **إدارة المعرفة وتطوير المنظمات**، المكتب الجامعي الحديث، الاسكندرية.

١٩. كوزس، جيمس، وبوسنر، باريز، (٢٠٠٤)، **القيادة تحد**، ط/٣، مكتبة جرير، الرياض.

٢٠. ماستر، ديفيد (٢٠٠٢)، **المستشار الموثوق**، ترجمة حظير الأحمد، مكتبة العبيكان، الرياض.

٢١. ماهر، أحمد، (٢٠٠٧)، **تطوير المنظمات: الدليل العلمي لإعادة الهيكلة والتميز الإداري وإدارة التغيير**، الدار الجامعية، الاسكندرية.

٢٢. هال، ريتشاد هـ (٢٠٠١) **المنظمات: هياكلها، عملياتها، ومخرجاتها**، ترجمة سيد بن حمد الهاجري، معهد الإدارة العامة، الرياض.

٢٣. هاميل، كاري، (٢٠٠٢)، **ريادة الثورة في الأعمال**، تعريف مروان ابو حبيب، مكتبة العبيكان، الرياض.

٢٤. هل، شارلز وجونز، جاريت، (٢٠٠١)، **الإدارة الاستراتيجية – مدخل متكامل – الجزء الأول**، ترجمة رفاعي محمد ومحمد عبد المتعال، دار المريخ للنشر، الرياض.

٢٥. الهواري، سيد، (٢٠٠٠)، **الإدارة: الأصول والأسس العلمية للقرن ال ٢١**، مكتبة عين شمس، القاهرة.

٢٦. ووترمان، روبرت الابن (١٩٩٩)، **براعة الإدارة في الشركات الأمريكية – دروس نتعلمها من الشركات التي تهتم بالعاملين في المقام الأول**، ترجمة علا عبد المنعم عبد القوى، الدار الدولية للنشر والتوزيع، القاهرة.

1. Aldag, R., & Kuzuhara, L., (2002), **Organizational Behavior & Management**, South Western, Ohio.

2. Armenakis, A., et al. (2000), Creating Readiness. For organizational change, Reading (29) in the **Organization Development and Transformation**, French, W., et al., McGraw-Hill, N.Y.

3. Barczak, G., & Smith, H., (1987), Managing Large-scale Organizational change, **Organizational Dynamics**, No: 8.

4. Bass, B., (1990), **Bass & Stogdill's Hand book of leadership: Theory, Research and Managerial Applications**, 3th ed., Collier Macmillan Publisher, London.

5. Bass, B., (1995), **Leadership and performance, Beyond Exceptions**, Free Press, N.Y.

6. Beer, M., (1987), Revitalizing organizations: Change process and emergent Model, **Academic Management Executive**, N.1 .

7. Beggs, A., & Williams, G., (2004), The Human dimension Transformational leader ship: **www. Simpleliving. Net** / awakeningerth/ pdf / transformational leadership- pdf.

8. Bennis, W., (1996), **leaders on Leadership: Interviews with top executives**, Harvared Business School Prees, USA.

9. Brown, D., & Harvey, D., (2006), **An Experimental Approach to Organization Development**, 7th ed., Prentice – Hall-New Jersey.

10. Chin, R., & Benne, K., (1997), **General strategies for Effecting change in Human systems**, Planning Of Change, N.Y.

11. Dimitriades, Z., (2001), Empowerment in Total Qulity: Designing and implementating Effective Employee Decision Making strategies. **Quality Management Journal**, ASQ, vol: 8, Issue; 2.

12. Dubinsky, A., et al., (1996), How should Women Sales Managers lead Their sales personnel? **Journal of Business & Industrial Marketing**, Vol: 11, No: 2.

13. Dyer, W., (2001), **You'll see It when you believe it: the way to personal Transformation**: Harper Collins, N.Y.

14. Evans, P., (1989), Organizational Development in the Transnational enterprise, **Academic Management Review**, 12.

15. Garret, B., (2000), **The Learning Organization: Development and Democracy at Work**, Harper Collins, London.

16. Goodstein, L., & Burke, W., (1991), Creating Successful Organization Change, **Organizational Dynamics**, No: 19-

17. Goodstein, N., & Pfeiffer, D., (1993), **Shaping your Organization's Future, Frogs, Dragons, Bees and Turkey Tails**, Crown Publishers, N.Y.

18. Hacker, S., & Roberts, T., (2004), **Transformational Leadrship creating Organizations of meaning**, American Society for Quality Press, Wisconsin, U.S.A.

19. Hage, J., (1980), **Theories of organizations**, John Wiley, N.Y.

20. Johnsons, B., (1992), **Polarity Management, dentifing and Managing Unsolvable problems,** Amherst, MA, HRD press, N.Y.

21. Jones, G., (2004), **Organizational Theory, Design, and change-text and cases**- 4th ed., Prentice Hall, N.Y.

22. Kemball – cook, **The Organization Gap, Wiley, Austraiasia ?**

23. Kimberly, J., & Quinn, E., (1984), **The challenge of Transion Management**, Richard, D. Irwin.

24. Kotter, J., (1990), **A Force for change: How leadership Differs from Mangement**, The Free press, N.Y.

25. Kotter, J., (1999), On **what leaders really do**, Harvard Business Review book.

26. Krishonan, V., (2001), Value Systems of transformational leader, **leadership & Organization development Journal**, vol: 2, No:3.

27. Latham, J., (1995), visioning: The concept, Trilogy and process, **Quality Progress**, vol: 28, No: 4.

28. Levy, A., Merry, U., (1986), **Organizational Transformation**, Praeger publishers, N.Y.

29. Maister, D. H. et al., (2000). The trusted advisosr , The Free Press, مترجم خضر- الاحمد (٢٠٠٢): "المستشار الموثوق"، مكتبة العبيكان، الرياض.

30. McNeil, K., & Minihan, E., (1997), Regulation of Medical Devices and organizational Behavior in Hospitals, **Administrative Science Quarterly**, vol: 25, No. 3.

31. Merriam Webster's Collegiate Dictionary, (1997) 10th ed., USA.

32. Merrill, C., (2005) Fast cycle OD: Faster Better, Cheaper Catches up to organizational Development. Reading (27), in the **Organization Development and Tranformation**, French, W., et al., MC Graw-Mill –N.Y.

33. Miller, S., (1989), **Evolution and Revolution**, Warner Book, N.Y.

34. Moorhead, G., & Griffin, R., (1995), **Organizational behavior: Manageing people and Organization,** Houghton Mifflin Co. Boston.

35. Nadler, D., & Tushman, M., (1989), Organizational Frame Bending: Principles for Managing Reorientation, **The Academy of Management Executive**, No: 3.

36. Oxford Advanced Learner's Dictionary, (1994), 4th ed, Oxford University Press, London.

37. Pacton, G., (2000), Are Organizational Development Interventions Appropriate in Turnaround Situations? Reading (39) in Organization Development and Transformation French, W. et al., McGraw-Hill, N.Y.

38. Porras, J., & silvers, R., (1991), Organization Development and Transformation, **Annual Review of psychology**, No.: 42.

39. Porras, J., & Silvers, R., (2000), Organization Development and Transformation, Reading (5), in Organization Development and Transformation, French, W. et al., McGraw-Hill, N.Y.

40. Pried, W., et al., (2002), **Business**, Houghton Mifflin Company.

41. Ram, S., (2001), Rolling out new products across Country Markets, Journal of Product **Innovations Management**, Vol: 15, No:1.

42. Schermerhorn, J., (2005), **Management,** 8th ed., wiley & sons, N.Y.

43. Smith, B., (2004), **Relationship Management in the sales organization,** Ph.D. Drexel University.

44. Weinberger, L., (2008), **An examination of the relationship between emotional intelligence, Leadership and perceived leadership effectiveness,** Human Rresource development research center, swanson & associates.

45. Wiley, C., (1995), The ABC's of Business Ethics definitions philosophies and Implementation, **Industrial Management**, January- February.

46. YukI, G., (2001), **Leadership in Organizations**, Englewood Cliffs, Prentic Hall, New Jersey.

47. Zawacki, R., & Norman, C., (2000), Successful self – Directed Teams and planned change: A lot in Common, Reading (21) in the Organization Development and Transformation French, W. et al., McGraw-Hill, N.Y.

الفصل الثالث

الإطار الاستراتيجي لادارة التطوير التنظيمي ونماذجه العملياتية

الأهداف التعليمية

بعـد إطـلاع القـارئ الكـريم عـلى مضـامين هـذا الفصـل واسـتيعاب محتوياته الفكرية، يكون قادراً على أن:

١. يصف ضرورات إدارة برامج التطوير التنظيمي.

٢. يحدد مستويات سلطة إدارة برامج التطوير التنظيمي.

٣. يشرح أدوار ومهارات المستشار.

٤. يوضح نماذج الاستشارة.

٥. يصف ضرورات الإطار الاستراتيجي لإدارة برامج التطوير التنظيمي.

٦. يشخص متطلبات صياغة إستراتيجية التطوير التنظيمي.

٧. يشرح استراتيجيات التطوير التنظيمي.

٨. يصف نماذج عمليات التطوير التنظيمي.

٩. يميز بين استخدامات نماذج عمليات التطوير التنظيمي.

١٠. يوضح ضرورات تقويم برامج التطوير التنظيمي ونماذج التقويم الملائمة.

المبحث الأول

إدارة التطوير التنظيمي واستراتيجياته

المخطط الانسيابي لمعلومات المبحث ونتائجها

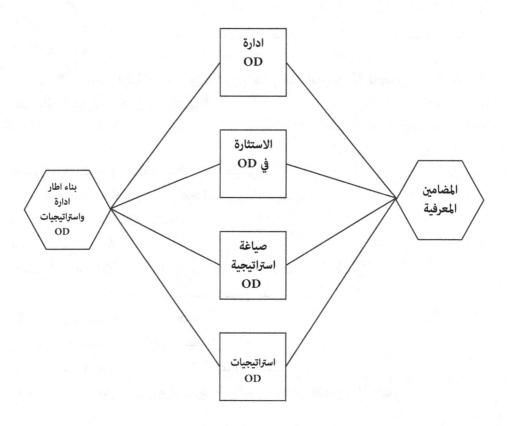

- من بين المفاهيم العديدة إلى الإدارة (Management)، مفهوم مضمونه:

(عمليات فكرية تنعكس في الواقع العملي للمنظمات بشكل ممارسات في مجال تخطيط، وتنظيم، وقيادة، ورقابة، موارد المنظمة البشرية، والمادية، والمعلوماتية لتحويل هذه الموارد إلى سلع أو خدمات [أو أفكار] تنتج بشكل فاعل وكفء محققة الأهداف التي تم صياغتها مسبقاً. (العامري والغالبي، ٢٠٠٨: ٢٩).

وعند تحليل أركان المفهوم السابق يتضح إن الإدارة، تمثل:

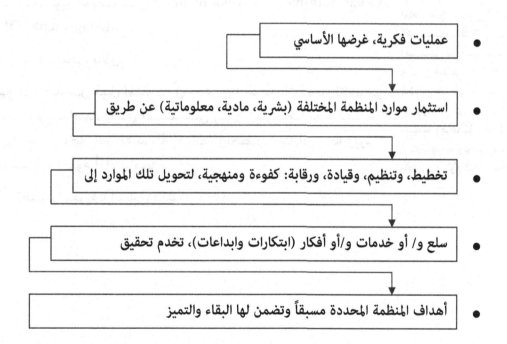

*** الإدارة :**
عمليات فكرية تنعكس في الواقع العملي للمنظمات بشكل ممارسات في مجال تخطيط، وتنظيم، وقيادة، ورقابة، موارد المنظمة البشرية، والمادية، والمعلوماتية لتحويل هذه الموارد إلى سلع أو خدمات [أو أفكار] تنتج بشكل فاعل وكفء محققة الأهداف التي تم صياغتها مسبقاً

- **عمليات فكرية، غرضها الأساسي**
- **استثمار موارد المنظمة المختلفة (بشرية، مادية، معلوماتية) عن طريق**
- **تخطيط، وتنظيم، وقيادة، ورقابة: كفوءة ومنهجية، لتحويل تلك الموارد إلى**
- **سلع و/ أو خدمات و/أو أفكار (ابتكارات وابداعات)، تخدم تحقيق**
- **أهداف المنظمة المحددة مسبقاً وتضمن لها البقاء والتميز**

والإدارة منهج يختلف عن كثير من المناهج والعلوم الأخرى، كونها تتصف بالعمومية، فهي تبدأ من الذات فهناك (إدارة الذات Self Management)؛ قال عنها منظر الإدارة (Peter Druker) : من لا يستطع إدارة ذاته لا يستطيع إدارة أي شيء. وتمر بإدارة البيت والمزرعة والمؤسسة والشركة وتصل إلى إدارة الدولة.

ومن هذا المنطلق تُعد الإدارة منهج في غاية الأهمية، ومنها وفيها، نجاح المنظمات والأنشطة والبرامج ... الخ أو فشلها.

لذلك ليس من الصحيح القول إن هناك منظمة متخلفة، ونشاط ضعيف، وبرنامج معلول .... أنما الصحيح هو: منظمة تدار بشكل متخلف، ونشاط إدارته ضعيفة، وبرنامج معلول الإدارة.

* إدارة التطوير التنظيمي
Organizational Development Management -ODM-
المنهج المعتمد من قبل المنظمة في تحقيق أنشطة التطوير التنظيمي المستهدفة واستدامتها، والذي يستند على إطار فكري منظم يحدد من المسؤول عن برامجه ومن له سلطة إجرائها، ويخطط استراتيجياته ويرسم تنفيذ عملياته ويقوّم أداء برامجه

وتأسيساً على ما تقدم، فإذا ما أردنا نجاح أو تميز نشاط أو برنامج أو منظمة فلا بد أن تكون لها إدارة. وطالما التطوير التنظيمي نشاط منهجي مستدام ولضمان بلوغ أهدافه، إذن يجب أن يؤطر بإدارة، ويمكننا أن نعرف (إدارة التطوير التنظيمي Organizational Development Management -ODM-)

لإغراض هذا الكتاب، بالآتي:

(المنهج المعتمد من قبل المنظمة في تحقيق أنشطة التطوير التنظيمي المستهدفة واستدامتها، والذي يستند على إطار فكري منظم يحدد من المسؤول عن برامجه ومن له سلطة إجرائها، ويخطط استراتيجياته ويرسم تنفيذ عملياته ويقوّم أداء برامجه).

ويمكن تجسيد التعريف السابق بالشكل (٥٠)

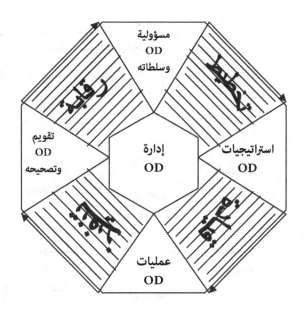

شكل (٥٠)

نسيج عناصر وعمليات إدارة التطوير التنظيمي

المصدر: من إعداد المؤلفين

ويستخلص من الشكل السابق، أن عناصر التطوير التنظيمي تشمل:

أولاً : مسؤولية التطوير التنظيمي وسلطاته:

تواجه المنظمات الساعية إلى التطوير التنظيمي مشكلة الإجابة عـن سـؤال: مـن يقـوم بالتطوير التنظيمي؟ وهناك بدائل عديدة للإجابة وأبسط هذه الإجابات هـي إمـا أن تقـوم المنظمـة بنفسها بالتطوير، أو أن تعتمد على مستشار خارجي يحرك هذا التطوير وداخل كل بديل مـن هـذين البديلين تتعدد الاحتمالات والطرائق. ويبقى بديل ثالث هو الاعتماد عـلى البديلين في نفس الوقت، وعلى المنظمة هنا أن تحدد دورها في التطوير ومدى تدخل المستشار الخارجي ودوره في هذا التطوير. (ماهر، ٢٠٠٧: ١٣٣) .

ويصور الشكل (٥١) بدائل مسؤولية برامج التطوير التنظيمي:

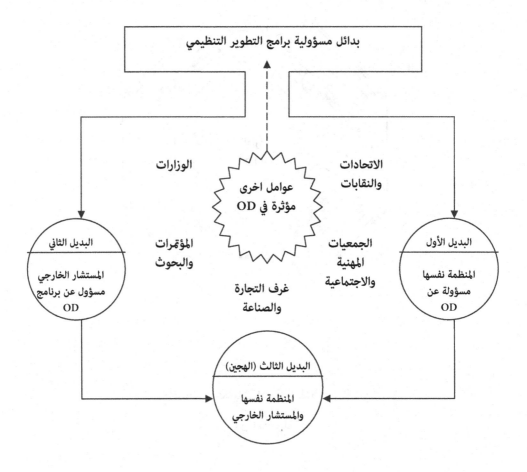

شكل (٥١)

بدائل مسؤولية برامج التطوير التنظيمي

ويظهر الشكل (٥١) البدائل الثلاثة لمسؤولية التطوير التنظيمي، فضلاً عن العوامل الأخـرى التي قد تؤثر في تحديد بدائل المسؤولية. ومما تجدر الإشارة إليه أن كل بديل من البدائل لـه مهـمات وسلطات محددة. والآتي توضيح لهذه البدائل:

1. البديل الأول: المنظمة مسؤولة عن برامج التطوير التنظيمي:

يعتمد تنفيذ هذا البديل على ثلاثة خيارات، من حيث سلطة التطوير والمهمات المطلوبة، هي:

(Lichtenstein, 2000: 128), (Brown & Harvey, 2006: 185)

الخيار الأول: إنفراد الإدارة العليا بسلطة التطوير وتوجيه مهماته.

الخيار الثاني: مشاركة الإدارة العليا سلطة التطوير وتوجيه مهماته مع فرق العمل والمجموعات.

الخيار الثالث: تمكين المستويات الإدارية سلطة التطوير وتوجيه مهماته.

ويتضح من عرض الخيارات الثلاثة، أن مسألة اعتمد أحدها دون الآخرين يتوقف على درجة حرية العاملين والفرق ومرونة الإدارة العليا، فكلما زادت حرية العاملين ومرونة الإدارة اتجاهنا نحو (المشاركة) و (التمكين) وكلما قلت اتجاهنا نحو تفرد الإدارة العليا بسلطة التطوير. ويعكس الشكل (٥٢) هذه الرؤية.

حرية الادارة العليا عالية ومرونتها قليلة	حرية الادارة العليا ومرونتها متوسطة	
	حرية العاملين متوسطة ومرونة الادارة العليا متوسطة	حرية العاملين عالية ومرونة الادارة العليا عالية
تفرد الادارة العليا	مشاركة مع فرق العمل والمجموعات	تمكين

شكل (٥٢)

خيارات بديل المنظمة هي المسؤولة عن برامج التطوير

والآتي توضيح للخيارات السابقة:

الخيار الأول: تفرد الإدارة العليا بسلطة التطوير التنظيمي وتوجيه مهماته:

بموجب هذا الخيار تنفرد الإدارة العليا بمعظم سلطة التطوير التنظيمي إلى حد الأوتوقراطية الشديدة، فهي تقوم بمهمات:

أ-تخطيط برامج التطوير التنظيمي وتنظيمها مباشرة.

ب-تحديد نوع التطوير التنظيمي ومستواه.

ج-رسم دور المرؤوسين في برامج التطوير.

د-إصدار قرارات بتنفيذ برامج التطوير.

هـ-تحديد المزايا والحوافز والإجراءات التي تقع على المرؤوسين من جـراء قبـولهم وامتثـالهم لهـم لتنفيذ القرارات من عدمه، (ماهر، ٢٠٠٧: ١٣٤) .

أما مجالات برامج التطوير التنظيمي التي تعتمدها الإدارة العليا ونتائجها المفترضة، فيعرضـها الشكل (٥٣).

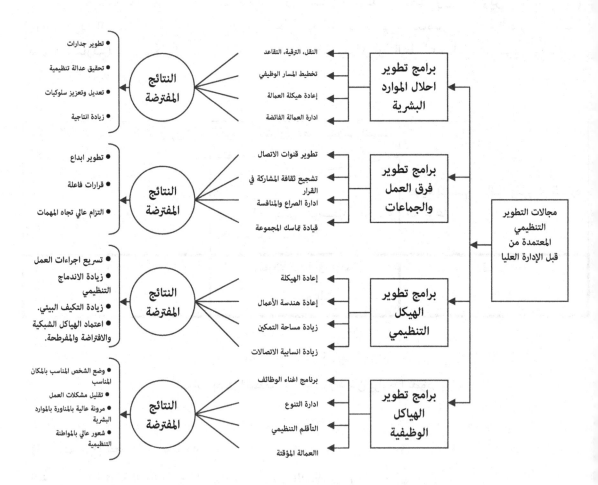

شكل (٥٣)

برامج التطوير التنظيمي المعتمدة من قبل الإدارة العليا ونتائجها المفترضة

وبرغم أن خيار تفرد الإدارة العليا بسلطة التطوير التنظيمي يحقق السرعة في إدخال التطوير التنظيمي وتنفيذه، إلا أن أبرز الانتقادات الموجهة له، هي: تأثيره السلبي على الروح المعنوية للعاملين ونقص التأييد والدعم من المستويات الإدارية الأدنى، (**خطاب**، ١٩٩٩: ١١٢) . ومع ذلك في رأينا، يبقى هذا الخيار قائماً وفاعلاً تفرضه ظروف ومواقف معينة لعل في مقدمتها الأزمات والتطويرات الجذرية والاستباقية.

وحالة شركتي , (General Electric) (Green Bay Packers) خير مثال وتأكيد على ضرورة خيار الإدارة العليا، فقد وجد (Jack Welch) عندما أصبح المدير التنفيذي الأعلى لشركة (GE)، إن ثلثي المبيعات يأتي من أعمال مسنة (قديمة) وقد انخفضت المبيعات بشكل حاد لأول مرة منذ اثنان وعشرين عاماً، وإن زيادة الإنتاجية كان (١,٥%) سنوياً مقارنة بـ (٨%) للشركات اليابانية المنافسة، علماً إن نظام الدفع والمكافآت يعتمد على الأقدمية وليس الجدارة. إذن شركة (GE) في أزمة كبيرة وحادة. ولذلك أعطى (Welch) إنذاراً لكل المديرين في الشركة مضمونة: (اعملوا على جعل أعمالكم رقم واحد أو رقم اثنين في الصناعة أو أخرجوا واتركوا العمل).

ونفس الشيء يقال عن (Vince Lombard) الذي عين رئيساً تنفيذياً أعلى لشركة (Green Bay Packers) في أعوام كان واحداً فيها رابح وعشرة خاسرة. وهذا يعني أن هذه الشركة في أزمة حقيقية خانقة.

إن خبرة المديرين المذكورين (Welch) و (Lombard) وسعة ادركاتهما دفعهما لأخذ زمام مبادرة أحداث التطوير التنظيمي عن طريق برامج التحول التنظيمي لانه الأكثر ملائمة لظروف شركتيهما، لذا أطلق عليهما لقب (أساتذة التحول Master of Transformation) ، (**Brown &** **Harvey**, 2006: 435).

ويوضح الجدول (٢) مجالات ومسؤوليات وسلطات برنامجيهما للتحول التنظيمي.

جدول (٢)

برنامج أساتذة التحول في شركتي (GE) & (Green Bay Packers)

المجال	Vice Lombardi at Green Bay packers	Jack Welch at GE
التوجه والمسؤولية والسلطات	سوف نبدأ ليس فقط بسجل أعمال وأحداث جديد، بل سنلغي القديم تماماً.	أنا أقول للناس، إذا كان المكان خانق، هزوه، أعيدو تنظيمه جذرياً، اكسروه، افحصوا النظام لا نرغب أن يكون بيروقراطي.
الرؤى الجرئية المقدامة يسهل فهمها	• الكسب ليس أي شيء أنه الشيء الوحيد. • كل واحد من اللاعبين، الإدارة، المالكين الجميع يعرف هذه الجملة ذات الكلمات السبع وهي الرسالة Mission).	• يجب أن تكون GE رقم واحد أو اثنين في جميع الأعمال التي تنافس فيها - أو تخرج وتدعها لقد رسم صوراً واضحة للعاملين. • شركة GE لا حدود لها، لأنها شركة عالمية بأعمال كثيرة.
التغييرات ليست معقدة	• أن Lombardi والمدربين لديه أوجدوا لعبة جيدة أسموها (حصاد باكر packer sweep)، وهي تعطي ميزة للجديد وهجوم متراص الصفوف على عدم الخبرة. اللعبة بسيطة وتنقل المعرفة من خلال التدريب للوصول إلى الانجاز الصحيح من خلال الممارسة المتكررة. • المنافسة تجبرنا على تبني إستراتيجية جديدة.	• تنفيذ وفحص مكثف للأداء لمكافأة المتميزين في الأداء، هذه السياسة عرفت من قبل الإدارة بـ (Rank & yank)- رتب في الأماكن الرفيعة والمميزة واخلع من لا يستحق ذلك. • الترتب هي (A) وهؤلاء يكافئون بسخاء. و(C) وهؤلاء أدوا أدنى أداء يزاح (١٠%) منهم كل سنة. قال Welch (مكافئات هذه الوظائف في الروح وفي المحفظة والفكر) السياسة التحليلية وضعت لإيجاد نتائج تعطي GE المرونة للخروج والنظر إلى الجديد من المواهب كل سنة.
القيادة رغبة بإنتاج الصوت الأقوى والأصعب	• أعلن وصرح إلى مجلس الإدارة - ارغب في معرفة كوني في مسؤولية إعطاء أوامر كاملة - وأن لا يكون هناك شك لدى أحد من هو المسؤولية كاملاً. • أكد للاعبين، حتى هؤلاء الذين تحبهم، أين كان أدائهم ليس كما يجب.	• لا وجود شك لدى أحد من المسؤول كاملاً. • قال Welch، أجعل القادة محبين لاتخاذ قرارات صعبة، بين للناس كيف تسير الأمور لكي تنمو وتزدهر وابتعد عن المشاعر الخداعة.
جهود الفريق	• اعطِ ضمان للاعبين في مجالهم، أنه الوحيد الذي يربح اللعب. • عمل الفريق هو ما تقوم به الشركة والجميع ينشد ذلك. • يمثل lambordi نموذج في العمل الأخلاقي وهذا يقود الى طريق لديه القدرة على الكسب.	• شخصياً علم التنفيذين الكبار والمديرين في الشركة من خلال كورسات تدريب. • يبدو حقيقة فرح الآخرين في التميز، المديرين يرغبون أن يكونوا CEOs في هكذا شركات مثل (3M) و signal) (Allied) وغيرها. • أعطِ الناس فرصة تطوير ثقتهم بأنفسهم عن بعد وهذا أهم شيء يمكن عمله.

Source: (Brown & Harvey, 2006: 435)

الخيـار الثـاني: مشـاركة الإدارة العليـا سـلطة التطـوير وتوجيـه مهماتـه مـع فـرق العمـل والمجموعات :

يعتمد تنفيذ هذا الخيار على مشاركة الإدارة العليا سلطة التطوير وتوجيـه مهماتـه مـع فـرق العمل والمجموعات، انطلاقاً مـن الافتراض القائـل: إن العاملين والمسـتويات التنظيميـة ذات كفـاءة وأهلية للمشاركة وأنها ذات تأثير قوي على مصير المنظمة بالقدر الذي يعطيها قوة وسـلطان لا يمكـن إنكاره، (ماهر، ٢٠٠٧: ١٣٦).

وبالتالي فإن مهمات المشاركة بين الطرفين، ستكون: (Brown & Harvey, 2006: 188)

أ- تنسيق مبادرات واقتراحات تخطيط برامج التطوير التنظيمي.

ب-توليد الآراء لتحديد نوع التطوير المطلوب.

جـ-توزيع أدوار المرؤوسين في برامج التطوير بحسب الرغبة والقدرة.

د-صناعة قرارات تنفيذ برامج التطوير.

هـ-تسريع انجاز فقرات برامج التطوير.

أما مجالات برامج التطوير التنظيمي التي تعتمد المشاركة ونتائجها المفترضة، فيوضحها الشكل (٥٤).

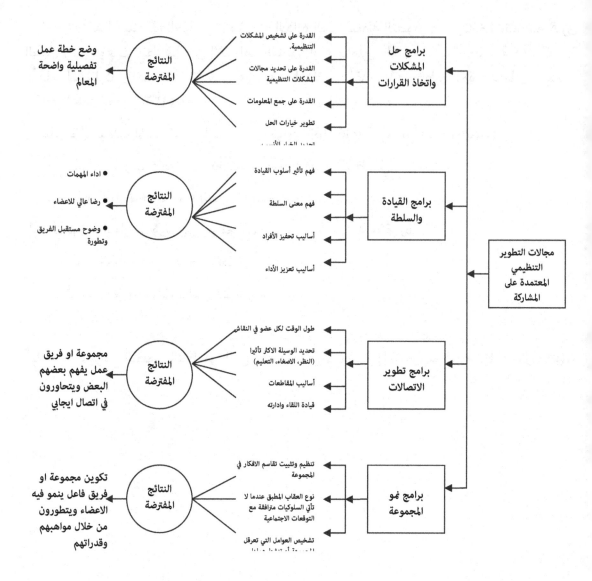

شكل (٥٤)

مجالات برامج التطوير التنظيمي التي تعتمد المشاركة

المصدر: من إعداد الباحثين بالإفادة من (Brown & Harvey, 2006: 188)

ويظهر من خلال الطروحات السابقة أن برامج التطوير التي تعتمد المشاركة في السلطات والمهمات بين الإدارة العليا والفرق والمجموعات والمستويات التنظيمية، تركز على تطوير مجالات المشاركة والتقاسم والتفاهم المشترك، بهدف خلق قاعدة عمل واضحة وقوية، يمكن من خلالها توجيه هذه الفرق والمجموعات من قبل الإدارة العليا إلى أي مهمة تطويرية اختصاصية (هياكل، موارد، مشاريع ... الخ) بثقة عالية.

الخيار الثالث: تمكين المستويات الإدارية سلطة التطوير وتوجيه مهماته

يركز هذا الخيار على تمكين الموارد البشرية العاملة في المستويات الإدارية التي هي أدنى من مستوى الإدارة العليا سلطة أحداث التطوير التنظيمي. لأن التمكين يُعد واحداً من أهم النماذج المعاصرة في الإدارة، والتي تساعد أعضاء المنظمة على التطوير والاستفادة من مهاراتهم بشكل كلي تجاه تحقيق أهداف الأفراد التطويرية ونجاح المنظمة. وينطلق هذا الخيار من افتراض، مفاده: أن مسؤولية برامج التطوير التنظيمي ليست مقصورة على النخبة أو الأفراد ذوي المستويات الإدارية العليا، بل إنها مسؤولية ممتدة خلال المنظمة، **(فرنش وجوتير، ٢٠٠٠: ١٤٦)** .

إن اللجوء إلى خيار التمكين جاء استجابة للتحول في الدور القيادي للمديرين من التفرد في السلطة والرقابة الصارمة إلى علاقات تدريب، اعتماداً على الحاجات في الوقت المناسب وعلى هذا الأساس سيكون المدير المعاصر (معلماً، ومستشاراً، وقائداً مشجعاً، ومشرفاً، ومدرباً). **& Tichy** **Nancy, 2002: 185)** .

ويؤكد (Robert Berner) أحد الكتاب في (Business week) ما تقدم في حديثه عن الدور الجديد للمدير، من خلال لقاءه بـ (Lafley) المدير التنفيذي الأعلى لشركة (Procter & Gamble)، بالقول: كانت طاولة الاجتماعات مستطيلة وأصبحت اليوم دائرية الشكل، الدخول والجلوس يتحدد على وفق ما يقولون لك واليوم تستطيع الجلوس أينما ترغب. في واحدة من هذه الاجتماعات الحديثة يصعب على الشخص الخارجي أن يعرف ويميز من هو المدير التنفيذي الأعلى (CEO). فهو يلتحق بالنقاش على فترات وبحسب الظروف أن الآخرين هم المتحدثين أغلب الوقت وكأنهم يعلمون بعضهم البعض الآخر وكما يقول (lafley) – أنا في الغالب مثل المدرب – ويضيف أنا أنظر دائماً إلى اختلاف التراكيب والتوليفات التي تعطي أفضل النتائج، **(Brown & Harvey, 2006: 186)**

وتأسيساً على ما تقدم، ستكون مهمات المستويات الإدارية والأفراد الممكنين، ما يأتي:

أ-اقترح وتصميم برامج التطوير التنظيمي ومناقشتها مع الإدارة العليا.

ب-تحديد نوع التطوير التنظيمي وتوقيات المباشرة به بمساندة الإدارة العليا.

ج-توزيع الأدوار والأنشطة على المستويات والأفراد مباشرة وبحسب القدرات.

د-إصدار قرارات تنفيذ برامج التطوير.

هـ- تقديم تقارير سير تنفيذ برامج التطوير إلى الإدارة العليا كونها تملك سلطة مسألتها (Accountability) ومناقشتها ومساندتها ومن خلال ذلك سيتحقق الانجاز المطلوب، إذ قال (Stirr) في هذا الصدد: أن التمكين ما هو إلا تجسيد للمعادلة الآتية:

السلطة Authority + المساءلة Accountability = الانجاز Achievement

(**الحراحشة والهيتي**، ٢٠٠٦: ٢٤٦)

أما مجالات برامج التطوير التنظيمي المعتمدة من قبل المستويات الإدارية والأفراد الممكنين، فهي تركز على المبادئ السبعة الأساسية المستمدة من الأحرف الأولى لكلمة (**Empower**) التي وضعها (ثوماس ستر T.stirr) عام (٢٠٠٣)، زائداً الممارسات التي تتبين منها والتي يعرضها الشكل (٥٥).

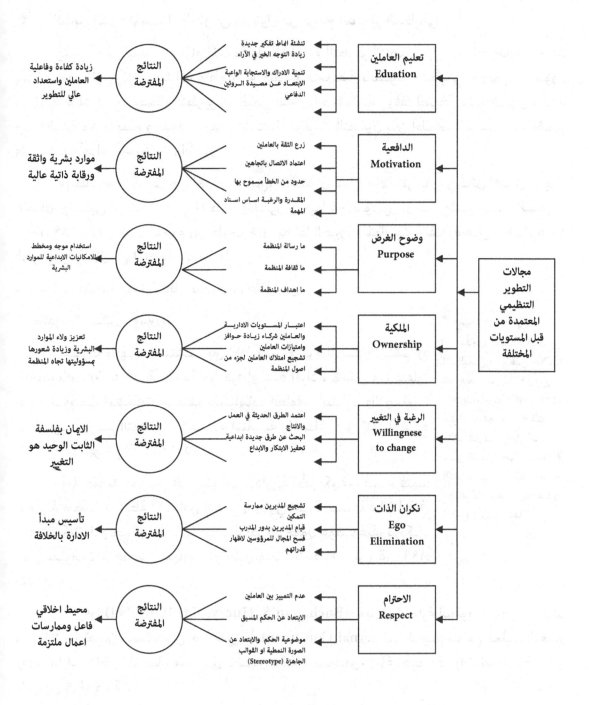

الشكل (٥٥)

المصدر: من إعداد المؤلفين بالإفادة من (Stirr, 2003 – مذكور عند الحراحشة والهيتي، ٢٠٠٦: ٢٤٥ – ٢٤٦)،
(فرنش وجونبر، ٢٠٠٠، ٦٢ – ٦٣) ، (الدوري وصالح، ٢٠٠٩: ٣٣ – ٣٧)

2. البديل الثاني: المستشار الخارجي مسؤول عن برامج التطوير التنظيمي

يستند هذا البديل إلى قيام المنظمة بإسناد مهمة التطوير التنظيمي إلى مستشار خارجي - قد يكون شخص، أو مركز استشارات وتطوير، أو منظمة متخصصة بالتطوير التنظيمي - ويكون مسؤولاً مسؤولية مباشرة عن مهمات التطوير التنظيمي أمام إدارة المنظمة ووفقاً لصيغة عقد قانوني تحدد فيه: (الغاية من المهمة، وحدود تدخلات المستشار، وآليات التعاون بين أطراف الاستشارة، وحقوق والتزامات الأطراف وغيرها من الأركان).

وينطلق هذا البديل من افتراض أساسي، مفاده: أن هناك دائماً طرائق ووسائل أفضل لإنجاز الأعمال، وتحقيق الأهداف، وبأن المنظمة والمسؤولين فيها غير مؤهلين أو غير ملمين بها، (**الذهبي**، ٢٠٠١: ٤٩٩) لذا يتطلب اللجوء إلى أطراف خارجية لها الخبرة والممارسة والقدرة على إدخال هذه الطرائق والوسائل إلى المنظمة وتنفيذها.

وبغية فهم مضامين هذا البديل، نتطرق في الأدنى عن:

*** مفهوم الاستشارة**

مدخل لعملية التطوير التنظيمي يتم من خلالها تعيين مستشارين خارجيين (*External Consultants*) للقيام بدعم عملية التغير والاستشارات داخل المنظمة، من أجل تحسين دقة التشخيص، والمفاهيم وقدرات التخطيط لدى المديرين في المنظمة)

أ- مفهوم الاستشارة ومبرراتها:

عرف معهد الاستشاريين الإداريين في بريطانيا، الاستشارة (Consultation): خدمة مقدمة من فرد أو عدة أفراد مؤهلين ومستقلين لتحديد وبحث المشكلات المتعلقة بالسياسات العامة، والتنظيم والإجراءات والأساليب، ووضع التوصيات العلمية المناسبة والمساعدة في تنفيذ هذه التوصيات. (**أبو شيخة**، ١٩٨٦: ١٥).

أما جمعية مهندسي الاستشارات الإدارية الأمريكية، فقد عرفتها: محاولة منظمة بواسطة أشخاص مدربين، وذوي خبرة لمساعدة الإدارة في حل مشكلاتها، وتحسين عملياتها بواسطة تطبيق حلول موضوعية، مرتكزة على معلومات متخصصة ومهارات، وتحليل منظم للحقائق. (**بريمة**، ١٩٩١: ١٥٥).

ويعرفها (**Buchanan & Huczynski,** 1997: 494): مدخل لعملية التطوير التنظيمي يتم من خلالها تعيين مستشارين خارجيين (External Consultants) للقيام بدعم عملية التغير والاستشارات داخل المنظمة، من أجل تحسين دقة التشخيص، والمفاهيم وقدرات التخطيط لدى المديرين في المنظمة).

وبنظرة فاحصة للمفاهيم السابقة، يتضح أن عملية الاستشارة تتكون من طرفين تترتب عليهما التزامات، يوضحها الشكل (٥٦).

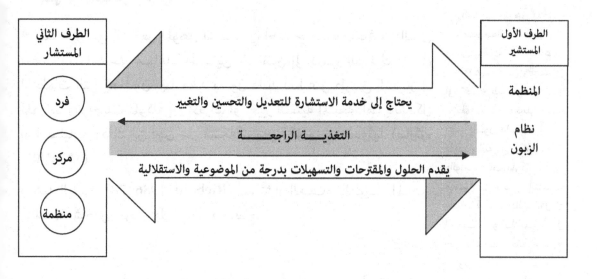

شكل (٥٦)

نظام الاستشارة وأطرافه

المصدر: من إعداد المؤلفين

إن مبررات لجوء المنظمات إلى الاستشارات وزيادة الاهتمام بها، جاء نتيجة للتطور والتشابك والتعقيد في المجالات الاقتصادية والاجتماعية والإدارية من جهه، ولاعتماد هذه المنظمات على التخصص من جهة أخرى، الأمر الذي استدعى ضرورة البحث والدراسة وطلب المشورة الفنية المتخصصة من أصحاب الرأي سعياً وراء حل المشكلات التي رافقت التطورات الحديثة، وهذه المشكلات التي تتلخص عموماً، بما يأتي:

(١) مشكلات بيئية.

(٢) مشكلات فنية وتكنولوجية.

(٣) مشكلات تنظيمية.

(٤) مشكلات نفسية وحضارية.

(٥) مشكلات إدارية.

(الصباغ، ١٩٨٣: ١٦٧ – ١٦٨)، (الذهبي، ٢٠٠١: ٥٠٣)، (اللوزي، ٢٠٠٣: ٢٠٠٦)

ب-مفهوم المستشار وأدواره

* المستشار:
الشخص المؤهل المختص في أحد جوانب المعرفة، والذي ينصب اهتمامه على مساعدة المديرين والعاملين إلى تغيير السلوك داخل المنظمات التي يعملون بها، وقد يكون ذلك أما عن طريق التغيير في المهمات والواجبات الموكلة إلى الأفراد، أو تغيير التقنية المتبعة، أما بالشكل أو العمليات. وذلك من أجل حل مشكلات معينة أو منع حدوثها.

● المستشار هو، الشخص المؤهل المختص في أحد جوانب المعرفة، والذي ينصب اهتمامه على مساعدة المديرين والعاملين إلى تغيير السلوك داخل المنظمات التي يعملون بها، وقد يكون ذلك أما عن طريق التغيير في المهمات والواجبات الموكلة إلى الأفراد، أو تغيير التقنية المتبعة، أما بالشكل أو العمليات. وذلك من أجل حل مشكلات معينة أو منع حدوثها. (**باركر**، ١٩٧٩: ١٢١)

ويشبه الباحث (**Riebold**, 1986: 78) المستشار الكفء بالطبيب الماهر، فكلاهما يشخص المرض أولاً ثم يقدم العلاج.

فالمستشار مختص بأمراض المنظمات، إذْ يشخص أسباب ضعف أو فشل المنظمات في القيام بأعمالها، ويقدم الاقتراحات والحلول المناسبة لمعالجتها، والطبيب دوره واضح في مجال تشخيص ومعالجة الأمراض البشرية. وهناك وجه آخر يتشابهان فيه، وهو التخصص، ففي مجالات الاستشارات الإدارية يوجد العديد من التخصصات مثلما هو الحال في مجال ممارسة مهنة الطب.

ويمارس المستشار ثلاثة أدوار، هي: (**Schein**, 1969: 120), (**Harrison**, 1970: 181) (**French et al.**, 2005: 7)

(١) دور الممارس أو المتدخل Practitioner Role

* دور الممارس
مسؤولية عمل ما يراه أفضل تجاه هيكلة وتصميم الأنشطة لحل بعض المشاكل.

يمنح المستشار بموجب هذا الدور مسؤولية عمل ما يراه أفضل تجاه هيكلة وتصميم الأنشطة لحل بعض المشاكل، وفي المقابل يمنح دور لنظام الزبون لأن يعمل ما هو الأفضل من خلال حشد كل طاقاته ومعرفته الخاصة وتجربته للمشاكل والحلول المقترحة.

ويتضح مما تقدم أن دور الممارس أو المتدخل هو متوازي مع دور المنظمة، وبالتالي عمق تدخل المستشار يكون على مستوى لا يزيد عمقاً مما هو مطلوب لإنتاج حلول دائمة للمشاكل التي باليد أو المعاشة حالياً، عن طريق تبادل وتركيب الحلول مع نظام الزبون.

(٢) دور الميسر أو وسيط التغيير Facilitating Role

يمارس المستشار هذا الدور إيماناً منه، بأن تغيير شيء ما يبقى بالكامل مسؤولية أعضاء نظام الزبون لأنهم يسببون أو يعيشون المشكلة وهم يحبذون ويكونون الأقدر على حلها، وبالتالي ستكون مهمته الأساسية مساعدتهم في كيفية هيكلة المشكلة وحلولها بشكل يجعلهم قادرين على التعامل معهاعلى نحو منهجي منظم.

ويكون عمق تدخله في مستوى لا يزيد عمقاً مما تتحمله طاقة وموارد نظام الزبون المخصصة لحل المشكلة وأحداث التغيير.

(٣) دور الخبير أو المدافع Expert Role

ينطبق هذا الدور من اعتقاد مفاده: أن أفضل حل للمشكلات يقدمه المستشار كونه رجل متعلم وصاحب خبرة وتجربة وبالتالي يكون عمق تدخل المستشار كبير جداً وفي كل صغيرة وكبيرة، إلى الحد الذي يجد نفسه متورطاً في إعداد التقارير وإعطاء نصيحة جوهرية والتي إذا فاقت الحد الأدنى تؤدي إلى تخفيض فاعليته، وعادة ما ينبع هذا الدور من رغبة جامحة لإرضاء المنظمة (نظام الزبون).

لذلك لا ينصح كتاب الإدارة ومنظريها اعتماد هذا الدور كثيراً ومحاولة البقاء بعيداً عنه، إلاّ إذا استدعت الظروف وطبيعة العمل ذلك، للأسباب الآتية:

(A) يخلق نوعاً من الاعتمادية التي لا تؤدي إلى تطوير المهارات الداخلية، وبالتالي سيجهض أحد الأهداف الأساسية للتطوير التنظيمي وهو مساعدة نظام الزبون لتطوير قابلياته ومهاراته الخاصة.

(B) يؤدي إلى إضعاف المنهج التعاوني التطويري لتحسين العمليات التنظيمية، بسبب انفراد المستشار بالمهمة والانغماس في الدفاع عن توصياته والترويج لها.

(C) يجعل المستشار في دور الخصم وغير موثوق به، إذا ما شعر أعضاء نظام الزبون أن يقدم توصيات بعيدة عن توجهاتهم ومصالحهم المشروعة.

(D) يبعد المستشار عن مهمته الأساسية - المساعدة في العملية - ويدخله في دوامة ممطر التوصيات مما يضعف فاعليته.

ج - أنماط المستشار ومهاراته:

● حدد (Brown & Harvey, 2006: 100 - 102) أنماط المستشار بخمسة أنماط، استناداً إلى التعامل مع بعدي الفاعلية والروح المعنوية، وهي:

(١) نمط المثبت Stabilizer style: هدف المستشار من نمط المثبت، في أغلب الأحيان هو الإبقاء على الوضع أو تجسيد توجيهات الإدارة العليا لذا فهو لا يهتم بالفاعلية ولا برضا المشارك، وغالباً ما تكون ممارسة هذا النمط إجبارية على المستشار بفعل الضغوط التنظيمية من الإدارة العليا، لذلك يكون عمق تدخله قليل جداً وبحدود ضيقة لا تتجاوز تعديلات طفيفة في بعض الوظائف.

> *** نمط المثبت**
> الإبقاء على الوضع أو تجسيد توجيهات الإدارة العليا لذا فهو لا يهتم بالفاعلية ولا برضا المشارك.

(٢) **نمط القائد رافع المعنويات Cheerleader style**: يؤكد نمط القائد رافع المعنويات على رضا أعضاء المنظمة وبخاصة في مجال الدافعية والمعنوية، لتكوين علاقات دافئة بين العاملين والمسؤولين ومريحة وبدون صراعات. وبذلك يظهر أن هذا النمط يركز على بعد الروح المعنوية دون الفاعلية مفترضاً أن ارتفاع الروح المعنوية سيسهم بزيادة الفاعلية، رغم أن هذا الافتراض قد تم نقضه في الكثير من الدراسات.

* **القائد رافع المعنويات**
يركز على تحقيق رضا أعضاء المنظمة وبخاصة في مجال الدافعية والمعنوية، لتكوين علاقات دافئة بين العاملين والمسؤولين ومريحة وبدون صراعات.

(٣) **نمط المحلل Analyzer style**: يسعى نمط المحلل إلى تحقيق الفاعلية ولا يهتم بالرضا والروح المعنوية، ويعتمد هذا النمط على التقييم المنطقي للمشاكل واستخدام الحقائق للوصول إلى حلول لتلك المشاكل. وعادةً ما يتميز ممارسي هذا النمط بالخبرة والمعرفة المتخصصة، ويؤمنون بالاعتقاد القائل: إن نظام الزبون (المنظمة) ليس بحاجة لتعلم أو لا يستطيع تعلم المهارات التي تساعده على حل مشاكله لذلك هو بحاجة إلى مستشار محلل ليشخص تلك المشاكل تشخيصاً جيداً ومن ثم وصف الحلول الناجعة لها.

* **نمط المحلل**
يسعى إلى تحقيق الفاعلية ولا يهتم بالرضا والروح المعنوية.

(٤) **نمط المقنع Persuader style**: يركز هذا النمط على بعدي الفاعلية والروح المعنوية بشكل متوسط، أي لا يطبق أياً منها بشكل كامل، ويحقق اعتماد هذا النمط إستراتيجية منخفضة المخاطر ولكن في الوقت نفسه يتجنب الدخول في مواجهة مباشرة مع قوى أخرى، ويميل المستشار لممارسة هذا النمط عندما لا يتمتع بسلطة واسعة مقارنة مع المشاركين الآخرين. ويحاول المستشار وفقاً لهذا النمط إرضاء القوى المختلفة وبالتالي الحصول على دعم الأغلبية للتغيرات التي يتم تحفيزها.

* **نمط المقنع**
يركز هذا النمط على بعدي الفاعلية والروح المعنوية بشكل متوسط، أي لا يطبق أياً منها بشكل كامل.

(٥) **نمط المستكشف PathFinder style**: يسعى هذا النمط لتحقيق درجة عالية من الفاعلية ودرجة عالية من رضا الأعضاء ورفع روحهم المعنوية في آن واحد، اعتقاد من أن الفاعلية الأكبر تكون أمراً ممكن إذا اشترك جميع الأعضاء في حل المشكلة. ومن أبرز خصائص هذا النمط تحديه للأنماط الكافية من سلوك الأفراد لتطوير شعورهم بالقيمة والرؤية فضلاً عن مساعدته للمنظمة للتركيز على القضايا والمسائل الأكثر إلحاحاً. من خلال اكتشاف المشاكل في نظام الزبون وتحدي أنماط سلوك أفراد المنظمة الكامنة خلف تلك المشاكل لدفعهم لحلها، لذلك نادراً ما يقوم بإخبار نظام الزبون أو توجيهه. ويركز هذا النمط على ست عمليات أساسية للحصول على أداء فاعل للمنظمة، هي:

* **نمط المستكشف**
يسعى هذا النمط لتحقيق درجة عالية من الفاعلية ودرجة عالية من رضا الأعضاء ورفع روحهم المعنوية في آن واحد، اعتقاد من أن الفاعلية الأكبر تكون أمراً ممكن إذا اشترك جميع الأعضاء في حل المشكلة.

(A) الاتصال.

(B) حل المشاكل وضع القرارات بطريقة جماعية.

(C) تنمية روح الفريق والعمل الجماعي.

(D) دور الفرد ووظيفته ضمن المجموعة.

(E) القيادة والسلطة.

(F) التعاون والمنافسة بين المجموعات.

ويصور الشكل (٥٧) أنماط المستشار الخمسة كما عرضها (Brown & Harvey)

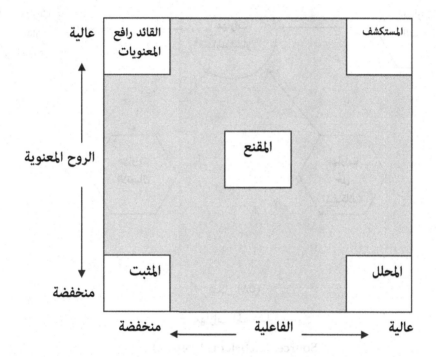

شكل (٥٧)

أنماط المستشار

Source: (**Brown & Harvey**, 2006: 101)

ويفترض أن يتسم المستشار بعدد من المهارات، وقد ذكر الباحثين الكثير من هذه المهارات إلا إنها في النهاية لا تخرج عن المهارات التي حددها (Gebelein, 1989: 52) والموضحة في الشكل (٥٨).

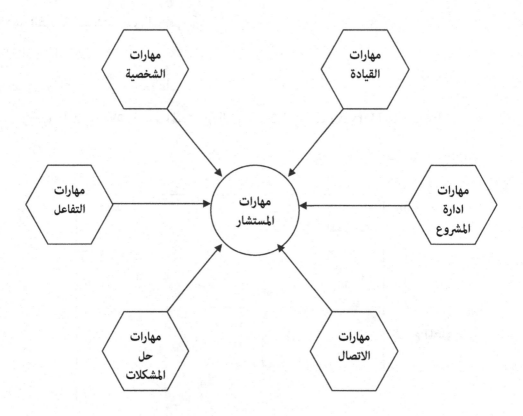

شكل (٥٨)

مهارات المستشار

Source: (**Gebelein**, 1989: 32)

ويتضح من الشكل السابق، أن هذه المهارات هي كما يعرضها باختصار الجدول (٣)

جدول (٣)

مهارات المستشار وممارساتها

ت	المهارة	أبرز ممارساتها
١	القيادة	• المحافظة على تركيز الأعضاء على القيم الإنسانية للشركة. • تعليم الأعضاء كيفية التركيز على الفرص. • تبصير الأعضاء بأهمية التحسين المستمر. • إعادة الشركة إلى الطريق الصحيح في حالة سيرها باتجاه خاطئ.
٢	إدارة المشروع	• تحقيق اندماج الأعضاء والأقسام بما يسهم في المحافظة على برنامج التغيير بالاتجاه الصحيح.
٣	الاتصال	• وهي مهارة ضرورية لإبلاغ القيم الأساسية إلى كل شخص في المنظمة.
٤	حل المشكلات	• تطبيق الحلول للمشكلات التنظيمية من خلال نسيان مشكلات اليوم والتركيز بشكل ثابت على مجموعة المشكلات القادمة.
٥	التفاعل	• منح كل شخص في المنظمة الأدوات والثقة التي تضمن تحقيق الاندماج في عمليات التغيير التي تشمل: التسهيلات، وبناء العلاقات، ومهارات العمليات.
٦	الشخصية	• الثقة في مساعدة المنظمة لاتخاذ قرارات صعبة. • إدخال تقنيات جديدة. • تجريب أي شيء جديد.

Source: (**Brown & Harvey**, 2006: 106), (**Buchanan & Huczhski**, 1997, 479).

د- مهمات المستشار وأخلاقياته:

• في دراسـة أجرها (Fagenson & Burke, 1998: 251) أتضـح ان مهـمات المـستشـار هـي كـما موضحة في الجدول (٤).

جدول (٤)

مهمات المستشار

ت	المهمات	معدل الاستخدام من (٥) درجات	الوزن المئوي*
١	تطوير الفريق	٢,٩٧	%٥٩
٢	تغيير الشركة	٢,٩١	%٥٨
٣	تطوير الإستراتيجية	٢,٦٠	%٥٢
٤	تطوير الإدارة	٢,٤٥	%٤٩
٥	تطوير المسار المهني للعاملين	٢,٠٤	%٤١
٦	تكامل التكنولوجيا	١,٩٧	%٣٩

(*) استخرج الوزن المئوي بواسطة المؤلفين لزيادة الإيضاح.

ويظهر من الجدول السابق أن مهمات المستشار تشمل موضوعات جزئية مثل (تطوير الفريق، تطوير المسار المهني للعاملين) وموضوعات كلية شاملة مثل (تغيير شركة، وتطوير الإستراتيجية والإدارة وتكامل التكنولوجيا)، ولكن الأهم هو أن جميع هذه الموضوعات تُعد مصيرية لمستقبل الشركة وبقائها وتميزها من جهة، وإن كل مهمة من المهمات المعروضة في الجدول السابق تحمل في طياتها مضامين كبيرة إذا ما تم تطويرها ستنشر تأثيرها على نشاطات المنظمة الأخرى وترفع من فاعليتها، ففي سبيل المثال: تطوير الفريق يعني تطوير قدرات ومهارات وخبرات العاملين في مجال بناء الإستراتيجية والأساليب الإدارية مما ينعكس على تغيير الشركة ككل ... كما إن تطوير إستراتيجية الشركة يعني تطوير أداء فرق العمل والأساليب الإدارية والمسار المهني مما يؤدي إلى تطوير الشركة ... وهكذا.

أما أخلاقيات المستشار فيمكن تلخيصها بالجدول (٥)

جدول (٥)

أخلاقيات المستشار

ت	الأخلاقيات	أمثلة على الأخلاقيات
١	عدم ممارسة التمويه والتواطؤ	• عدم تقديم بيانات غير صحيحة عن السيرة الذاتية للمستشار. • عدم القيام بأعمال تفقد الثقة بالمستشار مثل استخدام عيوب عاملين أو رئيس قسم للتشهير أو الإساءة.
٢	الاستخدام الصحيح للبيانات	• عدم تحريف البيانات والتعامل بصدق معها. • المحافظة على سرية البيانات وعد إفشائها. • اعتماد نظام تغذية راجعة لفحص وتقييم البيانات الواردة والمرسلة.
٣	عدم ممارسة الإكراه	• عدم دفع الأعضاء للكشف عن معلومات عن أنفسهم ووحداتهم والتي يفضلون أن تبقى أسرية. • عدم استخدام أساليب وطرائق للتدريب أو المداولات محبذه عند المشاركين.
٤	واقعية النتائج وحياديتها	• تقديم نتائج واقعية للمشكلات وضمن قدرات المنظمة. • الابتعاد عن الحلول التي تولد صراعات داخل المنظمة.
٥	المهنية والاحترافية	• القدرة على إدارة الاجتماعات والجلسات الاستشارية. • القدرة على الإصغاء (الإنصات) الجيد والتشخيص الذكي.

المصدر: من إعداد المؤلفين بالإفادة من (**فرنش وجونبر**: ٢٠٠٠: ٣٩٧ - ٤٠٠) و (**Brown & Harvey**: 2006: 100 - 101)

هـ - نماذج الإستشارة وخطواتها:

- تكاد تتفق الأدبيات المتخصصة أن هناك أربعة نماذج للاستشارة، هي:

(**French & Bell**: 1995: 68 - 69) و (**Schein**, 1988: 5 - 11)، (**الذهبي**، ٢٠٠٢: ٥١٤ - ٥١٥).

(١) **انموذج شراء الخبرة:** بموجب هذا الأنموذج يتم التعاقد مع المستشار لتلبية حاجة المنظمة من المعلومات أو الخبرة التي لا تستطيع المنظمة توفيرها، وبالتالي فإن أبرز مهمات المستشار تكون:

A إجراء مسوحات للزبائن والعاملين في بعض الموضوعات.

B التدريب على كيفية إدارة المنظمات الأخرى لبعض الأقسام والوحدات.

C تقديم التوصيات بصدد الاستفادة من التخطيط الاستراتيجي للمنافسين.

- **انموذج شراء الخبرة**
التعاقد مع المستشار لتلبية حاجة المنظمة من المعلومات أو الخبرة التي لا تستطيع المنظمة توفيرها.

(٢) **انموذج المريض والطبيب:** بموجب هذا الانموذج تكتشف المنظمة أعراض مرضية في وحدة أو قسم أو أكثر وبغية تشخيص الأسباب التي أدت على حدوث هذه المشاكل، يتم التعاقد مع المستشار ليكون بمثابة الطبيب الذي يصف إجراءً سلوكياً لعلاج الاعتلال بعد ذلك.

* **انموذج المريض والطبيب**
التعاقد مع المستشار ليكون بمثابة الطبيب الذي يصف إجراءً سلوكياً لعلاج الاعتلال.

(٣) **انموذج عملية الاستشارة:** بموجب هذا الانموذج يعمل المستشار مع المجموعة في المنظمة، لتشخيص نقاط القوة والضعف لتطوير خطط للتنفيذ، وأكثر من ذلك في هذا الانموذج يساعد المستشار المنظمة لتكون أكثر فاعلية في تشخيص المشكلات وحلها.

* **انموذج عملية الاستشارة**
بموجب هذا الانموذج يعمل المستشار مع المجموعة في المنظمة، لتشخيص نقاط القوة والضعف لتطوير خطط للتنفيذ.

(٤) **انموذج الموقف:** استناداً لهذا الانموذج فإن المنظمة تتعاقد مع استشار على أساس الموقف أو الوقت الذي تحدث فيه المشكلة أو مسألة التطوير أو تحليل الفرص، لتشخيص أوضاعها وظروفها الداخلية والخارجية.

* **انموذج الموقف**
المنظمة تتعاقد مع استشار على أساس الموقف أو الوقت الذي تحدث فيه المشكلة أو مسألة التطوير أو تحليل الفرص، لتشخيص أوضاعها وظروفها الداخلية والخارجية.

أما بصدد خطوات الاستشارة، فقال عنها (**Buchanan & Huczhski**, 1997: 497): ليس هنالك من خطوات معنية أو معيارية يمكن إتباعها، وتأكدنا من ذلك من خلال تتبع طروحات تسعة كتاب وباحثين - كعينة عشوائية لإغراض التوضيح ليس إلاّ - لمدة ربع قرن وكما موضح في الجدول (٦).

جدول (٦)

مسح الخطوات الاستشارة من وجهة نظر عينة من الباحثين للمدة من (١٩٨١ - ٢٠٠٧)

ت	اسم الباحث	السنة	١	٢	٣	٤	٥	٦	٧	٨	٩	١٠	١١	١٢	١٣	عدد خطوات الاستشارة عند كل باحث
			تحديد المهمة	التخطيط	جمع المعلومات	تحليل المعلومات	تقديم التوصيات	التنفيذ والمتابعة	النتائج	التعاقد	الاستطلاع	تشخيص المشكلة	تحديد الآمال	كتابة التقرير	تقويم الاستشارة	
١	عصفور	١٩٨١	•	•	•	•	•	•								٦
٢	جاردنر	١٩٨٢				•		•		•	•	•	•	•	•	٨
٣	كوبر	١٩٨٣			•	•	•	•				•				٥
٤	الصباغ	١٩٨٣			•	•	•									٣
٥	درة	١٩٨٤		•	•	•		•	•							٥
٦	بريهة	١٩٩١	•	•	•	•		•				•			•	٧
٧	فرنش وجونير	٢٠٠٠	•		•	•	•	•		•		•			•	٨
٨	براون وهارفي	٢٠٠٦		•	•			•		•		•			•	٦
٩	ماهر	٢٠٠٧	•				•	•		•					•	٥
مجموع تكرار الخطوة		←	٤	٤	٧	٧	٥	٨	١	٤	١	٥	١	١	٥	٥٣

المصدر: (**ماهر**، ٢٠٠٧: ١٤٢)، (**Brown & Harvy**: 2006)، (**فرنش وجونير**، ٢٠٠٠)، (**اللوزي**، ٢٠٠٣: ٢١٢ - ٢٢٣)

ويستخلص من معطيات الجدول، ما يأتي:

أ- بلغت عدد الخطوات التي اقترحها الباحثين إجمالاً (١٣) خطوة.

ب- تباينت عدد الخطوات التي اعتمدها كل باحث بين حد أعلى (٨) خطوات وحد أدنى (٣) خطوات، وهذا تأكيد لعدم وجود خطوات معينة ومعيارية ونعزي سبب ذلك إلى اختلاف طبيعة المهمات الاستشارية والأدوار التي يقوم بها المستشار.

ج- اختلفت تكرارات الخطوة الواحدة من الخطوات الثلاثة عشر، هي الأخرى، بين حد أعلى (٨) لخطوة التنفيذ والمتابعة وحد أدنى (١) لخطوات (النتائج، والاستطلاع، وتحديد الآمال، وكتابة التقرير).

وبغية تحديد خطوات الاستشارة - بمستوى الكتاب الحالي - وجدنا من المناسب ترشيح الخطوات التي حصلت على معدل قسمةمجموع تكرارالخطوات وهو(٥٣) لى عددالخطوات المقترحة وهو (١٣) والذي

سيكون (٤)، [أي ٥٣/ ١٣ = ٤]، وأكثر كخطوات للاستشارة وعلى هذا الأساس ستكون خطوات الاستشارة في الكتاب الحالي، كما يعرضها (٥٩).

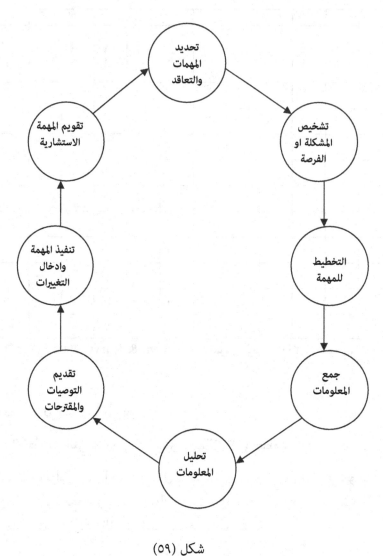

شكل (٥٩)

خطوات الاستشارة

المصدر: من إعداد المؤلفين

وأخيراً وليس آخراً، فإن الخطوات المذكورة أعلاه هي خطوات يمكن اعتمادها سواء كانت المنظمة هي القائمة بالتطوير أو عندما تستعين بمستشار خارجي.

* البديل الهجين
مشاركة المنظمة والمستشار الخارجي في سلطة ومسؤولية التطوير التنظيمي وتنفيذ مهماته.

3 . البديل الهجين: مشاركة المنظمة والمستشار الخارجي في التطوير التنظيمي

يعتمد البديل الهجين، على مشاركة المنظمة والمستشار الخارجي في سلطة ومسؤولية التطوير التنظيمي وتنفيذ مهماته. ويُعد هذا البديل أكثر فاعلية من البديلين السابقين، إذ يجمع مزاياهما ويوظف طاقاتهما باتجاه منح زخم أكبر لعملية التطوير التنظيمي، إلاّ أنه في الوقت نفسه يحتاج إلى تحديد واضح ودقيق لحدود مهمات الطرفين وفهم دقيق لاليات عملهما ومناخ شفاف في بناء الثقة بينهما.

وعلى أساس ما تقدم، ستناقش هذه الفقرة محورين أساسيين، هما:

أ- أساس نظام الاستشارة الهجين وتفاعلاته.

ب- متطلبات تنفيذ المهمات الاستشارية بموجب البديل الهجين.

وفيما يأتي توضيح لهذين المحورين:

أ- عناصر نظام الاستشارة الهجين وتفاعلاته: يتكون نظام الاستشارة الهجين من ثلاثة عناصر تتفاعل فيما بينها، يوضحها الشكل (٦٠).

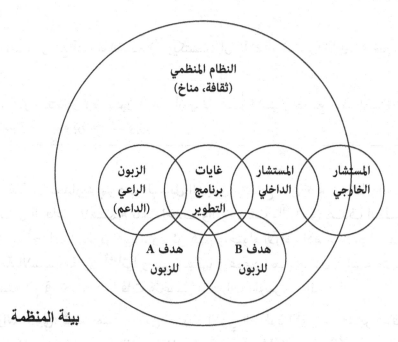

شكل (٦٠)
نظام الاستشارة الهجين

ويظهر من الشكل أن هذه العناصر، (Brown & Harvey, 2006: 107)

١-**المستشار:** ودوره في التفاعل داخل النظام هو الحث والتحفيز وتفعيل برنامج التغيير الذي يهدف إلى تحسين فاعلية نظام الزبون.

٢-**الزبون الداعم:** قد يكون فرداً أو مجموعة في نظام الزبون، ودوره إسناد ودعم ومساعدة المستشار والتفاعل مع المطبقين للبرامج.

٣-**الوحدات التنظيمية:** التي يفترض أن يشملها التغيير والتطوير فضلاً عن مجموعة السلوكيات والقيم التي تمارس تقليدياً، ويُعد هذا العنصر هدف نظام الزبون الذي يحدد التدخلات اللازمة للتطوير التنظيمي.

ولتوضيح أهمية تفاعل عناصر النظام، نأخذ المثال الآتي:

شركة صناعة متوسطة الحجم، تريد أحداث تطوير تنظيمي في إحدى أقسامها المسمى (أ) العناصر والتفاعلات ستكون على النحو الآتي:

- نظام الزبون ويمثله (نائب المدير) يبدأ بالاتصال بالمستشار.
- ليوضح له ان هدف النظام هو القسم (أ) والمطلوب تطوير نظام اداري أكثر تشاركية فيه لغرض زيادة الانتاجية.
- يجتمع المستشار مع أعضاء القسم (أ) ويكتشف ان الأعضاء قسمين؛ الأول: يشجع التطوير والثاني يعارضه.
- على المستشار وبالتعاون مع الزبون الداعم أن يأخذ بنظر الاعتبار جميع هذه المداخلات والتوجهات بنظر الاعتبار قبل بدء برنامج التطوير.

ب- متطلبات تنفيذ الاستشارية بموجب البديل الهجين: يتضح من خلال المثال السابق، أن على المستشار والزبون الداعم الاهتمام بالمداخلات والتوجهات والآراء في هدف النظام (الوحدات التنظيمية المطلوب أحداث التطوير فيها)، ويمكن فهم واحتواء الآراء وإدماج الأعضاء بعملية التطوير قبل البدء بالمهمة الاستشارية وفي أثنائها وحتى إنهائها وتقويمها من خلال دراسة متطلبات النظام الهجين، والتي ستسهم في تطوير العلاقات وتحقيق الأهداف المرسومة، وتشمل:

١- تكوين الإدراك الأولي: تُعد عملية تكوين الإدراك الأولي الخطوة الأولى في تطوير علاقات المستشار – الزبون، لأنها تمكن المستشار من (**Brown & Harvey**, 2006: 107 – 108) :

(A) تقويم التفاعلات والتداخلات بين الأعضاء.

(B) تقويم درجة التطابق والانسجام بين قيمة وتلك التي لدى الزبون.

(C) تقويم المشاكل والجهود المطلوبة منه ومدى قدراته وتقنياته لمواجهة تلك المشاكل.

(D) تشخيص أين تكمن القوة في المنظمة (نظام الزبون) لأهميتها في أحداث التطوير.

(E) وأخيراً وليس آخراً، ومن خلال النقاط الأربعة السابقة، يستطيع المستشار أن يقرر الـدخول في تعاقد وعلاقة مع الزبون أم لا.

ويعرض الشكل (٦١) انموذج تشكيل الإدراك وتأثيره على العلاقات وإقامتها والاستمرار بها من عدمه.

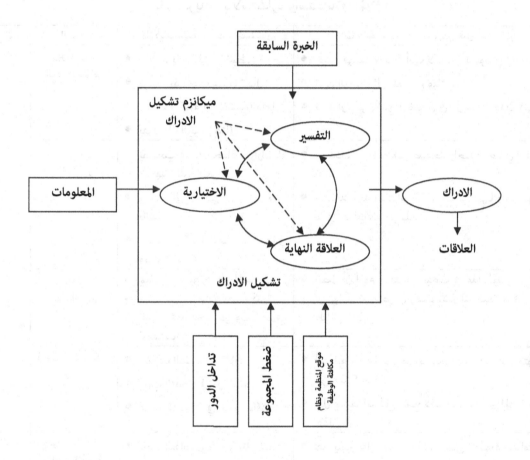

شكل (٦١)

نظام تشكيل الإدراك

٢- **تحديد نمط الزبون ونمط المستشار:** بافتراض أن المستشار قد دخل في علاقة مع نظام الزبون بناءً على إدراكتهما بأن علاقتهما ستكون فاعلة في حل المشاكل وإحداث التطوير التنظيمي المطلوب، يأتي المتطلب الثاني، هو التعرف على نمط الزبون وبالتالي تحديد نمط المستشار في ضوءه. وكما يأتي:

(A) أنماط الزبون: كشف (مايستر وآخرون، ٢٠٠٣: ٢١٠ - ٢١٧) وبناء على خبراتهم الميدانية في المهمات الاستشارية، عن وجود تسعة أنماط للزبون التي يمكن أن تواجه المستشار في أثناء عمله.

ويعرض الجدول (٧) هذه الأنماط والاستجابات الملائمة لها:

جدول (٧)

أنماط الزبائن بالاستشارة واستجاباتها الملائمة

ت	النمط	سلوكيات النمط تجاه المستشار	الاستجابة الملائمة للنمط من قبل المستشار
١	زبون أريد الحقائق تماماً	• تزويده بالحقائق بالضبط. • يردد عبرة (أجب عندما تسأل) • تستخدم كلمة (لا تغشني) دائماً • يقول (أنا الرئيس هنا)	• حسن فهمت قصدك أنت لا تريد الدخول في التفاصيل. • تريد الدخول إلى الموضوع مباشرة. • تريد أن يكون لدي المضمون في كل مرة نتحدث فيها.
٢	زبون سأعود إليك	• يصعب عليه اتخاذ قرارات أو التعهد بالتزامات. • يحتاج إلى التفكير أكثر من مرة بالأمر. • يستخدم كثيراً كلمة سأكلمك في وقت لاحق.	• أعددت خلاصة من صفحة واحدة تحوي النقاط الرئيسية. • بإمكانك أخذ تلك الورقة معك لقراءتها ودراستها في مكان عملك مع رئيسك.
٣	زبون أنت الخبير	• يميل إلى السيطرة على المستشار. • يسأل عن إجراءات العمل كثيراً. • غير مستعد لتخصيص وقت كافٍ للمستشار.	• أفضل أن أقوم بمزيد من البحث في هذا الموضوع. • ارجوا أن تخصص في وقت أكثر لنتحدث بدقة عن طرائق التطوير.
	زبون دعني أتولى ذلك	• ضعيف الثقة بالمستشار. • يحِب التدخل في كل شيء. • كثير المقاطعات في أثناء المناقشات.	• أستطيع رؤية الكثير مما تتحدث عنه لكني غير متوثق من هذا كله. • هل يمكنك اقتطاع بضع دقائق لا خياري المزيد عن هذا.
٥	زبون لنتفحص ذلك مرة أخرى	• يحِب التفاصيل كثيراً ويرتاح لها. • يضيف قيمة معقولة للنقاش والحلول. • يخفي رغبة للتحكم في الأشياء ومراقبتها.	• هل يتعين علينا صرف (٤٠%) على الصورة الشاملة و (٦٠%) على التفاصيل أم العكس. • دعنا نستخدم الأنموذج* ... لفحص الصورة الشاملة بالتفصيل.
٦	زبون أنت لا	• يبين نفسه أنه خاص ومختلف عن	• أنا واثق بأن هذا صحيح تماماً.

ت	النمط	سلوكيات النمط تجاه المستشار	الاستجابة الملائمة للنمط من قبل المستشار
	تفهم	الآخرين. • لا يحب المجادلة. • يرى أنه أفهم من المستشار دائماً.	• أنا فعلاً متحمس للتعلم. • هل تسهم في تعريفي ببعض الأشياء التي أنا بحاجة إليها.
٧	زبون عدو عدوي صديقي	• يشكك بالآخرين. • يحب المناورة في التعامل مع الآخرين. • يلتزم بجدول الأعمال.	• حسناً يبدو هذا مهماً. • لندرسه بدقة. • هل لك التكرم بإعطائي بعض الإرشادات العامة لما يمكن وما لا يمكن.
٨	زبون تماماً مثل، كما تعرف، هيا	• يحدد ما يريد بالضبط. • يساهم في الحلول. • يحفز ويظهر التعاون.	• لقد حاولت تسجيل شيء ما حول ما تحدثنا عنه في اليوم السابق. • هذا موجز كامل مع أنه ما يزال مسودة. • حدد لي أي جزء من هذا الموجز تحبه أكثر من غيره.
٩	زبون أوه، بالمناسبة	• يظهر تعالي مقرون باستخفاف . • يحب فرض نفسه على أنه الأساس. • يعطي أوامر أكثر من ممارسات تعاون.	• شكراً لمقابلتي، طلبت هذا الوقت القصير للاجتماع بكم. • أنا مستعد لأقوم بكل ما يتطلبه العمل. • هل تتمكن من مساعدتي لفهم ما يمكنني عمله للتوثق من إنني شخص فعال.

المصدر: من إعداد المؤلفين بالإفادة من (**مايستر وآخرون**، ٢٠٠٣: ٢١٠ - ٢١٧).

- يعني نموذج الاستشارة المعتمد (الطبيب والمريض أو ....).

(B) أنماط المستشار: هناك احتمالية واردة لحدوث (فجوة Gap) بين المستشار والزبون حول فهمهم للتطوير التنظيمي، وعلى المستشار أن يقدر ويقيم درجة هذه الفجوة ليستطيع تحديد نمطه الذي يلائم ويساهم في تعلم الزبون عمليات التطوير التنظيمي، (**Brown & Harvey**. 2006: 109) .

ويجسد الشكل (٦٢) العوامل المؤثرة في تحديد نمط المستشار ومداخله:

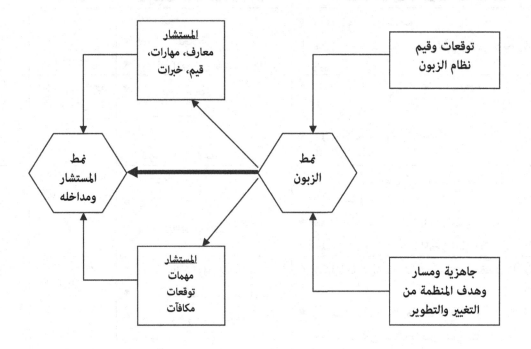

شكل (٦٢)

المصدر: (Brown & Harvey. 2006: 109) بتصرف من المؤلفين

ويتضح من الشكل السابق أن نمط المستشار يتحدد في ضوء: نمط الزبون الذي يتكون من توقعات وقيم نظامه وجاهزيته وكذلك معارف المستشار ومهارته وقيمه وخبراته فضلاً عن توقعاته ومكافآته.

وحدد (Neilson, 1978: 318) أربعة أنماط للمستشار في علاقته مع الزبون استناداً لبعدي (الانفتاح على الآخرين وتقاسم الأفكار والمشاعر) و (تقبل المسؤولية عن سلوكياته). وضمنها في المصفوفة الموضحة في (٦٣).

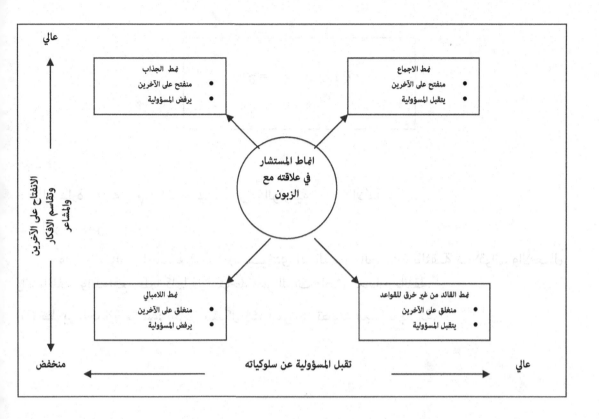

شكل (٦٣) أنماط المستشار في علاقته مع الزبون

المصدر: (Neilson, 1978: 318)

٣- **بناء علاقة الثقة بين المستشار والزبون**: إن تطوير علاقات ثقة مفتوحة بين المستشار والزبون يُعد جانباً مهماً في برنامج التطوير التنظيمي، لأن الثقة ضرورية للتعاون والاتصال بين الطرفين. وبعكسه في حالة فقدان الثقة فالناس يميلون إلى عدم الصراحة، وعدم الصدق، والمراوغة، كما إن الاتصالات لا تأخذ مداها الحقيقي وتصبح ناقصة في إيصال المعلومات الدقيقة. :Brown & Harvey, 2006)
. (110

ويتطلب بناء علاقة الثقة مسألتين مهمتين، في الأقل، هما:

(A) **هيكل بناء الجدارة بالثقة**: يتطلب هيكل بناء الجدارة بالثقة أربع عناصر أساسية، وضعها (مايستر وآخرون، ٢٠٠٢: ١٠١) في المعادلة الآتية:

$$\text{ج} = \frac{\text{م} + \text{و} + \text{أ}}{\text{ت}}$$

حيث أن:

ج = الجدارة بالثقة، م = المصداقية، و = الوثوقية، أ = الألفة.

ت= التوجه نحو الذات.

وأن الالتـزام بالمعادلـة المـذكورة سـيؤدي إلى الفـوز بالجـدارة بالثقـة بـالأقوال، والأفعـال، والعواطف، والدوافع، علماً كلما قل التوجه نحو الذات زادت الجدارة بالثقة.

(B) تطوير الجدارة بالثقة: يعرض الشكل (٦٤) مراحل تطوير الجدارة بالثقة.

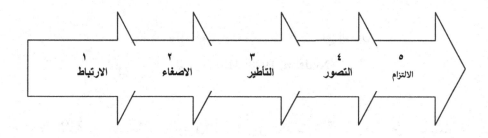

شكل (٦٤)

مراح تطوير الجدارة بالثقة

ويوضح الجدول (٨) تلك المراحل.

جدول (٨)

تطور الجدارة بالثقة

مرحلة عملية الثقة	طريقة الأداء	ما يشعر به الزبون	ما يجنيه الناجح
١. الارتباط	يجعل الاهتمام مركزاً	" قد يكون من الجدير التحدث مع هذا الشخص عن ... "	يملك الحق في أن يخبر الحقائق ويسمعها
٢. الإصغاء	الأذنان أكبر من الفم؛ أقر بما تسمعه وأجزم به	"لقد سمع وفهم ما قلت ..."	يملك الحق في اقتراح صيغة أو تعريف للمشكلة
٣. التأطير	تعرض جذور الموضوع بوضوح وبصراحة	"نعم، هنا تماماً تكمن المشكلة ..."	يدمج المواضيع ليتقدم نحو الأمام
٤. التصور	يوضع مخطط رؤية لحقيقة بديلة	"هل يمكننا حقاً إنجاز ذلك؟ ربما كانت هذه نتيجة مثيرة للاهتمام فعلا ..."	يجسد الرؤية؛ ويوضح الأهداف
٥. الالتزام	يتفق على الخطوات اللازمة؛ ويعاد تجديد الإحساس بالالتزام	"أنا موافق، وإنني أدرك ما هي الخطوات الواجب اتخاذها. أنا معك، دعنا نعمل "	يسمح ببدء حل المشكلة

المصدر: (**مايستر وآخرون**) ٢٠٠٢: ١٢٤)

٤- تشكيل قواعد العمل الأساسية: وتشمل القواعد الآتية (**Brown & Harvey**, 2006: 113) :

(A) تحديد الأشخاص والوحدات المسؤولة عن التعاون مع المستشار وتقديم الإسناد له.

(B) تحديد دور المستشار ومهماته المطلوبة.

(C) تحديد أتعاب المستشار ومكافآته.

(D) تحديد الجدولة الزمنية والتوقيات الإجرائية لبداية تنفيذ المهمة الاستشارية ونهايتها والاجتماعات المطلوبة لها.

(E) تحديد النتائج المتوقعة.

ثانياً: استراتيجيات التطوير التنظيمي

تعرض الفقرة الحالية محاور اعتماد الإطار الاستراتيجي في التطوير التنظيمي، ومفهوم إستراتيجية التطوير التنظيمي، وأبرز استراتيجيات التطوير التنظيمي، وجميعها تمثل العنصر الثاني من عناصر التطوير التنظيمي المشار إليها في الشكل (٥٠) وكما يأتي:

1. **لماذا الإطار الاستراتيجي لإدارة التطوير التنظيمي:** بالتساؤل الآتي، بدأ (**شاندا وكوبرا**، ٢٠٠٢: ٩) نقاشهما حول حتمية التغيير وضرورات الإطار الاستراتيجي لإدارة التطوير التنظيمي:

ما الشيء المشترك الذي يجمع بين الشركات التالية:
Microsoft, Unilever, Reliance, Mobil, IBM)

ويجيبان بالقول: هو التغيير، سواء كانت الشركة تصنع دبابيس آمنة أو تمدك ببرامج حاسوب آلي معقد وخالي من الفيروسات، وسواء كانت تؤثث بيتك بأزهى وأرقى أنواع السجاد أو تمدك بمياه الشرب النظيفة، فلا واحدة منها محصنة ضد التغيير [ولا مناص لها من التطوير] - الذي يكتسح حياتنا الآن بسرعة مذهلة.

التغيير شيء بسيط، ولكنه غير معروف إلى حدٍ كبير، وقوي جداً إلى حد كبير لدرجة أنه يستطيع أن يدمر قيمنا، معتقداتنا، وثقافتنا، أنه يتحرك بإيقاع سريع يزلزل جذور وجودنا ذاته. وقد أثر هذا التغيير على كل وظائف المنظمة، وأوجد بيئة تنافسية قاسية أدت إلى التنافس على المستوى العالمي والتحديات لكل أصحاب المصالح في دوائر الأعمال، تجاهد المنظمات الآن في محاولة للحاق بمطالب تحسين الجودة المستمر ومستويات التنافس. لقد أجبرت البيئة الاقتصادية الجديدة القادة والمديرين في المنظمات على النظر خارج أسوار منظماتهم - لفهم قواعد البقاء في دنيا أعمالهم، وليس مجرد البقاء، وذلك لوضع منظماتهم على طريق الازدهار والنمو.

وقال (Alvin Tofler) في كتابة (صدمة المستقبل): التغيير هو العملية التي تغزو حياتنا، ومن المهم النظر إليه عن قرب، وليس بمنظار الأبعاد التاريخية الضخمة، ولكن أيضاً من وجهة نظر من هم على قيد الحياة الذين يكابدون التغيير مع أنفاسهم.

ويستخلص مما تقدم أن المنظمات في عالم سريع التغيير وكثير المفاجئات، وهذا هو الذي يجعل بعض المنظمات ناجحة ورابحة وآخريات فاشلة وخاسرة، ولكن الأهم، يجب أن نفهم لماذا ناجحة وأخرى فاشلة؟ والجواب، هو: إن بعض المنظمات واعية بشكل سليم إلى أهمية التكييف مع التغييرات والتماشي معها عبر اعتماد برامج التطوير التنظيمي كمنهج لإحداث التغيير المخطط، وتأطير هذه البرامج بإطار استراتيجي لإدارته بشكل فاعل لتحقيق البقاء والتميز، وبعكسه توجد منظمات لا تعطي أهمية لضرورات التكييف مع التغييرات المذكورة مما يكون مصيرها الفشل.

إن تأطير إدارة برامج التطوير التنظيمي بإطار استراتيجي يعني إحداث التغييرات الكبيرة في طرق عمل المنظمة وكذلك بعلاقتها مع البيئة الخارجية، من خلال استخدام استراتيجيات جديدة لها القدرة على تحقيق ميزات تنافسية. (**Brown & Harvey**, 2006: 432).

2. مفهوم إستراتيجية التطوير التنظيمي: يُعد المفهوم الذي صاغه (**Mintzberg**, 19987: 11 - 21) لمصطلح الإستراتيجية، هو الأكثر قبولاً كونه يتسم بالموضوعية والوضوح وإمكانية التطبيق وسهولة الفهم من جهة، وتضمينه آراء مجموعة كبيرة من طروحات الباحثين من جهة أخرى.

> *** الاستراتيجية**
> عبارة عن خطة (*plan*) ومناورة (*ploy*) و انموذج (*Pattern*) ومركز (*Position*) ومنظور (*Perspective*).

هذا المفهوم أطلق عليه المحتوى الخماسي للإستراتيجية (Five Ps for strategy) فالإستراتيجية وفقاً لذلك: عبارة عن خطة (plan) موضوعية تحدد سياقات وسبل التصرف، فهي دالة مرشدة للتعامل مع موقف معين أو حالة معينة وهي مصممة لإنجاز الأهداف، وهي مناورة (Ploy) القصد منها خداع المنافسين والالتفاف حولهم، وهي أنموذج (Pattern) متناغم الأجزاء من خلال السلوك المعتمد وحتى غير المعتمد للوصول على مركز (Position) أو وضع مستقر في البيئة، وهذا الوضع يتصف بالديناميكية والفاعلية، وهي منظور (Perspective) يعطي القدرة على رؤية وإدراك الأشياء وفقاً لعلاقاتها الصحيحة.

أما إستراتيجية التطوير التنظيمي، فقد عرفت من قبل (**فرنس وجونير**، ٢٠٠٠: ٢٢٦ - ٢٢٧) على أنها: خطة تدمج المشكلة أو الفرصة التي سوف يتم التعامل معها، والأهداف والنتائج المرغوبة لبرنامج التطوير التنظيمي والتسلسل الزمني والتوقيت للتدخلات المختلفة لتحقيق الأهداف، بالاعتماد على خليط من التشخيص وأهداف نظام الزبون.

> *** استراتيجية التطوير التنظيمي:**
> خطة تدمج المشكلة أو الفرصة التي سوف يتم التعامل معها، والأهداف والنتائج المرغوبة لبرنامج التطوير التنظيمي والتسلسل الزمني والتوقيت للتدخلات المختلفة لتحقيق الأهداف، بالاعتماد على خليط من التشخيص وأهداف نظام الزبون.

فمثلاً، على سبيل الافتراض: أن الزبائن يرغبون في إعادة تصميم أسلوب إنجاز العمل في قسم الإنتاج، بالتغيير من خط الإنتاج المستقيم المعتمد على المهمات البسيطة إلى مهمات مركبة تمارس من قبل فرق مدارة ذاتياً، هنا يتطلب الأمر إجراء التشخيص لتمديد ما إذا كان العمل نفسه مرتبطاً بالتنظيم وذلك لفحص توجه العاملين لتقبل التغيير ولتقدير الوقت والجهد المطلوبين لعملية التغيير ولتحديد الفوائد المتوقعة. وبالتالي الوصول إلى إجابة شافية للتساؤلات الآتية:

أ-ماذا نريد أن نحقق.

ب-ما الأنشطة والتدخلات التي تساعد على تحقيق ما نريد.

ج-ما الوقت المناسب وما تسلسل التدخلات.

د-ماذا تعلمنا من التشخيص من حيث:

١-الجاهزية للتغير.

٢-العقبات والمشكلات.

٣-رؤية أصحاب المصالح المهيمنين.

٤-ما مصادر الطاقة والقيادة.

ومن هذا المنطلق يُعد (**فرنس وجونير**، ٢٠٠٠: ٢٢٧) إستراتيجية التطوير التنظيمي بمثابة خريطة لبرنامج أو برامج التغيير نحو تطوير المنظمات، لأنهما يريان أن تطوير المنظمات أكثر من الوصول إلى (صندوق العدة) وسحب تدخل أو تقنية واحدة أو اثنين منه.

ويرى (**Brown & Harvey**, 2006: 215) إن إستراتيجية التطوير التنظيمي، هي: خطة لربط مختلف أنشطة التحسين التنظيمي وتحقيق التكامل بينها خلال المدة الزمنية المطلوب لإنجاز الأهداف، وتتأثر بشكل كبير بالتشخيص لمشاكل المنظمة.

وبالإفادة من المفاهيم السابقة، ومن أجل تضمينها في مفهوم واحد، نعرف إستراتيجية التطوير التنظيمي، على أنها: منظور لرؤية وإدراك المشكلة و/أو الفرصة التي تواجه المنظمة وفقاً لعلاقاتها الصحيحة، لبناء أنموذج التشخيص الفاعل لها الذي يحدد مواطن الضعف والتهديدات ومناطق اللاتوازن والفجوات بدقة، لإجراء المناورات المنطقية لإقناع نظام الزبون بضرورة الشروع في صياغة خطة متكاملة تشمل العمليات والمناهج والتقنيات اللازمة لمعالجة المشكلة أو اقتناص الفرصة وأحداث التغيير المطلوب وتحقيق الأهداف المرسومة وبلوغ المركز المأمول.

* **استراتيجية التطوير التنظيمي:**
منظور لرؤية وإدراك المشكلة و/أو الفرصة التي تواجه المنظمة وفقاً لعلاقاتها الصحيحة، لبناء أنموذج التشخيص الفاعل لها الذي يحدد مواطن الضعف والتهديدات ومناطق اللاتوازن والفجوات بدقة، لإجراء المناورات المنطقية لإقناع نظام الزبون بضرورة الشروع في صياغة خطة متكاملة تشمل العمليات والمناهج والتقنيات اللازمة لمعالجة المشكلة أو اقتناص الفرصة وأحداث التغيير المطلوب وتحقيق الأهداف المرسومة وبلوغ المركز المأمول.

ويصور الشكل (٦٥) أبعاد مفهوم (استراتيجية التطوير التنظيمي)

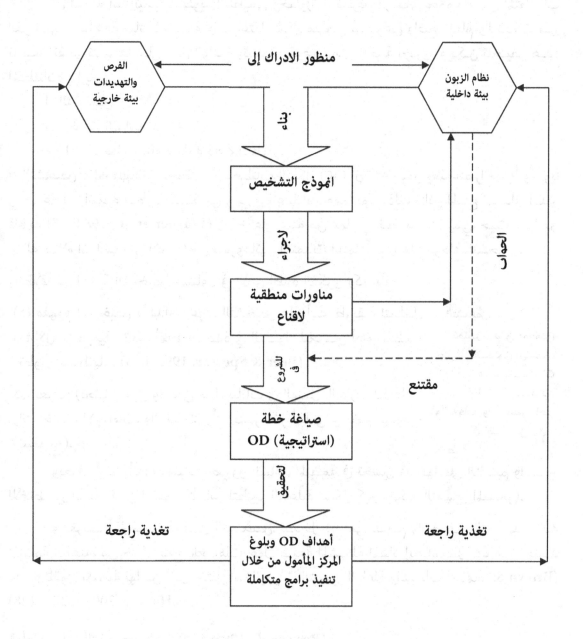

شكل (٦٥)

مضامين استراتيجية التطوير التنظيمي

المصدر: من إعداد المؤلفين

3. متطلبات صياغة استراتيجية التطوير التنظيمي وتفعيل تنفيذها وتقويمها:

إن أهمية استراتيجية التطوير التنظيمي وخطورتها، تفرض مراعاة مجموعة من المتطلبات التي تسهم مساهمة مباشرة وفاعلة في صياغتها بشكل منهجي موضوعي واضح المعالم والدلالات من ناحية، وتفعل تنفيذها على أرض الواقع وتسهل تقويمها من ناحية أخرى. ويمكن تلخيص هذه المتطلبات، بما يأتي:

أ- التشخيص.

ب- خلخة الاساسات.

ج- اعتماد قواعد بناء منظمة دائمة التطوير.

أ- التشخيص Diagnostic: لاحظنا من معطيات الشكل (٦٥) أن التشخيص يُعد عنصراً حرجاً وحيوياً في صياغة استراتيجية التطوير التنظيمي وصيرورة عملياته. ومما يؤكد ذلك نتائج المسح الميداني الذي قام به (**Warner et al.**, 1984: 65) وطبق على عينة من ممارسي التطوير التنظيمي، حيث بينوا من خلاله هؤلاء الممارسين أن (٨٥%) من مشروعاتهم اعتمدت اعتماداً كبيراً على مرحلة التشخيص.

وانطلاقاً من أهمية التشخيص سنتناول في الأدنى إطاره الفكري وكما يأتي:

(١) مفهوم التشخيص وأهدافه: عرف التشخيص على أنه: طريقة لتحليل المشاكل التنظيمية وتعلم أنماط جديدة في السلوك لتحسين أداء المنظمة وتطوير مساراتها. (**Beer & Spector,** 1993: 643)

كما يعرف: (تحليل دقيق ومعمق حول بيانات في الهيكل، الإدارة، التفاعلات والتداخلات، الإجراءات، والعلاقات. وأي عنصر آخر أساسي في نظام الزبون - المنظمة -).

> *** التشخيص:**
> تحليل دقيق ومعمق حول بيانات في الهيكل، الإدارة، التفاعلات والتداخلات، الإجراءات، والعلاقات. وأي عنصر- آخر أساسي في نظام الزبون - المنظمة -

ويعرف أيضاً بأنه: (عمليات وصيرورة تساعد المنظمة في تحسين قدراتها على التقييم والتغير للأنماط غير الكفوءة من السلوك كأساس لتطوير الفاعلية بشكل كبير وتوكيد التحسين المستمر).

وبتعريف أكثر شمولية، يمثل التشخيص: مدخل نظامي للفهم والوصف والتحديد لحالة المنظمة الراهنة، من خلال جمع المعلومات حول طبيعة المشكلة المراد إيجاد حل لها مع تحديد واضح للقوى المسببة لها من أجل اختيار استراتيجيات التطوير الفاعلة والتقنيات الملائمة. (**Brown & Harvey,** 2006: 127 – 128).

- أما أهداف التشخيص، فهي: (**Beer et al.**, 1993: 650)

(A) تحسين قدرة المنظمة على تقويم الثقافة وتغييرها.

(B) تمكين أعضاء التنظيم من الحصول على معرفة جديدة في مجال عدم كفاءة الثقافة وأنماط السلوك كأساس لتطوير فاعلية المنظمة بشكل كبير.

(C) تؤكيد اندماج المنظمة في صيرورة مستمرة للتحسين.

(٢) خصائص التشخيص ومهماته:

- **لأن التشخيص يمثل مرحلة وخطوة مهمة وضرورية في صيرورة الأحياء وحيوية المنظمة، لذلك يجب أن يتسم بالخصائص الآتية (Brown & Harvey, 2006: 128) :**

(A) البساطة Simplicity: أي أن المنظمة أو المستشار الخارجي يجعل البيانات بسيطة واضحة ويحافظ على البساطة أثناء العرض.

(B) الوضوح والجلاء Visibility: استخدام قياسات واضحة للحالات التي تحدث الآن أو ستحدث مستقبلاً.

(C) التأكيد على الاندماج Involvement : التأكيد على المشاركة والاندماج لجميع أعضاء المنظمة في عملية التشخيص.

(D) تحديد العوامل الأساسية Primary Factors: استخدام مجاميع غير محرفة من المتغيرات العملياتية الأساسية في التشخيص.

(E) قياس المهم Measure what is important: يسعى إلى تقييم حيادي وصحيح للمتغيرات المحورية للنجاح.

(F) خلق الشعور بالحاحية Sense of Urgency: أي خلق الشعور لدى جميع العاملين بالحاحية التطوير وضرورته.

- **أما مهمات التشخيص فحددها (أرجيرس Argyris)، بالآتي:**

- مساعدة نظام الزبون في تحديد المشكلة بدقة وباعتماد معلومات صحيحة.

- تمكين نظام الزبون من اختيار حر وواعٍ للاستراتيجيات والمداخل والتقنيات اللازمة للتطوير.

- تحفيز نظام الزبون على إيجاد التزام داخلي بالاختيارات التي تمت من الاستراتيجيات والمداخل والتقنيات. (فرنش وجونير، ٢٠٠٠: ١٧٧ - ١٧٨)

(٣) عمليات التشخيص ومستوياته:

- عمليات التشخيص: يصور الشكل (٦٦) عمليات التشخيص.

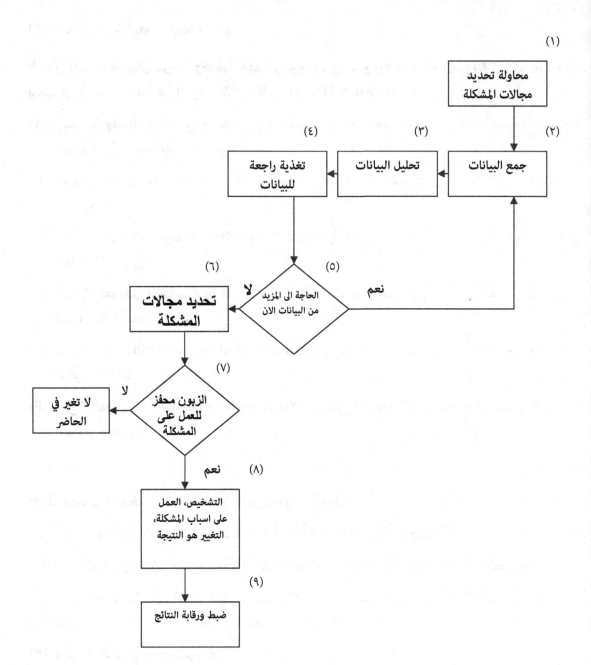

(١)
محاولة تحديد مجالات المشكلة
(٢)
جمع البيانات
(٣)
تحليل البيانات
(٤)
تغذية راجعة للبيانات
(٥)
الحاجة الى المزيد من البيانات الان
نعم
لا
(٦)
تحديد مجالات المشكلة
(٧)
الزبون محفز للعمل على المشكلة
لا
لا تغير في الحاضر
نعم
(٨)
التشخيص، العمل على اسباب المشكلة، التغيير هو النتيجة
(٩)
ضبط ورقابة النتائج

شكل (٦٦)

عمليات التشخيص

ويتضح من الشكل السابق، إن عمليات التشخيص، تشمل:

(A) تحديد مجالات المشكلة وتشخيص فجوة الأداء: فجوة الأداء (Performance Gap) تعني الاختلافات بين ما تستطيع المنظمة، عملة بمقتضى الفرص في بيئتها وما تعمله حالياً، وكما موضح في الشكل (٦٧).

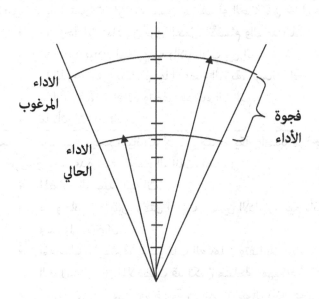

شكل (٦٧)

فجوة الأداء

وتحصل هذه الفجوة بسبب:

− تغييرات المنافسة والإبداعات الجديدة.

− فشل المنظمة بالتكليف مع التغيرات الحاصلة في بيئتها الخارجية.

ويلعب التشخيص دوراً مهماً في إيضاح المشكلات المسببة للفجوات وتحديد قوة وضعف المنظمة لمعالجتها.

(B) جمع البيانات: إن عملية جمع البيانات تعد عملية مهمة وحيوية كمرحلة في برنامج التطوير التنظيمي، لأنها تحدد ملامح المشكلة وأبعادها الأساسية. وتشمل هذه العملية الخطوات الموضحة في الجدول (٩).

جدول (٩)

خطوات عملية جمع البيانات ومهماتها

ت	الخطوة	مهمات الخطوة وإبعادها
١	تحديد الأهداف	تعني تحديد أهداف برنامج التطوير التنظيمي، لأنها مهمة في معرفة نوع البيانات والمعلومات المناسبة للبرنامج.
٢	اختيار العوامل الرئيسية	تعني تحديد المتغيرات المركزية ضمن الموقف أو الحالة من خلال فحص الأبعاد الآتية: • ما درجة الاعتماد بين فرق العمل، الأقسام والوحدات. • ما جودة تبادل المعلومات والاتصالات بين الوحدات. • ما الدرجة التي يتقاسم بها الأعضاء الرؤية، الرسالة، الغايات ومستوى فهمها. • ما الأعراف، المواقف، وتحفيز أعضاء التنظيم. • ما تأثير توزيع القوة.
٣	اختيار طريقة جمع البيانات	تعني تحديد طرق جمع البيانات، إذ لا توجد طريقة واحدة نموذجية أو أفضل من الطرق الأخرى. وتوجد عدة طرق لجمع البيانات، أهمها: • المصادر الثانوية للبيانات. • مسوحات العاملين، وتمثل أدوات تحسين الأداء وتقييم تأثير التغيير وتطوير الحوار وتسهيل الاتصال. • الملاحظة المباشرة، لسلوكيات العاملين وتفاعلاتهم من خلال التواجد في مواقع العمل، علماً أن الملاحظات قد تكون منظمة ومهيكلة أو عشوائية غير منتظمة. • المقابلات، أداة مرنة وشخصية وتعتمد الاتصال باتجاهين. وقد تكون موجهة أو غير موجهة. وتعد المقابلة تقنية واسعة الاستخدام في برامج التطوير التنظيمي، وهذا ما توصلت إليه دراسة شملت (٢٤٥) ممارس للتطوير التنظيمي. • خرائط القياس الاجتماعي Sociomertic، وهي طريقة طورها (Jacob Moreno)، هدفها الحصول على بيانات كمية حول العلاقات المتداخلة البيئية للمجاميع في أبعاد معينة وتحديد التفضيل للأشخاص ضمن المجموعة، إذ تقدم أسئلة محددة جداً مثل: – تفضل أن تعمل مع من؟ – تفضل من يساعدك أكثر في المشاكل الفنية؟

* خرائط القياس الاجتماعي وهـي طريقة طورهـا (Jacob Moreno)، هدفها الحصول على بيانات كمية حول العلاقات المتداخلة البيئية للمجاميع في أبعاد معينة وتحديد التفضيـل للأشخاص ضـمن المجموعة، إذ تقدم أسئلة محددة جداً

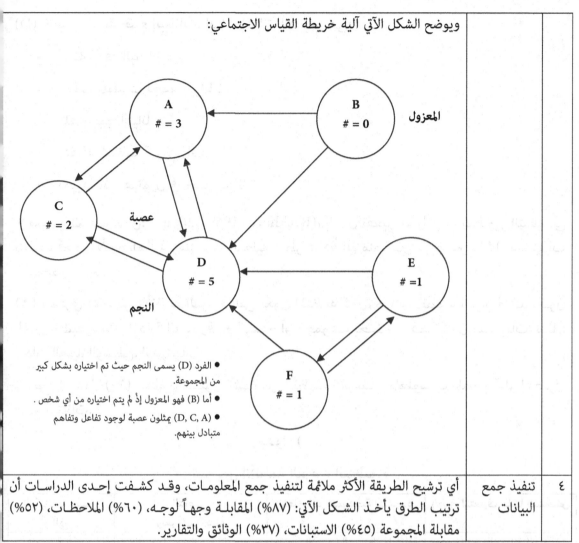

		ويوضح الشكل الآتي آلية خريطة القياس الاجتماعي: ● الفرد (D) يسمى النجم حيث تم اختياره بشكل كبير من المجموعة. ● أما (B) فهو المعزول إذْ لم يتم اختياره من أي شخص . ● (D, C, A) يمثلون عصبة لوجود تفاعل وتفاهم متبادل بينهم.
٤	تنفيذ جمع البيانات	أي ترشيح الطريقة الأكثر ملائمة لتنفيذ جمع المعلومات، وقد كشفت إحدى الدراسات أن ترتيب الطرق يأخذ الشكل الآتي: (٨٧%) المقابلة وجهاً لوجه، (٦٠%) الملاحظات، (٥٢%) مقابلة المجموعة (٤٥%) الاستبانات، (٣٧%) الوثائق والتقارير.

المصدر: إعداد المؤلفين بالاعتماد على: (Hill & Mathis, 1983; 89 – 97) ، (Brown & Harvey, 2006: 131 – 136) .

(C) تحليل البيانات: تقنية تحليل البيانات متنوعة منها البسيط ومنها المعقد، وعادة أبرز أسئلة تحليل البيانات هي:

- كيف تحلل البيانات.
- ما نمط التحليل المستخدم.
- هل يتم التحليل يدوياً أم حاسوبياً.
- هل يتم تشفير البيانات وكيف.

(D) **تقييم فاعلية جمع البيانات:** أبرز مؤشرات التقييم، هي:

- صحة ودقة البيانات.
- الوقت المطلوب لجمع البيانات.
- كلف جمع البيانات.
- الثقافة التنظيمية والأعراف.
- تحييد تأثير هوثورن في جمع البيانات.

● **مستويات التشخيص:** أشار (Beckhard, 1969: 20)، إلى أن تفعيل استراتيجية التطوير التنظيمي يتطلب فحص الأمور الحالية ومثل هذا التحليل ينظر عادةً إلى منطقتين عريضتين (تمثل مستويات التشخيص)، هما:

(A) مستوى تشخيص الأنظمة الفرعية التي تكون المنظمة ككل، هذه الأنظمة الفرعية قد تكون الفرق الطبيعية مثل الإدارة العليا وقسم الإنتاج أو مجموعة بحث، أو قد تكون مستويات، مثل: الإدارة العليا، الوسطى، الإشرافية.

ويوضح الجدول (١٠) مضامين مستوى تشخيص الأنظمة الفرعية والمعلومات المطلوبة لها وطرق جمع البيانات.

جدول (١٠)

تشخيص الأنظمة الفرعية التنظيمية

التركيز التشخيصي أو الهدف	التوضيح وتعريف الأمثلة	المعلومات النموذجية المنشودة	الطرق المتعارف عليها للتشخيص
المنظمة الكلية (لديها رخصة عامة وهيكل تنظيمي للقوة مشترك).	النظام ككل هو الكيان الذي يتم تقييمه وتحليله، كما أن التشخيص قد يتضمن نظماً ومنظمات خارجية (البيئة) ومجموعة أو قوى، مثل العملاء والمزودين والأنظمة الحكومية، مثل المنشآت التصنيعية والمستشفيات ونظام المدرسة وسلسلة متاجر الأقسام أو مجموعات دينية.	ما هي الأعراف التي تطلبها ثقافة المنظمة؟ ما هي ثقافة المنظمة؟ والمواقف والآراء والشعور لأعضاء النظام تجاه الأهداف المرئية مثل المكافآت المالية وأهداف المنظمة والإشراف والإدارة العليا. وما هو مناخ المنظمة: المفتوح مقابل المناخ المغلق، والنمط الأوتوقراطي، والنمط القمعي مقابل التطويري ونمط الثقة مقابل المتشكك والنمط التعاوني مقابل التنافسي. كيف تؤدي العمليات المهمة في المنظمة مثل اتخاذ القرارات وتحديد الأهداف؟ وما هو نوع	يعتبر المسح بالاستبانة للمنظمات الكبيرة من الطرق الشائعة. كما يتم استخدام المقابلات للمجموعات والأفراد للحصول على معلومات أكثر تفصيلاً خاصة إذا اعتمدت على أسس فعالة لاختبار العينة. اختيار مجموعة من الأعضاء الممثلين اللذين يتم مسحهم أو مقابلتهم دورياً، ثم الاجتماع بهم من وقت على آخر لتوضيح التغيرات الحاصلة مفيد، فحص أنظمة المنظمة ولوائحها وسياستها، ورموز المكانة أو الوضع العام، ينتج عنه تبصراً في ثقافة المنظمة.

		وفعالية آلية الإشعار بالمنظمة في مراقبة الطلبات الداخلية والخارجية؟ هل أهداف المنظمة مفهومة ومقبولة.	عقد الجلسات التشخيصية في عدة مستويات في المنظمة يؤدي إلى الحصول على معلومات غزيرة في وقت قصير.
التنظيمات الفرعية الكبيرة ذات الطبيعة المركبة والغير متجانسة	هذه المجموعة المستهدفة تنبع من تجزئة المنظمة على أساس المستوى الهرمي والوظيفة أو المواقع الجغرافية. نوعان من المعايير تساعد في تحديد هذه النظم الفرعية **أولا** أن ينظر إليها على أنها تنظيمات فرعية في نظر نفسها أو غيرها. **وثانياً** أنها غير متجانسة التركيب بمعنى أن لدى الأعضاء أشياء يشتركون فيها ولكن توجد اختلافات بينهم. أمثلة على ذلك مجموعة الإدارة المتوسطة التي تحتوي على مديرين من مجموعات وظيفية مختلفة، أعضاء قسم التوظيف في منظمة أعمالها منتشرة جغرافياً مع مجموعات في كل موقع كل الأشخاص في مصنع أو في شركة لديها ١٠ مصانع، قسم مكون من عدة أعمال مختلفة.	كل ما ذكر أعلاه زائداً: كيف ينظر النظام الفرعي للكل والعكس بالعكس، وكيف يتوافق أعضاء النظام الفرعي مع أعضاء النظام الكلي؟ وما هي المطالب المتميزة لهذه النظم الفرعية؟ وهل الهيكل البنائي للمنظمة والعمليات. مرتبطة بهذه المطالب المتميزة؟ هل توجد وحدات ذات أداء عال وأخرى ذات أداء منخفض في هذه النظم الفرعية؟ ما هي المشاكل الرئيسية التي تواجه هذا النظام الفرعي والوحدة الفرعية؟ هل أهداف النظم الفرعية متطابقة مع أهداف المنظمة؟ هل يتعرض اختلاف خواص طلبات الدور وطبيعة الوظيفة وأداء النظم الفرعية؟	إذا كانت الفرعية كبيرة، فإن الاستبانات وطريقة المسح هي المناسبة. قد تستخدم المقابلات والملاحظات لتزويد معلومات إضافية أو فحص الفرضيات. ملفات المنظمة والتقارير مصادر جيدة للمعلومات عن أداء المنظمة ومشاكلها.
التنظيمات الفرعية الصغيرة البسيطة والمتجانسة نسبياً.	هذه عادة مجموعات عمل رسمية أو فرق يكون لديها من وقت آخر تفاعل وجهاً لوجه وقد تكون مجموعات دائمة أو مهمة عمل مؤقتة، أو مجموعة متكونة حديثاً (على سبيل المثال مجموعة مسؤولة عن تشغيل منشأة جديدة أو المجموعة المتكونة من دمج أو استملاك. الأمثلة: فريق الإدارة العليا؛ أي مدير	الأسئلة عن الثقافة والمناخ والمواقف والشعور أمور واردة هنا إضافة إلى ما هي المشاكل الرئيسية للفريق؟ كيف يمكن تحسين فاعلية الفريق؟ ما هي الأعمال التي يقوم بها الناس وتعترض الآخرين؟ هل علاقات الأعضاء والقادة كما ينبغي؟ هل يعرف الأفراد كيف ترتبط أعمالهم بالأهداف التنظيمية؟ هل عمل	الطرق الشائعة تشمل الآتي: المقابلات الفردية التي يعقبها اجتماع المجموعة لمراجعة بيانات المقابلات، والاستبانات، وملاحظة اجتماع الطاقم والعمليات اليومية، واجتماع المجموعة الرسمي للتشخيص الذاتي.

	ومرؤوسيه، واللجان المؤقتة أو الدائمة، فرق الموارد البشرية، في المكاتب والمدرسون في المدرسة وهكذا.	المجموعة نمطي؟ على سبيل المثال أسلوب إنهاء العمل كمجموعة فاعلة؟ هل استخدام الموارد الفردية والجماعة جيد؟.	
المنظمات الصغيرة الكلية والتي تكون بسيطة ومتجانسة نسبياً.	على سبيل المثال منظمة مهنية محلية أو شركة صغيرة المشاكل العادية كما يراها المسؤولية: قد تكون انخفاض العضوية، وقلة الحضور وصعوبة، إيجاد من يقوم بالمهام الخاصة وضعف في الجودة وانخفاض الأرباح.	كيف يرى المسؤولون والأعضاء المنظمة وأهدافها؟ ماذا يعجبهم وما لا يعجبهم فيها؟ ماذا يرغبون أن تكون؟ ما هو شكل المنافسة؟ ما هي القوى الخارجية المؤثرة على المنظمة.	الاستبانات والمقابلات تستخدم بشكل متكرر. الاستبانات الوصفية يمكن أن تستخدم للحصول على معلومات سريعة عن الثقافة وسلامة المنظمة. اجتماعات المجموعة للتشخيص مفيدة وسجلات المنظمة يمكن أن تفحص.
التماس أو الأنظمة الفرعية داخل المجموعات.	تتكون هذه من مجموعات فرعية من النظام الكلي وتحتوي على أعضاء من نظامين فرعين، مثل مصفوفة الهيكل التنظيمي للمنظمة والتي تتطلب فرداً أو مجموعة يكون لديها خطان لرفع التقارير. ولكن عادة هذا المستهدف يتكون من أعضاء من أحد الأنظمة الفرعية لديهم مشاكل ومسؤوليات متقاربة مع أعضاء من نظام فرعي آخر. نحن نقصد تضمين الأنظمة الفرعية ذات المشاكل والمسؤوليات المرتبطة، مثل الإنتاج والصيانة وتداخلهما، وكذلك التسويق والإنتاج.	كيف يرى كل نظام فرعي الأخرى؟ ما هي المشاكل التي تواجه المجموعات التي تعمل معاً؟ ما هي الطرق التي يعيق بها كلا النظامين الآخر؟ كيف يمكن للنظامين أن يتعاونا لتحسين أداء المجموعتين؟ هل الأحداث والأهداف الفرعية محددة بوضوح؟ ما هو طبيعة المناخ بين المجموعات؟ ماذا يرغب الأعضاء في أن تكون المنظمة؟	لقاءات المواجهة بين المجموعتين عادة ما تستخدم لجمع البيانات وتخطيط الإجراء التصحيحي. اجتماعات المنظمة العاكسة تستخدم عندما تكون هناك ثلاثة مجموعات لكل نظام فرعي تتبع باجتماع للمشاركة في المعلومات والملاحظات عن التفاعلات.
الثنائية و/أو الثلاثية.	الرؤساء / المرؤوسين والزملاء المعتمدين على بعضهما، وعوامل الاتصال - أي الأفراد الذين لديهم عضوية في أكثر من مجموعة - يعتبر كل هؤلاء أنظمة فرعية تستحق التحليل.	ما هي نوعية العلاقة؟ هل لدى المجموعات المهارات المطلوبة لتحقيق المهمة؟ هل هم متعاونون أم متنافسون، هل هم فعالون كأنظمة فرعية؟ هل تساعد إضافة مجموعة ثالثة أم تعيق التقدم؟ هل هم مساندون لبعضهم البعض.	المقابلات منفصلة تتبع باجتماع للمجموعات لملاحظة أي خلل في المعلومات. ملاحظة توقعاتهم خلال لقاءات المواجهة قد يكون مفيداً. الملاحظات مهمة لتقديم نوعية حركية التفاعل.

الأفراد	أي فرد في المنظمة، مثل الرئيس ورؤساء الأقسام ومحتلى الوظائف المهمة في تدفق العمل على سبيل المثال رقابة الجودة البحث والتطوير. في نظام المدرسة، الطلاب والمدرسون والإداريون.	هل يعمل الأفراد حسب توقعات المنظمة؟ كيف ينظر الأفراد إلى موقعهم وأدائهم؟ هل يظهر نوع معين من المشاكل؟ هل يحقق الناس مقاييس ومعايير المنظمة؟ وهل يحتاجون إلى معرفة مهارة، أو مقدرة معينة؟ ما هي الفرص المطلوبة لتطوير مسارهم المهني؟ ما هي الآلام التي يواجهونها؟	المقابلات والمعلومات المتحصل عليها في لقاءات العمل التشخيصي- أو المشاكل المتعرف عليها بواسطة إدارة الموارد البشرية، تعتبر مصادر مهمة للمعلومات. يعتبر التقييم الذاتي النابع من الفريق أو النظام الفرعي مصدراً آخر.
الأدوار	الدور هو مجموعة من التصرفات تحدث من قبل شخص كنتيجة عمله في وظيفة معينة في المنظمة كل الأفراد في المنظمة لديهم أدوار تتطلب تصرفات معينة مثل السكرتارية ومشرفي الإنتاج والمحاسبين والعلماء والأمناء.	هل تضاف سلوكيات الدور إلى أو تنقص من أو تحمل على؟ هل الدور موضح تماماً؟ ما هي الملاءمة بين الشخص والدور؟ هل يعطي أداء الدور مهارات خاصة أو معرفة؟ هل هذا هو الشخص المناسب لهذا الدور.	المعلومات تأتي عادة من الملاحظات والمقابلات وتحليل الدور، ومدخل الفريق " للإدارة بالأهداف". أنشطة التخطيط للمسار المهني تنتج هذه المعلومات كمخرجات.
تكون ما بين أنظمة المنظمة أنظمة فوقية - هذه هي منطقة تطوير المنظمات الفوقية.	كمثال يمكن أن يكون نظام القانون في إقليم بما في ذلك الدرك المحلي والمدينة الفيدرالية أو وكالات التحري والتنفيذ، والمحاكم والسجون ووكالات تعهد إطلاق السجناء والمسؤولين عن المحاكمة وهيئة المحلفين. معظم هذه الأنظمة الفوقية معقدة لدرجة أن جهود التغيير تتطلب تغيير في الأفرع الأخرى.	كيف ينظر الناس المهمون في جزء من النظام إلى كل النظام وأجزائه؟ هل يوجد شروخ أو عدم توافق بين الأنظمة الفرعية؟ هل توجد أنظمة فرعية ذات أداء عال وأخرى ذات أداء منخفض/ ولماذا؟.	المرآة التنظيمية أو تطوير القائمة كيف تنظر كل مجموعة إلى الأخرى تعتبر وسيلة متعارف عليها للحصول على المعلومات؟ الاستبانات والمقابلات مفيدة، إذا استخدمت كتداخلات طويلة المدى.

المصدر : (**فرنس وجونير، ٢٠٠٠: ١٧٢ - ١٧٥**).

(B) **مستوى تشخيص العمليات التنظيمية**، مثل شبكات الاتصال، فرق حل المشكلات، اتخاذ القرارات، القيادة أنماط السلطة، وضع الأهداف وطرق التخطيط وإدارة الصراع والتنافس .

ويعرض الجدول (١١) تفاصيل مستوى تشخيص العمليات التنظيمية والمعلومات المطلوبة وطرق جمع البيانات.

جدول (١١)

تشخيص العمليات التنظيمية

العملية التنظيمية	الملاحظات المحددة والإيضاحات	المعلومات النموذجية المنشودة	الطرق المتعرف عليها للتشخيص
أنماط الاتصالات وأشكالها وتدفقها.	من يتكلم مع وكم تستغرق؟ ومن يبدأ التفاعل؟ وهل هي ذات اتجاهين أو اتجاه واحد؟ وهل هي متجهة من أعلى إلى أسفل أم من أسفل إلى أعلى أم جانبية.	هل الاتصالات متجهة إلى أعلى أم أسفل أم كلاهما؟ هل تتم تصفية الاتصالات؟ لماذا؟ وبأي طريقة؟ هل تتفق أنماط الاتصالات مع الأعمال التي يجب تحقيقها؟ ما هو مناخ الاتصالات؟ وما هو وضع الاتصالات المكتوبة مقارنة بالشفهية؟.	الملاحظات وخاصة في اللقاءات، والاستبانات للعينات الكبيرة، والمقابلات والمناقشات مع أعضاء المجموعة - كل هذه الطرق يمكن استخدامها للحصول على المعلومات المطلوبة. تحليل الجلسات المسجلة بالفيديو من قبل المهتمين مفيدة جداً.
تحديد الأهداف	تحديد أهداف المهمات وتقرير المعايير التي على ضوئها يتم قياس تحقيق الأهداف تتم في جميع مستويات المنظمة.	هل تحدد الأهداف؟ كيف يتم عمل ذلك؟ من يساهم في تحديد الأهداف؟ هل لديهم المهارات اللازمة لتحديد الأهداف بفاعلية؟ هل باستطاعتهم تحديد الأهداف الطويلة المدى والقصيرة المدى؟	الاستبانات والمقابلات والملاحظات كلها طرق متاحة للتقييم مقدرة تحديد الأهداف للأفراد والمجموعات في المنظمة.
اتخاذ القرارات وحل المشاكل وتخطيط الإجراءات؟	تقييم البدائل واختيار خطة للتنفيذ وظائف مهمة وأساسية لمعظم أعضاء المنظمة، وهذا يشمل الحصول على المعلومات الضرورية وترتيب الأولويات وتقييم البدائل واختيار بديل من بين البدائل.	من يتخذ القرارات؟ هل هي فعالة؟ هل كل المصادر تم استخدامها؟ هل هناك حاجة لمهارات إضافية لحل المشاكل؟ هل أعضاء المنظمة راضون عن عمليات اتخاذ القرارات وحل المشاكل؟	ملاحظات اجتماعات حل المشاكل في مستويات المنظمة المختلفة تعتبر مهمة خاصة في حالة تشخيص هذه العملية، تحليل الجلسات المسجلة بالفيديو، من قبل المهتمين مفيد جداً.
حل النزاع وإدارته	يظهر النزاع بين الأفراد وبين المجموعات بشكل متكرر في المنظمات. هل لدى المنظمة طريقة فعالة للتعامل مع النزاع؟.	أين يظهر النزاع؟ ما هي المجموعات الداخلة في النزاع؟ كيف يمكن إدارة النزاع؟ ما هي معايير النظام للتعامل مع النزاع؟ هل يساعد نظام المكافآت على النزاع؟.	المقابلات وملاحظة طرف ثالث وملاحظات اجتماعات المجموعة طرق مألوفة لتشخيص هذه العمليات.

إدارة علاقات التماس.	التماس يقصد به لأوضاع التي فيها تواجه مجموعتان أو أكثر مشاكل مشتركة أو مسؤوليات متداخلة. وهذا ملاحظ عندما يكون أعضاء مجموعتين مختلفتين معتمدين بشكل مرتبط لتحقيق بعض الأحداث ولكن يتعرضون لمساءلة مختلفة.	ما هي طبيعة العلاقة بين مجموعتين؟ هل الأهداف واضحة؟ هل المسؤوليات واضحة؟ ما هي المشاكل الرئيسية التي تواجهها المجموعات؟ ما هي الظروف البنائية التي تساعد أو تمنع الإدارة المشتركة.	المقابلات وملاحظات الطرف الثالث وملاحظات لقاءات المجموعات طرق متعارف عليها لتشخيص هذه العمليات.
علاقات الرؤساء - المرؤوسين	العلاقات الهرمية في المنظمات تملى أن يكون بعض الناس قادة والآخرين تابعين: هذه الأوضاع تكون مصادر لمعظم المشاكل التنظيمية.	ما هي أساليب القيادة الحالية ما هي المشاكل التي تظهر بين الرؤساء والمرؤوسين.	الاستبانات توضح بشكل عام مناخ القيادة والمعايير والمقابلات والاستبانات توضح السلوك القيادي المرغوب.
الأنظمة الهندسية والتقنية.	تعتمد كل المنظمات على تقنيات متعددة للإنتاج والعمليات، وللمعلومات والتخطيط وللتسويق لانتاج خدمات وسلع.	هل التقنيات مناسبة لمستوى الأداء؟ ما هو الوضع الحالي لتقنية المنظمة مقارنة بأحداث تقنية؟ هل توجد حاجة للتغيرات في التقنية يتم تخطيطها وتنفيذها.	عادة هذه ليست مجالاً لمستشار تطوير المنظمات، ويجب عليه الحصول على المساعدة من خبراء من داخل المنظمة أو خارجها. المقابلات ومناقشة المجموعة التي تركز على التقنية المستخدمة من أفضل الوسائل للحكم على مدى ملاءمة التقنية للأنظمة. الخبير الخارجي قد يعمل مراجعة ثم يقوم بعمل توصيات، وفي بعض الأحيان يقوم الخبير الداخلي بذلك.
الإدارة الإستراتيجية والتخطيط طويل المدى. الرؤية المستقبلية / صياغة المهمة (الرسالة).	مراقبة البيئة بإضافة وحذف بعض المنتجات، والتنبؤ بالأحداث المستقبلية واتخاذ قرارات ذات تأثير على استمرارية المنظمة على المدى الطويل يجب أن تتم حتى تظل المنظمة منافسة وفعالة. الرؤية المستقبلية والمهمة يؤسسان الإطار للإستراتيجية.	من هو المسؤول عن النظرة المستقبلية واتخاذ قرارات طويلة المدى؟ هل لديهم أدوات مناسبة ودعم كافٍ؟ هل كانت القرارات الطويلة المدى فعالة؟ ما هي طبيعة الطلبات البيئية الحالية والمستقبلية؟ ما هي القوى المميزة والكفاءة للمنظمة؟ ما هي الخطورة على المنظمة؟ هل المهمة واضحة؟ وهل هناك اتفاق حولها؟	المقابلات مع صانعي السياسات والمناقشات الجماعية وفحص السجلات التاريخية تعطى معلومات عن هذه العملية.

التعليم التنظيمي	التعليم من النجاحات والإخفاقات الماضية ومن "المنطقة العمياء" الحالية ومن كل أعضاء المنظمة ضروري وحيوي للمنافسة لتطوير نماذج جديدة.	ما هي نقاط قوتنا ومشاكلنا؟ ما هي الملاحظات والأفكار والاقتراحات المتوفرة من أعضاء النظم؟ هل سلوكنا الحالي يتماشى مع ما نتطلع إليه؟ ما هي معوقات التعلم في هذه المنظمة؟ هل النموذج الحالي يتغير؟ هل نسجل فلسفتنا وتعلمنا وتطورنا.	المقابلات والاستبانات وطرق المجموعة للتشخيص وفحص الافتراضات والثقافة والألعاب والتمارين للوعي بمعوقات التعلم التنظيمية، والفحص للروتين الدفاعي، والتبصر بما في ذلك التحليل البيئي.

المصدر: **فرنش وجوتبر**، ٢٠٠٠: ١٧٩ - ١٨١.

(٤) نماذج التشخيص وخطوطه الحمراء

- **نماذج التشخيص:** هناك عدد من النماذج التي يستخدمها ممارسي ومستشاري التطوير التنظيمي لتشخيص وضع المنظمة والمهمة التطويرية. (**Nadler**, 1980: 119 - 131)، وهذه النماذج هي:

* **النموذج التحليلي**
دراسة وفهم التداخل والعلاقات بين الأقسام بوصفها قضية يجب أن تشخص بعناية لتحديد مجالات المشكلة في المنظمة

(A) النموذج التحليلي The Analytical Model: ويسمى أحياناً نموذج (الاختلاف - التكامل)، ويركز على دراسة وفهم التداخل والعلاقات بين الأقسام بوصفها قضية يجب أن تشخص بعناية لتحديد مجالات المشكلة في المنظمة. لأن المنظمة تتكون من أقسام وفروع، وهذه تعمل على إيجاد الاختلاف بسبب خصوصية نشاطها وبالتالي من الضروري أن تعمل بتكامل وتوحد في الجهود إذا أرادت المنظمة أن تكون فاعلة.

ويعتمد هذا النموذج في العادة على فحص أربع خصائص للبيئة التنظيمية يوضحها الجدول الآتي:

جدول (١٢)

خصائص البيئة التنظيمية

الوحدة التنظيمية	خصائص البيئة التنظيمية			
	درجة هيكلة الأقسام	توجه الأعضاء نحو الوقت	توجه الأعضاء نحو بعضهم الآخر	توجه الأعضاء نحو الغايات
المالية	عالي	قصير	عملية رقابية	استثمار
البحث	واطئ	طويل	متساهل	علمي
التسويق	وسط	قصير	متساهل	تسويقي
الإنتاج	عالي	قصير	توجيهي	إنتاجي

(**Brown & Harvey**, 2006: 139)

* نموذج السلوك المنبثق للمجموعة
تقديم إطار مفاهيمي لتحليل سلوك المجموعات وخاصة التداخل والعلاقات البينية لهذه المجموعات

(B) نموذج السلوك المنبثق للمجموعة

The Emergent – Group Behavior Model

هذا النموذج قائم على العمل الذي قدمه (**جورج هومانس George Homans**) حول الجماعات الصغيرة - ويركز هذا النموذج على تقديم إطار مفاهيمي لتحليل سلوك المجموعات وخاصة التداخل والعلاقات البينية لهذه المجموعات ويفترض هذا النموذج أن هناك نمط معقد من السلوك موجود داخل الأنشطة، والتفاعلات، والأحاسيس، والأعراف. يتطور من خلال مجموعات السلوكيات المطلوبة لإنجاز العمل في المجموعة، كذلك تنشأ مجموعات معقدة إضافية من السلوك غير تلك المعروفة تفرضها متطلبات العمل.

* نموذج ادارة الممارس
يقوم على تحليل ستة عوامل أساسية: أسس التخطيط، ممارسات اعمال عامة، التمويل، الاعلانات والترويج، بحوث السوق، الافراد.

(C) نموذج إدارة الممارس The Management Practitioner Model:

طور (ارمسترونغ ووتيلي (Armstrong & Wheatley)، من خلال دراستهما على عينة مكونة من أكثر من (٩٠٠) حالة ممارسة، نموذج تشخيص يقوم على تحليل ستة عوامل أساسية، هي:

- أسس التخطيط، هل توجد رؤية ورسالة وأهداف.
- ممارسات أعمال عامة، هل توجد أنظمة إدارية مناسبة وملائمة.
- التمويل، هل تجري العمليات وفق زمن، مع بيانات مالية مناسبة وخطط.
- الإعلانات والترويج، هل يوجد وعي للربط بين عملية الإعلان والمبيعات.
- بحوث السوق، هل يوجد وعي بما يقوم به المنافسون، واستراتيجياتهم وسياساتهم وكذلك احتياجات الزبائن.
- الأفراد، هل توجد أنظمة للاستقطاب، التدريب، والاحتفاظ بالموارد البشرية. (Armstrong & Wheatley, 1989: 353)

* نموذج الانظمة الاجتماعية - التقنية
تحديد كيف يكون مستوى الارتباط ونوع العلاقات بين النظامين المذكورين ومستوى التغذية الراجعة وهل هي كافية أم لا.

(D) نموذج الأنظمة الاجتماعية - التقنية

The Sociotechnical System Model:

طور هذا النموذج من خلال عمل (إريك تريست وآخرون Eric Trist et al) في معهد (تافزتوك)، واستناداً لهذا النموذج فإن المنظمة هي نظام اجتماعي - تقني،

في تفاعلها وتداخلها مع البيئة الخارجية، هذين النظامين بينهما تداخل وعلاقات وكذلك اعتمادية. ويركز التشخيص على تحديد كيف يكون مستوى الارتباط ونوع العلاقات بين النظامين المذكورين ومستوى التغذية الراجعة وهل هي كافية أم لا.

(E) نموذج خرائط السبب وتحليل شبكة العمل الاجتماعي

Cause maps and social network analysis Model

* **خرائط السبب،** هي عرض رياضي للعلاقات السببية الملاحظة بين المتغيرات، إذ تحدد العوامل الأكثر أهمية (الكمية، السرعة، التردد، الجودة المعنوية) أولاً، من قبل المشاركين من خلال نقاش المجموعة وثم يتم سؤال المشاركين لتحديد العلاقات السببية بين تلك المتغيرات ويتم عرض النتائج في مصفوفة للعلاقات.

> *** خرائط السبب**
> هي عرض رياضي للعلاقات السببية الملاحظة بين المتغيرات، إذ تحدد العوامل الأكثر أهمية (الكمية، السرعة، التردد، الجودة المعنوية) أولاً، من قبل المشاركين من خلال نقاش المجموعة وثم يتم سؤال المشاركين لتحديد العلاقات السببية بين تلك المتغيرات ويتم عرض النتائج في مصفوفة للعلاقات.

* أما **تحليل شبكة العمل الاجتماعي،** فهي أيضاً قائمة على أساسا رياضي لعرض العلاقات بين الأفراد والمجموعات لتشخيص العلاقات البيئية المتداخلة. (Brown & Harvey, 2006: 140) .

> *** تحليل شبكة العمل الاجتماعي**
> تحليل قائم على اساس رياضي لعرض العلاقات بين الأفراد والمجموعات لتشخيص العلاقات البينية المتداخلة.

(F) نموذج تحليل قوى المجال The force - field analysis Model:

هذا النموذج طوره (كورت لوين Kurt Lewin)، وهو أسلوب تشخيصي، ينظر إلى السلوك التنظيمي ليس على أنه نمط إحصائي ولكن على أنه توازن ديناميكي بين القوى التي تعمل في اتجاهات متقابلة، إذ توجد في أي منظمة، قوتين، قوى تدفع نحو التغيير وقوى تعيق حصوله. وإذا كانت القوى الدافعة نحو التغيير والقوى المعيقة متساويتان، فإن النتيجة حصول توازن ويتبقى المنظمة مستقرة وتسمى هذه الحالة توازن شبه مرحلي، أي تغيير متوازن، يتضمن تعديل الأنظمة والهيكل والثقافة الحالية لغرض الاستجابة والتكيف مع التطورات البيئية الكبيرة.

> *** نموذج تحليل قوى المجال**
> أسلوب تشخيصي ينظر إلى السلوك التنظيمي ليس على أنه نمط إحصائي ولكن على أنه توازن ديناميكي بين القوى التي تعمل في اتجاهات متقابلة، إذ توجد في أي منظمة، قوتين، قوى تدفع نحو التغيير وقوى تعيق حصوله. وإذا كانت القوى الدافعة نحو التغيير والقوى المعيقة متساويتان، فإن النتيجة حصول توازن ويتبقى المنظمة مستقرة وتسمى هذه الحالة توازن شبه مرحلي، أي تغيير متوازن، يتضمن تعديل الأنظمة والهيكل والثقافة الحالية لغرض الاستجابة والتكيف مع التطورات البيئية الكبيرة.

ويعرض الشكل (٦٨) مثالاً توضيحياً لاستخدام نموذج تحليل قوى المجال في مسألة معدل الغياب في إحدى المنظمات.

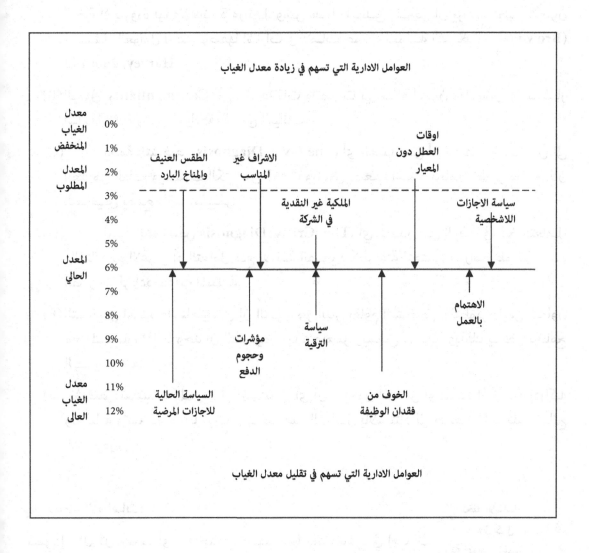

العوامل الادارية التي تسهم في زيادة معدل الغياب

معدل	0%					اوقات
الغياب	1%					العطل دون
المنخفض		الطقس العنيف	الاشراف غير			المعيار
المعدل	2%	والمناخ البارد	المناسب			
المطلوب	3%	- - - - - - - - - - - - - - - - - -				- - -
	4%			الملكية غير النقدية		سياسة الاجازات
	5%			في الشركة		اللاشخصية
المعدل	6%					
الحالي	7%					
	8%					الاهتمام
	9%		مؤشرات	سياسة		بالعمل
	10%		وحجوم	الترقية		
معدل	11%	السياسة الحالية	الدفع		الخوف من	
الغياب	12%	للاجازات المرضية			فقدان الوظيفة	
العالي						

العوامل الادارية التي تسهم في تقليل معدل الغياب

شكل (٦٨)

استخدم نموذج تحليل قوى المجال كنموذج تشخيص

(A) **الخطوط الحمراء للتشخيص:** برامج التطوير غير الفاعلة في الغالب تنتج من تشخيص غير مناسب، لأن مرحلة التشخيص تعد الأساس الذي يعتمد عليه في تنفيذ عمليات التطوير التنظيمي، فإذا كان التشخيص سليماً سيؤدي إلى صياغة استراتيجيات تطوير فاعلة وكفوءة والعكس صحيح، أي إذا كان التشخيص غير سليماً سيؤدي إلى استخدام استراتيجيات تطوير خاطئة تقود إلى الفشل ولا تلبي

الحاجة الحقيقية للتطوير والتغيير بل تؤدي إلى تغييرات غير ضرورية تكبد نظام الزبون كلف باهضة لا ضرورة لها ولا فائدة ورائها. ومن هذا المنطلق يفترض أن يراعي نظام الزبون والمستشار العوامل الآتية بوصفها إشارات وعلامات حمراء لعملية التشخيص. **(Brown & Harvey**, 200: 142)

(B) **الوثوق Confidentiality**، أي بناء علاقات واتصالات بين نظام الزبون والممارس والمستشار أساسها الثقة والسرية والحفاظ على البيانات.

(C) **تخمة التشخيص The Over Diagnosis**، أي الحذر من أن يذهب التشخيص إلى أبعد من الواقع ويستنزف الكثير من الوقت وبالتالي يصعب اعتماد برنامج تطوير ملائم. لأن التشخيص يصبح طقس مستمر.

(D) **أزمة التشخيص The Crisis Diagnosis**، أي الحذر من الوقع في فخ التعامل والقتال مع الأعرض أو التعامل مع الأزمة الصغيرة كطريقة لتجنب البرامج طويلة الأمد الضرورية لزيادة فاعلية المنظمة.

(E) **التشخيص المهدد والساحق**، أي إن الزبون هو الذي يقاوم التشخيص والتطوير وليس التعاون مع المستشار، إذا ما وجد أن التشخيص يهدد ويغمر ويسحق ما يريد وبذلك يرفض برنامج التطوير برمته.

(F) **تشخيص تفضيلات الممارس أو المستشار:** أي أن لا يكون الممارس أو المستشار ضحية إدراكه وتحليله وتشخيصه، بل يكون موضوعياً بالتعامل بالاستناد إلى طبيعة المشكلة ونتائج التشخيص.

ب- خلخلة الأساسات:

وتعني إحلال كل معتقد أو لبنة جديدة تسهم مساهمة مباشرة في إحداث وتحفيز التطوير، بدلاً من كل معتقد أو لبنة قديمة ومهمشة تعرقل برامج التطوير. وحدد (**هاميل**، ٢٠٠٢: ٤٣٦ - ٤٣٧) مجموعة من اللبنات الجديدة التي يجب إحلالها محل اللبنات القديمة، وكما موضحة في الجدول (١٣).

> *** خلخلة الأساسات**
> إحلال كل معتقد أو لبنة جديدة تسهم مساهمة مباشرة في إحداث وتحفيز التطوير، بدلاً من كل معتقد أو لبنة قديمة ومهمشة تعرقل برامج التطوير.

جدول (١٣)

خلخلة الأساسات بإحلال اللبنة الجديدة محل القديمة في صياغة إستراتيجية OD

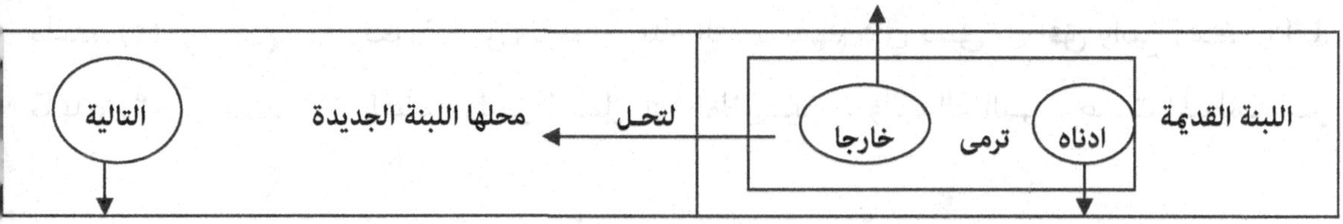

١	الإدارة العليا مسؤولة عن وضع الإستراتيجية	١	يمكن لكل واحد أن يساعد في صياغة الاستراتيجيات التطويرية
٢	الطريق إلى الفوز هي أن تتحسن بسرعة أكبر	٢	التجديد الذي يحطم القواعد هو طريق الفوز
٣	تكنولوجيا المعلومات تخلق ميزة تنافسية	٣	مفاهيم العمل غير التقليدية تخلق ميزة تنافسية
٤	الخطر الكبير هو في أن تكون ثورياً	٤	الزيادة من الأشياء المتماثلة هي الخطر الكبير
٥	يمكننا أن ندمج طريقنا نحو روح المنافسة	٥	ليس هناك من تداخل بين الحجم والربحية
٦	التجديد يساوي منتجات جديدة وتكنولوجيا جديدة	٦	التجديد يساوي مفاهيم عمل جديدة تماماً
٧	الإستراتيجية هي القسم السهل والتنفيذ هو القسم الصعب	٧	الإستراتيجية سهلة فقط إذا امتنعت أن تكون مقلداً
٨	يبدأ التغيير في القمة	٨	يبدأ التغيير بالكفاح من أجل التغيير
٩	مشكلتنا الحقيقية هي التنفيذ	٩	مشكلتنا الحقيقية هي التراكمات
١٠	الوضع على قدم المساواة فضيله دوماً	١٠	التنوع والتغاير هما مفتاحا التجديد
١١	لا يمكن أن تقوم الشركات الكبرى بالتجديد	١١	يمكن أن تصبح الشركات الكبرى الثورية مخضرمة
١٢	أصحاب المواقع المتميزة يفقدون دوماً انطلاقات الباحثين عن الكسب	١٢	يمكن أن تجلب مبادئ وادي السيليكون
١٣	لا يمكنك أن تجعل من التجديد مقدرة	١٣	بالطبع، نعم تستطيع، ولكن ليس دون جهد

المصدر: (**هاميل**، ٢٠٠٢: ٤٣٦ - ٤٣٧) بتصرف محدود.

ج- **اعتماد قواعد بناء منظمة دائمة التطوير:** تتلخص هذه القواعد بما يأتي (**هاميل**، ٢٠٠٢: ٣٨٣ - ٤٢٦):

قاعدة (١) ← توقعات غير معقولة: لحفز التفكير في الغرض بشكل مختلف جداً.

قاعدة (٢) ← تعريف مرن للعمل: عدم التقيد بفهم ذاتي ضيق بل أفق واسع ومتغير دائماً.

قاعدة (٣) ← القضية وليس العمل: أي الولاء للقضية والرسالة التي وجدت المنظمة من أجلها.

قاعدة (٤) ← أصوات جديدة: أي تعلم الاستماع على أصوات ثورية تطويرية باستمرار.

قاعدة (٥) ← سوق مفتوحة للأفكار: أي جعل المنظمة سوق للأفكار تعج بالحركة وعملتها الأساسية هي الأفكار الجديدة.

قاعدة (٦) ← سوق مفتوح لرأس المال: أي الهدف هو التأكد من أن لديك رابحاً كبيراً وليس التأكد من عدم وجود خاسرين.

قاعدة (٧) ← سوق مفتوحة للمواهب: التركيز على إسناد العمل المفرح لنفس العاملين وتحديد سقف دراماتيكي للأداء والإنجاز.

قاعدة (٨) ← التجريب الأقل خطراً: أي تبني المخاطرة المحسوبة والابتعاد عن المخاطرة غير العقلانية.

قاعدة (٩) ← الأقسام التنظيمية المرنة والخلوية: عدم جعل المنظمة نصب قائم بذاته، بل جعلها عددا كبير من الوحدات التطويرية الثورية.

قاعدة (١٠) ← جمع الثروة الشخصية: أي تمنح الأفراد الباحثون عن الكسب فرصة الربح الكبير - فرصة قطف المكافآت متناسية مع دورهم أو لقبهم.

4 . **استراتيجيات التطوير التنظيمي:** تتفق العديد من المصادر أن هناك ست استراتيجيات للتطوير التنظيمي أكثر شيوعاً واستخداماً في الحياة العملية، ويعرض الجدول (١٤) هذه الاستراتيجيات:

جدول (١٤)

استراتيجيات التطوير التنظيمي

ت	عنوان الإستراتيجية	مضامين الإستراتيجية
١	العقلانية التجريبية	• تقوم على افتراض: إن الناس عقلانيون وسوف يتبعون رغبتهم الشخصية العقلانية وبالتالي سوف يتغيرون عندما يدركون أن في التغيير والتطوير ميزة لهم. * **العقلانية التجريبية** *إن الناس عقلانيون وسوف يتبعون رغبتهم الشخصية العقلانية وبالتالي سوف يتغيرون عندما يدركون أن في التغيير والتطوير ميزة لهم.* • مثال على الإستراتيجية: افترض أن مصلاً للتطعيم تم اكتشافه وتم تجريبية وسمح للعامة باستخدامه، وأنت مسؤول عن توزيعه للعامة. فإذا استخدمت هذه الإستراتيجية، فهذا يعني أنك تفترض أن كل الناس العاقلين والمهتمين سوف يستخدمون المصل إذا كان لديهم معلومات ومعرفة عن توفره وفاعليته. وسيكون برنامجك معتمداً على نشر المعلومات والمعرفة؛ وكنتيجة لذلك سوف يأخذ كل شخص المصل طالما أنه لمصلحته.
٢	المعيارية التعليمية	• تقوم على افتراض: أن المعايير تشكل أساسيات السلوك، وأن قبول التغيير يحدث من خلال إعادة عملية التعلم بحيث تلغى الأعراف القديمة ويستبدل محلها بأخرى جديدة. * **المعيارية التعليمية** *إن المعايير تشكل اساسيات السلوك، وأن قبول التغيير يحدث من خلال إعادة عملية التعلّم بحيث تلغى الاعراف القديمة ويستبدل محلها باخرى جديدة.* • مثال على الإستراتيجية: افتراض نفس مسألة مصل التطعيم السابقة، فإذا استخدمت هذه الإستراتيجية، ومع أنك لا تنكر ولا تهمل ذكاء الناس وعقلانيتهم ومصالحهم الشخصية، فأنت تعتقد أن السلوكيات متجذرة في المعايير الثقافية الاجتماعية والقيم والتي يجب أن تتغير إذا كانت الناس ترغب في استخدام المصل، بعض من هذه الاعتقادات يمكن أن يكون- كل الأدوية الحديثة خطيرة حتى يتم استخدامها في الأسواق لمدة عشر سنوات - لذلك يجب أن تفترض أن المعايير والقيم يجب أن تتغير إضافة إلى جعل المعلومة متاحة للعامة. سوف تطلق بشكل مزدوج حملة تعليمية عن الدواء الجديد وحملة لإعادة التثقيف لتغيير معايير وقيم الناس.

٣	القوة الإجبارية	• تقوم على افتراض: إن التغيير والتطوير هو إذعان ممن هم أقل قوة لأولئك الأكثر قوة. ويتم تطبيق القوة بشكل ما، سياسي أو رسمي أو شيء آخر شريطة أن تكون هذه القوة شرعية أو سلطة مقبولة. *** القوة الاجبارية** *التغيير هو اذعان ممن هم أقل قوة لاولئك الأكثر قوة .* ويحتاج تطبيق هذه الإستراتيجية الحصول على سلطات قانونية أو سياسات إدارية. • مثال على الإستراتيجية: افترض نفس مسألة مصل التطعيم السابقة، فإذا كنت تروم اعتماد هذه الإستراتيجية فسوف تكون مهمتك سهلة، لأنها تحتاج إلى إصدار قانوناً ينص على أخذ المصل من قبل الناس وسوف تتأكد من أن الجميع يحترم هذا القانون. وإذا كانت لديك القوة لإصدار وتطبيق القانون، فكل الناس سوف تأخذ المصل.
٤	هياكل التعلم المتوازية	• تقوم على افتراض: إن المنظمات البيروقراطية الكبيرة تعاني من أشكال القصور، مثل: أنماط الاتصالات ومعايير مواجهة المشاكل، تمنع التعلم والإبداع والتغيير. وأن هياكل التعلم المتوازية هي الوسيلة لتعلم كيف تغيير النظام وبعد ذلك تقود عملية التغيير. أن هذه الإستراتيجية، هي عبارة عن هياكل تنظيمية أوجدت خصيصاً وطورت لتخطيط وإدارة برامج التطوير. *** هياكل التعلم المتوازية** *إن المنظمات البيروقراطية الكبيرة تعاني من أشكال القصور، مثل: أنماط الاتصالات ومعايير مواجهة المشاكل، تمنع التعلم والإبداع والتغيير. وأن هياكل التعلم المتوازية هي الوسيلة لتعلم كيف تغيير النظام وبعد ذلك تقود عملية التغيير. أن هذه الإستراتيجية، هي عبارة عن هياكل تنظيمية أوجدت خصيصاً وطورت لتخطيط وإدارة برامج التطوير.* • مثال على الإستراتيجية: منظمة كبيرة تريد إحداث التغيير وإدخال التطوير في أعمالها، ولا تستطيع إحداث ذلك مباشرة، لذا تلجأ إلى هيكل متوازي تمثله منظمة أو وحدة أو لجنة ملحقة، تتعايش مع المنظمة الرسمية، يشكل متوازٍ تتبنى تنفيذ أفكار وسلوكيات جديدة وزيادة تعليم المنظمة الرسمية عليها من خلال خلق جو مناسب للتكيف وتقبل التغيير أو التطوير وتتبنى ممارسته في المنظمة الأم الكبيرة.

٥	الصناديق الستة	• تقوم على افتراض: إن المنظمات إذا رغبت في أن تكون ناجحة، فهناك ستة صناديق (تمثل مناطق مهمة، هي: الغايات، والهيكل البنائي، والمكافآت، والآلية المساعدة، والعلاقات، والقيادة)، يجب أن تسير بشكل صحيح. ويمكن التأكد من صحة عمل هذه الصناديق من خلال الإجابة عن السؤالين التاليين:	*الصناديق الستة إن المنظمات إذا رغبت في أن تكون ناجحة، فهناك ستة صناديق (تمثل مناطق مهمة، هي: الغايات، والهيكل البنائي، والمكافآت، والآلية المساعدة، والعلاقات، والقيادة)، يجب أن تسير بشكل صحيح.

- هل الترتيبات والعمليات التي يقتضيها النظام الرسمي صحيحة لكل صندوق.

- هل الترتيبات والعمليات الناتجة من النظام غير الرسمي صحيحة لكل صندوق.

• مثال على الإستراتيجية: افترض أن هناك مشاكل مع منتج رئيسي- ينتج من قبل المنظمة، ستكون لهذه المشاكل مسبباتها في خلل العمليات الموجودة في واحد أو أكثر من هذه الصناديق. المشاكل قد يكون سببها البنية الضعيفة للهيكل البنائي أو ضعف القيادة أو عدم وضوح الغايات أو غايات متعارضة مع المنتج أو فقدان الآلية المساعدة.

٦	التعاون مقابل القسر	• تقوم على افتراض: هناك ثلاثة أبعاد أساسية (الإطار الزمني – طويل أو قصير، والدعم من الثقافة التنظيمية، ودرجة عدم الاستمرارية في البيئة) تلعب دوراً مهماً في تحديد إستراتيجية التطوير الملائمة (تحويلية) أو (تدريجية) للمنظمة، ويتم ذلك من خلال مصفوفة تقرر أنماط للتطوير التنظيمي.	*التعاون مقابل القسر هناك ثلاثة أبعاد أساسية (الإطار الزمني – طويل أو قصير، والدعم من الثقافة التنظيمية، ودرجة عدم الاستمرارية في البيئة) تلعب دوراً مهماً في تحديد إستراتيجية التطوير الملائمة (تحويلية) أو (تدريجية) للمنظمة، ويتم ذلك من خلال مصفوفة تقرر أنماط للتطوير التنظيمي.

• مثال على الاستراتيجية: المصفوفة التالية تبين تفاعلات الأبعاد الأساسية والإستراتيجية التطويرية الملائمة وأنماط التطوير.

7	تابع للتعاون مقابل القسر	

إستراتيجية تطوير تدريجي	إستراتيجية تطوير تحويلي	
تطوير تشاركي (١) يستخدم عندما تكون المنظمة في توافق لكن تحتاج ضبط قليل أو تكون خارج إطار التوافق لكن الوقت متاح ومجاميع أصحاب المصالح الرئيسية مؤيدين للتغيير.	**تحول كارزمي** (٢) يستخدم عندما تكون المنظمة خارج إطار التوافق وهناك وقت قليل لمشاركة كثيفة وهناك دعم تغيير جذري في المنظمة.	نماذج تعاونية
تطوير قسري (٣) يستخدم عندما تكون المنظمة في توافق لكنها تحتاج ضبط قليل أو خارج إطار التوافق ولكن الوقت متاح وأصاب المصالح الرئيسيين ضد التغيير.	**تحول دكتاتوري** (٤) يستخدم عندما تكون المنظمة خارج إطار التوافق ولا يوجد وقت لمشاركة كثيفة ولا يوجد دعم للتغيير الجذري في المنظمة لكن التغيير الجذري حيوي للاستمرارية المنظمة وتحقق الرسالة الأساسية لها.	نماذج قسرية

طويل ← الإطار الزمني → قصير

المصدر: من إعداد المؤلفين بالاعتماد على:

1- (Zand, 1974 : 63 – 89).

2- (Dunphy & Stace, 1988: 317 – 334).

3- (فرنش وجونير، ٢٠٠٠: ١٥٨)

4- (Chin & Benne, 2005 : 40)

5- (Brown & Harvey, 2006 : 433)

المبحث الثاني

عمليات التطوير التنظيمي وتقويم برامجه

المخطط الانسيابي لمعلومات المبحث ونتائجها

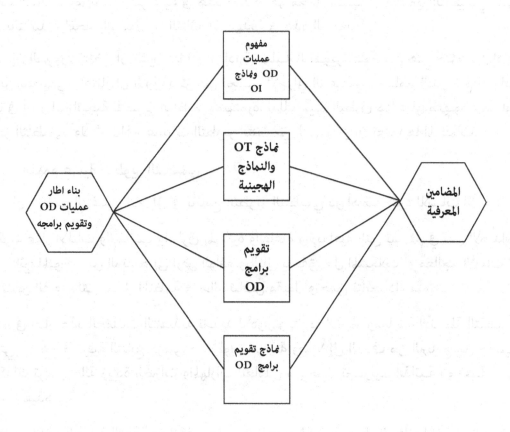

أولاً: عمليات التطوير التنظيمي

إن الدور المتكامل الذي يفترض أن تلعبه إدارة المنظمة ضمن سياقات منهجية للتطوير التنظيمي يفترض أن يتجسد في جعل نشاط التطوير التنظيمي فعال وحيوي ومستدام، وهذا يتطلب مرونة عالية في تنظيم الإطار الفكري الذي يحدد الجهات المسؤولة عن برامج التطوير التنظيمي وأن تحظى بدعم الإدارة العليا، وكذلك أن تأتي هذه البرامج ضمن استراتيجيات وخطط متكاملة واضحة التوجهات والأهداف، وأن تنقل هذه البرامج إلى أرض الواقع من خلال آليات تنفيذ كفوءة لكي يتم متابعتها وتقييم نتائجها.

لقد تم عرض مختلف جوانب تحديد المسؤولين ووضع الاستراتيجيات المناسبة للتطوير في الفقرات السابقة، وما نود التركيز عليه في هذه الفقرة، هو مجمل عمليات التطوير التنظيمي التي ترتبط بالتنفيذ لبرامجه والوصول إلى النتائج المستهدفة في هذه البرامج.

إن الضرورة تقتضي أن نشير هنا إلى إن إدارة عملية التطوير التنظيمي هي جزء من إدارة التطوير التنظيمي، باعتبار أن الأولى تركز على الجانب الإجرائي التنفيذي للبرنامج الذي تم إعداده مسبقاً في إطار إستراتيجية للتطوير التنظيمي مستمرة. لذلك سيتم التطرق هنا على مفهوم عمليات التطوير التنظيمي أولاً ثم نماذج عمليات التطوير التنظيمي التي يمكن أن تعتمدها المنظمات.

1. مفهوم عملية التطوير التنظيمي

إن الجانب التنفيذي الإجرائي في برنامج التطوير التنظيمي ذو أهمية كبيرة للأسباب الآتية :-

- لكونه يمثل الآليات والأساليب والطرق المبتكرة والفاعلة والإبداعية التي تساهم في نقل الأهداف والنتائج المتوخاة من البرنامج إلى أرض الواقع وبالتالي يتحقق حل المشكلات أو معالجة الأزمات أو اقتناص الفرص التي تجعل المنظمة في حالة تنافس مقبول وتحقق نتائج أداء متميز.

- يتم في إطار هذه العمليات التنفيذية تحديد للأدوار ومتابعة الانجاز وممارسة الأنشطة التفصيلية التي تساهم في ترقية التتابع الزمني والخطوات اللازمة وصولاً إلى الهدف من البرنامج من جانب، وكذلك ترصين حالة زيادة الخبرات والمهارات للعاملين من خلال تجاربهم الذاتية الواقعية التي يتم تنفيذها.

- تتضمن هذه العملية التخصيص الكفوء والرشيد للموارد اللازمة، وبالتالي فأنها المحك الصحيح لقدرة إدارة التطوير التنظيمي على ترتيب ومنهجه مختلف جوانب البرنامج وتحقيق النتائج الواردة فيه ضمن أفضل الصيغ.

- تبقى أفضل برامج التطوير التنظيمي المعدة إعداداً ممتازاً مجرد حبر على ورق اذا لم تنقل وتترجم إلى إجراءات تنفيذية تعكس قدرة المنظمة على نقل رغبتها في التطوير والتحسين إلى ممارسة مستدامة على أرض الواقع وبمختلف جوانب العمل.

- تجسيد منظور المنظمة في حشد فعال وكفوء للموارد المختلفة وهذا يساهم في تراكم الخبرة التنفيذية. هكذا ومن خلال بروز أهمية الجانب التنفيذي الإجرائي لبرامج التطوير التنظيمي في المنظمات، يتبلور وضوح لتعريف محدد لهذا المفهوم الخاص بعمليات التطوير التنظيمي لنعبر عنه كالآتي: " مجمل الخطوات والآليات والطرق التي يتم من خلالها تجسيد قدرة إدارة التطوير التنظيمي إلى ترجمة برامجها في التطوير بإجراءات وترتيبات محددة يتم في إطارها نقل النتائج المستهدفة من هذه البرامج إلى أرض الواقع بممارسات وأنشطة متتابعة ومدروسة بعناية لكي ترتقي المنظمة من خلال ذلك ".

*** عمليات التطوير التنظيمي**
مجمل الخطوات والآليات والطرق التي يتم من خلالها تجسيد قدرة إدارة التطوير التنظيمي إلى ترجمة برامجها في التطوير بإجراءات وترتيبات محددة يتم في إطارها نقل النتائج المستهدفة من هذه البرامج إلى أرض الواقع بممارسات وأنشطة متتابعة ومدروسة بعناية لكي ترتقي المنظمة من خلال ذلك

ويصبح من الطبيعي القول أن هذه الخطوات والآليات والطرق قد يكون بعضها مهماً ونلاحظه موجود رغم اختلاف برامج التطوير التنظيمي في حين تصلح طرق وآليات معينة لبرامج بذاتها دون برامج أخرى.

2. نماذج عمليات التطوير التنظيمي

إذا كانت برامج التطوير التنظيمي متنوعة ومختلفة سواء على صعيد شموليتها وجزئيتها، أو على صعيد جذريتها وعمق التداخلات والتغييرات فيها فأنها أي البرامج يمكن أن يغطيها نموذج عملي عام يحاكي مختلف الخطوات والمراحل في هذه البرامج. لقد عرض **(Brown and Harvey**: 2006: 15) نموذج عام للتطوير التنظيمي تضمن الخطوات التالية:-

(١) تقدير الحاجة للتغير.

(٢) تطوير العلاقات بين المستشار والمنظمة.

(٣) مرحلة التشخيص.

(٤) الاستراتيجيات، وخطط التنفيذ والتكنيك.

(٥) الرقابة والتجديد الذاتي والاستقرار.

إن خطوات هذا النموذج العام تمثل مراحل متعاقبة يفترض أن تعيرها إدارة المنظمة الجهود والتركيز الذي تستحق لكي تؤتي برامج التطوير التنظيمي النتائج المرجوة منها ضمن منظور شمولي ورؤية واضحة متصاعدة.

فبعد أن يتم تقدير الحاجة لتطوير التنظيمي من خلال تقدير مستوى التغيير المطلوب لترقية حالة المنظمة وتحسين مستويات الأداء فيها، فأن المدراء يدركون بشكل محسوس هذا الأمر ويدعوهم على اعتماد طرق وآليات جديدة. هنا قد يصار إلى تبني مدخل اعتماد مستشار خارجي متخصص لكلي تطور العلاقة معهُ لتبدأ الإجراءات الفعلية التنفيذية من قبيل التشخيص ووضع خطط التنفيذ واعتماد تكنيك مناسب. ومن الطبيعي أن يكون هذا الأمر ضمن استراتيجيات تقرها الإدارة العليا، ليتم التنفيذ والرقابة في إطارها، ولتصبح استمرارية العمل بهذا النهج حالة ديمومة معاشه بشكل متفرد لتعطي المنظمة القدرة على التجديد الذاتي وحل مشاكلها واقتناص الفرص بذاتها.

وهنا فأن هذه الفقرة تركز الانتباه على صيرورة عمليات التنفيذ وإجراءاتها الفعلية، والتي نجد تجسيد لها في الخطوات (٣ ، ٤) والخاصة بالتشخيص ووضع خطط التنفيذ واعتماد التكتيك المناسب لذلك. وحتى هذه النماذج لعلميات التطوير التنظيمي نجدها تختلف باختلاف فيما إذا كانت مرتبطة بالتطوير التنظيمي التزايدي المنهج والمدروس ضمن رؤية ومنظور تراكمي، بمعنى (OI)، أو أنها تلبي مدخل التطوير التنظيمي التحويلي (OT) والذي يأتي سريعاً ضمن تغيير جذري سريع يعيد التمحور والتمركز الأساسي للمنظمة. وعلى هذا الأساس سنعرض في الأدنى نماذج (OI) ونماذج (OT) والنماذج الهجنية الملائمة لتجسيد التطوير التنظيمي على أرض الواقع.

أ- نماذج التطوير التدريجي (التزايدي) التنظيمي OI

لقد طرح الباحث (Harrison: 2005: 325) فكرة أن اندماج الأفراد والفرق والإدارات في صيرورة عمليات التطوير التنظيمي تعتمد على نوع استراتيجيات التطوير والتغيير المعتمدة وعمق ما مطلوب من تغيير فيها. ويدعي الباحث أن أغلب نماذج عمليات التطوير تركز على النتاج النهائية بدلاً من صيرورة عمليات التغيير والتحول والتي بموجبها يتم إنجاز وتحقيق هذه النتائج.

وإذا علمنا أن مجالات التطوير التنظيمي تلامس مختلف أوجه العمل والأنشطة في المنظمة وتعالج المشاكل التي تظهر وتتيح الإمكانات لاقتناص الفرص، فأن مجالات هيكل المنظمة وتصميمه، وتكنولوجيا العمليات المرتبطة بها وكذلك الجوانب المتعلقة بالموارد البشرية من قيم وسلوكيات وثقافة منظمية هي التي ينصب عليها التغيير لغرض التطوير.

ويلاحظ أن الذي يحكم عمليات التطوير التنظيمي التدريجية أو التزايدية جملة من الاعتبارات لها تأثير بشكل مباشر أو غير مباشر على نماذج هذا النمط من التطوير، نذكر منها الآتي:

(١) إن عمليات التغيير والتطوير ضمن هـذا النسق التـدريجي يغلب عليهـا صفة التراكميـة في عمليات التطوير والتي تأتي ضمن منظور مدروس بعناية وتم التخطيط له بما متاح من وقت كافي ومتسع من المشاركة والاستشارة.

(٢) يغلب على عملياته صفة الاستمرارية ووجود التهيئة والتجهيز المسبق ضمن بـرامج تتـداخل فيها المديات الزمنيـة وبالتـالي نجـد البرامج قصيرة الأمـد في إطار خطة للتطوير متوسطة وطويلة الأمد.

(٣) يتم الاعتناء بنسق هـذه البرامج باعتبارهـا تعالج مشاكل معروفـة ومشخصـة بشـكل أولي وبالتالي تنتفي عنها صفة المفاجئة السريعة غير المحسوبة.

(٤) يغلب على أهداف هذه البرامج صفة استمرارية حالة النظام لتضيف تحسـينات وتطوير جزئي وبشكل مستدام. هذا يعني إن التغيير فيها يندرج ضمن النمط (أ) (الفا) والنمط (ب) (بيتا) وفي حالات معينة النمط (ج – A) (كاما A)، أما النمط (ج – B) (كاما B) فأنه ينـدرج ضمن برامج التحول التنظيم.

وهكذا يمكن القول أن نماذج التطوير التنظيمي التدرجية تتاح فيها الإمكانية والزمن لأن يـتم تقدير الحاجة للتغيير والتطوير كمرحلة مهمة، وكذلك تطوير العلاقات مع المستشار باعتباره صاحب خبرة ومهارة في مجالات التغيير المطلوبة. إن مرحلة التشخيص ووضع خطط التنفيذ واعتماد الأساليب والتكنيك المناسب تأتي منسجمة مع هذه التوجهات.

إن وجود عدد كبير من نماذج عمليات التطوير التنظيمي التـدرجي (التزايـدي) جاء مرافقاً للتطور والتغيير الإيجابي الذي مكن المنظمات من التكيف والتعامل مـع مجريـات الأحـداث في بيئة المنظمة الخارجية على وجه الخصوص، من قضايا منافسة وتوريد ومتطلبات أصحاب المصالح.

وإذا أردنا أن نشير إلى البعض من هذه النماذج فيمكن أن نذكر :

(A) الإدارة بالأهداف M.B.O

(B) نماذج وضع الأهداف Goals Setting models

(C) التحليل الوسائلي للعمليات Instrumental Process analysis

(D) عمليات التخطيط Planning process

(E) المنهج الخماسي لروبنسون وروبنسون 5 stages approach

(F) نموذج عمليات تكوين القيمة للتطوير التنظيمي Value Creation Process

(G) نموذج التحليل المتدفق Stream Analysis model

(H) نموذج الأبعاد الثلاثة The three dimantions model

(A) الإدارة بالأهداف Management by objectives

في إطار عمليات التطوير التنظيمي تمثل الإدارة بالأهداف تكنيك يمكن أن يحدد بخطوات مدروسة ومتعاقبة لوضع الأهداف. إن صيرورة هذه الخطوات والمراحل تعطي الإمكانية لتكامل الأهداف الفردية والجماعية والمنظمية. هكذا يعطي (George Odiorne) الاستشاري المتميز في الإدارة بالأهداف تعريف لها بكونها تمثل عمليات بواسطتها يحدد الرؤساء والمرؤوسين في المنظمة بشكل مشترك الأهداف وكذلك يحدد لكل فرد المجالات الأساسية للمسؤولية في مضمون النتائج المتوقعة واستخدام هذه القياسات لتوجيه العمليات لكل وحدة ولتقييم مساهمة كل عضو من الأعضاء (**Ordiorne:** 1979: 53).

* الإدارة بالأهداف
عمليات بواسطتها يحدد الرؤساء والمرؤوسين في المنظمة بشكل مشترك الأهداف وكذلك يحدد لكل فرد المجالات الأساسية للمسؤولية في مضمون النتائج المتوقعة واستخدام هذه القياسات لتوجيه العمليات لكل وحدة ولتقييم مساهمة كل عضو من الأعضاء.

وإذا كان هدف هذا المدخل تتضمن العديد من الجوانب منها تحسين الأداء، تقوية وتفعيل الاتصالات والمشاركة، ترقية المعنويات والرضا الوظيفي ومعرفة جيدة لأهداف المنظمة في جميع المستويات، فأن هذه الجوانب تمثل مفردات مهمة في العديد من برامج التطوير التنظيمي التدريجية. إن الإدارة بالأهداف باعتبارها تحوي افتراض أن الأفراد لديهم مستوى عالي من الحاجات للإنجاز والقدرات ويرغبون في تحقيق رضا من خلال العمل، فأنهم يؤدون بأحسن الصور على اعتبار أن مشاركتهم في وضع الأهداف تساهم في هذا الأمر. هنا على الإدارة أن توجد مناخ مشجع للتطوير الذاتي للأفراد.

من بين العديد من الأسباب التي تدعو اعتماد الإدارة بالأهداف في المنظمة الآتي:-

- يساهم هذا المدخل في توضيح وتحديد أهداف المنظمة والخطط في جميع المستويات.
- الحصول على أفضل تحفيز ومشاركة من قبل أعضاء المنظمة.

إن المشاركة في صيرورة وضع الأهداف تسمح للمديرين بمراقبة وتشخيص الأداء من خلال عملية قياس الأداء والنتائج قبالة الأهداف التي وضعها المرؤوسين ويتحملون مسؤوليتها اقترح Dougles McGregor مدخل محور من الإدارة بالأهداف في إطار مفهوم " الإدارة بالتكامل والرقابة الذاتية " وفي هذا المدخل المحور يفترض أن يؤسس المدراء أهداف الأداء بعد الوصول إلى اتفاق مع المرؤوسين على مسؤولياتهم المرتبطة لوظائفهم في المنظمة.

إن عمليات الإدارة بالأهداف تشكل إطار عام بمراحل مترابطة، رغم أن مستشاري التطوير التنظيمي لديهم طرق عديدة لتنفيذ الإدارة بالأهداف، أغلبها يؤكد على الحاجة إلى الالتزام من قبل الإدارة العليا في المنظمة. وكما في العديد من برامج التطوير التنظيمي، تبدأ الإدارة بالأهداف في المستوى الأعلى للمنظمة وتعمل مفعولها إلى الأسفل. هكذا توصف الإدارة بالأهداف كعمليات تحوي سلسلة من خمس مراحل مترابطة كما يعرضها الشكل (٦٩).

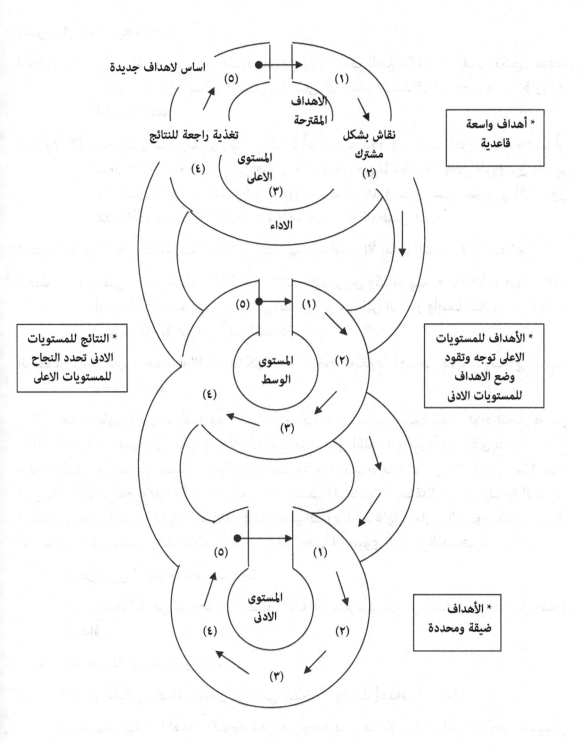

شكل (٦٩)

خطوات عمليات الإدارة بالأهداف

ونعرض في أدناه هذه الخطوات

الخطوة (١)، يعرض المرؤوسين على المدير مجموعة أهداف للفترة القادمة والتي تكون ملائمة ومنسجمة مع أهداف المستوى الأعلى. إن هذه الأهداف المقترحة محددة وتمثل قياسات الأداء.

الخطوة (٢)، يطور المرؤوسين والمدير بشكل مشترك أهداف محددة والمسارات الموصلة لها. يجب أن تكون الأهداف محددة يمكن قياسها لكل مجال من المسؤولية. يوافق المرؤوسين والمدير على هذه الأهداف، والمسؤولية المحورية مرتبطة بالمرؤوسين. من الضروري أن تحوي هذه الأهداف على أهداف الأداء وأهداف المسار الوظيفي للفرد.

الخطة (٣)، هناك فترة للأداء ينهمك خلالها الفرد بمحاولة انجاز الأهداف الشخصية المحدد له.

الخطوة (٤)، يعطي المدير تغذية راجعة حول النتائج للمرؤوس وكذلك يمنحه المكافآت حول الأداء. أن هذا الأداء الفردي يفحص ويراجع ويقيم ويناقش الانجاز وأيضاً التغيرات في الأداء الشامل مقارنة مع المسارات المحددة.

الخطوة (٥)، تفحص متحصلات الأداء وتشكل قاعدة لوضع مجموعة أهداف جديدة، وتدوير عملية وضع الأهداف.

هكذا تكون الإدارة بالأهداف عمليات تجديد ذاتي مستمر. فترة إنهاء دورة انجاز ضمن برنامج MBO قد تطول أو تقصر في إطار البرنامج ذاته، لكن أغلب البرامج تأخذ مدى للفحص ربع سنوي وكذلك مراجعة رئيسية سنوية للأهداف. وكما في تداخلات التطوير التنظيمي، مثل بناء الفريق، فأن برامج الإدارة بالأهداف تجهز في أغلب المنظمات باستقلالية عن برنامج التطوير التنظيمي، هكذا فأن الإدارة بالأهداف تمثل عمليات ربما يدخلها ممارس التطوير التنظيمي في المنظمات. ولكي تستخدم كتدخلات تطوير تنظيمي يجب أن تحوي الإدارة بالأهداف على:

- مدخل فريق لوضع وفحص المسارات.
- مشاركة حقيقية من المرؤوسين لوضع الأهداف مع تأكيد على اتفاق مشترك على هذه الأهداف.
- ثقة متبادلة بين المرؤوس والمدير.
- اهتمام حقيقي بأهداف المسار الوظيفي الشخصي وكذلك أهداف المنظمة.

إن اعتماد الإدارة بالأهداف كتوجه للفريق يجعله يبني تدخلات في برنامج التطوير التنظيمي بشكل جيد، لكون هذا الأمر يزيد من رضا العاملين ويحفزهم للإنجاز بوتائر متصاعدة.

* نماذج وضع الأهداف

وضع الأهداف بشكل مبكر في عملية تنفيذ أي برنامج للتطوير التنظيمي.

(B) نماذج وضع الأهداف Goals setting models

بشكل أو بآخر تستخدم جميع أساليب وعمليات وضع الأهداف كجزء مهم وفعال من برنامج التطوير التنظيمي. إن الأهداف العامة تعطي التوجه وتشتق منها الأهداف الفرعية المحددة. وفي المنظمات الكبيرة فأن هذا الأمر ربما يكون برنامج رسمي ليتم تطوير المنظمة في إطار اعتماد صيغة لصورة ذهنية لما ترغب أن تكون عليه المنظمة مستقبلاً.

إن برامج التطوير التنظيمي تستند في الحقيقة بثقل كبير على عمليات وصيروة وضع الأهداف. وإذا كان التطوير التنظيمي يمثل تغيير مخطط، فالكي يأخذ هذا التغيير مكانة تحتاج إلى وضع الأهداف بشكل مبكر في عملية تنفيذ أي برنامج للتطوير التنظيمي. إن الخطة تمثل سلسلة الخطوات التي تحرك المنظمة باتجاه انجاز الأهداف المحددة ضمن برنامج التطوير المعتمد من قبلها.

لقد أشارت العديد من الاستطلاعات إلى أن وضع الأهداف يمثل تكنيك ضمن برامج التطوير التنظيمي التي يعتمدها المديرون الناجحون (**Brown and Harvey**: 2006: 346) في المنظمات المختلفة. هذا يعني أن وضع الأهداف ربما تستخدم كأساليب تداخلات ضمن برنامج التطوير التنظيمي. وبذلك فأن وضع الأهداف قد يصل إلى أبعد من مجرد تحسين مساهمة الأفراد، بل يرتقي بالإنتاجية ويمكن من التقدم على المسار الوظيفي، وأن هذا الأمر يطاول المجموعات ومستوى الوحدات الإدارية والأقسام التي تتكون منها المنظمة.

لقد تم التعبير عن خصائص مهمة لنظرية وضع الأهداف يمكن تلخيصها بالآتي:-

- إن الأهداف الأصعب والعقد والتي تثير التحدي تنتج أداء أفضل، وقد يصل هذا الأمر حد القول أن تأثير الوصول إلى أهداف متواضعة جداً وبسيطة لا يكون أفضل من عدم وجودها على الإطلاق.
- الأهداف المحددة الصعبة أفضل بكثير من " أعمل ما هو أفضل " من الأهداف، إن التحدي والصعوبة والإثارة في الأهداف لا تعني عدم تحديدها.
- قد يترك الأفراد الأهداف إذا أصبحت صعبة جداً لحدود الاستحالة، هذا يعطي معنى للقول رغم أن الأهداف صعبة لكن يمكن أن يصل إليها الأفراد، أو يقتربون منها بحدود عالية على الأقل. الأهداف المستحيلة غير المشجعة تثبط الهمم وتترك وهذا يؤيد القول إن إدراك العاملين للأهداف بكونها مستحيلة يؤدي على تدني الأداء.
- إن المشاركة في وضع الأهداف يرقي ويزيد الالتزام بالوصول إليها، الأفراد أكثر التزام بالهدف الذي وضعوه بأنفسهم قياساً للهدف المؤشر لهم من قبل المدير. يزداد رضا العاملين وتحفيزهم الذاتي، وتقل الضغوط في حالة مشاركتهم في تشكيل بيئة العمل.

- عندما يتم إيجاد توليفة مناسبة من صنع الأهداف مع تغذية مرتدة حول الأداء الفردي فأن هذا الأمر له تأثير إيجابي على الأداء. لا قيمة لإعطاء تغذية راجعة للعاملين إذا لم تكن الأهداف محددة ومقاسه.

- اختلاف المستوى الفردي يميل إلى عدم التأثير على مبدأ وضع الأهداف، تتطلب الضرورة وجود أهداف توضع بعناية من خلال برنامج واضح في المنظمة. العديد من برامج وضع الأهداف في المنظمات تقتصر على المستويات العليا والوسطى، وربما يكون هذا الأمر متأثر بنتائج البحوث والدراسات التي تشير إلى أن وضع الأهداف يتطلب تعلم ومهارات كافية. أن الأفراد ضعيفي الاحتياج للإنجاز وتقديرهم الذاتي ضعيف، لا نتوقع منهم إنجاز عالي للأهداف بمجرد مشاركتهم في وضعها، لذلك فأن نظام العوائد والعقوبات الخارجي مطلوب لتوليد الالتزام لديهم.

- إن وضع الأهداف للفريق يحتفظ باعتبارات خاصة. بشكل عام أن وضع الأهداف للأفراد صعب لتداخل مهام الفريق وهكذا ينتج عنه أداء ضعيف قياساً لوضع أهداف للفريق بكامله. إن الالتزام بأهداف فردية يولد منافسة بين الأفراد وقليل من التعاون. لذلك عندما يطلب من الأفراد العمل بفريق ويكون العمل متداخل ومعتمد، من الضروري أن تكون الأهداف الفردية تسهل الوصول إلى غاية الفريق.

- الدعم الإداري يمثل ضرورة محورية، إن برامج وضع الأهداف تحتاج إلى دعم من جميع المستويات الإدارية لنجاحها. على المديرين والقادة أن يعطوا عناية حتى للخطوات الصغيرة التي ترقي الأهداف وتحسن الوضع. من الضروري مكافئة من ساهم في إنجاز الأهداف باستمرار وعدالة.

ومع أن نماذج وضع الأهداف يمثل بعضها خصوصية للمنظمات إلا أن النموذج العام الذي طوره (latham and locke) يعتبر الأساس العملي لأغلب هذه النماذج، ويعرض الشكل (٧٠) فكرة هذا النموذج.

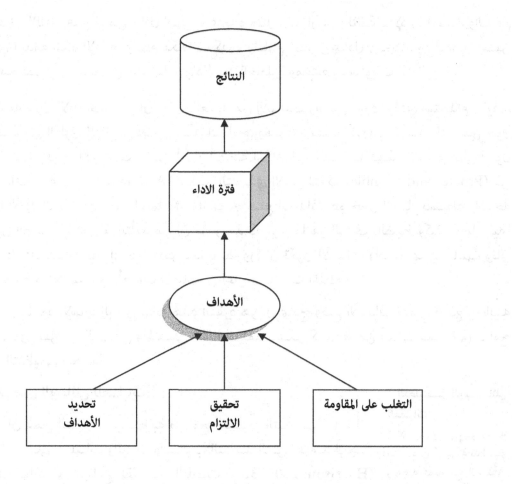

شكل (٧٠)

وضع الأهداف

إن وضع الأهداف في المنظمة يتطلب التخطيط له بعناية، حيث يؤمل له تحقيق النجاح من خلال التزام الأفراد في إنجاز هذه الأهداف. أن العوامل الثلاث في قاعدة الشكل السابق ذات أهمية قصوى في صيرورة الأهداف الواردة ضمن برنامج للتطوير التنظيمي، وهي التأسيس لتحديد الأهداف، توليد التزام عالي بهذه الأهداف، والتغلب على مقاومة عدم قبول هذه الأهداف.

- تؤسس الأهداف بطريق وأساليب عديدة ومتنوعة، دراسة الأنشطة والوقت والحركة تؤسس قاعدة لاحتواء الأهداف من خلال الإعادة ومقايسه المهام والأدوار. يمكن كذلك أن يكون وضع الأهداف من خلال المعايير للأداء الماضي، لكن هذا الأمر لا يثير التحدي بل قد يضعف الأداء.

- تحقيق الالتزام قد يأتي من خلال أساليب عديدة مثل المشاركة، والثقة بالإدارة العليا، والدعم الذي تقدمه هذه الإدارة، ونظام مكافئات كفوء ونظام تحفيز عادل وغيرها. إن العمل ضمن برنامج تطوير تنظيمي إلى بناء ثقة متبادلة بين العاملين ومختلف مستويات التنظيم.

- مقاومة قبول الأهداف يمكن أن تقلل بالعديد من الأساليب والطرق، وربما يؤدي استخدام توليفه مناسبة من الطرق إلى نتائج أفضل ضمن البرنامج. وهنا يتم تقديم تدريب مناسب للعاملين حول التكنيك الجديد والإجراءات ضمن إطار أنظمة المكافئات والتحفيز فهذه تشجع على قبول الأهداف - لقد عبر (A.G. lafley) الرئيس التنفيذي الأعلى لشركة (Procter and Gamble) عن هذا الأمر بالقول "إن سبب اعتماد شركته نموذج صنع الأهداف هو جعل الأشياء بسيطة واضحة لكون الصعوبة تكمن في التأكد من أن كل واحد قد فهم ما هو الهدف بالضبط وكيف يصل إليه" (**Berner**: 2003: 62). إن هذا الأمر يندرج بضرورة أن تكون الأهداف واضحة يمكن قياسها، وتأتي منسجمة ومتكاملة مع الأهداف المصاغة في أعلى مستويات المنظمة.

إن ما نود الإشارة إليه في نهاية هذه الفقرة هو أن نماذج وضع الأهداف تعطي نتائج إيجابية على المستوى الفردي والجماعي والمنظمي، لذلك تعتمد بشكل كبير ضمن آليات عملية في برامج التطوير التنظيمي المختلفة.

(C) التحليل الوسائلي للعمليات

إن عمق التغيير الذي يتطلبه برنامج التطوير التنظيمي له تأثير وانعكاس على عمليات وآليات وأساليب التنفيذ التي تعتمد لإنجاز الأهداف الواردة في البرنامج. لقد طرح الباحث (**Harrison**: 2005: 325 - 335) فكرة هذا النموذج، بعد أن بين أن أغلب النماذج الأخرى تركز على النهايات والنتائج بدلاً من العمليات والصيرورات التي بواسطتها نصل إلى هذه النتائج مثل الإدارة بالأهداف. في التحليل الوسائلي للعمليات لا يعتنى فقط بالأداء بل بالعمليات الموصلة إليه لترقية الانجاز وتطوير المنظمة. إن المنطلق الأول هنا، هو العناية بالأساليب والصيرورات كعمليات مرتبطة بالعمل ذاته بدلاً من العمليات المرتبطة بالعلاقات بين الأفراد.

*** التحليل الوسائلي للعمليات**

تحليل يركز على رغبة الفرد في كيفية تنظيم وتوجيه عمله مع الأخذ في الاعتبار بمن يؤثر أسلوبه في العمل بالآخرين في المنظمة. كذلك كيف يتوقع ويرى الفرد دوره، وبذلك ينشط بقوة وما الذي يختار أن يتجاهله في هذا الأمر.

إن هذا المدخل والنموذج الذي يهتم بتحليل وسائلي للعمليات يركز على رغبة الفرد في كيفية تنظيم وتوجيه عمله مع الأخذ في الاعتبار بمن يؤثر أسلوبه في العمل بالآخرين في المنظمة. كذلك كيف يتوقع ويرى الفرد دوره، وبذلك ينشط بقوة وما الذي يختار أن يتجاهله في هذا الأمر. إن الاهتمام منصب على الأفعال والوسائل لدى الفرد بشكل مباشر وانعكاس ذلك على الآخرين، هكذا يتم رؤية تفويض السلطة أو الاحتفاظ لنفسه بالقرارات، الاتصالات أو حجب المعلومات، التعاون والتنافس مع الآخرين في إطار قضايا العمل المترابطة.

إن استخدام هذا النموذج ضمن برامج التطوير التنظيمي يساعد ويساهم في تشذيب محتوى مختلف العمليات التي تؤدي إلى التقدم في التنفيذ باتجاه الأهداف الواردة في البرنامج. لذلك فأنه يمثل صيغة عملية يمكن أن نجد لها تطبيقات في مختلف مراحل النموذج العام لعمليات التطوير التنظيمي، أو باستخدام أكثر عملي في مرحلة التشخيص والاستراتيجيات ووضع الخطط التنفيذية.

*** عمليات التخطيط**

ترشيد استخدام الموارد وتحقيق أهداف متصاعدة.

(D) عمليات التخطيط

يمكن القول أن العملية التخطيطية ومنذ البداية جاءت لتلبي حاجات متزايدة لترشيد استخدام الموارد وتحقيق أهداف متصاعدة. لذلك توجد علاقة قوية بين تطور عمليات التخطيط وتفعيل هذه الأنشطة وزيادة قدرة المنظمة على التحسين والتطور. ونظراً للاستخدامات المتنوعة للعملية التخطيطية فقد اعتمدت كمنهج ونماذج للتطوير التنظيمي، في أغلب أنواع المنظمات (Harry: 1974 : 36 – 52).

وفي الإطار العام فأن مراحل وصيرورة العملية التخطيطية تعطي الإمكانية لاعتمادها من قبل ممارس التطوير التنظيمي لإدخال تعديلات وتطوير جوهري أو جزئي متزايد في المنظمة. هكذا يمكن تطويع مراحل العملية التخطيطية لتؤطر أي برنامج للتطوير التنظيمي وكما يعرض ذلك الشكل (٧١).

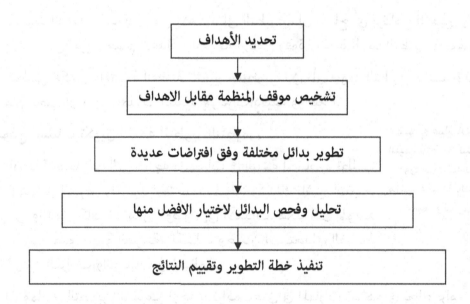

شكل (٧١)

اعتماد التخطيط كمدخل للتطوير التنظيمي

(E) المنهج الخماسي لروبنسون وروبنسون

> * المنهج الخماسي لروبنسون وروبنسون
> خطوات عملية تطبيقية متصاعدة تسهل نقل الأفكار والرؤى التي ثم وضعها ضمن برنامج التطوير التنظيمي إلى أرض الواقع وتحقيق نتائج بشكل محسوب الخطوات.

لقد طور الباحثان (روبنسون وروبنسون: ٢٠٠٠) منهج خماسي المراحل والخطوات يمكن أن يعتمد من قبل المنظمات لإجراء عمليات التطوير والتغيير التنظيمي. وهذا النموذج يمثل خطوات عملية تطبيقية متصاعدة تسهل نقل الأفكار والرؤى التي ثم وضعها ضمن برنامج التطوير التنظيمي إلى أرض الواقع وتحقيق نتائج بشكل محسوب الخطوات. إن مراحل هذا النموذج فهي:

- التهيئة والاستحضار والاستعداد النفسي والذاتي لعملية التطوير والتغيير، وهذه المرحلة مهمة جداً يتوقف عليها نجاح جهود التطوير، ويمكن أن يستخدم هنا العديد من الوسائل والطرق المناسبة في هذه التهيئة والاستعداد.
- اختيار وتكوين فريق العمل الأساسي والذي يضع الترتيبات المهمة لبرنامج التطوير التنظيمي ويتابع مختلف أوجه العمل في البرنامج.
- الحصول على دعم وموافقة الإدارة العليا، وهذا الدعم ضروري للبدأ بالتطوير في حالة ما إذا انطلقت هذه الجهود من جهات أخرى في المنظمة لذلك تقتضي الأمر رعاية هذه الجهود والبرامج من الإدارة العليا للمنظمة.
- التمهيد للانتقال التدريجي من الإعداد إلى التطبيق، إن نجاح أي برنامج للتغيير والتطوير يعتمد على أمرين حسم الإعداد والصياغة لبرنامج وقوة وكفاءة آليات التطبيق والتنفيذ.
- التطبيق الكامل والمتابعة الفعلية للتغيير والتطوير، لكي تأتي جهود التطوير بالنتائج المتوخاة منها يجب أن تتابع عمليات التنفيذ بمؤشرات دقيقة وواضحة.

(F) نموذج عمليات تكوين القيمة للتطوير التنظيمي

> * نموذج عمليات تكوين القيمة للتطوير التنظيمي
> دورة متكاملة لخطوات مترابطة تبدأ بالتشخيص، فالتصميم، والنشر، والتقييم، والتعزيز

إن كثرة التحديات التي تواجه المنظمات في البيئة المعاصرة تطلب السرعة لاقتناص الفرص وترشيد استخدام الموارد وكذلك تأشير الاتجاه الاستراتيجي واندماج كافة العاملين للوصول إلى الأهداف. هكذا كان الموجه العام لجهود التطوير هو السرعة، الكفاءة وحسن الاستخدام، الضغط للكلف لترشيد القرارات والعمليات في المنظمة.

إن ممارسي التطوير التنظيمي أوجدوا تراكم معرفي في المهارات تساهم في نجاح برامج التطوير التنظيمي. أن نموذج عمليات إيجاد القيمة في برامج التطوير ينطلق من دورة متكاملة لخطوات مترابطة تبدأ بالتشخيص، فالتصميم، والنشر، والتقييم، والتعزيز وكما يعرض ذلك الشكل (٧٢).

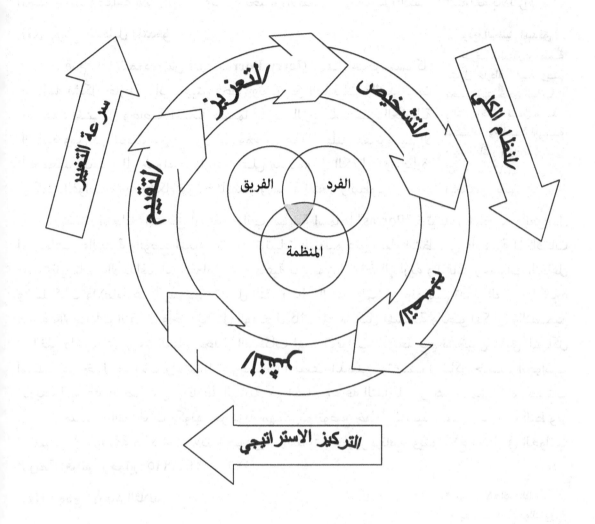

شكل (٧٢)

عمليات إيجاد القيمة للتطوير التنظيمي

كما أن النموذج يعرض ثلاثة اتجاهات رئيسية لتسريع زيادة إيجاد القيمة من قبل برامج التطوير التنظيمي الأول سرعة التغيير، حيث إن المنظمات الرائدة لا نكتفي للتعامل بفاعلية مع حقيقة الواقع الحالي للحصول على ميزات تنافس بل تجتهد لتأخذ زمام المبادرة في الاستفادة من التغييرات للتعامل مع المستقبل. الثاني يمثل التدخلات في النظام الكلي، حيث ضرورة التعامل مع المنظمة كنظام معقد متكيف وديناميكي يتكون

٢٧١

من عناصر ذات علاقات فتداخله. الثالث التركيز الاستراتيجي وهنا يتم العناية بالموارد البشرية، حيث الاهتمام بناء وصياغة الاستراتيجية وكذلك تحسين الاتصالات والعناية بالأنشطة المتعلقة بالالتزام.

* **نموذج التحليل المتدفق**
عرض لمشاكل المنظمة بشكل خارطة بيانية. ويتم فحص وتشخيص العلاقات والتداخلات بين هذه المشاكل وخاصة المهمة منهما لتأشير الترابطات على الخارطة البيانية ومن ثم البحث عن الحلول لها.

(G) نموذج التحليل المتدفق

قدم هذا النموذج من قبل (**Jerry Porras**) ويمثل عرض لمشاكل المنظمة بشكل خارطة بيانية. ويتم فحص وتشخيص العلاقات والتداخلات بين هذه المشاكل وخاصة المهمة منهما لتأشير الترابطات على الخارطة البيانية ومن ثم البحث عن الحلول لها. ومع أن هذا التحليل مفيد وقيم إلا أنه معقد ويحتاج إلى خبراء وممارسين على مستوى في الكفاءة والمهارة. وتكمن الفوائد بكونه يشكل نموذج للتفكير ووسيلة للتغير والتطوير.

يشمل التحليل المتدفق أربعة جوانب أساسية أسماها "Porras" ترتيبات التنظيم والعوامل الاجتماعية، والتقنية والوضع المكاني. تشمل ترتيبات التنظيم على البناء التنظيمي وأنظمة المكافئات والاستراتيجيات والأهداف. أما العوامل الاجتماعية فتتضمن الأنماط الإدارية والثقافة وعمليات التفاعل والسلوكيات والأنماط غير الرسمية. وتشمل التقنية على العدد والمكائن وتصميم تدفق العمل والخبرة الفنية والإجراءات التقنية. وأخيراً يشمل الوضع المكاني على تشكيل المساحة والجو المكاني والتصميم الداخلي والمعماري. وبعد القيام بتحليل التدفقات لهذه الجوانب الأربعة يتم تشخيص دقيق لمشاكل المنظمة من خلال مقابلات واستبيانات وجلسات العصف الذهني. وتصنف المشاكل حسب الجوانب الأربعة السابقة وتوضع على الخارطة البيانية. ثم القيام بمعرفة التداخل بين هذه المشاكل، وتصنف المشاكل متعددة التداخلات بكونها جوهرية مهمة. ثم توضع خطط التنفيذ وهي تدخلات التطوير التنظيمي في مواجهة هذه المشكلات الجوهرية، وهنا يتم تطوير برنامج ويتم علاج الخلل في الجوانب الأربعة (**فرنس وجونير**: ١٩٩٥: ١٣٤ - ١٣٦).

* **نموذج الابعاد الثلاثة**
- بعد المستهدف بالتغيير.
- بعد محتوى مجال محدد لمنطقة التغيير.
- بعد السياق أو العلاقات التي يفترض أن يتم تغييرها.

(H) نموذج الأبعاد الثلاثة

يرى الباحثان (**White and Mitchell**) إن عمليات التطوير التنظيمي في المنظمات يفترض أن تنصب على ثلاثة أبعاد مهمة يجب أن تشملها التدخلات للتطوير التنظيمي. وهذه الأبعاد هي (**فرنش وجونير**: ١٩٩٥ : ٤٦١):

- بعد المستهدف بالتغيير.
- بعد محتوى مجال محدد لمنطقة التغيير.
- بعد السياق أو العلاقات التي يفترض أن يتم تغييرها.

إن هذه الأبعاد تغطي مختلف الجوانب على المستوى الفردي والجماعي وكذلك العناصر الفكرية والسلوكية والإجرائية والبنائية، وأخيراً المحتوى الداخلي للفرد وداخل المجموعات وبين المجموعات في التنظيم.

ب- نماذج التحول التنظيمي OT

إن سرعة التغييرات في البيئة وفجائية هذه التغييرات جعل المنظمات في وضع صعب من ناحية المنافسة والقدرة على التكيف والتفاعل الإيجابي مع العديد من متغيرات البيئة الخارجية. وبذلك فأن نماذج عمليات التطوير التنظيمي التدريجية أصبحت غير كافية لوحدها في حل الإشكالات التي تواجه المنظمة في البيئة المعاصرة، هكذا ظهرت وتطورت نماذج أجدر في التعامل مع حالات أصبحت تتسم بعدم الاستمرار وتتطلب ليس فقد قدرة على التكيف، بل أحداث قطع مع الماضي حتى القريب منه ونقل المنظمة إلى حالة جديدة ضمن إطار تحول في القيم والثقافة والسلوك للواقع الجديد.

إن الذي يحكم عمليات التطوير التنظيمي التحويلي اعتبارات عديدة ينعكس تأثيرها على نماذج هذا النمط في التطوير نذكر منها:

(١) يغلب على عمليات التطوير التنظيمي صفة الجذرية والشمولية لكونها ترتبط بتغيرات عميقة وشديدة، وبذلك فإنها تحتاج إلى دقة في التشخيص واستخدام أساليب وطرق إبداعية.

(٢) قد تأتي برامج التطوير التنظيمي التحويلي خارج إطار المنظور الاستراتيجي المؤشر والمعتمد من قبل المنظمة، وبالتالي هناك حاجة فعلية لتأطير هذه البرامج بطريقة مرنة في التوجه العام ورؤية المنظمة الجديدة.

(٣) أن الأهداف الواردة في هذه البرامج تحدث نقلة نوعية وقطع في حالة الاستمرارية المعتادة عليها المنظمة.

إن نموذج عمليات التطوير التنظيمي العام يمكن أن يستخدم في برامج التطوير التنظيمي التحويلية، وأن ما يعتنى به هو مجمل عمليات التشخيص التي تمارس في إطار الحالات التي قد تظهر بشكل مفاجئ ودون إعداد وتهيئة مسبقة لذلك. كذلك فأن خصائص السرعة، والجذرية، قد تنعكس على مراحل هذا النموذج العام بإشكال مختلفة.

إن الطبيعة التحويلية وعمق التغيير في برامج التطوير التنظيمي المعاصرة في المنظمات تطلب وجود نماذج تفي بهذه المتطلبات. ويمكن أن نشير هنا إلى بعض نماذج عمليات التطوير التحويلي وكالآتي:

(A) أنشطة التخطيط الاستراتيجي والإدارة الاستراتيجية.

(B) بناء الفرق.

(C) النموذج العام للتحول.

(D) نموذج ثلاثي الحالات للتحول.

(E) نموذج عملية التجديد.

(F) نموذج كليمان (Klimann) لتحويل المنظمات.

(G) نموذج سلسلة العاملين - المستهلكين - الأرباح.

(A) أنشطة التخطيط والإدارة الاستراتيجية

إن عمليات التطوير التنظيمي ضمن نماذج التخطيط الاستراتيجي والإدارة الإستراتيجية تعبر عن رغبة لدى الإدارة بردم فجوات أداء كبيرة أو حل مشاكل عميقة أو اقتناص فرص مهمة. وفي جميع هذه الأحوال تمثل أنشطة التخطيط والإدارة الإستراتيجية منظور إبداعي يدعو إلى أجراء تطوير وتغيير مهم وجذري وإحداث نقلة نوعية وقطع مع الاستمرارية المعتادة في المنظمة.

إن التدخلات في إطار أنشطة الإدارة الإستراتيجية تأتي في العادة مركزة على جوانب متجذره من سلوكيات وثقافة المنظمة والقيم التي أصبحت معرقلة للعمل وتؤدي إلى تدهور في الأداء على مستوى مهم وعميق. إن التخطيط الاستراتيجي والإدارة الإستراتيجية اعتمدت بشكل كبير وواسع النطاق لتطوير المنظمات وتحسين أدائها على مختلف المستويات. يرى (**Kovitz et al**: 2003) إن إتباع منهجيات وعمليات التخطيط الاستراتيجي يساهم في التطوير التنظيمي ويحقق فوائد مهمة وجذرية للتقدم منها.

- الخطة الإستراتيجية تمثل خارطة طريق لتحقيق الأهداف الواردة في برامج التطوير.
- تبني الخطة فرق عمل متكاملة تتعلم من تجاربها الذاتية إضافة إلى انجاز الأهداف.
- تعطي معنى محدد للالتزام والمسؤوليات وتفويض القرارات.
- تخلق بيئة عمل صحية حيث الالتزام بأهداف البرنامج التطويري.
- تعزز الإبداع والمبادرات في إطار أنشطة عديدة للتنفيذ.
- تعطي معنى واضح للأهداف وترابطها وصولاً للنتائج الدقيقة.

ورغم أن التركيز على مكونات أنشطة التخطيط والإدارة الإستراتيجية قد يختلف باختلاف الاستخدام ضمن برامج التطوير التنظيمي، إلا أن المكونات لا تختلف كثيراً - فقد عرض (**Bean**: 1993: 63 - 78) المكونات كالآتي:

- الاستعداد لإجراءات وعمليات التخطيط، وفيها يفترض أن يكون هناك التزام ودعم من الإدارة العليا بتبني برنامج التطوير الجذري والشامل والذي يطاول المنظمة أو أجزاء أساسية منها.
- تحديد الأهداف الإستراتيجية لهذا البرنامج ومدى ارتباطها بالتوجه الاستراتيجي العام للمنظمة، فقد تأتي بعض برامج التطوير التحويلي خارج إطار التوجه الحالي لذلك يعاد تشكيل موضع المنظمة من جديد على كافة الأصعدة.
- التحليل والتشخيص وتقييم الموقف، وهنا يصار على عرض للبدائل الأفضل وتقييم لهذه البدائل لاختيار الأنسب منها.

- إكمال خطة البرنامج التطويري ومتابعة التنفيذ ضمن آليات وطرق تمكن المنظمة من إنجاز أهداف البرنامج بشكل فاعل وكفوء.

إن المرونة العالية والتركيز في إطار عمليات ونماذج الإدارة الإستراتيجية تمكن إدارة المنظمة من إجراء تداخلات للتطوير التنظيمي سريعة وعميقة. هذا يعني تطوير إمكانات المنظمة لمواجهة حالات طارئة تحتاج إلى إعادة توجيه المنظمة من جديد باتجاهات تسمح لها بالخروج من حالات الأزمة.

(B) بناء الفرق

إن عمليات بناء الفرق يأتي ضمن إطار نماذج مختلفة تعتمدها الإدارة لحل المشكلات المهمة والمتجذرة أو اقتناص الفرص سريعة الظهور والزوال. إن عمليات التطوير التنظيمي التحويلي عادة ما تحتاج إلى فرق عمل عبر الأنشطة المختلفة لكون المشاكل المطروحة أمامها معقدة وذات طابع متعدد. أن هذا الأمر يجعل أمر تكوين فرق فاعلة ضروري لنجاح هذه البرامج.

وفاعلية الفريق تتجسد بقدرته على تحقيق أهداف البرامج التطويرية وأداء عالي مع شعور بالرضا لأعضاء الفريق يمنحهم الإمكانية على التطور المستقبلي. **(العامري والغالبي: ٢٠٠٨ – ٥١٤).**

ومن الضروري الإشارة هنا إلى أن النتائج المستهدفة من عمل الفريق تعتمد على المدخلات والتي تمثل اعتبارات تنظيمية، وطبيعة المهام، وحجم الفريق وخصائص أعضاءه من جانب وكذلك عمليات الفريق أي طرق التفاعل بين الأعضاء من جانب آخر. واليوم فأن نماذج بناء الفرق عديدة ومتباينة تعتمدها المنظمات كعمليات أساسية في التطوير التنظيمي على كافة الأصعدة .

(C) النموذج العام للتحول

* النموذج العام للتحول
يركز على التهيئة والإعداد الدائم من خلال المرونة والقدرة العالية على التكيف، ثم التصور للوضع الجديد وأخيراً الانتقال إلى هذا الوضع الجديد من خلال عمليات تحول فعالة على كافة الأصعدة.

إن النظرة الحيوية للأمور أصبحت ضرورية فلا وجود لأشياء جامدة غير متغيرة ومتحركة لذلك فأن الإدارة المتميزة تتعامل مع حالات التغيير المستمر والتطوير الدائم. هكذا يكون الإبداع ضروري ومهم في ظل رياح التغيير المتسارع والجذري في أغلب الأحيان، وهو ضروري للمؤسسات والمنظمات ويتجسد بقدرات مهارية لدى الموارد البشرية.

كما أن السرعة هي الأخرى محور تنافسي ضاغط في بيئة الأعمال المعاصرة. إن النموذج العام للتطوير التنظيمي والتحول يركز على التهيئة والإعداد الدائم من خلال المرونة والقدرة العالية على التكيف، ثم التصور للوضع الجديد وأخيراً الانتقال إلى هذا الوضع الجديد من خلال عمليات تحول فعالة على كافة الأصعدة. وبذلك يمكن تأشير مراحل هذا النموذج كالآتي:

- مرحلة الإعداد والتهيئة وتقتضي الضرورة هنا الاستعداد الدائم أو سرعة فترة الإعداد لمواجهة الظروف والأزمات الطارئة على المستوى الفردي والجماعي والتنظيمي.

- مرحلة التحديد، تحديد مرتكزات الانتقال والأنشطة الدافعة باتجاه تغيير وتطوير المنظمة.
- مرحلة التصور، وهنا يتم إعداد مجمل التصورات الممكنة التي في إطارها تجري عمليات الانتقال إلى الوضع والواقع الجديد.
- مرحلة الحل، من الضروري اعتماد البديل الذي يعطي حلاً مقبولاً ومتميزاً يساعد على نقل المنظمة إلى الأفضل دائماً.
- مرحلة التحول، والتي يسبقها خلخلة ركائز الوضع القديم لغرض الانتقال والتحول إلى الوضع الجديد المرغوب.

(D) نموذج ثلاثي الحالات للتحول

يعرض هذه النموذج مجمل الحالات التي يفترض أن تشخص وتحلل بعناية لنجاح عملية تحويل المنظمة من الوضع القديم على الوضع الجديد المرغوب. ويؤكد هذا النموذج على أن مجمل عمليات التغيير والتطوير التنظيمي الجذري، والتي تلامس في الغالب الجوانب القيمية والثقافية في المنظمة، تتطلب حالة انتقالية وتوجه بسيكولوجي يوفر الانتقال المدروس في مضمار ثلاثة حالات وصيرورات متعاقبة.

*** نموذج ثلاثي الحالات للتحول**
يؤكد هذا النموذج على أن مجمل عمليات التغيير والتطوير التنظيمي الجذري، والتي تلامس في الغالب الجوانب القيمية والثقافية في المنظمة، تتطلب حالة انتقالية وتوجه بسيكولوجي يوفر الانتقال المدروس في مضمار ثلاثة حالات وصيرورات متعاقبة

- أن يتم ترك القديم، والبعض من هذا القديم مفردات ثقافية وقيمية وطرق وآليات وأساليب كانت ناجحة بل وساهمت في نجاح المنظمة حتى وقت ليس بالبعيد.
- الانتقال إلى وضع محايد (طبيعي)، وقد يكون هذا على شكل انسحاب لهذا الوضع المليء بعدم التأكد. وهنا تثار الأسئلة حول الحالة القديمة والوضع الجديد المستهدف.
- التحرك إلى الإمام والسلوك مع الطرق والقيم والأساليب الجديدة.

ويعرض الشكل (٧٣) فكرة هذه الحالات الثلاث

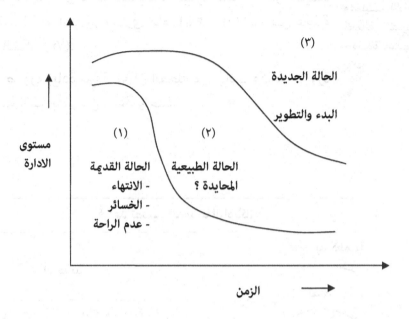

شكل (٧٣)

نموذج ثلاثي الحالات للتحول

إن الحالة المحايدة الطبيعية غير مريحة وهي تفتح الطريق باتجاه التراجع، لكن على قائد برنامج التطوير أن يوظف ممارسات لمساعدة الأفراد باستمرار التحول والوصول إلى الحالة الجديدة. إن هذا النموذج يميل على التأكيد على ديناميكية الانتقال (التحول) الفردي والجماعي والتي تحدد بشكل واسع متحصلات جهود التغيير والتطوير. أن الملاحظ دائماً حصول التغيير شكلياً لكن عدم حصول الانتقال (التحول) في المضمون الحقيقي. فمثلاً قد يحصل التغيير خارجي في السياسات والممارسات والهيكل والتي يحاول أن يذهب المدير القائد من خلالها إلى ما يرغب، ولكن التحول (الانتقال) داخلي في الجوانب البسيكولوجية لدى الأفراد والذي قد لا يحصل بسرعة. فلو أن شركتين اندمجتا، فهذا لا يعني أنهما يعملان كواحدة أو قد تم تحقيق وفورات في الكلف لأنهم حسبوا هذا الأمر قبل الاندماج.

(E) نموذج عجلة التجديد

*** نموذج عجلة التجديد**
النظر إلى عملية التطوير من خلال التجديد الدائم، وأن هذا التجديد يتجسد في

إن عملية التطوير يمكن النظر إليها من خلال التجديد الدائم، وأن

كونـه مقـدرة في المهـارات والمقاييس، وتقانه المعلومات وعمليـــة الإدارة، وكـــذلك كعملية مستمرة تقدم أفكار جديـدة للتطـوير والارتقـاء بالأداء.

هـذا التجديـد يتجسـد في كونـه مقـدرة في المهـارات والمقـاييس، وتقانـه المعلومات وعملية الإدارة، وكـذلك كعمليـة مسـتمرة تقـدم أفكـار جديـدة للتطوير والارتقاء بالأداء. لقد عبر (**كـاري هاميـل**: ٢٠٠٢: ٤٥٦) عـن عجلـة التجديد هذه بالشكل (٧٤).

والذي دعى إلى ضرورة زيادة سرعة دوران العجلة من جانب وكذلك ضرورة أن تتعلم المنظمة السير بأكثر من سرعة واحدة.

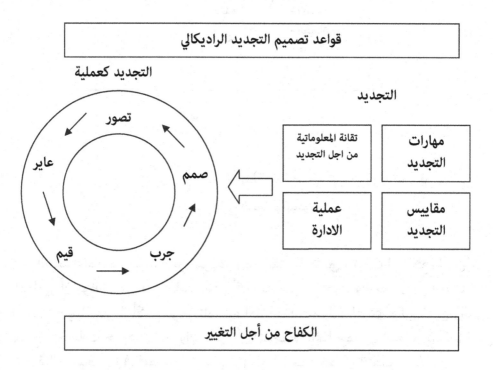

شكل (٧٤)

عجلة التجديد والتطوير في المنظمات

إن هذا النموذج يحث المنظمات على ضرورة تبني برامج للتطوير التنظيمي تتصف بالتجديد والراديكالية، وأن يكون التطوير التنظيمي منهج مستمر لا يتوقف عند حدود ما دامت هناك منافسة ورقي في الأداء.

(F) نموذج (كليمان) Kilmann لتحويل المنظمات

إن هذا النموذج يوصف بكونه شامل ويساهم في تحويل المنظمة. ويطاول هذا النموذج محاور مهمة تبدأ بشكل منهجي متسلسل وكالآتي:

- البيئة، حيث يتم دراسة المتغيرات البيئية المهمة والتي لها تأثير على تطوير المنظمة.

- المنظمة، وهنا يتم فحص جوانب التنظيم الرسمي والرؤية والرسالة والأهداف الإستراتيجية.

- المدير، والاهتمام هنا ينصب على النمط القيادي وكفاءة تشخيص المشكلات وتطوير القرارات.

- المجموعات والفرق، وهذه تمثل جوانب التعامل بين المجموعات وفرق العمل وتفاعلاتهم.

- النتائج، وهذه تؤخذ بالإطار المادي والمعنوي.

ويعرض الشكل (٧٥) بكون هذه المحاور الخمسة تدور حول محور أساسي وهو القيم والقناعات المشتركة. إن هذا النموذج يمثل نموذج تطوير ونجاح المنظمات ويستهدف استمرار تحويلها إلى الأفضل لذلك فهو يمثل نموذج تحويل في التطوير التنظيمي.

وفي إطار النموذج يوجد خمس مراحل كخطوات متتالية وكالآتي:

- بدء البرنامج.

- تشخيص المشاكل.

- جدولة المسارات.

- تنفيذ المسارات.

- تقييم النتائج.

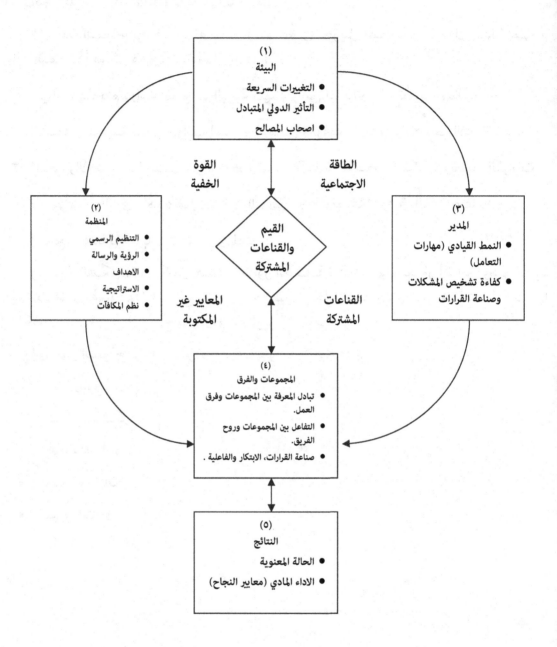

شكل (٧٥)

نموذج مقومات تطوير ونجاح المنظمات لكيلمان

هكذا يعتبر هذا النموذج تحويلي لتطوير شامل في المنظمات ويأتي ضمن برامج متكاملة للتطوير التنظيمي في مختلف المجالات وعلى مدى المستويات التنظيمية. وهكذا يكون دور الإدارة العليا مهم جداً. ويتم حل المشاكل واقتناص الفرص التي تواجه المنظمة واعتبارها أهداف للتدخلات التطويرية. ويركز النموذج على جدولة المسارات للتنفيذ، وطرح (Kilmann) خمس مسارات مهمة تطاول مختلف جوانب عمل المنظمة وهي الثقافة، ومهارات الإدارة، وبناء الفريق، وبناء الإستراتيجية ونظام المكافئات. إن كل مسار من هذه المسارات يؤدي على تطوير جوانب مهمة تتكامل مع بعض لجعل المنظمة في حالة تميز. (**الهواري**، ٢٠٠٠).

(G) نموذج سلسلة العاملين - المستهلكين - الأرباح

اعتمد هذا النموذج من قبل شركة Sears, Roebuck لإجراء تغيير جذري في الشركة مطلع عقد التسعينات من القرن الماضي وعندما كانت الشركة تحت قيادة (Arthur Martinez). فقد شكلت الشركة مجموعة عمل من أكثر قليلاً من (١٠٠) مدير تنفيذي في الإدارة العليا. وقد أمضى هؤلاء أكثر من ثلاثة سنوات من العمل لإعادة بناء الشركة حول الزبائن.

وكانت الأمور تجري وفق قاعدة استخدام نموذج في الشركة يسحب سلوك الإدارة الناجح من خلال مواقف واتجاهات العاملين إلى رضا المستهلكين ومن ثم للأداء المالي. وفي إطار هذا النموذج يطور نظام للقياس يعنى بالعاملين - والمستهلكين والأرباح ليكون محكم بما فيه الكفاية ليخدم كجزء أساسي من نظام المعلومات الإدارية ويمثل وسيلة يستخدمها الأفراد لإجراء تقييم وتحسين ذاتي.

ان الشركة كانت بحاجة ماسة لإجراء تغيير جذري في السلوك والثقافة. لقد أجرت الشركة تغييرات مهمة في عناصر العمل وكانت تدور حول أمرين:

- ضرورة أن تبني الشركة رصف ومحاذاة للإدارة حول نموذج سلسلة التغيير المعتمد. ومن الضروري أن يكون النموذج حجر الزاوية لتطوير القرارات وأن يعي جميع المديرين ذلك وخاصة من هم في الإدارة العليا.
- من الضروري أن يتم نشر النظام وبالأخص لإيجاد شعور التملك وخاصة بالنسبة للمبيعات المرتبطة بالكوادر.

إن نموذج سلسلة التتابع العاملين - المستهلكين - الأرباح يتكون من ثلاثة أجزاء متكاملة يصب بعضها بمؤشرات البعض الآخر وفق الشكل (٧٦).

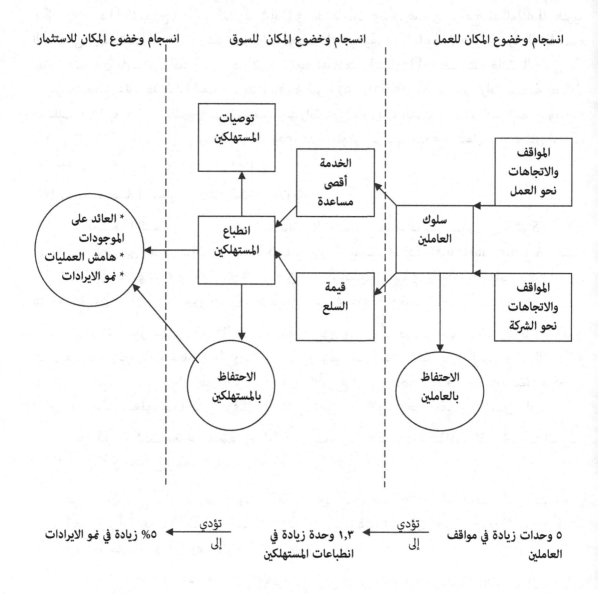

انسجام وخضوع المكان للاستثمار   انسجام وخضوع المكان للسوق   انسجام وخضوع المكان للعمل

| توصيات المستهلكين |

| الخدمة أقصى مساعدة |

| المواقف والاتجاهات نحو العمل |

* العائد على الموجودات
* هامش العمليات
* نمو الايرادات

| انطباع المستهلكين |

| سلوك العاملين |

| قيمة السلع |

| المواقف والاتجاهات نحو الشركة |

الاحتفاظ بالمستهلكين

الاحتفاظ بالعاملين

٥ وحدات زيادة في مواقف العاملين   ←   تؤدي إلى   ١٫٣ وحدة زيادة في انطباعات المستهلكين   ←   تؤدي إلى   ٥% زيادة في نمو الايرادات

شكل (٧٦)

نموذج سلسلة العاملين – المستهلكين – الأرباح

إن الانطباعات الإيجابية حول الوظائف والشركة تؤدي إلى تشكيل سلوك إيجابي للعاملين يساهم في المثابرة في العمل ويؤدي إلى الإبداع. أن هذا يتجسد في إيجاد مفردات عمل تسويقي فعال وبالتالي تكون السلع ذات قيمة ملحوظة لدى المستهلكين اللذين يتولد لديهم أفضل شعور، وانطباع إيجابي نحو الشركة، هكذا يصب هذا الأمر في ترقية النتائج ومنها العائد على الأصول وهامش ربح العمليات ونمو الإيرادات.

إن هذا النموذج رغم خصوصيته في التطبيق في شركة سيزر إلا أنه يمثل نموذج تطوير تنظيمي جذري إعادة الشركة هيكلة مفردات عملها في ضوءه - وهكذا يمكن أن يستخدم باتجاهات وتوجهات عديدة للتطوير.

* نماذج التطوير التنظيمي الهجينة
تمثل هذه النماذج عمليات تطوير تنظيمي يغلب عليها خصائص النماذج التدرجية والجذرية التحويلية، حيث تعتمد المنظمات برامج تطوير تنظيمي لا تمثل نمط واحد فقط تدرجي أو تحويلي، بل طابع كلا النوعين من التطوير.

ج- نماذج التطوير التنظيمي الهجينة

تمثل هذه النماذج عمليات تطوير تنظيمي يغلب عليها خصائص النماذج التدرجية والجذرية التحويلية، حيث تعتمد المنظمات برامج تطوير تنظيمي لا تمثل نمط واحد فقط تدرجي أو تحويلي، بل طابع كلا النوعين من التطوير. وهنا يمكن القول أن البدأ ببرنامج تطويري من النمط التحويلي يولد الإمكانية لإجراء تداخلات من النوع التدرجي الإجرائي، وكذلك يحدث العكس، حيث تحتاج برامج التطوير التنظيمي التدرجي إلى تداخلات تحويلية عميقة في بعض مراحلها وأجزائها.

ويمكن أن تشير إلى البعض من هذه النماذج وكالآتي:-

١- نموذج الخطوات السبعة لتحويل المنظمة.

٢- نموذج تحويل ثقافة المنظمة.

٣- النموذج المتكامل للتحول.

* نموذج الخطوات السبع لتحويل المنظمة
إطار متكامل للتطوير التنظيمي، حيث إمكانية استخدامه لإحداث تطوير جذري وشامل لتحويل المنظمة إلى وضع أفضل، وكذلك يأتي ضمن منهج مخطط برؤية محسوبة وتدرجية.

(١) نموذج الخطوات السبع لتحويل المنظمة

يمثل هذا النموذج إطار متكامل للتطوير التنظيمي، حيث إمكانية استخدامه لإحداث تطوير جذري وشامل لتحويل المنظمة إلى وضع أفضل، وكذلك يأتي ضمن منهج مخطط برؤية محسوبة وتدرجية. وضمن هذه النموذج وعملياته المختلفة يمكن استخدام العديد من الآليات والأساليب والتقنيات للتطوير التنظيمي. ويمكن باختصار استعراض خطوات هذا النموذج كالآتي:

- تكوين وتشكيل مفهوم وإطار للضرورة والإلحاحية الطارئة في انتهاج برنامج للتطوير التنظيمي في الشركة. وقد يتولد هذا الأمر من خلال العديد من الإجراءات والمداخل، يمكن أن نذكر منها:

  - فحص الأسواق وحقائق المنافسة.

  - قراءة مؤشرات الأداء والتدني الحاصل فيها.

  - تحديد ومناقشة الأزمة، أو الأزمة المحتملة أو الفرص الأساسية.

- بناء تحالف قوي يتبنى العملية، إن نجاح برنامج التطوير التنظيمي يتطلب وجود جهة إسناد قوية تقود العملية وتذلل الصعوبات أمامها. ويمكن اعتماد العديد من الوسائل لتطوير هذا الأمر من قبيل.

  - تشكيل إجماع مع قوة كافية لقيادة جهود التغيير والتطوير.

  - تشجيع المجامع للعمل مع بعض كفرق مدارة ذاتياً.

- إيجاد الرؤية، وهذه الرؤية تمثل التصور المستقبلي المرغوب والممكن، إن الرؤية إذا لم يتم تقاسمها ونقلها للجميع لتعطي التزام قوي من قبل الجميع للسير باتجاهها فأنه لا يكتب لها النجاح. والرؤية هنا في إطار برنامج التطوير التنظيمي تعطي

  - مساعدة في توجيه جهود التغيير والتطوير.

  - تؤطر استراتيجيات لإنجاز التقدم باتجاه الرؤية.

- إيصال ونشر الرؤية، لا يكفي امتلاك رؤية لبرامج التطوير التنظيمي، بل تقتضي الضرورة تقاسم هذه الرؤية وإيصالها من خلال عمليات نشر وإيصال فعالة، وهنا يمكن

  - استخدام جميع حلقات الاتصال الممكنة لايصال الرؤية والإستراتيجية.

  - التوعية والتعليم بالسلوكيات الجديدة من خلال أمثلة واقعية.

- تمكين الآخرين للفعل والانجاز ضمن الرؤية، وهذا الأمر يعطي الطابع العملي لجهود التغيير والتطور المؤطرة ضمن برنامج التطوير الذي تتبناه المنظمة. وفي إطار هذا الأمر يلاحظ

  - ضرورة تقليل العقبات التي تواجه التغيير والتطوير.

  - التشجيع على أخذ زمام المبادرة وقبول المخاطرة والأفكار غير التقليدية وكذلك الأنشطة والأفعال.

- وضع الخطط وإيجاد الأرباح على المدى القصير، إن هذا الأمر يعتبر ضروري لإدامة المطاولة وعدم التوازن الذي قد يحدث جراء الاهتمام فقط بالأمد البعيد وإهمال النتائج المشجعة لاستمرارية العمل ببرنامج التطوير. وهنا يتم ملاحظة

  - خطط الأداء وتحسين الانجاز على المستوى المنظور.

  - جعل التحسينات حالة فعلية.

  - إعادة تنظيم أنظمة المكافئات للعاملين في إطار التحسين.

- تقوية التحسينات وإشاعة المزيد من التغيير والتطوير، وهذه تديم العمل ببرامج متصاعدة للتطوير في المنظمة على كافة المستويات، ومن الضروري العمل على

  - استخدام مزيد من الضمانات لتغيير الأنظمة، الهيكل، السياسات والتي تتماشى مع الرؤية الجديدة.

  - ترقية وتطوير العاملين على كيفية تعضيد الرؤية باستمرار.

(٢) نموذج تحويل ثقافة المنظمة

إن عملية تحويل ثقافة المنظمة ليست بالسهلة، بل تتطلب تحول في غرض المنظمة، بل إن الأمر يختصر تحويل المنظمة برمتها. ويتحدث المديرين دائماً عن الحاجة إلى ثقافة ريادية، لكن الثقافة ذاتها لا تتغير وتتطور بمجرد الرغبة في تغييرها من قبل الإدارة. أن كون الثقافة تعكس حقيقة الأفراد وعملهم مع بعض كل يوم، لذلك فإنها تمثل حياة المنظمة. فمجموعات القيم، والممارسات، والتقاليد يفترض أن تتحول دائماً نحو تطوير وتحسين واضح. هكذا مثل هذا النموذج خطوات عملية لتحول ثقافة المنظمة كالآتي:

- يتم مسح البيئة لتأشير اثنين إلى ثلاثة اتجاهات لها تأثير كبير جداً على مستقبل المنظمة.

- تحديد تطبيقات هذه الاتجاهات على المنظمة.

- تكرار التأكيد على رسالة المنظمة من خلال طرح السؤال التقليدي التالي " ما هي رسالتنا"؟ كذلك تفحص الغاية وتشذب لتصبح واضحة ومفهومة، قوية وجذابة لتجيب بوضوح على " لماذا نعمل هذا العمل ".

- العمل على تقليل الهيراركي القديم لتوليد المرونة، وكذلك لجعل انسيابية العمل والنظم أفضل باستمرار لإطلاق الحماس وروح المبادرة والتطوير.

- ترك كل سياسة وممارسة وإجراء وافتراض له استخدام قليل اليوم أو في المستقبل والاحتفاظ بتلك التي تعكس المستقبل المرغوب، إن هذا الأمر يمثل تحديد للمقولة المعروفة " إن هذه هي الطريقة التي نستخدمها دائماً".
- إيصال قليل من الرسائل القوية لحشد الأفراد حول رسالة المنظمة، غاياتها وقيمها. إن كثرة الرسائل يربك العاملين ويشكل عليهم العمل والتذكر.
- نشر المسؤوليات القيادية عبر المنظمة، هكذا لا يكون هناك قائد واحد ولكن العديد من القادة في جميع المستويات في المنظمة.

إن نجاح برنامج التطوير التنظيمي يفترض حث وإثارة التحدي على طول الطريق في هذه المراحل. هكذا يعمل قادة المنظمة مع الآخرين لإجراء التغيير والتطوير الذي يوجد النتائج المرغوبة ويحقق الأداء المتميز.

(٣) النموذج المتكامل للتحول

إن تطوير المنظمة المستمر وتحولها أمر حيوي في بيئة الأعمال المعاصرة. وقد عبر الباحث (**Robert. Miles** 1997) عن أن نجاح عمليات التطوير التنظيمي من خلال تحول المنظمة يتقاسم ويستند على نموذج متكامل يركز على خصائص مهمة وهي:

- ضرورة توليد طاقة ونشاط للتحول.
- تطوير رؤية مستقبلية للمنظمة.
- تفهم المنظمة كنظام كلي متكامل.
- تأطير مجمل الجوانب بعمليات تنفيذ شاملة.
- الاحتياج إلى قائد تحويلي.

ويلخص الشكل (٧٧) أهم أبعاد هذا النموذج المتكامل ومتغيرات كل بعد.

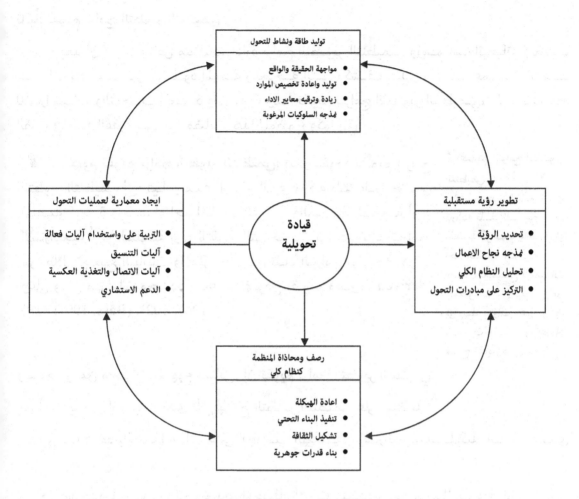

شكل (٧٧)

نموذج متكامل للتحول التنظيمي

إن برنامج التطوير التنظيمي التي تنحى باتجاه تحويل جذري بالمنظمة ضمن منظور استراتيجي تراكمي يفترض أن تعتني بهذه الجوانب في ظل وجود قيادة تحول تتابع عملية نجاح هكذا برامج للتطوير.

ثانياً: تقويم برامج التطوير التنظيمي

بعد أن تم استعراض متطلبات إدارة برامج التطوير التنظيمي ورسم استراتيجياته وتحديد عمليات تنفيذه، تأتي الخطوة المهمة والحرجة التي تكشف مدى مطابقة عمليات التنفيذ للاستراتيجيات والتوجهات المحددة والمرسومة وهي تقويم برامج التطوير التنظيمي، عليه سنسلط الضوء في هذه الفقرة على أبرز مضامين هذا الموضوع وكما يأتي:

1. مفهوم تقويم برامج التطوير التنظيمي: يشير مفهوم تقويم برامج التطوير التنظيمي إلى: قياس مدى التأثير الذي تتركه تلك البرامج على المنظمة كوحدة واحدة، أو أحد أنظمتها الفرعية. والحصيلة الهيكلية أو/و الإستراتيجية أو/و السلوكية أو/و التقنية، التي خرجت بها من تلك البرامج. من خلال تجميع البيانات والمعلومات عن تلك البرامج بواسطة أدوات وعلى وفق مؤشرات محددة وباعتماد نموذج تقويم معين. (**Scriven,** 1967: 102), (**Bass,** 1997: 419)

> *** تقويم برامج التطوير التنظيمي**
> قياس مدى التأثير الذي تتركه تلك البرامج على المنظمة كوحدة واحدة، أو أحد أنظمتها الفرعية. من خلال تجميع البيانات والمعلومات عن تلك البرامج بواسطة أدوات وعلى وفق مؤشرات محددة وباعتماد نموذج تقويم معين.

ويستخلص من معطيات المفهوم السابق، إن تقويم برامج التطوير التنظيمي:

أ- يسعى إلى قياس مدى تأثير برامج التطوير التنظيمي على المنظمة.

ب- يحدد حصيلة هذا التأثير على الجوانب الهيكلية، الإستراتيجية، السلوكية، التقنية ومدى الانتفاع المتحقق.

ج- يستخدم في قياس التأثير وتحديد المحصلة، أدوات متعددة لجمع البيانات والمعلومات من مصدرها.

د- يعتمد في جمع البيانات والمعلومات وتحديد كميتها ونوعيتها مؤشرات محددة.

هـ-يؤطر منهجية عمله بتبني أحد نماذج التقويم.

2. أهداف تقويم برامج التطوير التنظيمي: تسعى عملية تقويم برامج التطوير التنظيمي إلى تحقيق الأهداف الآتية: (**Haynes,** 1984: 166 – 167).

أ- تزويد متخذي القرارات بالمعلومات التي يمكن أن تكون أساساً في اتخاذ القرارات بشأن تعديل برامج التطوير أو حذف بعضاً منها أو الاستمرار فيها.

ب- مساعدة إدارة المنظمة والمستشارين سواء كانوا داخلين أو خارجين في تحسين برامجهم لتكون أكثر فاعلية في تحقيق الأهداف المرغوبة.

ج- تحديد نقاط القوة ومواطن الضعف في البرامج.

د- تعرف مدى تجسيد معلومات البرامج وخبراتها على أرض الواقع.

هـ- تشخيص مستوى الفجوة بين الاستراتيجيات المرسومة ومستويات التنفيذ الفعلي.

3. **مؤشرات تقويم برامج التطوير التنظيمي**: تتوقف عملية تحديد الأدوات الملائمة في جمع البيانات والمعلومات عن البرامج وتبني نموذج التقويم المناسب، على مجموعة من المؤشرات، حددها (**ماهر**، ٢٠٠٧: ٣٧١ - ٣٧٢) بالآتي:

أ- هل مطلوب بيانات أكيدة أم تقريبية؟ فإذا كان المطلوب بيانات أكيدة وقاطعة اضطرت المنظمة على استخدام مقاييس وأساليب كمية وأساليب كثيرة للتأكد من صحة البيانات.

ب-هل المطلوب القياس لمرة واحدة أم لمرات طويلة وعديدة؟ قد ترى المنظمة وفقاً لمواردها أنه يكفي قياس نتائج التطوير بعد فترة من التنفيذ أو الانتهاء من التنفيذ، بينما ترى بعض المنظمات ضرورة جمع بيانات ومقاييس على سلسلة زمنية (مثل كل ٦ شهور ولمدة ٤ سنوات)، وذلك لكي تكون أكثر يقيناً بما يحدث.

ج-هل تستطيع المنظمة تحمل تكلفة القياس؟ يحتاج القياس إلى استخدام أساليب للقياس (أي لجمع البيانات)، ويتبع ذلك تحليل لهذه البيانات، وإعداد تقارير عنها. وهذه الأمور كلها مكلفة، والمزيد من التفصيل فيها يكون أكثر تكلفة.

د-صدق المقياس: تتميز بعض المقاييس أنها صادقة (أي أنها معبرة عما هو مطلوب قياسه) مثل مقاييس الإنتاجية، بينما هناك مقاييس أقل صدقاً ولكنها هامة مثل مقاييس رضا العاملين.

هـ- ثبات المقياس: ويعني انه يجب التأكد من قدرة المقياس على إعطاء نفس درجة القياس (بعد فترة قصيرة من الزمن) بواسطة نفس الأفراد، ويشير هذا إلى ضرورة وضوح الصياغات والتعليمات وإدارة عملية القياس.

و-ما هو تأثير المقياس نفسه على ما يتم قياسه؟ أحياناً تؤثر المقاييس نفسها (مثل مقياس الرضا عن العمل) على الظاهرة نفسها (وهي الرضا) فيزيد أو يقل حسب الظروف.

ز-تحيز المستجيبين: إذا كان المستجيبون يقاومون برامج التطوير التنظيمي لأنهم غير مستفيدين فغالباً سيتحيزون بشكل سلبي وضد البرنامج، مما قد يعطي نتائج غير سليمة.

ح-ما الذي يتم قياسه؟ هنا تثار قضية هل يتم قياس عناصر في المنظمة ككل، أم الجماعات، أم الأفراد؟ وهل يتم قياس المدخلات، أم العمليات والأنشطة التطويرية، أم المخرجات والنتائج النهائية؟

4 . **أدوات تقويم برامج التطوير التنظيمي:** تتلخص أدوات تقويم بـرامج التطـوير التنظيمـي بمـا يلي:

أ- الاستبانات.

ب- المقابلات.

ج- الملاحظات.

د- السجلات والوثائق المنظمية.

هـ- حسابات الكلفة والعائد.

و- نقطة التعادل.

ز- الكشوفات المالية.

ح- تحليل السير الذاتية (C.V) .

ط- الحيود السداسي (6 σ) .

5 . **نماذج تقويم برامج التطوير التنظيمي:** نعرض في الأدنى بعض من نماذج تقويم بـرامج التطـوير التنظيمي:

أ-**انموذج سكريفن Scrieven Model:** يقـوم هـذا الانمـوذج عـلى افـتراض مفـاده: (إن التقـويم أساساً هو عملية اختصار المعلومات التي يمكن الحصول عليهـا وتشـكيلها بوضـعية يمكـن أن تعود إلى حكم عام على أهمية الشيء المقوم وقيمته).

ويشمل هذا الأنموذج تسع خطوات، هي **(Scrieven, 1967: 101 - 102)** :

(١) توصيف طبيعة البرنامج المراد تقويمه.

(٢) تحديد طبيعة الاستنتاجات المطلوب التوصل إليها من عملية التقويم.

(٣) تقدير أو تثمين العلاقات السببية بين المتغيرات المستقلة والمتغيرات التابعة في البرنامج.

(٤) إجراء مراجعة عامة للتثبيت من الاتساق في جوانب البرنامج.

(٥) تحديد محكات لأهمية البرنامج من جوانبه المختلفة.

(٦) تقدير كلفة البرنامج.

(٧) تحديد وقياس البرامج المنافسة الأخرى.

(٨) تحديد التأثيرات الأساسية للبرنامج.

(٩) التوصل إلى استنتاجات حول أهمية البرنامج وقيمته.

ب- انموذج بروفس Provus Model : تضمن هذا النموذج خمسة مراحل، هي **(Provus, 1969: 184)**:

(١) التصميم: ويشمل تحديد طبيعة البرنامج وأهدافه ومستلزمات تطبيقية.

(٢) التجهيز: ويهدف إلى التأكد من اتساق البرنامج مع المستلزمات المحددة لتنفيذه.

(٣) العملية: ويتم فيها المقارنة بين المعايير المحددة والأداء الفعلي.

(٤) الناتج: وتركز على مدى تحقيق البرنامج لأهدافه المرسومة.

(٥) تحليل الكلفة والعائد من تنفيذ البرنامج.

ج- انموذج ستفليبيم Stufflebeam Model:

هدف هذا الانموذج، هو: توفير البيانات لمتخذي القرارات الذين يقومون بعملية المراقبة والمحاسبة، ويتكون هذا الانموذج من ثلاث خطوات، هي **(Stuffelbeam, 1974: 121)** :

(١) التخطيط.

(٢) التنفيذ.

(٣) تحليل وتفسير النتائج.

ويقسم هذا الانموذج القرارات المتخذة إلى أربع فئات، هي:

(A) القرارات التنظيمية التي تتعلق بتحديد الأهداف.

(B) القرارات البنائية التي تعني بوضع وتحليل التصحيحات والإجراءات المناسبة.

(C) القرارات التطبيقية التي تهدف إلى تحديد واختيار أفضل تصميم للعمل.

(D) القرارات الخاصة بقياس النتائج.

ولخدمة هذه الأنواع الأربعة من القرارات فإن الأنموذج تضمن أربعة أنواع مقترحة للتقويم، هي:

- تقويم المحتوى: ويشمل تقويم الأهداف والمحتوى.
- تقويم المدخلات: ويركز على توفير المعلومات اللازمة لاختيار البدائل المناسبة وتحديد المتطلبات الضرورية لكل بديل.
- تقويم العمليات: ويهتم بتحديد أوجه القصور أو المشكلات التي تواجه الخطوات التنفيذية، ومدى صلاحية تصميم البرنامج للواقع العملي في التنفيذ.
- تقويم النتائج: ويشير إلى تفسير ما تم تحقيقه من أهداف.

د- انموذج هاموند Hamond Model:

ينطلق هذا الانموذج من هدف رئيسي مضمونه: (معرفة مدى فاعلية البرنامج في تحقيق الأهداف الموضوعة له). أما خطواته فهي خمس وكما يأتي (**Blaine & James,** 1986: 158) :

(١) تحديد وعزل الجوانب التي يراد تقويمها في البرنامج.

(٢) تحديد المتغيرات ذات العلاقة بهذه الجوانب.

(٣) تحديد الأهداف بصيغة إجرائية.

(٤) تقويم السلوك الذي تحدده الأهداف العامة لإستراتيجية المنظمة.

(٥) تحليل النتائج لمعرفة مدى تحقيق كل هدف إجرائي.

6 . **انموذج عام لتقويم برامج التطوير التنظيمي:** في ضوء المعلومات السابقة وبالاستفادة من مفهوم التقويم والنماذج المعروضة، يمكن وضع انموذج عام لتقويم برامج التطوير التنظيمي كما في الشكل (٧٨).

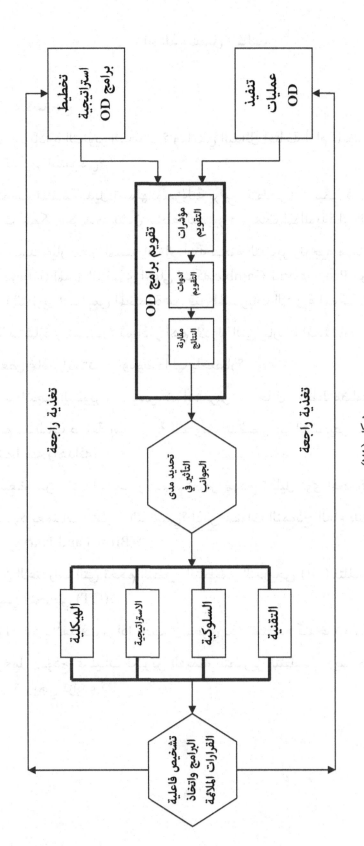

شكل (٧٨)
انموذج التقويم العام لبرامج التطوير التنظيمي
المصدر : من إعداد المؤلفين

أسئلة الفصل الثالث

* أسئلة التذكر والاسترجاع

١- ما المقصود بإدارة التطوير التنظيمي؟ وما هي البدائل المتاحة أمام المنظمة بخصوص مسؤولية برامج التطوير التنظيمي؟

٢- إذا اعتمدت المنظمة بديل تحملها مسؤولية برامج التطوير التنظيمي فيها ولوحدها، ما هي الخيارات الممكن اعتمادها بشأن سلطة التطوير والمهمات المطلوبة؟ أي الخيارات تفضل ولماذا؟

٣- كيف يتجسد خيار تمكين المستويات الإدارية سلطة التطوير وتوجيه مهماته، بين ذلك من خلال مقولة (lafley) المدير التنفيذي الأعلى لشركة Procter and Gamble من جانب، وذكر أهم مجالات التطوير التنظيمي المعتمدة من قبل المستويات الإدارية الممكنة؟

٤- عرف الاستشارة والمستشار؟ ثم اذكر أهم الأدوار التي يمارسها المستشار؟

٥- اذكر بعض نماذج الاستشارة، وموضحاً لها باختصار؟

٦- عرف إستراتيجية التطوير التنظيمي، ثم استعرض من خلال مخطط مضامين هذه إستراتيجية.

٧- من أهم متطلبات صياغة إستراتيجية التطوير التنظيمي هو التشخيص، ماذا يقصد به، وما هي أهم خصائصه وأهدافه؟

٨- اذكر البعض من نماذج التشخيص، ثم استعرض نموذج تحليل قوى المجال؟

٩- ما المقصود بعمليات التطوير التنظيمي؟ اذكر خطوات النموذج العام للتطوير التنظيمي الـذي طوره (Brown and Harvey)؟

١٠- قارن بين الاعتبارات التي تحكم التطوير التنظيمي التدريجي (OI) بتلك التـي تحكم التطوير التنظيمي التحويلي (OT)؟

١١- ما هي الإدارة بالأهداف، وماذا يجب أن تحوي لكي تستخدم كتدخلات تطوير تنظيمي؟

١٢- كيف يعمل نموذج عمليات تكوين القيمـة للتطوير التنظيمـي ويسـاهم في رقي المـنظمات وبشكل تدريجي تزايدي؟

١٣- اذكر بعض نماذج التطوير التنظيمي التحويلي، ثم استعرض النموذج الثلاثي الحالات للتحول؟

١٤- بين بالشرح المفصل نموذج تحويل ثقافة المنظمة، كأحد النماذج الهجينة للتطوير التنظيمي.

١٥- ماذا يعني مفهوم تقويم برامج التطوير التنظيمي؟ اذكر الأهداف المتوخاة مـن عمليـة تقويم برامج التطوير التنظيمي؟

** أسئلة الرأي والتفكير

١- في ضوء الأدوار المختلفة التي يمارسها المستشار في التطوير التنظيمـي، هـل هنـاك دور مفضـل يفترض أن يلعبه المستشار دائماً أم أن ذلك يعتمد على الحالة والموقف، بين ذلك؟

٢- لو كنت مستشار في التطوير التنظيمي وطرح أمامك أحـد المـديرين رغبـة منظمتـه في تطوير جوانب تخص دافعية العاملين وتحسين قدرات الرغبة في التغيير، فأي البدائل أدناه تفضل في القيام بالتطوير التنظيمي في هذه الجوانب ولماذا؟

  − تنفرد الإدارة العليا لوحدها بتوجيه التطوير ومهامه.

  − تشارك الإدارة العليا في التطوير مع فرق عمل ومجموعات.

  − إفساح دور أكبر للمستويات الإدارية من خلال التمكين في توجيه التطوير ومهامه.

٣- في تقديرك لماذا تعتبر مهارات القيادة والاتصال والشخصية ضرورية لنجاح المستشار في عمليـة، بين ذلك من خلال أمثلة؟

٤- خذ المخطط في الشكل (٦٥) والخاص بمضامين استراتيجية التطوير التنظيمي، وتـابع الخطـوات من خلال مثال واقعي أو افتراضي لبرنامج تطوير محدود في منظمة ما.

٥- هل تستطيع إجراء مقارنة بين بعض نماذج التطوير التنظيمي التدريجي وبعض نماذج التطوير التنظيمي التحويلي مركزاً على أوجه التشابه والاختلاف الأساسية فيها؟

*** أسئلة الخيار من متعدد

١- جميع الآتي هي بدائل محتملة أمام المنظمة للقيام بالتطوير التنظيمي ما عدا

أ- قيام المنظمة نفسها بالتطوير التنظيمي.

ب- اعتماد جهة خارجية كمستشار للتطوير التنظيمي.

ج- الرجوع إلى المنافسين.

د- اعتماد منهج هجين أي المنظمة مع مستشار خارجي.

٢- إن قيام الإدارة العليا بمفردها بالتطوير التنظيمي، خيار وجهت له الانتقادات التالية، ما عدا

أ- التأثير السلبي على الروح المعنوية للعاملين.

ب- نقص الدعم والتأييد من قبل المستويات الإدارية الأدنى.

ج- لا يعطي الإمكانية لتوليد خبرة وتجربة تتراكم لدى العاملين.

د- يحقق السرعة وخاصة في حالة الأزمات.

٣- تتجسد مهمات المشاركة في برامج التطوير التنظيمي بين الإدارة العليا والعاملين كفرق عمل ومجموعات في الآتي ما عدا

أ- تنسيق مبادرات واقتراحات تخطيط برامج التطوير التنظيمي.

ب- تقليل دور الإدارة العليا في برامج التطوير التنظيمي إلى أدنى الحدود الممكنة.

ج- صناعة قرارات تنفيذ برامج التطوير.

د- توزيع أدوار المرؤوسين في برامج التطوير بحسب الرغبة.

٤- عن ماذا أراد أن يعبر (Lafley) المدير التنفيذي الأعلى لشركة (Procter and Gamble) عندما قال " في الاجتماعات الحديثة يصعب على الشخص الخارجي أن يعرف ويميز من هو المدير التنفيذ الأعلى (CEO)، فهو يلتحق بالنقاش على فترات وبحسب الظروف وأن الآخرين هم المتحدثين أغلب الوقت وكأنهم يعلمون بعضهم البعض الآخر ويضيف (lafley) أنا في الغالب مثل المدرب حيث انظر إلى اختلاف التراكيب والتوليفات التي تعطي أفضل النتائج ".

أ- تمكين المستويات الإدارية ومساهمتها الفاعلة في برامج التطوير التنظيمي.

ب- الدور المركزي للإدارة العليا في برامج التطوير التنظيمي وانفرادها بسلطة مهامه.

ج- المشاركة المحدودة للمستويات الإدارية في مختلف الممارسات الإدارية.

د- عدم الثقة بقدرات المديرين في المستويات الأدنى.

٥- عندما يرى المستشار بأن التغيير هو مسؤولية أعضاء المنظمة لأنهم يسببون المشكلة ويعيشـونها وهم بالتالي الاقدر على حلها، وهنا يكون دور المستشار.

أ- الميسر أو وسيط التغيير.

ب- الخبير أو المدافع.

ج- المتدخل الوحيد.

د- الممارس.

٦- جميع الآتي تعبر عن أنماط المستشار ما عدا

أ- نمط المثبت.

ب- نمط المستكشف.

ج- نمط المقنع.

د- نمط المخطط.

٧- عندما يسعى المستشار إلى تحقيق الفاعلية مـن خـلال ممارسـته للتطـوير دون أن يهـتم بالرضـا والروح المعنوية للعاملين وهنا يتم اعتماد التقييـم المنطقـي للمشاكل واستخدام الحقـائق للوصول إلى حلول تلك المشاكل، فهذا يجسد نمط

أ- المستكشف

ب- المحلل

ج- المقنع

د- القائد رافع المعنويات

٨- بأي من المهارات أدناه ترتبط الممارسات التالية (منح كل شخص في المنظمة الأدوات والثقة التـي تضمن تحقيق الاندماج في عمليات التغيير التي تشمل التسهيلات، وبناء العلاقات، ومهارات العمليات).

أ- القيادة.

ب- الاتصال.

ج- الشخصية.

د- التفاعل.

٩- واحدة من بين الآتي لا يفترض أن تكون في أخلاقيات المستشار

أ- عدم ممارسة التمويه والتواطؤ

ب- ترتيب البيانات وفق رغبة المنظمة

ج- واقعية النتائج وحياديتها.

د- المهنية والاحترافية.

١٠- عندما يصف المستشار إجراء سلوكي لعلاج الاعتلال والمشكلة فأن النموذج المستخدم للاستشارة هو

أ- انموذج شراء الخبرة.

ب- انموذج عملية الاستشارة.

ج- انموذج الطبيب والمريض.

د- انموذج الموقف.

١١- يتكون نظام لاستشارة الهجين من الآتي ما عدا

أ- المستشار.

ب- الزبون الداعم.

ج- الوحدات التنظيمية.

د- المجتمع المحلي.

١٢- لمن من أنماط الزبائن أدناه تكون استجابة المستشار كالآتي:-

• حسن فهمت قصدك أنت لا تريد الدخول في التفاصيل.

• تريد الدخول إلى الموضوع مباشرة.

- تريد أن يكون لدي المضمون في كل مرة نتحدث فيها.

أ- زبون سأعود إليك.

ب- زبون أنت لا تفهم.

ج- زبون أنت الخبير.

د- زبون أريد الحقائق تماماً.

١٣- واحدة من ترتيبات تطوير الجدارة بالثقة بين المستشار والزبون صحيح الترتيب

أ- الارتباط، الإصغاء، التأطير، التصور، الالتزام.

ب- الإصغاء، التصور، الالتزام، التأطير، الارتباط.

ج- التصور، الإصغاء، الارتباط، الالتزام، التأطير.

د- التأطير، الإصغاء، التصور، التأطير، الالتزام.

١٤- جميع الآتي تعتبر من أهداف التشخيص كمتطلب لصياغة استراتيجية التطوير التنظيمي ما عدا

أ- تحسين قدرة المنظمة على تقويم الثقافة وتغييرها.

ب- الإسراع في عملية اتخاذ القرارات.

جـ- تمكين أعضاء التنظيم من الحصول على معرفة جديدة في مجال عدم كفاءة الثقافة وأنماط السلوك كأساس لتطوير فاعلية المنظمة بشكل كبير.

د- توكيد اندماج المنظمة في صيرورة التحسين المستمر.

١٥- جميع الآتي هي نماذج للتشخيص يستخدمها الممارس والاستشاري للتطوير التنظيمي ما عدا

أ- النموذج التحليلي.

ب- نموذج السلوك المنبثق للمجموعة.

ج- نموذج المنافسة الحرة.

د- نموذج خرائط السبب وتحليل شبكة العمل الاجتماعي.

١٦- يشمل النموذج العام لعمليات التطوير التنظيمي الذي طوره (Brown and Harvey) عـلى جميع الخطوات التالية ما عدا

أ- تقدير الحاجة للتغيير وتطوير العلاقات بين المستشار والمنظمة.

ب- مرحلة التشخيص والاستراتيجيات وخطط التنفيذ والتكتيك.

ج- تحليل سلسلة التوريد والتجهيز.

د- الرقابة والتجديد الذاتي والاستقرار.

١٧- جميع النماذج أدناه تعتبر من نماذج التطوير التنظيمي التدريجي (التزايدي) (OI) ما عدا

أ- نموذج كليمان Kilmann لتحويل المنظمات.

ب- الإدارة بالأهداف.

ج- التحليل الوسائلي للعمليات.

د- نموذج التحليل المتدفق.

١٨- في النموذج ثلاثي الحالات للتحول يجري

أ- الإعداد، التصور، الحل والتحول.

ب- ترك القديم، الانتقال إلى وضع محايد (طبيعي)، التحرك إلى الأمام باتجاه الحالة الجديدة.

ج- تصور، تقييم، انتقال.

د- تطوير المهارات، تطوير العمليات، تطوير التنفيذ.

١٩- ندرج في أدناه مجموعة من النماذج الهجينة (OT , OI) للتطوير التنظيمي ما عدا واحد لـيس منها

أ- النموذج المتكامل للتحول.

ب- نموذج تحول ثقافة المنظمة.

ج- نموذج الخطوات السبعة لتحويل المنظمة.

د- نموذج الأبعاد الثلاثة.

٢٠- جميع الآتي تندرج ضمن أهداف تقويم برامج التطوير التنظيمي ما عدا

أ- تزوير متخذي القرارات بالمعلومات التي يمكن أن تكون أساساً في اتخـاذ القرارات بشـأن تعديل برامج التطوير أو حذف البعض منها.

ب- تحديد نقاط قوة وضعف البرامج التطويرية.

ج- تقديم تصورات كافية عن الدور الإنساني للمنظمة.

د- تشخيص مستوى الفجوة بين استراتيجيات التطوير المرسومة ومستويات التنفيذ الفعلي.

مصادر الفصل الثالث

١. أبو شيخة، نادر، (١٩٨٦)، **إدارة الاستشارات**، مطبعة الشرق الأوسط، عمان.

٢. باركر، جون، ١٩٧٩، نظرة مغايرة، **مجلة مكتبة الإدارة**، معهد الإدارة العامة، الرياض.

٣. بريمة، علي، (١٩٩١)، **دليل العمل الاستشاري**، مجلة الإداري، المجلد (١٣) العدد (٤٤)، مسقط.

٤. تشاندا، اشوك وكابرا، شلب، (٢٠٠٢)، **استراتيجية الموارد البشرية**، ترجمة عبد الحكم أحمد الخزامي، دار الفجر للنشر والتوزيع، القاهرة.

٥. الحراحشة، محمد والهيتي، صلاح الدين (٢٠٠٦)، أثر التمكين والدعم التنظيمي في السلوك الإبداعي كما يراه العاملون في شركة الاتصالات الأردنية - دراسة ميدانية - **مجلة دراسات، العلوم الإدارية**، المجلد (٣٣)، العدد (٢)، عمان.

٦. خطاب، عايدة، (١٩٩٩)، **الإدارة الإستراتيجية للموارد البشرية في ظل: إعادة الهيكلة**، الاندماج، مشاركة المخاطر، ط/٢، مطبعة النهضة، القاهرة.

٧. الدوري، زكريا وصالح، احمد علي، (٢٠٠٩)، **إدارة التمكين واقتصاديات الثقة في منظمات الالفية الثالثة**، دار اليازوري للنشر، عمان.

٨. الذهبي، جاسم، (٢٠٠١)، **التطوير الإداري**: مداخل ونظريات، عمليات واستراتيجيات، دار الكتب للطباعة والنشر، بغداد.

٩. روبنسون، دانا وروبنسون، جيمس (٢٠٠٠)، **التغيير أدوات تحويل الأفكار إلى نتائج**، تعريب بمبك، القاهرة

١٠. الصباغ، زهير، (١٩٨٣)، الاستشارات الإدارية كمدخل للتنمية الإدارية، **مجلة مكتبة الإدارة**، معهد الإدارة العامة، المجلد (١١) العدد (١)، الرياض.

١١. العامري، صالح والغالبي، طاهر، (٢٠٠٨)، **الإدارة والأعمال**، ط/٢، دار وائل للنشر، عمان.

١٢. العطيات، محمد بن يوسف (٢٠٠٦)، **إدارة التغيير والتحديات العصرية للمدير**، رؤية معاصرة لمدير القرن الحادي والعشرين، دار الحامد للنشر والتوزيع، عمان، الأردن.

١٣. فرنش، ندل وجونير، سيسل، (٢٠٠٠)، **تطوير المنظمات، تدخلات علم السلوك لتحسين المنظمة**، ترجمة وحيد بن أحمد الهندي، معهد الإدارة العامة، الرياض.

١٤. اللوزي، موسى، **التطوير التنظيمي، أساسيات ومفاهيم حديثة**، دار وائل للنشر، عمان.

١٥. ماهر، أحمد (٢٠٠٧) **تطوير المنظمات – الدليل العملي لإعادة الهيكلة والتميز الإداري وإدارة التغيير**، الدار الجامعية، الإسكندرية.

١٦. مايستبر، ديفيد، وآخرون، (٢٠٠٢) **المستشار الموثوق**، مكتبة العبيكان، الرياض.

١٧. هاميل، كاري، (٢٠٠٧)، **ريادة الثورة في الأعمال**، دار العبيكان، الرياض.

١٨. الهواري، سيد، (٢٠٠٠)، **الإدارة، الأصول والأسس العلمية للقرن ٢١**، مكتبة عين شمس، القاهرة.

1- Armstory, T., & Wheatley, W., (1989) Identifying client Needs, a diagnostic Model for Consultants, **Academy of management.**

2- Bass, B., (1967), Training in Industry, **The Management of learning.**

3- Bean, W., (1993), **Strategic Planning that makes things happy**, Human Resources Development Press, Inc.

4- Bechard, R., (1969) **Organization Development: Strategies and Models**, Addison – Wesley Publishing Co.,

5- Beer, M., et al., (1993), **The Critical path to corporate Renewal**, Boston, Harvard Business school Press.

6- Berner, R., (2003) Procter and Gamble: How A. G. Lafley is revolutionizing a bastion of corporate Conservatism, **Business week**, July 7.

7- Blaine, R., & James, R., **Sanders Educational Evaluation: Theory and practice western Michigan,** University, Jones publication Inc Belmont, California.

8- Bridges, w., & Mitchell, S., (2002), **leading transition a new model for Change in Frances Hesselbein and Rob Phnston**, on leading Change, Tossey – Bass – Wiley Co.

9- Brown, D., & Harvey, D. (2006), **An Experimental Approach to organization Development,** 7th ed, Prentice – Hall International, New Jersey.

10- Buchanan D., & Hyczynski, A., (1997) **Organizational Behavior – an introductory text**, 8th ed., Prentic Hall, London.

11- Chin, R., & Benne, k., (2005), **General strategies for Effecting changes in Human systems**, Rinehart and Winston, New York.

12- Dunphy, D., & stace, D., (1988) Transformational and coercive strategied for planned Organizational change Beyond the OD Model, **Organizational studies**, Vol, 9 No: 3.

13-   Fagenson. E., & Warner, w. (1998), The Current Activities and skills of OD practitioners, **Academy of Management Proceedings**.

14-   Gebelein, S., (1989), Profile of an internal consultant Roles and skills, **Training & Development Journal**, Vol: 37, No 14.

15-   Harrison, R., **Choosing the depth of Organizational Intervention,** In French, L. Wendell et al (2005), Organization development and Transformation, MaGrow – Hill.

16-   Harvey, J., (1974), **Preparing Company plans**: a work book for effective Corporate planning, wiley, New York.

17-   Haynes, M., (1984), **Managing performance: A Comprehensive Guide to Effective supervision,** lifetime learning pub, Belmont, California.

18-   Hesselbein, F., (2002), **The key to Cultural Transformation,** In Frances Hesselbein and Rob Johnston (ed), on leading change a leader to leader guide, Jossey – Bass, A wiley Co.

19-   Hitt, M., & Mathis, R., (1983), Survey Results shed light upon important development Tools, **Personal Administrator** Vol: 28, No: 2.

20-   Kilmann, R., (1989), **Managing beyond the quick fix**, Jossey – Bass, san Francisco.

21-   Kovitz, A., et al., (2003), **Why Strategic Planning Mid** – Atlantic development.

22-   Lichtenstein, B., (2002), organized Transition: A pattern Amid the chaos of Transformative change, **Academy of Management Executive**. Vol: 14, No: 4.

23-   Merrill, C., (2005), Fast cycle OD. **Faster, Better, Cheaper, Catches up to Organizational Development,** in French, Wendell L. et al (2005): Organization development and Transformation, McGraw – Hill.

24-   Mintzberg, H., (1987). The Strategy Concept I: Five Ps for strategy: **California Management Review**, Vol, 30. No: 1 .

25-   Neilsen, E., (1978), Reading clients Values from their Reactions to an Intervention. **Academy of Management Proceedings**.

26-   Odiorne, G., (19979), **MBOII, Belmont,** California, Fearon – Pitman Publishers, Inc.

27-   Porras, J., (1987), **Stream Analysis: a powerful way to diagnose and Manage Organizational change Reading** MA – Addison – Wesley Publishing.

28-   Provus, M., (1969), **Discrepancy Evaluation for Educational**, Mccutchan. Publishing Corporation.

29-   Riehold, G., (1986), **The management consultant a physician for the Enterprise**, African Administrative studies,

30- Robert, H., (1997), **Leading Corporate Transformation**, a blueprint for Business, renewal, Jossey – Bass, Publishers.

31- Rucci, A., et al., (2000), **The Employee – Customer – profit Chain at sears,** in Wendell French, et al, Organization development and Transformation, lrwin, McGraw – Hill.

32- Schein, E., (1969), **Process Consulation lts Role in Organization development, Addison,** Wesley.

33- Scriven, M., (1967), The Methodology of Evaluation, In R. Tyler, m., Prospective of Curriculm Evaluation AERA. **Monograph series on Curriculm Evolution** Vol: 1, Chicago.

34- Stufflebeam, D., (1974), **Alternative Approaches to Education,** California Mccutchan Publishing Corporation.

35- Tichy, N., & Nancy, C., (2002), **The cycle of leadership: How Great leader teach their companies to win.** Harper Business, New – York.

36- Warner, W., et al., (1984), Improve your OD projects chances for success, **Training and development Journal** Vol: 38, N: 9.

37- Warner, W., et al., (1992), Changing Corporate Culture or corporate behavior how to change your company, **Academy of Management Executive**, Vol: 6, No: 4.

38- Zand, D., (1974), Collateral organization, A New change strategy, **Journal of Applied Behavioral science**, 10.

الفصل الرابع

الإطار المناهجي للتطوير التنظيمي وتقنياته الاجرائية

الأهداف التعليمية

بعد إطلاع القارئ الكريم على مضامين هذا الفصل واستيعاب محتوياته الفكرية، يكون قادراً على أن:

١. يصف مضامين مناهج التطوير التنظيمي.
٢. يشرح مجالات مناهج التطوير التنظيمي.
٣. يميز بين قنوات مناهج التطوير التنظيمي.
٤. يوضح أنواع مناهج التطوير التنظيمي.
٥. يذكر مفهوم تقنية التطوير التنظيمي.
٦. يصنف تقنيات التطوير التنظيمي.
٧. يحدد أسس تصنيف تقنيات التطوير التنظيمي.
٨. يصف استخدامات تقنيات التطوير التنظيمي.

المبحث الأول

مفهوم مناهج التطوير التنظيمي ومجالاتها وأنواعها

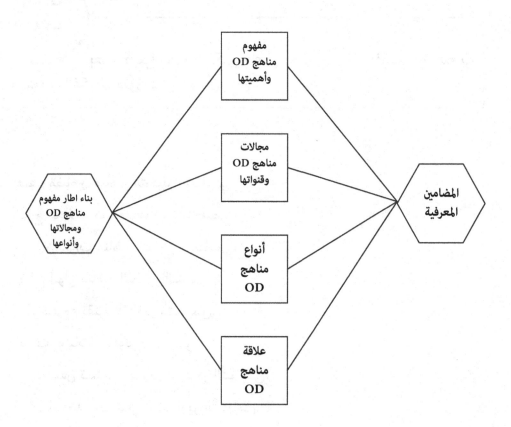

أولاً: مفهوم مناهج التطوير التنظيمي ومجالاتها:

سنحاول في هذا المحور تقديم مدخل مفاهيمي؛ يهدف إلى بيان ضرورات اعتماد منهج أو مناهج تقود برامج التطوير التنظيمي ومن ثم تحديد مفهوم المناهج وأهميتها وأخيراً استعراض مجالاتها الأساسية، وكما يأتي:

1. ضرورات اعتماد مناهج للتطوير التنظيمي (حالة دراسية):

حالات اكتساب (ضم) الشركات.

- مآزق الانسجام والتدبير وضرورات مناهج التطوير-

بالرغم من الأعداد المتزايدة لحالات الضم (شراء شركة لأخرى) في السنوات الأخيرة، إلا أن إحدى الدراسات التي أعدتها مؤسسة ماكينزي وشركاه للاستشارات الإدارية (كما أوردتها مجلة فورشن) قد كشفت أن أغلب هذه الحالات قد فشلت، وفي الواقع إن هناك أكثر من ثلثي حالات الدمج لم تحقق كسباً مادياً أكبر مما لو قامت الشركة الضامة بوضع استثماراتها في شهادة توفير بأحد البنوك.

لماذا يكون معدل الفشل عالياً؟ يقول الخبراء في مجال الضم بأن العملية أشبه بحالة الزواج، حيث يتطلب الأمر التكيف والتعديل من جانب الشركة الأم والشركة التي يتم ضمها، مجلة فورشن (Fortune) مثلاً، تسأل كيف يمكن لشركة أي بي أم (I B M) التقليدية التعايش مع شركة رولم (Rolm) المتحررة (شركة تعمل في مجال تقنية الاتصالات ضمتها (أي بي أم) سنة ١٩٨٤) أو لشركة جنرال موتورز التعايش سلمياً مع شركة فيالق نظم البيانات الالكترونية ذات الضبط والربط (التي أسسها رجل الأعمال روس بيروت (Ross Perot) والتي ضمتها إليها جنرال موتورز عام ١٩٨٤م)؟ فعادة ما يكون للشركة الأم والشركة المنضمة عادات وقيم ومعتقدات متباينة تماماً، وتخاطر الشركة الضامة حينما تحاول خنق الشركة المضمومة وتقضي ـ على خصائصها المميزة التي كانت في الأساس عنصر جذب بالنسبة للشركة الضامة.

هنا تبدو الشركة الأم في مأزق، فإذا فرضت أسلوبها الإداري على الشركة الأخرى فمن المحتمل أن تنسف عملية الضم وتقصى مديريها المتمرسين، فقد حاولت شركة جنرال الكتريك مثلاً أن ترفع يدها عن شركة انتيرسل (Intersil)، شركة مصنعة للمواد الموصلة للكهرباء، إلا أنها استبدلت النظام الاختياري لامتلاك الأسهم

بالنسبة للعاملين في انتيرسل بنظام للحوافز يتسق مع نظام جنرال اليكتريك، فأثار ذلك حنق كثير من مديري ومهندسي انتيرسل فتركوا العمل بالشركة في أول فرصة لاحت لهم، وقد فقدت الشركة خلال فترة قصيرة ما يفوق الثلث من خيرة المهندسين العاملين فيها.

من الممكن أن يكون عدم التدخل خطيراً بنفس القدر، كما اكتشفت موتورولا (Motorola) فقد اشترت موتورولا شركة فورفيز سيستمز (Four – Phase Systems) التي تصنع نظم معالجة البيانات، حيث كانت في حاجة ماسة لدعم إداري كبير، كما تقول فورشن... فهي في حاجة إلى "كبير مديرين" لتصريف الأعمال اليومية ومساعدة الأطراف المتصارعة، إلا أنها لم تفعل شيئاً من ذلك وانتظرت سنة تقريباً قبل أن يتم تعيين مدير جديد لها ووقتها كان الضرر قد حدث بالفعل.

ماذا تفعل الشركة الضامة إذن؟ هل يتعين عليها أن ترفع يدها عن إدارة الشركة التي يتم ضمها أم تتدخل فيها؟ الإجابة على ذلك، حسب رأي الخبراء الذي أوردته مجلة فورشن، هو شيء من هذا وذاك، حيث تحاول الشركات الضامة أن تبقي على ثقافة الشركة التي يتم ضمها على ما هي عليه، بمنحها الاستقلال التام عنها، على أن دور الشركة الأم لا يقتصر على التمويل فقط، بل توفر الكثير من الشركات الضامة الناجحة التدريب الإداري والاستشارة لمساعدة رجال الأعمال في كيفية إدارة شركاتهم النامية بصورة أفضل، وقد يشهد على آثار ذلك تانهل (Tannehill) الذي شرع في إنشاء شركته الخاصة (Stock Equipment) بولاية أوهايو، فعندما قامت شركة جنرال سقنال (General Signal) بشراء شركته، أثار المستشارون العديد من الأسئلة التي كشفت عن مشكلات شركة (Stock Equipment) الإستراتيجية منها والتشغيلية، كما قدم المستشارون حلولاً ساعدت تانهل في تحسين إستراتيجية مشروعه وحل مشكلات التخزين.

وأحياناً تستطيع الشركة التي يتم ضمها تغيير الشركة الأم وفق اكتشاف هاريس انترتايب (Haris Interrtype) وهي شركة مصنعة للمطابع، عندما ضمت شركة راديشن المتحدة (Radiation Inc) التي تصنع نظماً الكترونية معقدة تشمل معقبات الصواريخ، فبعد عملية الضم بقليل، بدأ مديرو شركة راديشن في تولي مناصب عليا في شركة هاريس وأصبحت لهم وجهات نظر راديكالية حول الصورة التي يجب أن تكون عليها الشركة، وباختصار فقد حولوا شركة هاريس من شركة لصناعة المطابع إلى شركة لأجهزة الاتصالات الحديثة، من خلال شرائها لعدد من الشركات الأخرى انتهت بشراء شركة منتجات لانير (Lanier Business Products) وهي شركة لمعدات معالجة الكلمات (طابعات) في عام ١٩٨٣م.

المصدر: (سيزلاقي والآس، ١٩٩١:٤٦)

• ويستخلص من معطيات الحالة السابقة ما يأتي:

(١) أن ثلثي حالات الاكتساب قد فشلت، وتمثل مستوى فشل عالي.

(٢) يتضح أن من أبرز مسببات الفشل العالي، يعود إلى عدم اعتماد منهج أو مناهج للتطوير التنظيمي تستوعب وتعالج مآزق الانسجام والتفاهم المتمثلة بـ:

(A) ضعف التكييف والتعديل.

(B) غياب الخطوط الأساسية لإدارة وتوحيد الثقافات التنظيمية للشركات (الضامة والمضمومة).

(C) تجاهل السيناريوهات الفاعلة لإعداد التصاميم التنظيمية الأنجح للوضع الجديد.

(D) غياب بناء التوجيه الاستراتيجي في ضوء متغيرات الوضع الجديد وحالة الاكتساب المتحققة.

(E) تجاهل تشخيص الآليات والتقنيات الملائمة لتحقيق اندماج الموارد البشرية في الشركة الأم والشركة المكتسبة (المضمومة) وزيادة مستوى الانتماء والولاء لديهم.

(F) ضعف الاهتمام باستشراف مستقبل الشركة في ظل ظروف الاكتساب، وصياغة غايتها وأهدافها الطموحة التي تحقق لها العائد فوق المتوسط من جراء هذا الاكتساب.

* أن الطروحات السابقة الذكر؛ تؤكد ضرورات تبني منهج أو مناهج لقيادة برامج التطوير التنظيمي بوصفها (المناهج) تمثل فلسفة متكاملة وواضحة الرؤى والمقاصد لقيادة وإرشاد وتقويم برامج التطوير بعلمية وواقعية.

وانطلاقاً من ذلك لابد من تعرّف مفهوم مناهج التطوير التنظيمي وأهميتها وهذه ستكون مسؤولية الفقرة التالية.

2. مفهوم مناهج التطوير التنظيمي وأهميتها:

• المنهج في اللغة العربية يعني: الطريق الواضح، ومتى وضحت الطريق يسهل السير ويبلغ المسافر محجتة بيسر وأمان، (ديب، ١٩٨١:١٣) .

وكما يشرف كبار المهندسين على تخطيط الطرق الفضلى، وكبار المربين وعلماء النفس على تخطيط المناهج الدراسية، هكذا يفترض أن يكون للمنظمات مناهج لقيادة وتخطيط برامج التطوير التنظيمي يشرف عليها ويديرها كبار المتخصصين والمستشارين في العلوم الإدارية والتنظيمية ورجال الخبرة في ميدان العمل من المديرين التنفيذيين المتمرسين، بهدف توضيح طريق هذه البرامج وتسهيل السير فيها وبالتالي بلوغ الغاية المحددة والمبتغاة.

وعلى أساس ما تقدم يمكن أن نعرف منهج التطوير التنظيمي، بأنه: (بناء معرفي يتكون من مجموعة من المبادئ والقواعد والافتراضات العلمية والتقنيات الإجرائية المصممة لتمكين المنظمة من إدارة برامج التطوير التنظيمي والسيطرة بفاعلية على تنفيذ الأنشطة والخبرات اللازمة لإحداث التغيير وتحسين الأداء ضمن المدة الزمنية المرسومة).

* منهج التطوير التنظيمي:
بناء معرفي يتكون من مجموعة من المبادئ والقواعد والافتراضات العلمية والتقنيات الإجرائية المصممة لتمكين المنظمة من إدارة برامج التطوير التنظيمي والسيطرة بفاعلية على تنفيذ الأنشطة والخبرات اللازمة لإحداث التغيير وتحسين الأداء ضمن المدة الزمنية المرسومة

● وتنبثق أهمية منهج (منهاج) التطوير التنظيمي من كونه:

أ- يطور الرؤية المستقبلية.

ب- يسعى لرصف ومحاذاة المنظمة مع الرؤية التطويرية.

ج- يرسم معمارية عمليات التطوير.

د- يستخدم ما ثبتت صلاحيته من المبادئ والافتراضات وأساليب وتقنيات التطوير.

ذ- يولد طاقة وهمه لبدء عمليات التطوير واستدامتها.

ر- ينظم سياقاً متتابعاً من المواقف التطويرية والتحسينية يبنى كل واحد منها على ما قبله ويهيئ لما بعده.

ز- يضع تقديراً لسرعة سير وتقدم التغيير والتطوير، وما يتطلبه من توفير للوقت اللازم بصورة تتناسب مع قدرات وظروف الأفراد والأقسام والوحدات.   (Miles, 1997:16) .

ويصور الشكل (٧٩) الحلقات الحيوية لأهمية منهج التطوير التنظيمي

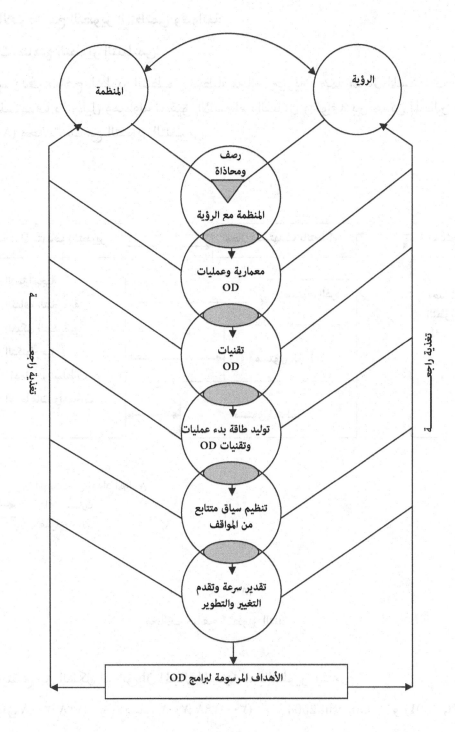

شكل (٧٩)

الحلقات الحيوية لأهمية منهج OD

المصدر: من إعداد المؤلفين

3. مجالات مناهج التطوير التنظيمي وقنواتها:

(أ) مجالات مناهج التطوير التنظيمي

تستهدف مناهج التطوير التنظيمي تغطية مجالين حيويين، هما: المجال المستهدف بـالتطوير والمجال المستهدف بالتحليل ومحاولة تحقيق الانسجام والتفاعل والموائمة بين هذين المجالين، ويعكس الشكل (٨٠) مجالات مناهج التطوير التنظيمي.

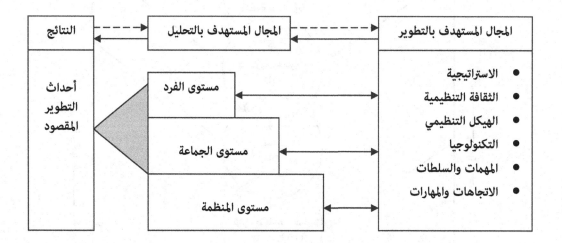

المصدر: من إعداد المؤلفين

تفاعل مشترك

تغذية راجعة

شكل (٨٠)

مجالات مناهج التطوير التنظيمي

ويتضح من الشكل السابق أن **المجال المستهدف بالتطوير**، يشمل:

(**هل وجونز**، ٢٠٠٨: ٧٢٨) و (**ديسلر**، ٢٠٠٣: ٢٩٨-٣٠٠) و (**Goreth, 2004**) و (**Daft, 2001**)

(1) الإستراتيجية:

التطوير الاستراتيجي، يعني تحريك المنظمة بعيداً عن وضعها القائم تجاه وضع مستقبلي مرغوب فيه بغرض رفع وتعزيز ميزتها التنافسية، وخلال العقد الأخير من القرن العشرين مارست الكثير من كبريات الشركات (أكبر ٥٠٠ شركة) عمليات التطوير والتغيير الاستراتيجي، وذلك عند ما حاول مديروها دعم وتقوية الكفاءات الأساسية لشركاتهم، وبناء أخرى جديدة للمنافسة بشكل أكثر فاعلية.

ويُعد (يوتارا كوبايشيا Yotara Kobayashi) الرائد الأول في إحداث التطوير الاستراتيجي بشركة زيروكس، حيث لاحظ وجود بعض المؤشرات التي تستدعي إحداث تغيير وتطوير ما، ومن هذه المؤشرات انخفاض الحصة السوقية، وعدم تقديم منتجات جديدة للسوق، فضلاً عن زيادة معدلات شكاوي الزبائن، وبناء عليه قام (Kobayashi) بتشكيل فريق من أجل وضع رؤية جديدة للشركة تستهدف الانتقال بها نحو وضع جديد يركز على الرقابة على الجودة ودعم القدرات التنافسية لها.

(٢) الثقافة:

من المعروف أن لكل منظمة ثقافة خاصة بها تشمل القيم المشتركة، والمعتقدات، والسلوكيات المشكلة بواسطة أعضاء المنظمة عبر الزمن.

وتعرف الثقافة التنظيمية على أنها: أطار معرفي مكون من الاتجاهات والقيم، ومعايير السلوك والتوقعات التي يتقاسمها العاملون في المنظمة. (جيربنرج وباورن، ٢٠٠٤: ٦٢٧)

وتتأصل أي ثقافة تنظيمية على مجموعة من الخصائص الأساسية التي يثمنها العاملون، وتتلخص بالآتي:

- الاستقلال الفردي، درجة المسؤولية، الاستقلال، والفرص لممارسة المبادرات للأعضاء في المنظمة.

- الحساسية للحاجة للزبائن والعاملين، درجة الاستجابة لتغييرات الحاجات.

- الدعم، درجة المساعدة والمساندة والدفء والعطف من المديرين.

- الضرورة والأهمية لوجود عاملين مبادرين لتقديم أفكار جديدة، الدرجة التي يشجع بموجبها العاملين ويمكنون لتقديم أفضل نوعية وإنتاجية ومقترحات.

- الإنتاجية وحرية الاتصال، درجة الحرية للاتصالات بين الأعضاء والفرق والمستويات.

- سلوك المخاطرة، الدرجة التي بموجبها يكون لدى الأعضاء شجاعة ليكونوا هجوميون، مبدعون، مجددون، ويقبلون المخاطرة. (Brown & Harvey, 2006:437) .

وتُعد مسألة تطوير الثقافة التنظيمية وتغييرها مسألة في غاية الأهمية ومجال حيوي في معادلة التطوير التنظيمي، من أجل تحقيق الربحية العالية وإرضاء أصحاب المصالح كافة ومسايرة متطلبات البيئة التنافسية.

فقد وجد (Kotter & Heskett: 1992: 150) أن الربحية العالية في الشركات المعروفة مثل بيبسي كولا وول مارت وشل ترتبط بتطوير ثقافة تخدم (العاملين، والزبائن، والمساهمين).

ويعرض الشكل (٨١) مسببات تطوير الثقافة التنظيمية وتغييرها وأهم النتائج المتحصل منها.

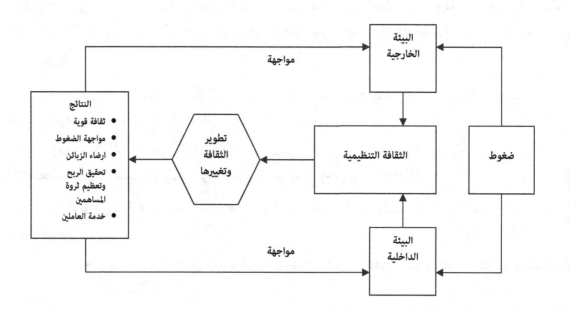

شكل (٨١)

مسببات تطوير الثقافة التنظيمية ونتائجها

المصدر: من إعداد المؤلفين.

ويظهر من الشكل السابق أن ضغوط البيئة الداخلية أو/و الخارجية تسهم بشكل مباشر في ضرورة تطوير الثقافة التنظيمية لجعلها أكثر ملاءمة لمتطلبات الضغوط المذكورة وبالتالي بلوغ هدف إرضاء الزبائن وكذلك خدمة العاملين وتحقيق الربح وتعظيم ثروة المساهمين، وهذا يعني أن تطوير الثقافة يقود إلى بناء ثقافة قوية وإلغاء الثقافة الضعيفة وثقافة أحادية البعد، فمثلاً ثقافة (IBM) وثقافة جامعة (هارفرد) تُعد ثقافات قوية مقارنة بالشركات والجامعات المنافسة، لأن ثقافة هاتين المنظمتين (IBM، وهارفرد) تشكلت من سلوكيات أفراد متفقين وواعين لأدوارهم ومسؤولياتهم وملتزمين بالقيم بشكل قوي ويتقاسمون تلك القيم بشكل كبير، بعيداً عن قواعد الأمر وإجراءات الضبط والرقابة المركزية.

ويبين الشكل (٨٢) القوة النسبية للثقافة؛ ليدعم مسببات تطويرها وتغييرها آنفة الذكر.

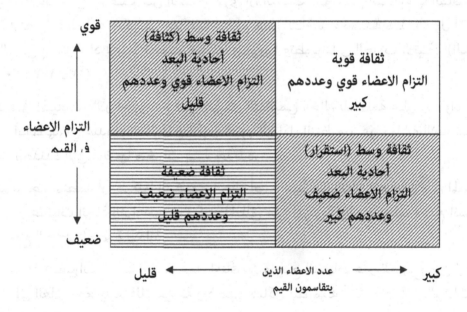

شكل (٨٢)

القوة النسبية للثقافة التنظيمية

المصدر: (**Brown & Harvey,** 2006:439) بتصرف

(٣) الهيكل التنظيمي:

تحتاج جميع المنظمات وعلى اختلاف أنشطتها إلى شكل من أشكال الهيكل التنظيمي لتنفيذ استراتيجياتها، ويمثل الهيكل التنظيمي تصور أو تخيل للدور الرسمي للمنظمة (**الدوري وصالح**، ٢٠٠٩: ١٣٣).

ولا يمكن لأي شخص أن يرى الهيكل التنظيمي، لأنه مفهوم عقلي ومع ذلك فإن العلاقات بين مختلف التجمعات الوظيفية في أي منظمة يمكن تمثيلها برسم تخطيطي يسمى (الخريطة التنظيمية)، وبلغة أخرى فإن من الممكن اعتبار الخريطة التنظيمية تمثيلاً بالرسم لهيكل المنظمة، وكما هو متخيل، (**جيربنرج وباورن**، ٢٠٠٤: ٦٧٦).

وبعد هذه المقدمة، فإن النقطة التي نود إبرازها هي: نظراً لكون المنظمة تعمل في عالم متغير، إذن لابد أن يكون هيكلها أهلاً للتغيير والتطوير لمسيرة هذا العالم المتغير، ويعني ذلك أن المنظمات الجامدة أو ذات التصميم السيء لن تستطيع الحياة في ذلك العالم، وإذا ألقيت نظرة على العديد من المنظمات التي خرجت من النشاط ترى أن السبب هو عدم استطاعتها التأقلم مع التحولات والمتغيرات البيئية وتكييف هياكلها لتلائم هذا التأقلم، وخلاصة هذا القول أن على المنظمات السعي بشكل جاد لإعادة تصميم هياكلها وتغييرها وتطويرها في الحالات الآتية: (**الدوري وصالح**، ٢٠٠٩ : ١٣٣-١٣٤)

- النمو في المبيعات والأرباح، وعدم قدرة الهيكل التنظيمي الحالي للمنظمة على مجاراة تغيير أنشطتها، أي عندما يلاحظ المخططون قصور الهياكل التنظيمية عن مواكبة الاستراتيجيات الجديدة التي فرضتها متغيرات بيئية جديدة.
- عندما تجد المنظمة أن هيكلها التنظيمي الحالي أصبح عبئاً أمام تمكين العاملين من المشاركة في عمليات اتخاذ القرار بسبب تركيزه المطلق على المركزية والبيروقراطية وعدم انسجامه مع الأنماط المعاصرة للإدارة.
- الاستجابة للتغييرات البيئية وأنماط عمل المنافسين وتوسع النشاط عبر الخروج من المحلية إلى العالمية وما يتبع ذلك من ضرورة تبني هياكل تنظيمية أكثر مرونة في البيئات غير المستقرة.

ففي سبيل المثال على الحالات السابقة، ما جرى في شركة (GE) إذ استطاع مديرها التنفيذي تخفيض عدد المستويات الإدارية من تسع إلى أربعة فقط، وفي الوقت نفسه خفض مستويات دفع الأجور من (٢٩) إلى (٥) مجموعات كبيرة، كما أمكنه إعادة تنظيم (٣٥٠) خط منتجات ووحدات النشاط إلى(١٣) مجموعة كبيرة من وحدات النشاط، (**ديسلر**،٢٠٠٣: ٢٩٩) .

أن ما تقدم يعطي فكرة واضحة عن أن تطوير الهياكل التنظيمية ضرورة لابد منها ويجب أن تكون من أولويات العقول الإستراتيجية للمنظمة ويفترض أن يحويها منهج تطوير متكامل يضم مجموعة من البرامج، وهذا ما سيتم توضيحه في فقرة لاحقة.

(٤) التكنولوجيا:

أن التطوير والتغيير التكنولوجي ، يرتبط بالعمليات الإنتاجية في المنظمة وإجراء التعديلات في نظم وأساليب العمل المتبعة، عن طريق أفكار ومبادرات تأتي:

- من الإدارة العليا وفي الغالب تكون قليلة، لأن الإدارة العليا ليس لديها المهارات والخبرات الفنية وبعيدة عن الخطوط الإنتاجية وما فيها من عمليات.
- من الإدارة الإشرافية أو المستويات التنظيمية الأدنى لتذهب على المستويات العليا للمصادقة عليها ومتابعة تنفيذها، وهنا تلعب الخبرة التكنولوجية للعاملين في المستويات الأدنى كإبطال أو رواد الأفكار لحث تغييرات تكنولوجية مهمة في مجال العمل.

إن المبررات الرئيسة للتطوير والتغيير التكنولوجي تتلخص بالآتي:

- إيجاد منتجات جديدة.
- تقصير دورة حياة المنتجات.
- تكييف المنظمة مع التغييرات الحاصلة في الأسواق،(**العامري والغالبي**،٢٠٠٨: ٤٢٨-٤٢٩).

ويوضح الشكل (٨٣) مصادر التطوير والتغير التكنولوجي ونتائجه.

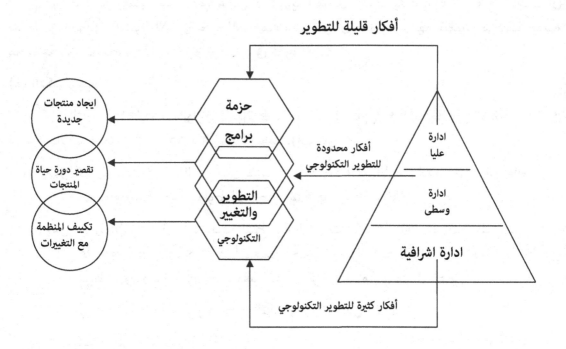

أفكار قليلة للتطوير
ايجاد منتجات جديدة
تقصير دورة حياة المنتجات
تكييف المنظمة مع التغييرات
حزمة
برامج
التطوير
والتغيير
التكنولوجي
أفكار محدودة للتطوير التكنولوجي
ادارة عليا
ادارة وسطى
ادارة اشرافية
أفكار كثيرة للتطوير التكنولوجي

شكل (٨٣)

مصادر التطوير والتغيير التكنولوجي ونتائجه

المصدر: من إعداد المؤلفين

(٥) المهمات:

المهمة (Task) تمثل مجموعة من العناصر المرتبطة زمنياً في الأداء والتي تساهم في تحقيق ناتج محدد ذو قيمة، وتمثل هذه العناصر حزمة من الواجبات. (**السالم**، ٢٠٠٩: ١٢٧)

> *** المهمات:**
> المهمة (*Task*) تمثل مجموعة من العناصر المرتبطة زمنياً في الأداء والتي تساهم في تحقيق ناتج محدد ذو قيمة، وتمثل هذه العناصر حزمة من الواجبات.

وتمتد عدوى التطوير إلى تطوير المهمات لجعلها ذات قيمة وتحدٍ، من خلال:

- إعادة تصميم الوظيفة .Job Re-design
- توسيع الوظيفة. Job Enlargement

- إغناء الوظيفة   Job Enrichment
- تشكيل فرق العمل   Team work

(٦) الاتجاهات والسلوكيات:

في هذا المجال يركز التطوير على مسائل عديدة تشمل تنمية وتغيير الجوانب الآتية:

- الاتجاهات عند الأفراد.

- السلوكيات عند الأفراد.

- المهارات عند الأفراد.

- الأداء عند الأفراد.

- الإدراك عند الأفراد.

- التوقعات عند الأفراد.

وبالعودة إلى الشكل (٨٠) نجد أن المجال المستهدف بالتحليـل، يضـم: ثلاثـة مسـتويات هـي: الأفراد، والجماعات، والتنظيمات، إذْ لا يمكن تحليل سلوك التطوير وتأثيره بمجرد تحليل سـلوك الأفـراد فهؤلاء الأفراد غالباً ما يعملون معاً في جماعات والأفراد والجماعات يؤثرون ويتأثرون ببيئة العمـل، إن دراسة المستويات الثلاثة يعطي تفسيراً واضحاً لظاهرة التطوير التنظيمي، فعلى مسـتوى الأفـراد مـثلاً نجد أن المتخصصين في التطوير يركزون منهجهم على دراسـة الإدراك والـتعلّم والاتجاهـات والـدوافع، وعلى مستوى الجماعات يكون الاهتمام بمنهج تطوير الاتصـالات بـين الأفـراد بعضـهم لبعض، وكيـف ينسقون نشاطهم داخل الجماعة، وعلى مستوى التنظيم يتم وصف التنظيم ككل مـن حيـث البنـاء وتفاعله مع البيئة وكيف تؤثر عملياته في سلوك الأفراد والجماعات بداخله.

ويوضح الشكل (٨٤) مستويات المجال المستهدف

شكل (٨٤)

مستويات المجال المستهدف بالتحليل

المصدر: (كربينرج وبارون، ٢٠٠٤: ٢٨)

إن مستويات التحليل آنفة الذكر هي تمثل حلقات مهمة ومتفاعلة مع بعضها البعض، لذا فإن الخلل في المستوى التنظيمي ينسحب بالخلل على مستوى الأفراد والجماعات والعكس صحيح، ومن هذا المنطلق يجب أن تكون هناك مناهج متخصصة للتطوير تعمل كلاً منها على دراسة المستوى الذي يعاني من إشكالات وتوصيف المداخل والاستراتيجيات والتقنيات التي تسهم في حل هذه الإشكالات ومن الدراسات المتخصصة في هذا الشأن، ما يأتي:

(A) مصفوفة (ديريك باف Derek Pugh)

تشمل مصفوفة (ديريك باف Derek Pugh) المشاكل المتحملة التي من الممكن أن تنشأ على كل المستويات، والعوامل السلوكية والهيكلية والتنظيمية المرتبطة بها، وكما موضح في الشكل (٨٥).

مستوى التحليل		السلوك (ماذا يحدث؟)	الهيكل التنظيمي (ما هو النظام؟)	السياق (الأبعاد التنظيمية)
التنظيم	التشخيص	ضعف الروح المعنوية، والضغط والقلق، الشك، وضعف الاستجابة للتغييرات البيئية	أهداف ضعيفة (وغير معروفة)، إستراتيجية غير ملائمة وهيكل تنظيمي غير ملائم، مسح ضعيف للبيئة الخارجية.	* سوق المنتجات. * سوق العمل. * التكنولوجيا. * ظروف العمل المادية.
	منهج OD الملائم	*** المنهج الهيكلي والتقني.** *** المنهج الاستراتيجي.**		
الجماعات	التشخيص	* جو عمل غير ملائم، تنافر حول الأهداف، أسلوب قيادة غير ملائم، القادة لا يتم احترامهم أو الوثوق بهم، القادة في صراع مع زملائهم أو مرؤوسيهم. * الوحدات الفرعية لا تتعاون، الصراع والمنافسة، الفشل، مواجهات بين نفس الأفراد ضمن المجموعات.	* ضعف في تحديد المهمات والعلاقات غير واضحة بما يكفي، القادة محملون بأكثر من طاقتهم وعدم ملاءمة آليات الاتصال. * عدم وجود منظور مشترك حول كيفية أداء المهمات مع صعوبة في تحقيق التفاعل المطلوب.	* الافتقار إلى الموارد، ضعف تركيب المجموعة، عدم كفاية المرافق المادية وتغيير في الولاء، تغيير في أعضاء المجموعة. * اختلاف في القيم وأنماط الحياة، وجود معيقات مادية، زيادة المسافة النفسية والمادية، تبدل في الأدوار، اشتباكات شخصية.
	منهج OD الملائم	*** المنهج الإنساني.** *** الاستراتيجي.**		
الأفراد	التشخيص	عدم تحقيق الحاجات الشخصية، إحباط، مقاومة للتغيير، فرص قليلة للتعلم والتطوير.	تحديد غير واضح لمهمات الأفراد، المهمات إما أن تكون سهلة جداً، أو صعبة للغاية.	* عدم المواءمة بين الأفراد والوظائف. * ليس هنالك من تقنية للترقية مع تدريب غير مناسب
	منهج OD الملائم	*** المنهج الإنساني.** *** منهج الموارد البشرية.**		

شكل (٨٥)

مصفوفة ديريك باف Derek Pugh

المصدر: (**Buchanan & Huczynski**,1997: 492-493) بتصرف من المؤلفين فيما يخص منهج OD الملائم.

(B) مكعب الاستشارة لـ (بليك وموتن Blacke & Mouton)

أقترح (بليك وموتن) مكعب أطلقا عليه مكعب الاستشارة (Con sul cube) وهو عبارة عن مكعب لهُ (١٠٠) خلية، مبني على ثلاثة أبعاد، هي: (**فرنش وجونير**، ٢٠٠٠: ٢٣٢) :

* **البعد الأول:** متعلق بماذا يفعل المستشار [داخلي كان أم خارجي]، أي ما التقنية التي يستخدمها المستشار، وهناك خمسة أنواع من التدخلات:

- مقبول (يعطي المستشار للزبون نوعاً من الشعور بالأهمية والقيمة والقبول والدعم).
- المحفز (يساعد المستشار الزبون على إيجاد معلومات كوسيلة لتأسيس توقعاته).
- المواجهة (يوضح المستشار قيمة التعارضات في اعتقادات وتصرفات الزبون).
- الوصفية (يصف المستشار للزبون ماذا يعمل كحل للمشكلة).
- النظريات والمبادئ (يُعلم المستشار الزبون نظرية علم السلوك ذات العلاقة بحيث يتسنى للزبون أن يتعلم كيفية التشخيص وحل مشاكله الخاصة).

* **البعد الثاني:** متعلق بالموضوعات التي تسبب المشاكل للزبون: ومنها أربعة موضوعات أساسية،هي:

- القوة- السلطة.
- الروح المعنوية – التماسك.
- الأعراف – معايير الأداء.
- الغاية – الأهداف.

* **البعد الثالث:** المستويات المستهدفة بالتطوير أو التغير، وهي:

- الفرد.
- المجموعة.
- المنظمة.
- الجماعات.
- الأنظمة الاجتماعية.

ويستخلص من مما تقدم هناك (خمس تدخلات في البعد الأول، وأربعة موضوعات في البعد الثاني، وخمسة مستويات في البعد الثالث) إذن: (٥×٥×٤ = ١٠٠ نافذة).

ويصور الشكل (٨٦) مكعب الاستشارة (لبليك وموتن)

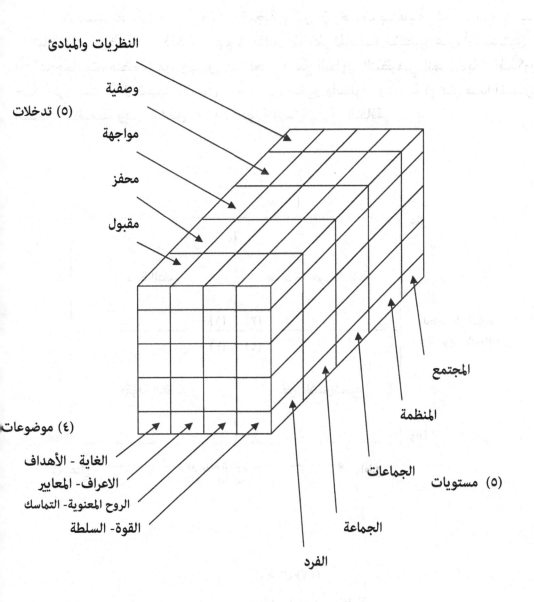

شكل (٨٦)

مكعب الاستشارة لبليك وموتن

المصدر: من إعداد المؤلفين على وفق ما عكسته الأدبيات

(C) مصفوفة الإستراتيجية - الثقافة

إن تنفيذ تغييرات وتطويرات إستراتيجية يمكن أن يحدث بفاعلية أكبر عندما تؤخذ بتظر الاعتبار ثقافة المنظمة، لأن ذلك سيسهم في تقليل المخاطر المرتبطة بالتغيير على أن مستوى تحليل (أفراد، جماعات، منظمة) من جهة وزيادة نجاح برامج التطوير التنظيمي للمستويات المذكورة من جهة أخرى، من خلال تحديد مستوى الحاجة إلى التغيير والتطوير ودرجة توافق هذا المستوى مع الثقافة التنظيمية، ويبين الشكل (٨٧) مصفوفة الإستراتيجية- الثقافة.

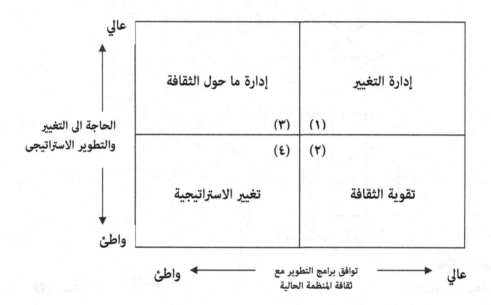

شكل (٨٧)

مصفوفة الإستراتيجية - الثقافة

ويظهر من المصفوفة أن هناك أربع نوافذ تمثل خيارات أساسية في تحديد التغيرات الإستراتيجية وبناء برامج التطوير:

- إدارة التغيير (خطر يدار):

المنظمة في النافذة (١) تنفذ تغيير استراتيجي - وهو مهم جداً للمنظمة - وأن التغيير يتلاءم مع الثقافة الموجودة، المنظمة تتابع الإستراتيجية التي تتطلب تغييرات جذرية وتدير التغيير من خلال استخدام قوة الثقافة، إن مناهج التطوير التنظيمي هنا تؤكد على العناصر الرئيسية الآتية:

• تقاسم الرؤية: التغيير مرتبط بالأهداف العامة ورسالة المنظمة، وهذه تبني قوة حالية تعمل على جعل التغيير مشروع وشرعي للأعضاء.

• تحويل ونقل القوة، أو إيقاظ الأشخاص في المواقع المهمة لتنفيذ الإستراتيجية الجديدة، الأفراد الرئيسيين يكون واضحاً لهم تقاسم القيم والأعراف والتي تقود وتؤدي إلى تلاءم ثقافي.

• تقوية نظام القيم الجديد، إذا تطلب توجه الإستراتيجية الجديدة تغييرات في التسويق، والإنتاج، وغيرها، فإن التغييرات يجب أن تقوي هيكلة نظام العوائد والمكافآت في المنظمة.

تقوية الثقافة (خطر تافه - يهمل)

المنظمة في النافذة (٢) تحتاج قليل من التغييرات الإستراتيجية، والتغيرات متناغمة ومنسجمة مع الثقافة الحالية، هنا فإن الممارسون والمستشارون يجب أن يرقوا العديد من العوامل، منها:

• تشكيل الرؤية الإستراتيجية الجديدة والتي ترقي تقاسم القيم لجعلها عاملة.

• تقوية وتصليب الثقافة الموجودة.

إدارة ما حول الثقافة (خطر يدار):

المنظمة في النافذة (٣) تحتاج إلى بعض التغييرات الإستراتيجية، ولكن التغييرات غير ملائمة ومتوافقة مع ثقافة المنظمة هنا فإن النقطة الحرجة تتمثل بإمكانية تنفيذ التغييرات مع احتمالية نجاح معقولة، العناصر هي إدارة ما حول الثقافة بدون مواجهة مباشرة مع مقاومة الثقافة، وهذا المدخل يتضمن:

• تقوية نظام القيم.

• تحويل القوة والغرض تنبيه وإيقاظ الأفراد الرئيسيين.

• استخدام أي رافعات متاحة للتغيير مثل عمليات التحول (الصيرورة) لوضع الموازنة وإعادة التنظيم.

- **تغيير الإستراتيجية (خطر غير مقبول):**

المنظمة في النافذة (٤) تواجه مختلف أنواع التحديات، إن التغيير المعروض غير متوافق مع ثقافة المنظمة، وهناك حاجة قليلة لإجراء التغيير الإستراتيجي، إن رد الفعل الأولي هو عدم إجراء أي شيء لأن هناك حاجة قليلة للتغيير، وإذا نفذ هذا التغيير فهو غير متوافق مع ثقافة المنظمة الحالية، عندما تكون المنظمة في هذا الوضع وتواجه تغيير واسع النطاق مع احتمالية عالية لمقاومة الثقافة، فعلى ممارسي ومستشاري التطوير التنظيمي والإدارة أن يحددوا فيما إذا كان التغيير الإستراتيجي مطلوب حقيقة ويمثل خيار متاح، السؤال المهم هنا: هل يستطيع التغيير الاستراتيجي أن ينفذ مع احتمالية نجاح؟ هل هناك حاجة فعلية لعمل تغيير استراتيجي على نطاق واسع، إذا كان الجواب (لا) على المنظمة تعديل الإستراتيجية لكي تتلاءم أكثر مع الثقافة الحالية. (**Brown & Harvey**, 2006: 439-443)

4. قنوات مناهج التطوير التنظيمي:

بغية تعليم وتعلّم مناهج التطوير التنظيمي وإيصالها إلى المستفيدين ونظام الزبون بشكل فاعل، يستلزم الأمر تهيئة قنوات لهذا الغرض، ويحدد (Blacke & Mouton) هذه القنوات بما يأتي: (الكبيسي، ٢٠٠٥: ٩٥-٩٦).

(أ) القناة الاتجاه الواحد التعلّم البيداغوجي:

بموجبها تقدم المناهج على وفق برامج موحدة وأوقات محددة يشترك فيها المتعلمون الذين يشغلون وظائف أو مهن متماثلة ويراد توصيل المعلومات الجديدة لهم بأسرع وقت وأقل جهد، فهم لا يتحملون إلاّ عبء الحضور والاستماع طالما أن هناك من يتولى مهمة جمع المعلومات وإعدادها وتقديمها لهم، فالمستشار هنا سيد العملية والمتعلم هو عمادها.

> *** القناة الاتجاه الواحد التعلّم البيداغوجي:**
> تقدم المناهج على وفق برامج موحدة وأوقات محددة يشترك فيها المتعلمون الذين يشغلون وظائف أو مهن متماثلة ويراد توصيل المعلومات الجديدة لهم.

ويوضح الشكل (٨٨) آلية هذه القناة.

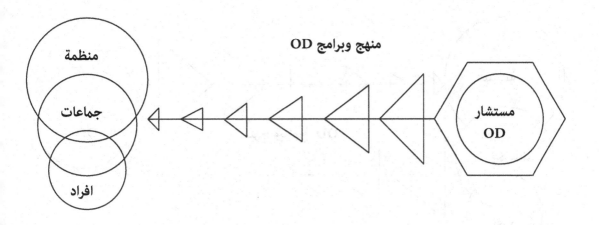

منهج وبرامج OD
منظمة
جماعات
افراد
مستشار
OD

شكل (٨٨)

قناة الاتجاه الواحد: التعلّم البيداغوجي

المصدر: من إعداد المؤلفين

(ب) قناة الاتجاهين: التعلّم الاندراغوجي:

بموجب هذه القناة يتحمل نظام الزبون قسطاً من المسؤولية والمشاركة سواء في تجميع وإعداد المادة المعرفية أو في تقديمها مع بقاء دور المستشار أو المنسق للعملية التعليمية رئيسياً سواء في التوجيه أو التحفيز أو التقويم. ومع أن هذه القناة أكثر فاعلية وأهمية من سابقتها إلاّ أن تباين مستويات المستفيدين من برامج التطوير التنظيمي وتباين قدراتهم واهتماماتهم قد يحول دون وصول المعرفة إلى المستفيدين أو استيعابهم مهمة التطوير بنفس القدر.

* **قناة الاتجاهين: التعلّم الاندراغوجي:** بموجب هذه القناة يتحمل نظام الزبون قسطاً من المسؤولية والمشاركة سواء في تجميع وإعداد المادة المعرفية أو في تقديمها مع بقاء دور المستشار أو المنسق للعملية التعليمية رئيسياً سواء في التوجيه أو التحفيز أو التقويم.

ويصور الشكل (٨٩) آلية عمل هذه القناة.

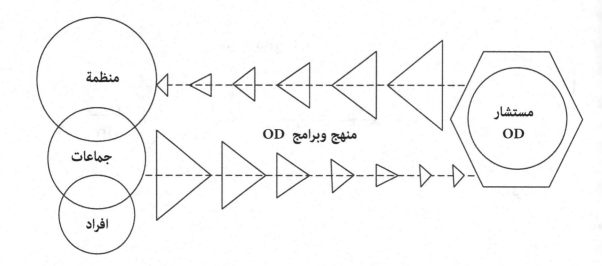

شكل (٨٩)

قناة الاتجاهين: التعلّم الاندراغوجي

المصدر : من إعداد المؤلفين

(ج) قناة التعاضد: التعلّم السينوروجوجي:

بموجب هذه القناة يكون جل الاعتماد في فهم وتطبيق منهج التطوير التنظيمي وبرامجه على فرق العمل ومجموعات التعلّم الذاتي بعد تهيئة المستلزمات الأساسية للمستفيدين وأعضاء نظام الزبون سواء تمثل ذلك بالكتب والدوريات أو بالبرمجيات التعليمية وأجهزة الحاسوب وشبكات الاتصال ببنوك المعلومات. ويحقق هذا النوع من التعلّم الفائدة القصوى المرجوة حيث يوفر للمستفيدين الدوافع والرغبات الذاتية وتكون المعرفة المقدمة ذات علاقة وثيقة بمهنهم وأعمالهم الحالية أو المستقبلية أو تكون متوائمة ونمط القضايا والمشكلات التي واجهتها، وتسهم في رفع المستوى العلمي أو تعميق القدرات أو تعديل السلوكيات والاتجاهات.

ويوضح الشكل (٩٠) قناة التعاضد: التعلّم السينوروجوجي

* قناة التعاضد: التعلّم السينوروجوجي:

بموجب هذه القناة يكون جل الاعتماد في فهم وتطبيق منهج التطوير التنظيمي وبرامجه على فرق العمل ومجموعات التعلّم الذاتي بعد تهيئة المستلزمات الأساسية للمستفيدين وأعضاء نظام التربوية سواء تمثل ذلك بالكتب والدوريات أو بالبرمجيات التعليمية وأجهزة الحاسوب وشبكات الاتصال ببنوك المعلومات.

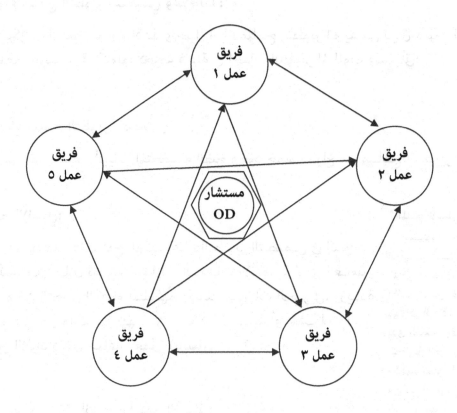

شكل (٩٠)

قناة التعاضد – التعلّم السينوروجوجي

المصدر: من إعداد المؤلفين

ويستخلص من الشكل السابق، أن قناة التعاضد تركز على مبادئ الكل أكبر من مجموع الأجزاء عن طريق تحقيق الانسجام والتكامل بين فرق عمل سواء كانت على مستوى الأفراد أو الجماعات أو المنظمة، وأن كل فريق يعطي ويأخذ ويتبادل الآراء والأفكار والسلوكيات التطويرية مع الفرق الأخرى ومحورهم الأساس مستشار التطوير التنظيمي. ومن هذا المنطلق سيكون كل فريق مستفيداً لذاته ومقوّم للآخرين وبالإفادة من توجيهات وإرشادات المستشار أو الممارس بالتالي ستزداد قدرة الفريق على تشخيص مشكلاته ويعرف (أين هو الآن) ويتمكن من تحديد المنهج الملائم (أين يرغب الذهاب) وأخيراً يستطيع تحديد التقنيات الكفيلة بالوصول إلى ما يرغب (كيف يمكن الذهاب من هنا إلى هناك).

ثانياً: أنواع مناهج التطوير التنظيمي وعلاقاتها :

يركز هذا المحور على مناقشة وتحليل أنواع مناهج التطوير ثم يسعى لبيان طبيعة العلاقة بين تلك المناهج ويرسم آلية تكاملها كحزمة فاعلة في إحداث التطوير المطلوب وكما يأتي:

1. أنواع مناهج التطوير التنظيمي:

من خلال تتبع الأدبيات المتخصصة اتضح وجود خمسة أنواع من مناهج التطوير التنظيمي هي:

أ- المنهج الإنساني:

يستهدف هذا المنهج التركيز على التطوير التنظيمي في النواحي الإنسانية، من خلال تحسين مهارات العلاقات الإنسانية لدى العاملين وتمكينهم من التحليل الكفء لسلوكهم وكذلك سلوكيات الآخرين، وزيادة قدراتهم على حل ما قد يواجههم من مشكلات شخصية أو المشكلات التي تنشأ بين الأفراد داخل جماعة العمل. (**ديسلر**، ٢٠٠٣: ٣٠٤).

* **المنهج الانساني:** يستهدف هذا المنهج التركيز على التطوير التنظيمي في النواحي الإنسانية، من خلال تحسين مهارات العلاقات الإنسانية لدى العاملين وتمكينهم من التحليل الكفء لسلوكهم وكذلك سلوكيات الآخرين، وزيادة قدراتهم على حل ما قد يواجههم من مشكلات شخصية أو المشكلات التي تنشأ بين الأفراد داخل جماعة العمل.

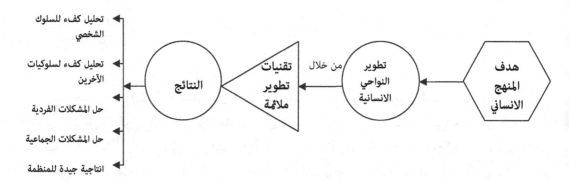

ويعرض الشكل (٩١) انسيابية المنهج الإنساني:

شكل (٩١)

انسيابية المنهج الإنساني

المصدر: من إعداد المؤلفين

ولتوضيح أهمية المنهج الإنساني، لنحلل معطيات الحالة الآتية:

الشركة المتحدة للكيماويات (.THE UNITED CHEMICALS CO)

الشركة المتحدة للكيماويات من أكبر الشركات المنتجة والموزعة للمواد الكيماوية، ولها خمسة مصانع لإنتاج المواد الكيماوية بالولايات المتحدة، لا تشمل عمليات الشركة في المصنع الرئيسي- في بيتاون (Baytown) بولاية تكساس معدات الإنتاج فقط بل تشمل مركز البحوث والهندسة للشركة أيضاً.

يتكون فريق تصميم العمليات من ثمانية مهندسين رجال ورئيسهم المستر ماكس كين، ظلت هذه الجماعة تعمل لعدة سنوات بصفة مستمرة، نشأت خلالها علاقات طيبة بين أعضائها، عندما بدأ ضغط العمل يتزايد، قام ماكس بتعيين مهندسة تصميم جديد - سو ديفس، الحاصلة على شهادة الماجستير حديثاً من إحدى كليات الهندسة المعروفة في الولاية، تم تعيين سو في مشروع يهدف إلى التوسع في طاقة أحد المصانع القائمة، وتعيين ثلاثة مهندسين آخرين معها هم جاك كيلر (٣٨ عاماً، ظل يعمل مع الشركة لفترة خمسة عشر عاماً) وسام سيمز (٤٠عاماً من العمر مع عشر سنوات خدمة مع الشركة) ولانس ماديسون (٣٢ عاماً وثماني سنوات خدمة).

كانت سو، كموظفة جديدة، متحمسة للعمل بالشركة وتحب عملها كثيراً، لما فيه من تحد لقدراتها، وما يوفره من فرص لتطبيق الكثير من المعارف التي اكتسبتها خلال دراستها الجامعية، أما بالنسبة للعمل، فإنها تلازم وظيفتها، ولها علاقات ودية مع زملائها في المشروع، ولكنها لا تخوض في مناقشات غير رسمية أثناء فترة الدوام أو بعده.

تميزت سو بأنها موظفة مجتهدة وتعمل بجد، وفي بعض الحالات التي تبرز فيها مشكلة معقدة، تبقى سو في مكتبها إلى ما بعد ساعات العمل الرسمية حتى تصل إلى حل لها، وبسبب مثابرتها إلى جانب حداثة تخرجها، أنجزت سو كل الأعمال التي كانت من نصيبها في مراحل المشروع المختلفة قبل زملائها بعدة أيام، وقد سبب لها ذلك بعض الضيق لأنها في مثل هذه الحالة تطلب من ماكس أن يخصص لها عملاً إضافياً لتظل تعمل حتى يفرغ زملاؤها من أعمالهم، وكانت تبدي استعدادها، في البداية، لمساعدة جاك وسام ولانس، في انجاز أعمالهم إلا أن عرضها كان يرفض بتهذيب حازم من قبل زملائها.

بعد مرور خمسة أشهر على انضمام سو لفريق التصميم، طلب جاك مقابلة ماكس بشأن مشكلة تواجه الجماعة- وقد دار الحوار التالي بين ماكس وجاك:

ماكس: جاك، لقد علمت أنك ترغب في مناقشة مشكلة.

جاك: نعم، لا أريد أن أضيع وقتك ولكن بعض مهندسي التصميم قد طلبوا مني مناقشة أمر سو معك، إنها تضايق كل واحد منا بإدعائها معرفة كل شيء وبغطرستها- فهي ليست من صنف الأفراد الذين نود العمل معه.

ماكس: هذا غير معقول- إنها موظفة من الطراز الأول تؤدي عملها بصورة جيدة وبدون أخطاء وتقوم بكل الأعمال التي تطلبها منها الشركة.

جاك: لم تطلب منها الشركة أن تفسد معنويات الجماعة أو تعلمنا كيف نؤدي عملنا- قد يؤدي العداء مع الجماعة إلى تخفيض الدرجة النوعية لعمل الوحدة كلها.

ماكس: سأخبرك بما سأفعله في هذا الأمر... ستجتمع سو معي الأسبوع القادم لمناقشة أدائها للأشهر الستة الماضية، سأحتفظ بكل الأفكار التي طرحتها في ذهني، ولكني لا أعد بحدوث تغيير فيما تعتقد أنت وزملاؤك أنه غطرسة.

جاك: ليست المشكلة التحسن السريع في تصرفاتها وإنما في وصايتها على الآخرين، في حين أنها لا تملك الحق في توجيه الآخرين بصورة مكشوفة، كأنها تلقى محاضرة على طلاب في مستوى الدراسات المتقدمة في التصميم بكل حيويتها ونشاطها ومعادلاتها ووصفاتها عديمة الجدوى، عليها أن تكف عن هذه الممارسات حالاً وإلا سيترك بعضنا وظائفهم أو ينتقلون إلى وحدات أخرى.

بدأ ماكس، في الأسبوع التالي، يتأمل باهتمام فيما دار في اجتماعه بجاك الذي يمثل القائد غير الرسمي لمهندسي التصميم والمتحدث بلسانهم، وفي يوم الخميس من الأسبوع التالي، دعا ماكس سو إلى مكتبه لتقويم الأداء نصف السنوي.

وفيما يلي مقتطفات من الحوار الذي دار بينهما:

ماكس: هناك موضوع آخر عن أدائك أود مناقشته معك، وكما ذكرت لك منذ قليل فإن أدائك الفني قد كان متميزاً، إلا أن هناك بعض المسائل المتصلة بعلاقتك بالعاملين الآخرين.

سو: لا أفهم ما تعني- ما هي هذه المسائل التي تتحدث عنها؟

ماكس: حسناً، بالتحديد شكا بعض أعضاء فريق مهندسي التصميم من "ادعائك معرفة كل شيء" وأسلوبك في محاولة تعليم الآخرين كيفية أداء العمل، يجب أن تكوني صبورة معهم وألا تصيحي في وجوههم حول أدائهم أمام الآخرين، هذه جماعة من خيرة المهندسين وقد كان أداؤهم خلال السنين الماضية أكثر من جيد، لا أريد أن تحدث أي مشكلات تحد من فعالية أداء الجماعة.

سو: دعني أورد بعض الملاحظات، أولاً وقبل كل شيء لم يحدث أن انتقدت لهم أو لك أداءهم، في الأساس كنت أبدي لهم استعدادي للمساعدة حينما أنجز عملي قبلهم، ولكن عرضي بالمساعدة يرد بحدة وجفاء، وقد طلب مني ألا أتدخل، فهمت التلميح وركزت على عملي فقط.

ماكس: حسناً، فهمت ما تعنين.

سو: ما لا تعرفه هو أني، بعد العمل لخمسة شهور في هذا الفريق، توصلت إلى أن ما يجري هو "نهب" للشركة، حيث إن المهندسين الآخرين "يخادعون" ويحددون سرعة العمل بأقل من طاقتهم، إنهم يفضلون سماع الموسيقى من الراديو والحديث عن فريق الكرة المحلي على العمل. أنا آسفة لم أنشأ على هذه الطريقة، أو تدربت عليها، وأخيراً فإنهم لا ينظرون إلى كمهندسة مؤهلة ولكن كامرأة اقتحمت الحاجز المهني الذي أقاموه حول مهنتهم.

ماكس: إن عملية تقويم ودفع المهندسين العاملين وظيفة إدارية، ووظيفتك أنت تنحصر في أداء عملك على أحسن وجه دون تدخل في أعمال الآخرين، أما بالنسبة للملاحظة الخاصة بالنوع (ذكر وأنثى) فإن الشركة قد قامت بتعيينك لمؤهلاتك، وليس على أساس الجنس، وسيكون لك مستقبل واعد في الشركة إذا ما قمت بالعمل الهندسي وتركت المسائل الإدارية لي.

خرجت سو من الاجتماع كئيبة، فهي تعلم أنها تؤدي عملها بصورة حسنة وأن المهندسين الآخرين لا يعملون بكامل طاقاتهم، وقد سبب لها ذلك حالة من الإحباط المتزايد بمرور الأيام.

المصدر: (سيزلاقي والآس، ١٩٩١: ٢٢٩-٢٣٠).

ب- المنهج التكنوهيكلي :

* المنهج التكنوهيكلي

يستهدف هذا المنهج التركيز على إحداث تطويرات وتغييرات في الهياكل والطرائق وتصميم الوظائف والتكنولوجيا بهدف تحسين الفاعلية ومعالجة نواحي الضعف التنظيمي، من خلال تحوير خطوط السلطة، ونطاق الإشراف، وترتيبات أنشطة العمل، والتكامل والتمايز، والمركزية واللامركزية واستخدام التكنولوجيا مثل النظم الحاسوبية والربوت وأنظمة المعلومات، لجعلها أكثر تنافسية.

يستهدف هذا المنهج التركيز على إحداث تطويرات وتغييرات في الهياكل والطرائق وتصميم الوظائف والتكنولوجيا بهدف تحسين الفاعلية ومعالجة نواحي الضعف التنظيمي، من خلال تحوير خطوط السلطة، ونطاق الإشراف، وترتيبات أنشطة العمل، والتكامل والتمايز، والمركزية واللامركزية واستخدام التكنولوجيا مثل النظم الحاسوبية والربوت وأنظمة المعلومات، لجعلها أكثر تنافسية. (ديسلر، ٢٠٠٣: ٣٠٣)، (Brown & Harvey:215).

ويوضح الشكل (٩٢) أنسابية المنهج التكنوهيكلي

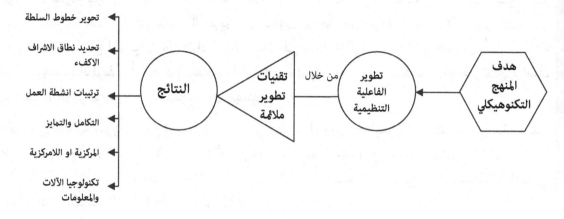

شكل (٩٢)

انسانية المنهج التكنوهيكلي.

المصدر: من إعداد المؤلفين

ولاستكشاف أهمية المنهج التكنوهيكلي، دعونا نتفحص مضامين الحالة الدراسية الآتية:

(شركة كريزلر تحول كبير خلال التسعينيات)

بعد السنوات العديدة من الأداء الضعيف والخسائر الكبيرة، شهدت شركة كريزلر ثالث أكبر شركة أمريكية في مجال تصنيع السيارات تحولاً كبيراً خلال التسعينيات، إذ أن الطرازات الجديدة التي أنتجتها من السيارات مثل دودج فيبر وستارتوس "Startus" وغيرها قد جذبت كثيراً من العملاء وأعادتهم للشركة، بعد أن كانت قد استقطبتهم الشركات اليابانية، ونتيجة لذلك انتعشت أسعار أسهم الشركة وارتفعت معدلات أرباحها، كيف حققت كريزلر هذا التحول؟ تعزو الإدارة العليا هذا النجاح إلى تشكيل فريق جديد لإدارة المنتج يعتمد في عمله على نظام فرق العمل.

لقد نهجت كريزلر على نفس المنوال الذي نهجت عليه الشركات الأمريكية الأخرى، إذ اعتمدت المفهوم الوظيفي لتصميم وإنتاج سياراتها، ويقضي هذا المفهوم بتوزيع مسئولية التصميم الخاص بالسيارات الجديدة على مختلف أقسام التصميم، ويتولى كل منهم تصميم أحد المكونات مثل المحرك، أو الجسم. أما مسؤولية المديرين الذين يعتلون قمة الهرم الوظيفي فكانوا مسؤولون عن تنسيق الأنشطة بين أقسام التصميم المختلفة لضمان توافق المكونات مع بعضها البعض، كما كان مديرو القمة مسؤولون أيضاً عن تنسيق أنشطة وظائف الدعم مثل المشتريات، والتسويق، والمحاسبة، وعملية التصميم، وعقب الانتهاء من عملية التصميم، يجري تحويل ذلك التصميم إلى قسم التصنيع ليتخذ قراره بشأن أفضل طرق الإنتاج.

ولقد أدى المفهوم الوظيفي الذي تبنته شركة كريزلر إلى إبطاء عملية تطوير المنتج، كما أدى ذلك إلى صعوبة وإبطاء عمليات الاتصال بين الوظائف المتداخلة، حيث أدار كل قسم عملياته بمعزل عن القسم الآخر، وتُرك أمر التكامل الضروري الخاص بتنسيق الانشطة الوظيفية للإدارة العليا، وقد ترتب على ذلك أن استغرقت عملية طرح سيارة جديدة في الأسواق إلى معدل متوسط يقدر بخمس سنوات، متخلفة في هذا المجال عن الشركات اليابانية التي كان يستغرق منها هذا الشأن سنتين أو ثلاث سنوات.

ولقد أدى الهيكل التنظيمي لشركة كريزلر إلى رفع التكاليف وإبطاء عمليات التحديث، كما جعل الشركة أقل استجابة لاحتياجات العملاء، وشرعت إدارة الشركة العليا في البحث عن طريق وأساليب جديدة لتنظيم الأنشطة الخاصة برفع القيمة لتصحيح مسار الشركة، وللبدء في مباشرة هذه العملية قامت الشركة باستعراض الطرق والهياكل التي تم تنظيم الشركات اليابانية على أساسها، خصوصاً فيما يتعلق بشؤون تنظيم شركة هوندا لأنشطتها الخاصة بخلق القيمة، وأرسلت شركة كريزلر أربعة عشر من مديريها لدراسة نظام هوندا وإعداد تقرير وافي عن عملياتها.

ولقد عُدت شركة هوندا رائدة فيما يختص بعملية تنظيم الأنشطة، إذ أنها استخدمت فرقاً صغيرة تضم أعضاء من الأقسام المختلفة، وحملتهم مسؤولية إدارة المشروع من منظور شامل بداية من الأنشطة الخاصة بالتصميم حتى عملية التصنيع النهائي والبيع، واكتشفت هوندا على أثر ذلك أن وقت تطوير المنتج قد تقلص بشكل كبير نظراً لأن عملية الاتصال والتنسيق بين الأقسام بدت أكثر سهولة، هذا فضلاً عن انخفاض تكاليف التصميم وذلك عند مشاركة الأقسام المختلفة معاً لحل المشكلات التي تعوق عملية الإنتاج، حيث أن إدخال تعديلات على التصميم فيما بعد قد يكلف الشركة ملايين الدولارات، ولقد اكتشفت هوندا أيضاً أن تخفيف القيود المركزية قد حافظ على مرونة الشركة وقدرتها على التحديث واغتنام الفرص التقنية التي تلوح في الأفق.

وقررت شركة كريزلر السير على درب هوندا، واغتنمت أول فرصة لاحت لتحقيق ذلك الهدف عندما اتجهت إلى تصنيع سيارة فارهة تدعى "فيبر Viper"، ولإدارة عملية تطوير هذه السيارة الجديدة شكلت كريزلر فريق عمل تمثل فيه مختلف الوظائف، وكان هذا الفريق يتكون من خمسة وثمانون فرداً، واتخذ هذا الفريق مقره في مركز جديد ضخم للبحث والتطوير جرى تشييده على تلال أوبورن في ميتشجان، وتولى هذا الفريق سلطة ومسؤولية طرح السيارة في السوق، وكانت النتيجة مذهلة، ولقد لاحظت الإدارة العليا أن الفريق قد أنجز خلال سنة واحدة ما كان يتم في ظل نظام كريزلر القديم في ثلاث سنوات، وفي الحقيقة قد تمكن الفريق من تقديم السيارة إلى الأسواق في غضون ستة وثلاثون شهراً مقابل تكلفة تطوير قدرت بـ ٧٥ مليون دولار، محققاً بذلك نتائج تفوق ما حققته الشركات اليابانية في هذا الصدد.

وبعد إدراك هذا النجاح اتجهت الإدارة العليا للشركة إلى إعادة هيكلة الشركة ككل طبقاً لمفهوم فرق المنتج، ولجأت الإدارة العليا إلى تقسيم الأفراد العاملين في مختلف الأقسام وكلفتهم بالعمل في فريق الإنتاج المسؤولة عن تطويرسيارات جديدة،مثل تلك السيارات ذات التصميم الذي يعرف بـ "Cab-forward". ولقد ترتب

على ذلك تقلص مستويات الهرم الوظيفي لشركة كريزلر، منذ إبطال العمل وفق النظام المركزي وتخويل السلطة للمديرين الذين يعملون في فرق الإنتاج، الذين كانت مسؤوليتهم تشمل كل جوانب تطوير السيارة الجديدة، وبدلاً من إحداث التكامل بين أنشطة الأقسام المختلفة اتجه مديرو القمة إلى التركيز على توزيع الموارد بين المشروعات وما يتعلق بالقرارات المستقبلية الخاصة بعمليات تطوير المنتج وكذلك التحديات المستمرة التي تواجه الفرق في مجال تحسين أداءها، ولقد تمخضت جهود كريزلر في مكاسب كبيرة تتجسد في خفض مذهل لمعدلات الإنفاق والتكاليف وارتفاع كبير في معدلات الجودة والاستجابة للعميل، ولقد تضاعفت أسعار أسهم الشركة فيما بين أعوام ١٩٩٣ و ١٩٩٥ مع الإقبال الكبير من جانب العملاء على شراء سيارات كريزلر.

المصدر: (**هل وجونز**، ٢٠٠١: ٧٥١ - ٥٧٣).

ج- منهج إدارة الموارد البشرية

* **منهج إدارة الموارد البشرية**
يستهدف هذا المنهج التركيز على تطوير الموارد البشرية من خلال اكسابهم مهارة تحليل وتغيير ممارسات إدارة الموارد البشرية في منظماتهم.

يستهدف هذا المنهج التركيز على تطوير الموارد البشرية من خلال اكسابهم مهارة تحليل وتغيير ممارسات إدارة الموارد البشرية في منظماتهم، وتتمثل أهم تطبيقات الإدارة المذكورة، بما يأتي:

- بناء إستراتيجية الموارد البشرية.
- إدارة الأداء وتقويمه.
- نظام المكافآت.
- إدارة الدوافع والحوافز.
- إدارة المسار الوظيفي.
- فرق العمل المداره ذاتياً.
- إدارة التنوع.
- إدارة الذكاء الشعوري (العاطفي).
- إدارة رأس المال الفكري.
- إدارة رأس المال الاجتماعي.

ويصور الشكل (٩٣) انسيابية منهج إدارة الموارد البشرية.

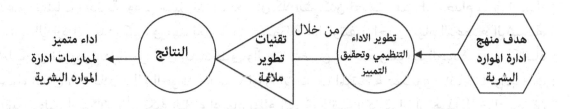

شكل (٩٣)

انسيابية منهج إدارة الموارد البشرية

المصدر: من إعداد المؤلفين

وللإفادة من منهج إدارة الموارد البشرية في التطوير التنظيمي، لنحلل مضامين الحالة الدراسية الآتية:

الإنتاجية في مجال صناعة السيارات (Harbor Associates)

منذ عام ١٩٨٠، وفي كل عام دأبت شركة Harbor Associates، وهي شركة استشارات أسسها المدير التنفيذي السابق لشركة كريزلر السيد جيمس هاربور، على إصدار تقرير يتعلق بمستوى الإنتاجية في مصانع التجميع الأمريكية، وذلك وفقاً لحجم الشركات الثلاثة الأمريكية الكبرى وهي جنرال الكتريك، فورد وكريزلر- إلا أن هذا التقرير يشتمل حالياً على بيانات تتعلق بعمليات نيسان وتويوتا في الولايات المتحدة، حيث أن كلاهما يشكل حضوراً صناعياً ملحوظاً في البلاد، ويوضح الجدول التالي عدد ساعات العمل التي تستغرقها كل شركة من هذه الشركات في تجميع سيارة في الأعوام ٨٨، ٩٣، ١٩٩٤.

الشركة	١٩٨٨	١٩٩٣	١٩٩٤
جنرال موتورز	٣٩,٠٢	٣١,٥٢	٣٠,٢٦
كريزلر	٣٦,٦٤	٢٨,١٦	٢٧,٨٠
فورد	٢٦,٠٠	٢٣,٤٢	٢٥,٠٠
تويوتا	غير متاح	١٩,٥٢	١٩,٣٠
نيسان	غير متاح	١٨,٣٠	١٧,٦٠

ويشير هذا الجدول إلى أن كلا من نيسان وتويوتا هما أكفأ المنتجين من حيث الحجم في الولايات المتحدة، بينما جنرال موتورز هي الأقل كفاءة، إن مستوى الإنتاجية العالية لنيسان وتويوتا ترجع إلى نظم إنتاجهما، التي تعتمد على الإنتاج على نطاق واسع لعدد كبير من الوحدات، مقروناً بدعم التقنيات الإدارية، وعلى سبيل المثال، نجد أن كلا الشركتين تعتمد على استخدام فرق العمل الذاتية الإدارة إلى مدى كبير، ويعهد لكل فريق بمسؤولية أداء وتنفيذ إحدى مهام التجميع الرئيسية، كما يجري تفويض الفرق من أجل إيجاد طرق وآليات لتحسين إنتاجية وضوابط الجودة، ويتم مكافأة أعضاء الفرق من خلال نظام الحوافز إذا ما تجاوزوا الأهداف المرتبطة بمستوى الإنتاجية والجودة، ولقد حاولت الشركات الأمريكية الثلاثة اعتماد نظام الفرق ذاتية الإدارة، إلا أن هذا الاتجاه تعرض للإعاقة تحت وطأة تاريخ طويل من العلاقات السيئة التي تحكم العمالة في هذه الشركات، الأمر الذي ألقى بظلاله الكثيفة على الإدارة والعاملين وحال بين التعاون فيما بينهم لاستحداث مفاهيم جديدة.

ويعد التصميم من مصادر التفوق الأخرى التي تتمتع بها شركتي نيسان وتويوتا، واللتين التزمتا بعمل تصميمات تتوافق مع فلسفة التصنيع التي تقتضي تصميم سيارات بطريقة تجعلها سهلة التجميع، وهذا بدوره أدى إلى المساعدة في رفع إنتاجية العمل، الأمر الذي تم ترجمته إلى مزايا تنافسية ترتكز على التكلفة المنخفضة، إلا أنه يتعين علينا أن نشير إلى أن الشركات الأمريكية الثلاثة الكبرى قد أنجزت تحسينات كبيرة على صعيد إنتاجية العمل خلال السنوات القليلة الأخيرة، ففيما بين أعوام ٨٨ و ١٩٩٤ تمكنت جنرال موتورز من تحسين إنتاجية عمالها بنسبة تقدر بـ ٢٢,٥%، وكذلك كريزلر بنسبة ٢٤%، إذ أن هاتين الشركتين تبذلان أقصى ما في وسعها لمحاكاة تقنيات الإنتاج التي تستخدمها الشركات اليابانية المنافسة، وإذا ما استمر هذا الاتجاه وفق معدلاته الحالية، فإنه من المتوقع أن تختفي المزايا التنافسية التي تتمتع بها نيسان وتويوتا في مستهل القرن القادم.

هذا بالإضافة إلى أن كريزلر على وجه الخصوص تدعى أن البيانات الواردة في الجدول السابق تمثل صورة منقوصة للإنتاجية، نظراً لأنها تتجاهل بصفة أساسية التكاليف المنخفضة لتطوير المنتج التي تتمتع بها هاتين الشركتين، ومن وجهة نظر كريزلر أن ذلك السبب يعد مصدراً لتحقيق الإنتاجية المتفوقة، والذي لا يعترف به تقرير هاربور، وحتى مستهل التسعينات كان الأمر يستغرق من كريزلر أربع سنوات على الأقل و ١,٤٠٠ مهندس تصميم، لتصميم سيارة جديدة أو ٥,٦٠٠ سنة هندسية، ولقد تم اكتمال تصميم طراز نيون في غضون ثلاثة وثلاثون شهراً، وتطلب الأمر الاستعانة بـ ٧٤٠ مهندس تصميم سيارتها الكبرى القادم أن يكتمل في غضون عامين، وبالاستعانة بـ ٥٤٠ مهندس تصميم فقط، وذلك يعني ٢,٠٣٥ سنة هندسية فقط، إضافة إلى تحقيق ٥٠% على صعيد تحسين الإنتاجية وتوفير تكاليف تصميم تقدر بـ٤٥ مليون دولار وتقدر الشركة لمشروع تصميم فقط، ويوافق جيمس هاربور صاحب تقرير هاربور على أن قدرات التصميم المتفوقة التي تتمتع بها كريزلر تعد مصدراً هاماً للإنتاجية المتفوقة، وفي تقريره لعام ١٩٩٥ خلص إلى أنه عند إضافة تكاليف التصميم إلى تكاليف التجميع، تبرز كريزلر كأفضل شركة منتجة للسيارات في الولايات المتحدة.

كيف حققت كريزلر هذا الإنجاز؟ يرجع ذلك بالدرجة الأولى إلى تشكيل فريق من مهندسي التصميم وموردي المكونات وأخصائيي التصنيع ومسؤولي التسويق لمتبعة ومراقبة عملية التصميم، وأيقنت هذه الفرق أن هنالك تكاملاً وثيقاً في عملية التصميم بين الموردين والعمليات الهندسية، والتصنيع والتسويق، ويجري تصميم السيارات الآن بما يتفق مع تسهيل عملية التصنيع، وما يتوافق مع المدخلات (البيانات) الواردة من قسم التسويق، بينما يجري تنسيق مبكر مع الموردين لضمان مسايرة تصميماتهم الخاصة بالمكونات لتصميم كريزلر المتعلق بالشكل النهائي للسيارة، ولقد ترتب على ذلك انخفاض كبير في حجم الأعمال المتعلقة بإعادة التصميم، وبالتالي انخفاض مناظر في وقت وتكلفة دورة التصميم، إذا انخفضت الفترة التي كانت تستمر ما بين أربع إلى ست سنوات إلى ما يقل عن ثلاث سنوات.

المصدر: (**هل وجونز**، ٢٠٠١: ١٩٧ -١٩٩).

د- المنهج الاستراتيجي:

يُعد المنهج الاستراتيجي من أحدث مناهج التطوير التنظيمي، إذ يستهدف تحقيق التوافق بين كل من: إستراتيجية الشركة، هيكلها التنظيمي، الثقافة السائدة فيها ومتغيرات البيئة الخارجية.

ويصور الشكل (٩٤) انسيابية

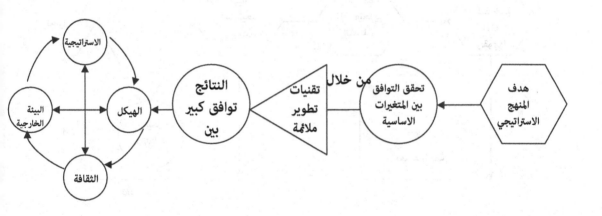

* **المنهج الاستراتيجي**
يستهدف تحقيق التوافق بين كل من: إستراتيجية الشركة، هيكلها التنظيمي، الثقافة السائدة فيها ومتغيرات البيئة الخارجية.

شكل (٩٤)

انسيابية المنهج الاستراتيجي

المصدر: من إعداد المؤلفين

ويتكون المنهج الاستراتيجي من أربع خطوات أساسية لإحداث التطوير التنظيمي المقصود، هي:

١-تحليل الإستراتيجية المتبعة حالياً وكذا الهيكل التنظيمي.

٢-اختيار الإستراتيجية المقترحة وكذا الهيكل التنظيمي اعتماداً على التحليل الذي يجريه مستشارو التطوير التنظيمي.

٣-وضع خطة التطوير والتغيير الاستراتيجي وشرح تقنيات إجرائها، وتتضمن في نفس الوقت كلفة القيام بكل نشاط والميزانية المقترحة لتنفيذ التطويرات والتغييرات المنشودة.

٤-تنفيذ الخطة الإستراتيجية الموضوعة، مع مراعاة التقييم المستمر للنتائج التي تحققت للتأكد من إنها تتفق مع نظيرتها المخططة، (**سيزلاقي والآس**،١٩٩١: ٥٥٤)، (**ديسلر**، ٢٠٠٣: ٣٠٥-٣٠٦).

ويوضح الشكل (٩٥) خطوات تطبيق المنهج الاستراتيجي:

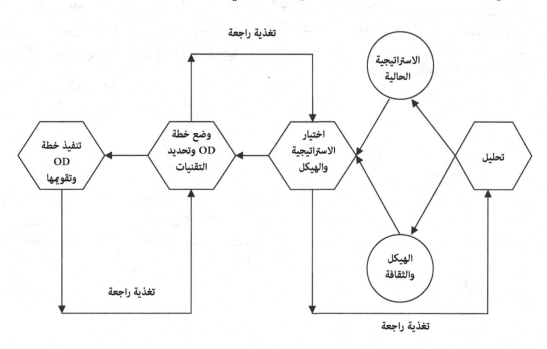

شكل (٩٥)

خطوات تطبيق المنهج الاستراتيجي

المصدر: من إعداد المؤلفين

إن أهمية المنهج الاستراتيجي في التطوير التنظيمي تعكسه معطيات الحالة الدراسية الآتية:

اتجاه جديد لقسم الائتمان بشركة (IBM)

يُعد قسم الائتمان في شركة (IBM) المملوك كلية لهذه الشركة هو المسؤول عـن إدارة عمليـة تمويل وتأجير أجهزة الكمبيوتر الخاصة بالشركة، وخاصة الحاسبات الإلكترونيـة الكبيرة لعمـلاء شركة (IBM)، وقبل أن تأخذ عملية إعادة الهندسة مكانها، فإن طلب التمويل كان يصل إلى المركز الرئيس في مدينة "أولد جرينتش-كونيكت"، وليحصل على الموافقة كان عليه أن يمر بخطوات خمس والتي تتضمن أنشطة أو أعمال لخمسة وظائف مختلفة.

أولاً: يتصـل منـدوب البيـع في شركـة (IBM) بقسـم الائتمان الـذي يقـوم بتسجيل الطلـب وجمع التفاصيل عن العميل المحتمل.

ثانياً: تنتقل هذه المعلومات إلى قسم فحص الائتمان- حيث يتم فحص ائتماني للعميل المحتمل.

ثالثاً: بعد إتمام عملية الفحص الائتماني يرسل الطلب إلى قسم العقود حيث يتم تحرير العقد.

رابعاً: ينتقل الطلب من هناك إلى قسم التسعير والذي يحدد التفاصيل الماليـة الفعليـة للقرض مثـل: مدة القرض ومعدل الفائدة.

أخيراً: تجمع كل هذه المجموعـة مـن المعلومـات وتسـلم عـن طريـق القسـم المسـؤول عـن ذلك إلى مندوب البيع والذي كان يسلمها بدوره للعميل.

هذا وتستغرق هذه السلسلة من الأنشطة المتداخلـة بين الوظائـف سبعة أيام في المتوسـط لإتمامها، ومن ثم أشتكى مندوبو البيع دائماً من أن هذا التأخير يؤدي لاستجابة أقـل مـن قبـل العمـلاء والتي بدورها تقلل من رضا العميل، كما أن ذلك قد يدفع العملاء المحتملين إلى البحـث عـن مصـادر تمويل أخرى، بل حتى التفكير في أجهزة حاسب من شركات منافسة أخرى، وقد يؤدي التأخير في إبرام الصفقات إلى الشك وعدم التأكد من كل الأمور.

ولقد بدأت عملية التغيير عندما قام مسؤولان كبيران مـن قسـم الائتمان بشركـة (IBM) بمراجعة خطوات الموافقة على عملية التمويل، ولقـد وجدوا أن الـزمن الفعلـي الـذي كـان يستغرقه مختلف الأخصائيين في الوظائف المختلفة لإنجاز طلب التمويل كـان (٩٠) دقيقة فقـط، وأن عمليـة الموافقة التي تستغرق سبعة أيام كانت نتيجة للتأخر في نقل المعلومات أو الطلبات بين الأقسام، ولقـد أدرك المدير أن الأنشطة التي تتم داخل كل قسم لم تكن معقدة، وأن لكل قسم نظام كمبيوتر خـاص به يحتوي على إجراءات عمل خاصة به، ولكن إنجاز العمل في كل قسم كان يتم بشكل روتيني.

وفي وجود هذه المعلومات أدرك مديرو الشركة أنه في الحقيقة من الممكن إعادة هندسة عملية الموافقـة لـكي تتم من خلال عملية واحدة مجمعة يقوم بها شخص واحد بالاستعانة بنظام كمبيوتر يحتوي على كل المعلومات

وإجراءات العمل اللازمة لإتمام الأنشطة المتعلقة بالخطوات الخمس لعملية القرض، وفي حالة ما إذا كان الطلب معقداً فإن فريق من الخبراء يقف على أهبة الاستعداد للمساعدة في التعامل معه، ولكن شركة "IBM" وجدت أنه بعد عملية إعادة الهندسة فإنه من الممكن إنجاز طلب نموذجي خلال أربع ساعات بدلاً من سبعة أيام فيما سبق، وبذلك يستطيع مندوب البيع العودة للعميل في نفس اليوم لإنهاء الصفقة، وتنتهي بذلك حالة عدم التأكد والشك المحيطة بالصفقة، كما لاحظ مستشاراً عملية إعادة الهندسة (هامر وتشامبي) أن هذا الارتفاع المثير في الأداء قد تم تحقيقه من خلال تغيير جذري وجوهري في العملية ككل، إن التغيير من خلال عملية إعادة الهندسة تتطلب من المديرين العودة إلى الأسس وتحليل كل خطوة في العمل لتحديد أفضل الطرق لتنسيق وإيجاد التكامل بين الأنشطة الضرورية لتوفر للعملاء السلع والخدمات.

المصدر: (**هل وجونز**، ٢٠٠١: ٧٣٠-٧٣١)

* **المنهج المستقبلي**
يرتكز هذا المنهج على إسقاط حالة العالم الراهنة على المستقبل، أي يبصر تطوره مسبقاً بأن يميز ما يمكن تجنبه وما يمكن التأثير فيه والسيطرة عليه وهو يشمل نتائج الدراسات والطرائق المستعملة للتنبؤ في مجالات الإدارة والاقتصاد.

هـ- المنهج المستقبلي:

يُعد هذا المنهج من أحدث المناهج في التطوير التنظيمي وأن تطبيقاته لازالت محدودة في هذا المجال، ويرتكز هذا المنهج على إسقاط حالة العالم الراهنة على المستقبل، أي يبصر تطوره مسبقاً بأن يميز ما يمكن تجنبه وما يمكن التأثير فيه والسيطرة عليه وهو يشمل نتائج الدراسات والطرائق المستعملة للتنبؤ في مجالات الإدارة والاقتصاد.

ويتسم هذا المنهج بالخصائص الآتية:

١-الجانب الفلسفي متمثلاً في تقييم الأهداف والقيم الخاصة بالمستقبل.

٢-الجانب التطبيقي متمثلاً في إتباع أساليب التنبؤ وبناء السيناريوهات المستقبلية لاستشراف الحالة ورسم ملامح التطوير المنشود لها.

٣-الجانب الرياضي والكمي متمثلاً في رسم التوقعات والإسقاطات والبرمجيات. (**Ringland**, 2002: 205-211)

ويستهدف هذا المنهج اختزال الوقت وزيادة العائد وتحقيق فاعلية الجهد من أجل صنع المستقبل كما يجب أن يكون وليس الانتظار لما يمكن أن يكون، (**عبوي**، ٢٠٠٦: ١١٩).

ويعتمد تطبيق المنهج المذكور على أنموذج يتضمن عدد من الخطوات المنطقية وكما موضح في الشكل (٩٦).

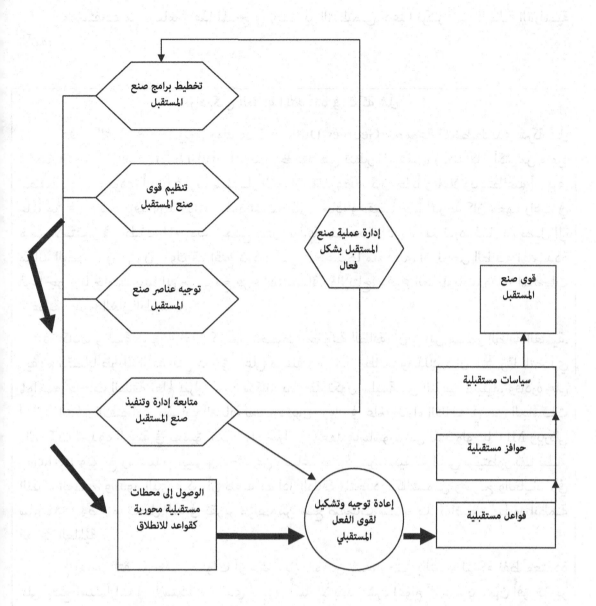

شكل (٩٦)

خطوات تطبيق المنهج المستقبلي

المصدر: (عبوي، ٢٠٠٦: ١٢٠)

وللاستفادة من مضامين هذا المنهج في التطوير التنظيمي، دعنا نركز على الحالة الدراسية الآتية:

راديكالي الطاقة المتجدّدة في شركة شلّ

عندما التحق جورج ديبون-روك Georges DuPont-Roc بمجموعة التخطيط لدى شركة شلّ الملكية الهولندية Royal Dutch Shell كانت وظيفته هي تنظير المستقبل، ولكنه كان أكثر من مجرد مخطِّطٍ بلا روح يؤدي ألعاباً فكرية لمسلسل الأحداث المفروضة، كان حالماً وفاعلاً وباستطاعته أن يرى عالماً من فرص شلّ يرقد وراء أنواع الوقود المستحاثاتي، أخاذاً وحقيقياً جداً لدرجة كان معها راغباً في هجر الاستقرار في وظيفته المجهولة، ليصبح بطل الطاقة المتجدّدة الذي سطع نوره، قبل أن يصل إلى مكانه البطل، كان ديبون- روك قد أقنع شركته التي بلغ عمرها مئة سنة، أن تجعل الطاقة المتجدّدة فرعاً جوهرياً خامساً جنباً إلى جنب مع فرع الاستكشاف والإنتاج، وفرع الكيماويات، وفرع المنتجات النفطية، وفرع الغاز الطبيعي.

كانت وظيفة ديبون- روك، كرئيس تخطيط لمجموعة الطاقة، أن يدرس منظور الطاقة العالمية، ويفهم القضايا طويلة الأمد التي قد تؤثِّر على مختلف مصادر الطاقة، وبذلك كان متشوقاً للتصدي لمواجهة حاجات الطاقة لعالم يتزايد عدد سكانه بطريقة تكون سليمة من الناحية البيئية، وقادرةً على أن تمدّ التطور الاقتصادي بأسباب الحياة، بحث ديبون- روك في عالم خبراء الطاقة في كل الجامعات والشركات تحدوه الرغبة في تعميق فكره، زار خبراء في معهد ماساشوسيتس للتكنولوجيا MIT وبيركلي Berkeley وبوينغ ومرسيدس بينز في بحثه عن صياغة نظرة عن الكيفية التي سيتطور بها نظام الطاقة العالمي، والدور الذي يمكن أن تلعبه مصادر الطاقة المتجدّدة، كالشمس والريح والغابات، في سنة ١٩٩٤ وضع ما توصّل إليه في تقرير مؤلَّف من سبع صفحات سمي- بلا تواضع- "تطور أنظمة الطاقة العالميّة".

لم يدرس التقرير خمس سنوات أو عشراً، بل خمسين سنة، وحتى بالنسبة لشركة نفط معتادة على وضع استثمارات في الاستكشاف الذي لا يؤتي أُكله إلاَّ بعد عشرة أعوام أو عشرين، فإن أُفق تقرير ديبون- روك كان جريئاً، لكنه كان مبنياً أيضاً على رصيد من البيانات الخاصَّة بتقدّم الطاقة خلال السنوات المئة الماضية، وما يعنيه هذا التقدّم بالنسبة للمستقبل، زاد الناتج القومي خلال القرن الماضي بمعدل ٣% سنوياً مدعوماً بتقديم الطاقة المتوفرة التي زادت بنسبة ٢% سنوياً. وخلال ذلك الوقت كان الاستهلاك العالمي للطاقة قد ازداد بما يعادل أربعة براميل من النّفط يومياً للشخص إلى ثلاثة عشر برميلاً، وبناء على هذه الاتجاهات التاريخيَّة طلع ديبون- روك باتجاهين محتملين للقرن المقبل؛ أولهما- وهو الذي وضع له عنواناً "النمو المؤيد بأسباب الحياة"- افترض أن استهلاك الطاقة سوف يستمر في النمو حسب نسبته التاريخية، وفي هذه الحالة سيقوم الناس بحرق ما يعادل ٢٥ برميلاً من النّفط لكل نسمة، وذلك بحلول سنة ٢٠٦٠، وافترض البديل الثاني المسمَّى "إزالة المواد" أن يصبح نمو الطاقة غير مرتبط إلى حدّ ما بنمو الناتج القومي كمعلومات تكنولوجية وتكنولوجيا حيوية، وأن

تُحسِّن المواد الخفيفة من فاعلية الطاقة، سوف يستهلك الإنسان في هـذه الحالـة مـا يعـادل خمسـة عشر برميلاً من النّفط سنوياً عند حلول سنة ٢٠٦٠.

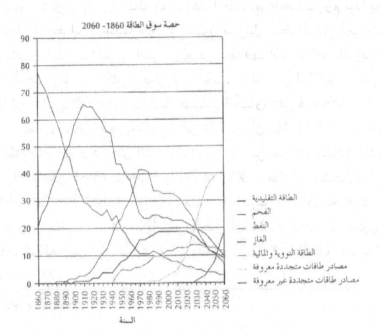

حصة سوق الطاقة 1860- 2060
60
20
0
1860
2060
السنة
الطاقة التقليدية
الفحم
النفط
الغاز
الطاقة النووية والمائية
مصادر طاقات متجددة معروفة
مصادر طاقات متجددة غير معروفة

المصدر: شل الملكية الهولندية

السيناريو النمو المؤيد بأسباب الحياة هو الأكثر احتمالاً من وجهة نظر ديبون-روك، الذي يرى أن كفاية الطاقة سوف تستمر صعوداً بنسبة ١% سنوياً، وهي نفس النسبة التي كانت عليها في القرن الماضي، ولكي يتحقَّق تنظير إزالـة المـواد لا بـدّ مـن أن تتزايـد كفايـة الطاقـة بمقـدار ضعفي النسـبة التاريخية، وهذه ظاهرة لم تحدث أبداً لمدة تزيد عن بضع سـنوات في كـل مـرّة، وحتـى لـو اسـتمرّت إزالة المواد فإنَّها ستبدأ في البلدان التـي اكتمـل نموهـا، وتسـتغرق عـدة عقـود مـن الـزمن لتنتشرـ في البلدان النامية، غير أن ديبون-روك قطع البيانات، ولم يستطع أن يـرى أي طريقـة لتجنـب الحـد مـن التزوّد بالطاقة عند تزايد عدد سكان العالم، وازدياد أخطار أنواع الوقود المستحاثاتي البيئية التي أصبح من المتعذّر التهرّب منها، يقول ديبون- روك: "رأيت إمكانية انخفاض تكاليف مصادر الطاقة المتجدّدة وأن تأخذ قسطاً من مصادر الطاقة التقليدية، وأن تنتقـل مـن حيِّـز صـغير إلى منـافس خطـير، وذلـك بنفس الطريقة التي مرّ بها النّفط في مطلع القرن العشرين".

أجرى ديبون- روك استقراءً قوياً حتى يتمكّن من إقناع زملائه المتشكّكين، فبيّن أن النّفط في البداية منتجاً يحتل حيّزاً صغيراً، ولا يستخدم إلاّ في المصابيح والمواقد، وفي سنة ١٨٩٠، حتى بعد عشرين سنة من انخفاض في السعر بنسبة ثمانٍ في المائة بسبب تحسن التكرير وتكنولوجيات الإنتاج، كانت حصته في السُّوق ما تزال اثنين في المائة فقط مقارنة بالفحم والحطب، ولم يبدأ بالارتقاء ليصبح مصدر الطاقة المسيطر في العالم، إلاّ عندما حوّل وينستون تشرشل البحرية البريطانية من الفحم إلى النّفط وذلك حتى يتوفّر للسفن مزيد من القوة، ويجعل انطلاقها أقل تعرّضاً للرؤية، كان ديبون- روك فقط يعيد إلى أذهان زملائه ما كانوا يعرفونه من قبل: إن أسواق الطاقة تستغرق زمناً طويلاً حتى تتطوَّر، وكلما تزايد استهلاك الطاقة تنوّعت مصادر السُّوق لتلبية الاحتياجات المتنامية؛ من الفحم إلى النّفط إلى الغاز والطاقة النووية، ألم يك من الممكن أن تأتي الطاقة المتجدّدة بعد ذلك، سواء من المصادر المتجدّدة الموجودة مثل الشمس والرياح، أو من مصادر الطاقة المتجدّدة الأخرى التي سيتم استغلالها؟ ألم تكن الطاقة المتجدّدة واحدة من طاقات قطارات الشحن التاريخيّة؟ يمكنك: إما أن تقفز إلى سطح أحد هذه القطارات قبل أن يستجمع سرعته، أو أن يتجاوزك مسرعاً، أوضح ديبون-روك بالأرقام وفق تنظير النمو المؤيد بأسباب الحياة أن الطاقة المتجدّدة ستكون منافسة كاملة للنفط والغاز وأنماط الطاقة التقليدية الأخرى وذلك بحلول سنة ٢٠٢٠ (أنظر الخط البياني: "حصة سوق الطاقة ١٨٦٠-٢٠٦٠).

المصدر: (**هاميل،** ٢٠٠٢: ٢٨٣-٢٨٦).

2 . العلاقات البينية بين مناهج التطوير التنظيمي

أن مناهج التطوير التنظيمي المذكورة سابقاً تترابط بعلاقات متداخلة ومتكاملة مع بعضها البعض، وفي هذا الصدد قال (**Brown & Harvey,** 2006: 215): برغم أن الجانب التنظيري يناقش كل منهج بشكل منفصل إلاّ أن واقع الممارسة العملية يشير إلى التداخل والعلاقات بينهم.

وأكدت مراجعة (بوراس وسيلفرس **Porras & Silvers**) للبحوث المنشورة عن التطوير التنظيمي من عام (١٩٨٥ حتى ١٩٨٩) وسجلا التقدم الحاصل في طرائق البحث ونتائجه، صحة تداخل وترابط مناهج التطوير التنظيمي، إذْ أوضحا أن هناك تطورات ايجابية، هي نظريات أفضل وتحسين في تصميم الدراسات وتحسين القياس وطرائق إحصائية أفضل لأسلوب التحليل التطويري المقارن، كما لاحظا تحولاً من البحث في العوامل الاجتماعية مثل: العلاقات ما بين الأفراد والإدارة والقيم والأعراف إلى بحث عن الترتيبات التنظيمية، مثل: البناء التنظيمي والاستراتيجيات والأنظمة الإدارية وهكذا، ويمثل هذا التحول توجهاً نحو فحص المواضيع على المستوى التنظيمي أي نظرة إلى كيف تتطور وتتغير الأنظمة نتيجة لجهود التطوير التنظيمي.

وفي مراجعة شاملة درس (بـوراس وروبرتسـون **Porras & Robertson**) في عـام ١٩٩٢ تأثير مناهج التطوير التنظيمي وتدخلاته عـلى تطوير مـنظمات مختلفـة، وتوصـلا إلى أن اعتماد مناهج وتدخلات وتقنيات الأنظمة التنظيمية وإحداث تغيـيرات في المكونـات التنظيميـة سيؤدي بـدوره إلى تغيير في سلوكيات أعضاء التنظيم. ويوضح الشـكل (٩٧ أ و ب) أنمـوذج الكـاتبين المـذكورين، (**فـرنش وجونير**، ٢٠٠٠: ٤٧٠-٤٧٢) .

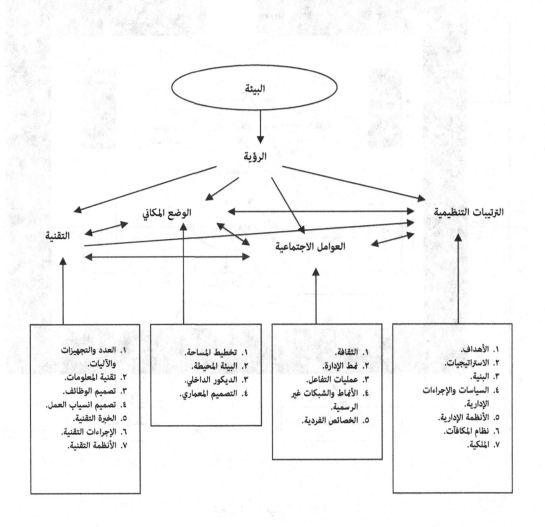

شكل (٩٧ أ)

نموذج (Porras and Robertson) لعلاقة مناهج التطوير التنظيمي كتفاعلات

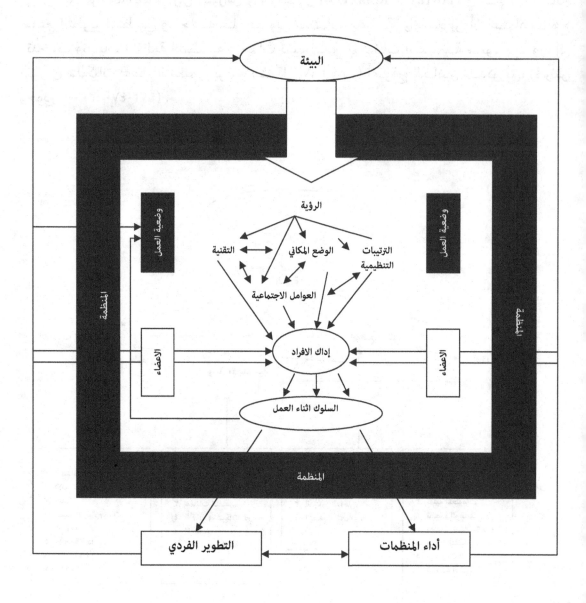

البيئة

المنظمة

وضعية العمل

وضعية العمل

الرؤية

التقنية ← الوضع المكاني → الترتيبات التنظيمية

العوامل الاجتماعية

الأعضاء

الأعضاء

إداك الافراد

السلوك اثناء العمل

المنظمة

التطوير الفردي

أداء المنظمات

شكل (٩٧ ب)

نموذج (Porras and Robertson) لعلاقة مناهج التطوير التنظيمي كتفاعلات ونتائج

٣٥٠

ويعضد (Saraph & Sebastian,1993: 73-78) الآراء السابقة بقولهما: أن مناهج التطوير الهيكلي، والتكنولوجي والسلوكي لا توجد منعزلة الواحدة عن الأخريات، فمثلاً التطوير الهيكلي في المنظمة يزيل الزيادة في هيداركية المنظمة، القرارات وعمل الأفراد الذي يرتب بشكل آخر حيث تندفع عملية التحويل إلى المستويات الأدنى ولكي تكون القرارات جيدة فإنها تحتاج إلى معلومات، والتغييرات التكنولوجية من قبيل نظام معلومات إدارية جديدة يصبح ضرورياً أن هذا الأمر يعني تغيير سلوكيات الأفراد في المستويات الأدنى بحيث يصبح هناك مزيد من الاندماج في صيرورة تطوير القرار.

وطرح (Brown & Harvey, 2006:219) أنموذجاً يؤكدان فيه تكاملية مناهج التطوير التنظيمي، شكل (٩٨) ويعلقان عليه بالقول: اليوم فأن اتجاهات التطوير التنظيمي تتعامل مع المنظمة ككل من خلال تكامل مناهجها واستراتيجياتها السلوكية والهيكلية والتكنولوجية.

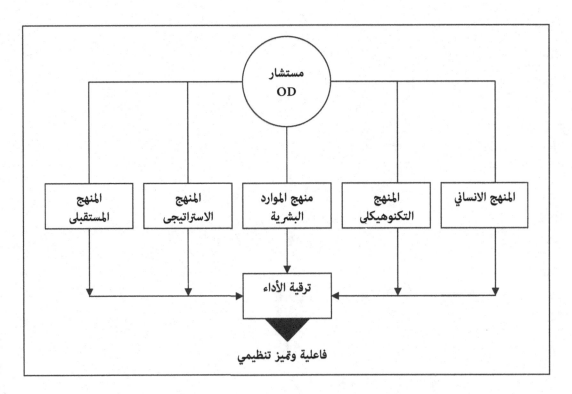

شكل (٩٨)

تكاملية مناهج التطوير التنظيمي

بتصرف من (Brown & Harvey, 2006: 219)

وخلاصة القول في هذا الصدد: أن مناهج التطوير التنظيمي لا تعمل كلاً على انفراد بل هي منظومة تكاملية تترابط بعلاقات تبادلية واعتمادية، وأن مسألة تقديم منهج على الأخريات ليس أكثر من تلبية لمتطلبات (رؤية المنظمة) ونتائج التشخيص، فمثلاً عندما نبدأ بالمنهج الإنساني فهذا يعني أن الضرورات تقتضي البدء في فهم السلوكيات وإدارة الصراعات لتسهل عملية إحداث تطويرات في الهيكل والتكنولوجيا والإستراتيجية.....الخ، وإذا بدأنا في المنهج الاستراتيجي فهذه إشارة إلى أن رؤية المنظمة ونتائج التشخيص تؤكد على دراسة المتغيرات البيئية وخاصة الخارجية في البداية لتسهيل إحداث التطويرات في الجوانب البشرية والسلوكية والتكنولوجية والهيكلية.... الخ.

وبالاستناد إلى المعطيات السابقة والخلاصة المطروحة يمكن تصوير تكاملية مناهج التطوير التنظيمي بالشكل (٩٩).

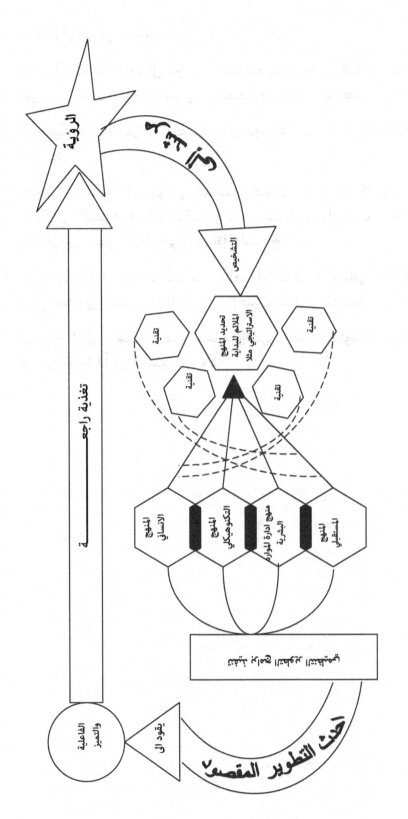

شكل (٩٩)
تكاملية مناهج التطوير التنظيمي
المصدر : من إعداد المؤلفين

ويظهر من الشكل السابق ما يأتي :

- ان رؤية المنظمة قادت إلى ضرورات التشخيص، وان ملامح الرؤية ونتائج التشخيص حددت، على سبيل المثال، المنهج الاستراتيجي كمنهج ملائم للبدء بالتطوير.

- ان تنفيذ المنهج الاستراتيجي يعتمد على مجموعة من التقنيات الفاعلة لاحداث التطوير المقصود.

- ان تأثيرات المنهج الاستراتيجي وتدخلات تقنياته ستنشر ـ انعكاساتها على المناهج الأخرى (الانساني،ـ التكنوهيكي، الموارد البشرية، المستقبلي) وبالتالي يحدث هذا التداخل والارتباط والتأثير بين المنهج الاستراتيجي وتقنياته والمناهج الأخرى.

- ان نتائج التأثيرات والارتباطات بين المناهج المذكورة عبر تقنياتها المختلفة ستقود إلى تنفيذ برامج التطوير التنظيمي مما تؤدي إلى إحداث التطوير المقصود.

- ان نتائج التطوير المقصود هي الفاعلية والتميز، وتعود المعلومات عبر نظام التغذية الراجعة إلى الرؤية، وتبدأ دورة جديدة ... وهكذا .

المبحث الثاني

مفهوم تقنيات التطوير التنظيمي وأسس تصنيفها واستخداماتها

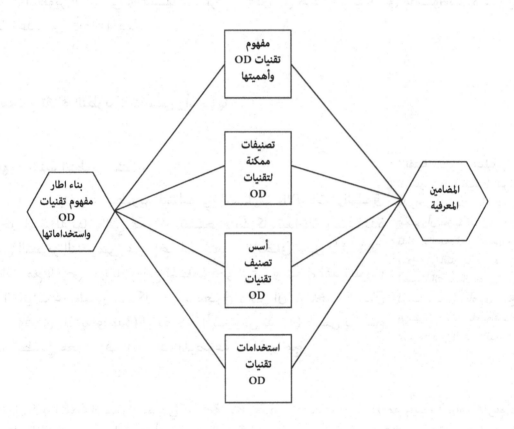

أولاً: مفهوم تقنيات التطوير التنظيمي وتصنيفاتها

إن كون التطوير التنظيمي يساهم بشكل فاعل وكفء في نقل المنظمات من حالة راهنه إلى حالات أفضل وأحسن ومتميزة وبشكل مستمر ودائم، جعل منه ممارسات ومناهج وتقنيات متنوعة تستخدم وفق الحاجة ونوع ومستوى التطوير المنشود، أن هذا التنوع في التقنيات أوجد الإمكانية للاجتهاد في اعتماد التشخيص الدقيق للحالة وانتخاب التقنية المناسبة لها، وإذا ما علمنا بأن التطوير التنظيمي يساعد المديرين في التعامل مع الفرص والمشاكل والمواقف الصعبة، مثل حالات الاندماج والاقتناء، وحالات الصراع، وحالات تدهور وإنعاش المنظمة وغيرها، فإن هذا الأمر ساهم في ازدياد أعداد هذه التقنيات عبر الزمن وفي ضوء المشاكل المطروحة أمام المنظمات.

وقبل التطرق إلى تصنيف هذه التقنيات في ثلاثة مجموعات أساسية، سيتم التطرق إلى مفهوم التقنية في التطوير التنظيمي وأهميتها، ثم عرض البعض من هذه التقنيات في مصفوفات توضيحية بناءً على عدد من الأبعاد المهمة.

1. مفهوم تقنية التطوير التنظيمي وأهميتها

أ- مفهوم تقنية التطوير التنظيمي

* تقنية التطوير التنظيمي
الأسلوب والآليات، والطرق والمراحل المرتبطة بها، والتي يمكن أن تستخدم بشكل تداخلات لمساعدة ممارسي التطوير التنظيمي على إحداث التغيير الإيجابي لحل المشكلات والتعامل مع الفرص للارتقاء بواقع المنظمة نحو الرقي والتميز.

يقصد بتقنية التطوير التنظيمي، الأسلوب والآليات، والطرق والمراحل المرتبطة بها، والتي يمكن أن تستخدم بشكل تداخلات لمساعدة ممارسي التطوير التنظيمي على إحداث التغيير الإيجابي لحل المشكلات والتعامل مع الفرص للارتقاء بواقع المنظمة نحو الرقي والتميز، لقد تطورت هذه التقنيات عبر السنين لتشكل رصيد معرفي يمكن أن يستخدم بشكل محدود وفردي (تقنية واحدة) أو تعددي (أكثر من تقنيه) ضمن برنامج تطوير تنظيمي معين ووفق الأهداف الموضوعة لهذا البرنامج.

إن كون أنشطة التطوير التنظيمي متشعبة ومتنوعة ويتم إعداد الخطط اللازمة ورسم البرامج المرغوبة ضمنها، فإن الاشتراك في هذه البرامج أصبح هو السمة المميزة لها. وأن هذا الاشتراك ولّد القاعدة لتفضيل استخدام تقنيات معينة ترى هذه الجهات المشاركة بكونها الأفضل للتعامل مع حالات التطوير المنشودة م ن قبل

المنظمة. ويلاحظ أن البعض من تقنيات التطوير التنظيمي قد عممت واعتمدت بكثرة من قبل المنظمات، خاصة وأنها جاءت- هذه التقنيات- متلازمة مع عمل منظم ومنهج لحل إشكالات في إطار الممارسات التخطيطية المتكاملة، مثل الإدارة بالأهداف، وإدارة سلسلة العرض والتوريد وأنشطة الإدارة الإستراتيجية، كما أن البعض الآخر من التقنيات أصبح أكثر شيوعاً في الاستخدام لأسباب ترتبط على ما يبدو بسهولة الاستخدام وسرعة الوصول إلى النتائج بحل مشكلات محدودة، مثل تصميم العمل، وتصميم المنظمة، وتحليل الدور وبناء الفرق، في حين أن تقنيات أخرى تستخدم لمعالجة المشاكل الكبيرة والمعقدة أو للتعامل مع الفرص المهمة، لكون هذه التقنيات تحتاج إلى مستلزمات ومتطلبات وموارد كبيرة، لذلك فأنها قليلة الاستخدام، أو تستخدم من قبل الشركات الكبيرة ذات الإمكانات العالية مثل تقنيات التخطيط بالسيناريو، وإدارة الجودة الشاملة، والإدارة على المكشوف، إن هذا التنوع بالتقنيات وتعدد استخداماتها لأغراض مختلفة قد يعقد إيجاد تعريف موحد لها كمفهوم ضمن تصور محدد، إن ما يعتمد هنا من مفهوم هو كون هذه التقنيات تستخدم لأغراض التطوير التنظيمي سواء كان جزئياً أو شاملاً، لذلك فإننا نرى تقنية التطوير التنظيمي بكونها أسلوب أو مدخل أو طريقه متضمنه آليات ومراحل يمكن اعتمادها من قبل الإدارة أو ممارسي التطوير التنظيمي كتداخلات لإحداث تغيير إيجابي يطور المنظمة على مستويات مختلفة، فمن وجهة النظر هذه تشترك جميع التقنيات بكونها أدوات ووسائل تطوير وحدات نقلات في حياة المنظمة سواء كانت هذه تقنية خصخصة أو تقنية تصميم العمل.

إن ما يلاحظ على تقنيات التطوير التنظيمي هو قدرتها على تعدد الاستخدام ضمن أغراض وأهداف متعددة وتوجهات متنوعة، لذلك فأن التداخلات المعتمدة لتطوير المنظمة مرتبط بمجموعة الأنشطة المرتبة في إطار التقنية وإن هذه التقنية يتم استخدامها ضمن برنامج التطوير التنظيمي الذي يفترض أن يدرس بعناية ويأتي منسجماً مع التوجه العام للمنظمة.

ب- أهمية تقنيات التطوير التنظيمي

إن أهمية تقنيات التطوير التنظيمي التي تعتمد من قبل الممارسين والإدارة لغرض حل المشكلات واقتناص الفرص لنقل المنظمة إلى مسار التطور الدائم والمستمر والمتصاعد، تأتي من خلال مجموعة من الفوائد والمزايا تحصل عليها المنظمة جراء تنفيذ برامج التطوير ضمن آليات وإجراءات هذه التقنيات، فبالإضافة إلى الأهمية العامة للتطوير التنظيمي كتوجه وممارسات تحتاج المنظمات إلى اعتمادها للتقدم والرقي والتطور، فإن هناك جوانب عديدة تدلل على أهمية تقنيات التطوير التنظيمي منها:

(١) تلخص تقنيات التطوير التنظيمي التطورات المتصاعدة عبر الزمن في التعامل مع حالات البيئة المعقدة والمتغيرة، وكذلك أساليب التعامل الواقعية والإجرائية مع مفردات الحراك الجزئي والشامل في عناصر البيئة الداخلية للمنظمة.

(٢) تمكن هذه التقنيات الإدارة من خلال أنشطة وإجراءات ملموسة ومرتبة من التعامل مع مختلف المشاكل الجزئية المحدودة والشاملة الواسعة، هنا تستطيع إدارة المنظمة أو ممارسي التطوير التنظيمي انتخاب المناسب من هذه التقنيات لغرض إيجاد توليفه مناسبة منها ضمن برامج التطوير التنظيمي أو في إطار برنامج واحد.

(٣) إن تنوع واختلاف وتعدد هذه التقنيات جعل منها وسائل وأساليب ذات قوة حقيقية نراها تتجسد بشكل ملائم ومناسب في حالة دقة التشخيص وصحة اختيار التقنية لاستخدامها على الحالة أو الموقف بالصيغ الملائمة وفي الوقت المناسب، وإذا ما تم اعتماد تقنية معينة على حالة لا تلاؤمها هذه التقنية فلا نتوقع أن نتائج ايجابية ملموسة وواضحة ستتحقق، إن هذا الأمر يشبه استخدام دواء فعال لمرض لا يناسبه.

(٤) تسهل وتعطي تقنيات التطوير التنظيمي الإمكانية من خلال إجراءات عملية منتظمة إلى نقل الأفكار والروى الواردة ضمن استراتيجيات ومناهج التطوير التنظيمي إلى أرض الواقع والممارسة العملية الفعلية توصل إلى النتائج المحددة ضمن البرامج في إطار استراتيجيات التطوير التنظيمي المعتمدة.

(٥) تبقى أفضل مناهج واستراتيجيات التطوير التنظيمي التي تروم المنظمة استخدامها مجرد طروحات نظرية ورغبات وأماني إذا لم يتم ترجمتها عملياً بسياقات إجرائية مناسبية لإحدى التقنيات أو مجموعة منها.

(٦) إمكانية استخدام تقنية التطوير التنظيمي كوسائل وأدوات فنية وتطبيقية عملية في إطار استراتيجيات متعددة، وهذا يعطي مرونة عالية في التعامل مع هذه التقنيات والاستفادة منها لأغراض عديدة وعلى مستويات متنوعة فردية وجماعية ومنظميه.

(٧) يعطي استخدام تقنيات التطوير التنظيمي تراكم في الخبرة والمهارات والمعارف للعاملين والإدارات، ويتولد فهم فردي ذاتي وكذلك جماعي في إطار الفرق والمجموعات وعلى صعيد إدارات المنظمة وأقسامها الصغيرة والكبيرة وصولاً إلى المستوى الكلي للمنظمة.

2. تصنيفات ممكنه لتقنيات التطوير التنظيمي

من الممكن عرض تقنيات التطوير التنظيمي في ضوء معايير وأبعاد للتصنيف عديدة، لغرض التبسيط وليس للحكم المطلق والنهائي والمحدد لها في الاستخدام، حيث لا يمكن الاتفاق التام على أن تقنية معينة مثل إعادة الهيكلة تلامس فقط جوانب مظهرية وشكلية في الهيكل التنظيمي دون أن تؤثر على الجوانب المرتبطة بالسلوكيات وصيرورة العمل، لكنه يمكن القول أن تقنية الهندرة تلامس أكثر الجوانب الخفية في صيرورة العمليات والإجراءات الفعلية لغرض إعادة تغييرها وتطويرها جذرياً وفق منظور جديد ومختلف عن حالتها ووضعها الراهن.

وقد يبدو أن استخدام تقنيات تطوير تنظيمي أكثر ملائمة من تقنيات أخرى للتعامل مع العوامل الظاهرة والمحسوسة مثل الأهداف، والتكنولوجيا، والهيكل، والسياسات، والمواد والموارد، في حين تكون التقنيات الأخرى أفضل للاستخدام للتعامل مع العوامل الكامنة واللاملموسة مثل الأحاسيس، والاتجاهات، والمشاعر، والقيم والمعتقدات، والتفاعلات اللارسمية (**الكبيسي**: ٢٠٠٦: ٤٦).

وفي اطار تقنيات التطوير التنظيمي يمكن ملاحظة الآتي :

أ- **إن تقنيات التطوير التنظيمي جاءت لتستخدم عبر تطور زمني واضح**، فالبعض يمكن اعتبارها قديمة وتقليدية تزامن ظهورها مع الإرهاصات الأولى لبداية حقل التطوير التنظيمي مثل البحث الإجرائي، ومجاميع العمل، وتحليل الحساسية؛ ثم التقنيات التي تزامنت مع تطور التخطيط الاستراتيجي والاهتمام بالهياكل، مثل تقنيات وضع الأهداف، وتحليل المحافظ الاستثمارية، وتصميم العمل، وتصميم المنظمة وإعادة الهيكلة؛ ثم بعد ذلك التقنيات الأكثر حداثة مثل الهندرة، وإدارة الجودة الشاملة، والإدارة على المكشوف وهكذا.

ويمكن عرض أهم تقنيات التطوير التنظيمي عبر تطورها واستخدامها في فترات زمنية مختلفة كما في الشكل (١٠٠).

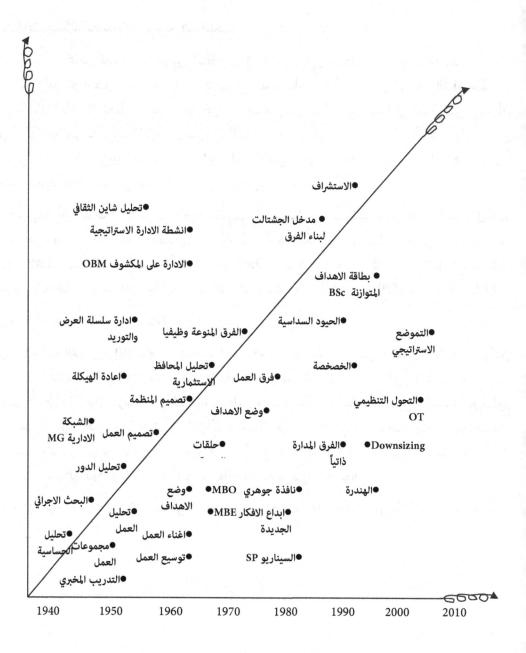

شكل (١٠٠)

تقنيات التطوير التنظيمي عبر الزمن

المصدر: من إعداد المؤلفين

لقد ازدادت التقنيات وتطورت من حيث الجودة والاستخدام، حيث عمم استخدامها وخاصة في الشركات الكبرى، ويلاحظ أنها جاءت لتلبي متطلبات معينة في حينها قد لا تستطيع التقنيات المعروفة قبلها من الرد عليها والإيفاء بها، كما أن البعض من التقنيات تمثل سلسلة متراكمة في الارتقاء بالتطور مثل (وضع الأهداف، الإدارة بالأهداف، الإدارة بالاستثناء، التخطيط الاستراتيجي، التخطيط بالسيناريو، أنشطة الإدارة الإستراتيجية)، كذلك (مجاميع العمل، تحليل الدور، تصميم العمل، تصميم المنظمة، إعادة الهيكلة)، ويمكن القول أن جميع التقنيات متاحة للاستخدام بطرق عديدة بعد أن تم تطوير إجراءاتها وآليات تفعيلها، وبالتالي فإنها تستخدم متزامنة وبشكل متعدد ضمن برنامج التطوير التنظيمي الذي تعدُه المنظمة.

ب- **مع تعدد معايير تصنيف تقنيات التطوير التنظيمي**، إلا أن هذه المعايير توجد بينها علاقة من جانب وأن أي تقنية رغم وضعها ضمن إطار معين لهذه المعايير إلا أنه يصعب القول أنها تلبي فقط متطلبات معيار واحد فقط من جانب آخر، فمثلاً تقنية تخفيض الحجوم (Downsizing) يمكن أن تستخدم بسرعة لإجراء تخفيض شكلي وسطحي سريع في جزء من المنظمة، كما يمكن أن يتم الركون إليها كتقنية جذرية تستخدم ببطيء وعلى مراحل لإجراء تخفيض جذري وشامل على مستوى وحدات الأعمال في المنظمة.

جـ- أبعاد ممكنة لتصنيف تقنيات التطوير التنظيمي

يمكن عرض بعض تقنيات التطوير المعروفة على أبعاد مختلفة بمصفوفات تعطي فكرة مبسطة عن استخدام هذه التقنيات في المواقف والأوضاع المختلفة، لكن هذا الأمر يمكن إجراءه في إطار كل بعدين على حدة وبمعايير واضحة، ويصعب استخدام أكثر من بعدين بمعايير متنوعة للتصنيف.

وهنا يمكن إعطاء فكرة على تصنيف تقنيات التطوير التنظيمي على البعض من هذه الأبعاد كالأتي:-

(١) معيار حجم وأهمية التطوير والتغير وسرعة إجراءه :

بعض أنواع التغيير والتطوير التنظيمي ذات أهمية عالية وتأتي بحجوم كبيرة وربما تحمل في طياتها مخاطر عالية ومن الصعوبة بمكان أن تجري هكذا تحولات وتطوير بسرعة عالية، إن هذا النوع من التطوير ربما يقنن ويأخذ صيغته الإجرائية من خلال تقنيات للتطوير تختلف عن تلك التي تكون أكثر ملاءمة لتطوير تنظيمي محدود يجري بسرعة ودون تداخلات طويلة وعلى مراحل متعاقبة، ويعرض الشكل (١٠١) البعض من تقنيات التطوير التنظيمي المعروفة ضمن هذين البعدين.

حجم التطوير وأهميته / سرعة التطوير	عالية	وسط	قليلة
عالي	* إبداع الأفكار الجديدة	* التموضع الاستراتيجي * الخصخصة * الحيود السداسية	* إدارة الجودة الشاملة * الهندرة * أنشطة الإدارة الإستراتيجية
وسط	* بناء الفرق * الفرق المدارة ذاتياً * مدخل الجشتالت لبناء الفريق	* إعادة الهيكلة * تحليل شاين الثقافي * تخفيض الحجوم * الإدارة بالأهداف	* الإدارة على المكشوف * الاستشراف * بطاقة الأهداف المتوازنة
منخفض	* تصميم العمل * تحليل الدور	* التدريب المخبري * وضع الأهداف	* إدارة سلسلة العرض والتوريد * تحليل المحافظ الاستثمارية

شكل (١٠١)

تقنيات التطوير وفق بعدي الحجم والسرعة

المصدر: من إعداد المؤلفين

(٢) معيار ثورية وتراكمية التطوير والوقت المتاح لإجراءة :

من المعلوم أن بعض أنواع التطوير تكون ثورية وتحدث تغيير جذري وعميق قياس للمراحل السابقة لتنقل المنظمة إلى فضاء آخر وتوجه جديد بالكامل، وهذه يفترض أن تأتي ضمن سياق خطط مدروسة لأمد زمني مقبول، لكن قد تضطر المنظمة إلى إجراء ذلك في وقت قصير بسبب الحالة الحرجة التي وصلت إليها، أن كلا الأمرين يحتاج إلى تقنية تطوير تنظيمي مختلفة تسمح للمنظمة بتحقيق أهداف البرنامج التطويري وفق الوقت المتاح لهُ، كذلك هناك تطوير تنظيمي تراكمي قد يكون قد يكون جزئياً يجرى على فترات طويلة متباعدة يكون فيها الوقت متاح أو قد تضطر المنظمة للسرعة بسبب عامل ضغط الوقت وهذه أيضاً يفضل فيها استخدام تقنيات تطوير تنظيمي معينة، لاحظ الشكل (١٠٢).

الوقت المتاح للتطوير	ثوري	تراكمي
قصير	* إعادة الهيكلة * تخفيض الحجوم * تحليل شاين الثقافي	* تصميم العمل * تحليل الدور * وضع الأهداف * تصميم المنظمة * التدريب المخبري
طويل	* الهندرة * إدارة الجودة الشاملة * الإدارة على المكشوف * بطاقة الأهداف المتوازنة * الحيود السداسية	* أنشطة الإدارة الإستراتيجية * الإدارة بالأهداف * تحليل المحافظ الاستثمارية * الخصخصة * الاستشراف.

ثوري ← تطوير → تراكمي

شكل (١٠٢)

تقنيات التطوير التنظيمي وفق بعدي ثورية وتراكمية التطوير والوقت المتاح

المصدر: من إعداد المؤلفين

(٣) معيار ملموسية ولا ملموسية جوانب التطوير التنظيمي والسرعة في إجراءه :

يبدو أن تطوير مفردات العمل اللاملموسة أعقد وأكثر حراجه من تطوير الجوانب المادية الملموسة للعمل، فما يرتبط بثقافة المنظمة والسلوكيات الفردية والجماعية والتنظيمية في الغالب يحتاج إلى وقت أطول في التطوير وتقنيات خاصة قياساً إلى تطوير وتغيير جوانب العمل المادية الملموسة مثل الهيكل والوظائف والحجوم والتكنولوجيا، والتي قد تكون تقنيات تطوير تنظيمي أخرى أفضل في التعامل معها.

*** اللاملموسية**
يرتبط بثقافة المنظمة والسلوكيات الفردية والجماعية والتنظيمية في الغالب يحتاج إلى وقت أطول في التطوير وتقنيات خاصة.

*** الملموسة**
تمثل الهيكل والوظائف والحجوم والتكنولوجيا، والتي قد تكون تقنيات تطوير تنظيمي معينة أفضل في التعامل معها.

كذلك ما متاح من وقت لإجراء التطوير ومستواه في هذه الجوانب ربما يؤثر على نوع التقنية المعتمدة، ففي الحالات التي تكون فيها المنظمة في موقف حرج والوقت المتاح قليل لإجراء تغييرات وتطوير في الجوانب الثقافية والقيمية والسلوكية ربما يستحسن استخدام تقنيات بناء الفرق، ونافذة جوهاري، أما إذا كان الوقت المتاح طويل نسبياً فيمكن اعتماد تحليل شاين الثقافي، وإدارة الأزمة، أو مدخل الجشتالت لبناء الفريق أو غيرها، ويعرض الشكل (١٠٣) بعض تقنيات التطوير التنظيمي وفق هذين البعدين.

* تحليل وتصميم العمل * أغناء وتوسيع الوظيفة * الخصخصة. * تغيير الأنظمة على نطاق محدود	* نافذة جوهاري * بناء الفريق * اغناء مفردات معينة بالثقافة والسلوك
* الإدارة على المكشوف * أنشطة الإدارة الإستراتيجية * بطاقة الأهداف المتوازنة * تصميم المنظمة * إعادة الهيكلة * الإدارة بالأهداف	* تحليل شاين الثقافي * مدخل الجشتالت لبناء الفريق * إعادة تصميم مفردات الثقافة * الهندرة * إدارة الأزمة

سريع ← سرعة اجراء التطوير → بطيء

ملموسة ← الملموسية والوضوح → اللاملموسة

شكل (١٠٣)
تقنيات التطوير التنظيمي وفق بعدي الملموسية وسرعة إجراء التطوير
المصدر: من إعداد المؤلفين

ومع ما ذكر من أبعاد لتصنيف تقنيات التطوير التنظيمي، فأنه يمكن القول أن هذه الأبعاد متداخلة وذات علاقة وطيدة، فقد تحث تغييرات وتطوير جزئي على المستوى السلوكي والقيمي الفردي والجماعي إجراء تطوير كبير على المستوى الهيكلي والتكنولوجي وهكذا، كذلك يمكن الاستمرار في عرض أبعاد أخرى من محتمل تصنيف تقنيات التطوير التنظيمي استناداً لها، ولكن تعيدنا فكره العلاقات والتداخل إلى الاكتفاء بما ذكر من أبعاد باعتبارها تختصر الجوانب الأخرى.

ثانياً: أسس تصنيف تقنيات التطوير التنظيمي واستخداماتها

1. أسس تصنيف تقنيات التطوير التنظيمي

رغم إمكانية الاستخدام المتعدد لبعض تقنيات التطوير التنظيمي، إلا أنه يمكن القول أن هناك إمكانية لتصنيف هذه التقنيات وفق العديد من الأسس نذكر بعضها كالأتي:

أ- التقنيات وفق المستوى المستهدف بالتطوير :

يمكن أن يكون المستوى الفردي، والجماعي والمنظمي هو مرتكز عمليات التطوير التنظيمي وهنا فأن التقنيات الأشمل والأوسع قد تكون هي المفيدة لإجراء وتنفيذ التطوير، كما يمكن أن يكون المستهدف في التطوير مستوى منفرد لوحدة، مثل التطوير السلوكي أو العملي للفرد بوظائف معينة، أو تطوير الاتصال والتفاعل على مستوى المجموعة والفريق، أو أن يكون التطوير على مستوى المنظمة ككل، أن لكل مستوى من هذه المستويات تقنيات أصلح وأكفاء للاستخدام، وفي أحيان معينة يأخذ التطوير مستوى ثنائي فردي/ جماعي أو جماعي/ منظمي وهنا قد يتم اعتماد توليفه مناسبة من تقنيات التطوير التنظيمي. ويعرض الشكل (١٠٤) بعض تقنيات التطوير على كل مستوى من هذه المستويات.

المستوى الفردي	المستوى الجماعي	المستوى المنظمي	المستوى الشامل
* نافذة جوهاري * تحليل الدور الفردي * تحليل الوظيفة * إعادة تصميم الوظيفة * تحليل شاين الثقافي * التمكين الفردي	* بناء الفريق * تحليل الدور الجماعي * مدخل الجشتالت لبناء الفريق * إبداع الأفكار الجديدة * وضع الأهداف الجماعية	* الشبكة الإدارية * تحليل شاين الثقافي * الفرق المدارة ذاتياً * الإدارة بالأهداف * إعادة الهيكلة * تصميم المنظمة * إدارة سلسلة التوريد * تخفيض الحجوم * تحليل المحافظ الاستثمارية	* أنشطة الإدارة الإستراتيجية * إدارة الجودة الشاملة * الإدارة على المكشوف * تغيير الأنظمة على نطاق واسع * بطاقة الأهداف المتوازنة.

شكل (١٠٤)

تقنيات التطوير التنظيمي على المستوى الفردي، والجماعي والمنظمي

المصدر : من إعداد المؤلفين

ب- التقنيات وفق المجال المستهدف بالتطوير :

رغم التداخل الحاصل بين المجالات المستهدفة بالتطوير التنظيمي، فأنه يمكن القول أن هناك علاقة بين نوع التقنيات المستخدمة وطبيعة المجال المستهدف بالتطوير، فإذا كان المجال المستهدف هو إستراتيجية وتوجه المنظمة فإن هناك تقنيات تلعب دور أساسي وترتبط بعمليات التخطيط مثل وضع الأهداف، السيناريوهات، الاستشراف وغيرها، في حين تكون تقنيات إعادة الهيكلة، تصميم العمل، تصميم المنظمة أكثر استخداماً في مجال الهيكل التنظيمي، يعرض الشكل (١٠٥) تقنيات التطوير التنظيمي وفق المجالات المستهدفة بالتطوير.

الإستراتيجية	ثقافة المنظمة	الهيكل التنظيمي	التكنولوجيا	المهمات والسلطات	الاتجاهات والمهارات
* وضع الأهداف * الإدارة بالأهداف * التموضع الاستراتيجي * السيناريو *الاستشراف * أنشطة الإدارة الإستراتيجية * بطاقة الأهداف المتوازنة * تحليل المحافظ الاستثمارية	* بناء الفرق * الفرق المدارة ذاتياً * تحليل شاين الثقافي * مدخل الجشتالت لبناء الفريق * الإدارة على المكشوف	* تصميم العمل * تصميم المنظمة * إعادة الهيكلة	* الهندرة * إدارة الجودة الشاملة * تغيير الأنظمة على نطاق واسع * إدارة سلسلة العرض والتوريد * الحيود السداسية	* توسيع الوظيفة * اغناء الوظيفة * التمكين * توسيع الدور * تحليل الدور * إدارة الأزمات	* إبداع الأفكار الجديدة. * نافذة جوهاري * التمكين * التدريب المخبري

شكل (١٠٥)

تقنيات التطوير التنظيمي وفق المجالات المستهدفة بالتطوير

المصدر: من إعداد المؤلفين

جـ- التقنيات وفق المنهج المعتمد للتطوير :

في ضوء تعدد مناهج التطوير التنظيمي، يمكن عرض وتصنيف تقنيات التطوير وفق اعتبارات المنهج المستخدم، ولكون المناهج المعتمدة تحاكي أغراض أساسية متنوعة، فإن الوصول إلى تطوير النواحي المقصودة بالمنهج يتم من خلال تقنيات تطوير تنظيمي معين، إن المنهج الإنساني يهدف إلى تطوير النواحي الإنسانية، لذلك فإن تقنيات مثل بناء الفرق، والفرق المدارة ذاتياً وأخرى غيرها قد تكون الأفضل للوصول إلى نتائج حل المشكلات الفردية والجماعية وتطوير السلوكيات، أما منهج التكنوهيكلي فإن تركيزه يكون على تطوير الفاعلية التنظيمية لاستهداف نتائج من خلال تقنيات تجري تغيير في الهيكل وأساليب العمل، هكذا تكون تقنيات تصميم المنظمة، وإعادة الهيكلة وغيرها هي المستخدمة، يعرض الشكل (١٠٦) مناهج التطوير التنظيمي المعتمدة والتقنيات وفق هذه المناهج.

المنهج الإنساني	المنهج التكنوهيكلي	منهج إدارة الموارد البشرية	المنهج الاستراتيجي	المنهج المستقبلي
* بناء الفرق. * الفرق المدارة ذاتياً. * نافذة جوهاري * تحليل الدور * مجموعات العمل * الفرق المنوعة وظيفياً * تحليل شاين الثقافي * مدخل الجشتالت لبناء الفرق	* تصميم العمل * تصميم المنظمة * إعادة الهيكلة * تخفيض الحجوم * إدارة سلسلة العرض والتوريد	* التمكين * اغناء العمل * توسيع العمل * الإدارة على المكشوف * الشبكة الإدارية	* وضع الأهداف * الإدارة بالأهداف * تحليل المحافظ الاستثمارية * السيناريو * أنشطة الإدارة الإستراتيجية * التموضع الاستراتيجي * بطاقة الأهداف المتوازنة * الاستشراف	* إبداع الأفكار الجديده * الخصخصة * التحول التنظيمي * الحيود السداسية * إدارة الجودة الشاملة * الهندرة

الشكل (١٠٦)

تقنيات التطوير التنظيمي وفق المناهج المعتمدة للتطوير

المصدر : من إعداد المؤلفين

د- التقنيات وفق نمط التطوير التنظيمي :

إن وجود خصائص مختلفة لنمطين من التطوير التنظيمي الأول تدريجي (OI) والثاني تحويلي (OT) جعل تقنيات التطوير التنظيمي تصنف وفق هذين النمطين، وكذلك خصائص نمط هجين مشترك بينهما، وكما ذكرنا في الفصول السابقة إن المنظمة تضع البرامج المدروسة لتطوير تنظيمي تصاعدي يتراكم من خلاله الأداء والإنجاز ويمثل حالة شبه استقرارية لتغيير مخطط جيداً، وقد تواجه المنظمة أيضاً حالات من التذبذب والتغيير السريع والجذري ليحول المنظمة باتجاهات أخرى ويمثل حركية عاليه لفترات معينة في الغالب لا تستمر لفترات طويلة جداً، وهكذا يمكن عرض تقنيات التطوير التنظيمي وفق هذه الأنماط من التطوير بالشكل (١٠٧).

تقنيات التطوير التدريجي (OI)	تقنيات التحول التنظيمي (OT)	تقنيات التطوير الهجين
* تصميم العمل	* إبداع الأفكار الجديدة	* تخطيط السيناريو
* تحليل الدور	* الهندرة	* الاستشراف
* وضع الأهداف	*مدخل الجشتالت لبناء الفرق	* التموضع الاستراتيجي
* بناء الفرق	* إدارة الجودة الشاملة	* الإدارة على المكشوف
* الإدارة بالأهداف	* تغيير الأنظمة على نطاق واسع	* نافذة جوهاري
*التدريب المخبري	* تحليل شاين الثقافي	* أنشطة الإدارة الإستراتيجية
* تحليل الحساسية	* الخصخصة	
*تصميم المنظمة	* بطاقة الأهداف المتوازنة	
* إدارة سلسلة العرض والتوريد	* الحيود السداسية	
* الفرق المدارة ذاتياً		
* إعادة الهيكلة		
* تخفيض الحجوم		
* تحليل المحافظ الاستثمارية		
* الشبكة الإدارية		

شكل (١٠٧)

تقنيات التطوير التنظيمي وفق أنماطه المعروفة

المصدر : من إعداد المؤلفين

3. استخدامات عملية لتقنيات التطوير التنظيمي

قبل عرض بعض تقنيات التطوير التنظيمي وفق أساليب عملية وإجرائية في الاستخدام من قبل المنظمات، نود الإشارة إلى حقيقة كون هذه التقنيات يمكن أن تلاحظ وتفعل باتجاهات مختلفة، فقد يرى البعض أن هذه التقنيات تمثل مناهج ومداخل وفلسفات إدارية تساعد على ترشيد وترقية الممارسات الإدارية والتنظيمية والقيادة لتوصل المنظمة إلى مستوى أفضل وتميز في تحقيق الأهداف.

إن ما نؤكد عليه هنا هو الاستخدام الفعلي والإجرائي لهذه الأساليب والطرق لأهداف تطوير تنظيمي جزئيه أو شموليه، ضمن برامج مخطط لها لأمد بعيد أو قصير أو مشاريع صغيرة محدودة للتطوير، كذلك فإن هذه التقنيات تمثل صيغ تفيد التغيير والتطوير في مختلف مجالات ومستويات المنظمة.

سوف نستعرض في جدول عام تقنيات التطوير (وفق الهدف من التقنيه، والخطوات الإجرائية لها وفوائد استخدامها وأهم المحددات والإشكاليات المحتملة في الاستخدام) التدريجي ثم التحويلي وأخيراً التقنيات الهجينة. لاحظ الجدول (١٥)،

جدول (١٥)

تقنيات التطوير التنظيمي في ضوء الأهداف والخطوات الإجرائية

*** تقنيـات OI**

التقنية	الهدف	الخطوات الإجرائية	فوائد الاستخدام	أمثلة لمنظمات استخدمتها بنجاح	بعض محددات الاستخدام وإشكالاته
* البحث الإجرائي	* حل المشاكل * تحسين الأداء * تطوير السلوك	١. التشخيص التمهيدي ٢. جمع البيانات والمعلومات ٣. إجراء اللقاءات المشتركة للنقاش وتكوين صورة شاملة لتحليل الحالة أو المشكلة. ٤. صياغة الإجراءات العملية للحل والتطوير. ٥. تنفيذ الحل المعتمد للوصول إلى الهدف وتطوير الوضع.	* ميزة الارتباط الميداني والمعرفة والإحاطة العملية. * إمكانية تطوير حل واقعي وعملي للمشاكل وتطوير السلوك. * التدريب والتعلم وزيادة المهارات والخبرات من خلال التجربة.	* سلسلة فنادق ترمونت. * شركة جنرال ميلز General Mills . * شركة بنسلفانيا بيل (للهواتف) Pennsylvania Bell Co .	* التكاليف العالية لإجراء مثل هذه البحوث الميدانية. * الأخطاء المحتملة في مرحلة التشخيص. * ظهور محتمل لمقاومة التغيير والتطوير.
* توسيع العمل	* حل مشاكل محدودة. * ترقية الأداء في الوظيفة. * زيادة رضا العاملين وتحفيزهم لمزيد من	١. دراسة واقع حال العمل الحالي. ٢. إضافة مسؤوليات جديدة نوعية. ٣. تحديد الدور الجديد الذي يخرج الوظيفة من إطارها	* توسيع الوظائف وزيادة مسؤولياتها. * معالجة المشاكل المرتبطة بالتخصص الوظيفي العالي. * تحفيز العاملين للإبداع	* جنرال اليكترك. * شركة آسيا براون بوفاري ABB .	* إشكالية تخفيض عدد الوظائف. * ارتفاع تكاليف التدريب في الدورات المتعاقبة لتوسيع الوظائف. * احتمالية عودة الروتين

التقنية	الهدف	الخطوات الإجرائية	فوائد الاستخدام	أمثلة لمنظمات استخدمتها بنجاح	بعض محددات الاستخدام وإشكالاته
	الأداء والإبداع. * ربط أفضل للوظيفة بالوظائف الأخرى في سلسلة العمل.	الروتيني الرتيب. ٤. تدريب وتأهيل العامل للدور الجديد، ويؤدي هذا إلى تطوير ملحوظ في المنظمة. ٥. إعادة تموضع الوظيفة من خلال دورها الجديد مع الوظائف الأخرى.	والأداء الأفضل وبالتالي تطوير المنظمة. * موائمة بين الأفراد والوظائف.		في الوظائف. * الاستفادة المحدودة لعدد من الوظائف.
* اغناء العمل	* حل مشاكل محددة بعمق أكبر من التقنية السابقة. * منح مزيد من الرقابة والصلاحيات بالإضافة إلى توسيع المسؤوليات، وهذا يساهم في إغناء الوظائف. * تحفيز أكبر وقدرة على الابتكار والإبداع أفضل. * تطوير عمل الموارد البشرية وبالتالي المنظمة ككل.	١. تحليل وتشخيص الواقع الراهن للوظيفة وعلاقتها بالوظائف الأعلى منها مباشرة في السلم الوظيفي. ٢. إعادة تصميم الدور والمسؤوليات والصلاحيات في الوظيفة وبما تؤدي إغناءها من ناحية الرقابة والسيطرة على مفرداتها. ٣. ربط الوظيفة بدورها الجديد مع سلسلة العمل والوظائف الأخرى وبما يؤدي إلى الارتقاء بالأداء والتطوير. ٤. متابعة الأداء والإبداع وتقديم تقارير الأداء ضمن الواقع الجديد لغرض التحسين المستمر وتطوير المنظمة.	* جعل الوظائف أكثر غنى وليس مجرد أعمال سطحيه هامشيه. * ترقية الأداء والإبداع من خلال الرقابة والسيطرة على الوظائف. * منح الموظف الحرية الكاملة ليتمكن من التفكير بالبدائل والطرق الأفضل. * جعل الوظيفة مصدر للمزيد من الخبرة والمهارة من خلال التغذية العكسية.	*Wal-Mart ول مارت * دل Dell * بروكتر وكمبل Procter and Gamble	* قد لا تحوي الوظائف أي نوع من التحدي والتجديد لكي تتاح فرصة أكبر لشاغل الوظيفة للنمو والتطور. * الاحتياج إلى فحص وتشخيص صحيح للوضع الحالي وكذلك طرق وآليات إبداعية لتكامل الدور الجديد مع انسيابية العمل، إن هذه الجوانب تحتاج إلى مطاوله ودقة ومتابعه.
* تصميم العمل وإعادة تصميمه	* حل المشاكل المرتبطة بالعمل والوظائف والأدوار وتفاعلها وتكاملها. * ترقية الأداء وتحسين الإنجاز. * المواءمة بين الأفراد وقوة حاجتهم للتعلم والتطور وخصائص الوظائف. * الاستمرارية في التصميم وإعادة التصميم لغرض التطوير الدائم.	١. تشخيص وتحديد الخصائص الرئيسية للوظائف (تعدد المهارات، هوية المهمة، أهمية المهمة، الاستقلالية، التغذية العكسية من الوظيفة). ٢. يعاد تصميم العمل من خلال المشاركة والتغذية العكسية، بدءً بمرحلة الإعداد، وإنتاج التصميم الجديد، تفعيل التصميم ومتابعته من خلال التغذية العكسية عن التصميم النهائي المستقبلي. ٣. إعادة التصميم باعتباره عمليات تتسم بالاستمرار وتهدف إلى التطوير الدائم. ٤. عمل المواءمة بين قوة الحاجة للنمو لدى العاملين والوظائف	* تحسين الجانب السيكولوجي النفسي- للعاملين، وهذا مهم للإبداع والتطوير والأداء. * تحسين جودة العمل من خلال جعل عملية التصميم وإعادة التصميم له صيرورة وعمليات قائمة ومستمرة. * من الممكن استخدام أطر ومفاهيم التصميم وإعادة التصميم في مجال الأعمال، والمنتجات الجديدة، وتصميم الخدمات وغيرها وهذا يجعل منها تقنيه متعددة	* مجموعة طائرات بوينك التجارية B.C.A.G . * شركة نيسان Nissan Motor Co .	* تكون الفائدة من عملية التصميم محدودة إذا ركزت على الجوانب المنظورة من الهيكل. * عملية تحتاج إلى خبرات ومهارات تكاملية إذا أخذت في إطار شمولي لتصميم المنظمة ضمن تداخل بين الهيكل، والتكنولوجيا، والأهداف، والأفراد العاملين. * قد لا تأتي بثمارها المرجوة إذا لم تأتي ضمن رؤية واضحة يتم إيصالها لجميع المعنيين، دون تذليل العقبات الإدارية أمامها.

التقنية	الهدف	الخطوات الإجرائية	فوائد الاستخدام	أمثلة لمنظمات استخدمتها بنجاح	بعض محددات الاستخدام وإشكالاته
		بتصميمها الجديد، للوصول إلى نتائج إيجابية من حيث نوعية عالية للأداء، تحفيز ذاتي عالي، رضا عالي عن العمل.	الاستخدامات.		
* التدريب المختبري (المعملي).	* التعامل من خلال اعتبار مكان العمل مختبر يخضع فيه العاملون لمعايير وضوابط تدريبية. * ترقية الأداء وتقوية روابط مجاميع العمل. * الوصول إلى سلوك إيجابي تعزز فيه جوانب الأداء والإبداع.	١. معرفة جيدة بضوابط ومعايير وآليات العمل الحالية، وتقديم نقد وتعديل وتصحيح أو تغيير كامل لها من خلال الحوار والمشاركة. ٢. توضيح للمعايير والضوابط الجديدة وأسلوب اعتمادها ودورها في التطوير. ٣. اعتماد فعلي ميداني في مكان العمل لهذه المعايير والضوابط ومراقبة ذلك من خلال المشرفين وتقديم التغذية العكسية المباشرة. ٤. الاستمرار في التحسين والتطوير الميداني أثناء العمل.	* تراكم الخبرة والمهارة لدى العاملين من خلال تدريب مباشر أثناء العمل. * التأثير الإيجابي المستمر على السلوك الفردي والجماعي. * حل المشكلات الإدارية المختلفة مثل عملية تطور واتخاذ القرارات وغيرها.	* شركة دل Dell * IBM * Exxon * Union Carbide	* محدودية القناعة لدى العاملين بكون مكان العمل يمثل ورشة للتدريب. * الاستفادة المحدودة والقدرة القليلة على تعميم التقنية على أعداد متزايدة من الوظائف المنوعة والكثيرة. * ضرورة توفر المدربين المؤهلين والمتخصصين.
* لعب الأدوار يسمى أيضاً أسلوب تحليل الدور.	* حل المشاكل المتعلقة بالدور وما يتوقعه صاحب الدور من الآخرين في الفريق وما يفعله الآخرين لتعزيز أداء دورة على الوجه الأكمل. * ترقية السلوكيات وزيادة التفاهم والثقة بالعمل. * حل الصراع المحتمل والقائم بين العاملين. * تحسين الأداء وتطوير المنظمة.	١- تحليل الدور المحوري (الدور تحت الإيضاح)، موقعه في النظم ومبررات وجودة ومساهمته في تحقيق أهداف المنظمة، تكتب ويتم مناقشتها من المجموعة لحذف السلوكيات غير المناسبة. ٢. فحص توقعات صاحب الدور من الآخرين. ٣. التوسع في مناقشة توقعات الآخرين والسلوكيات المطلوبة من صاحب الدور المحوري. ٤. يقوم صاحب الدور بكتابة ملخص عن الدور كما تم توضيحه في الخطوات أعلاه. إن التحليل المشترك للدور والتعرف عليه من قبل الفريق يؤدي إلى الالتزام وترقية الأداء والتطوير.	* التمثيل العملي يساهم في تقوية التعاون وتفهم الدور الخاص وأدوار الآخرين. * تعزيز الالتزام المتبادل وترقية أداء الفرق. * زيادة الوعي بأدوار الآخرين ومحدداتها والعلاقة بين الرؤوساء والمرؤوسين. * حل جميع أنواع الإشكالات المتعلقة بالصراع والتنافس غير الصحيح على الموارد وتقاسم المسؤوليات.	* شركة شل Royal Dutch Shell . * شركة آسيا براون بوفاري A.B.B * شركة رون بولنك (الكيمياوية) Rhone- Poulenc	* يمكن أن يكون هذا الأسلوب فعالاً إذا وجدت أرضية انسجام وثقة بين الفريق يعزز بالحوار والنقاش والمشاركة، وبعكس ذلك تكون الفائدة محدودة. * لا يكون فعالاً في الاستخدام على مستوى مجلس الإدارة والمدير التنفيذي الأعلى إلا بوجود رؤية مستقبلية واضحة وتفهم للأنشطة الحالية لأصحاب الأدوار. * يحتاج إلى دقة في التشخيص والتحليل وفهم عالي لتقاسم الرؤية وأساليب تكامل العمل.
* تدريب الحساسية	* حل مشكلات عدم الوعي والفهم والتواصل مع الآخرين. * إحداث تغيير وتطوير في العادات	١- مرحلة تمهيدية، حيث التهيئة النفسية وخلق الأجواء المشجعة على التعامل بصدق وصراحة وشجاعة أثناء عملية التدريب. ٢- يجتمع المشاركون ويترك لهم	* زيادة الوعي الذاتي للسلوكيات الإيجابية وتحسين القدرة على تفهم سلوكيات الآخرين. * قد يتم تحويل إجراءات	* شركة فورد لصناعة السيارات. Ford Motor Co. * شركة اكسون Exxon	* ليس من السهولة تهيئة الأجواء المشجعة على الصراحة والصدق دائماً، لذلك يفترض أن تبذل جهود كبيرة في هذا

التقنية	الهدف	الخطوات الإجرائية	فوائد الاستخدام	أمثلة لمنظمات استخدمتها بنجاح	بعض محددات الاستخدام وإشكالاته
	والاتجاهات والسلوكيات. * زيادة حساسية العاملين نحو التغيير والتطوير الذاتي من خلال التعلم لأنماط السلوك الإيجابي. * تقوية الثقة والتعاون بين الفرق والمجموعات والإدارات والأقسام.	حرية إدارة النقاش والحوار بوجود خبراء متمرسين في العلوم السلوكية وفي إدارة الحوار داخل الورش المختبرية (المعملية). ٣- تسجل عمليات التفاعل أثناء التدريب وفي ضوء البرنامج غير المحدد في الخطوات والمضمون لكنه واضح الهدف والمنطلق، ويساعد هذا الإجراء على تغيير وتطوير العادات والمهارات والسلوك لزيادة حساسية الأفراد نحو سلوكهم الذاتي وسلوك الآخرين. ٤- تعتمد السلوكيات الإيجابية وتراقب لتنقل كممارسة في العمل والنشاط وتقييم في ضوء قدرتها على إحداث تطوير في الإنجاز والأداء.	وآليات هذه التقنية إلى ممارسة مستدامة تعزز من خلالها أجواء العمل والتفاعل الإيجابي لترقية الأداء وتطوير المنظمة. * تنوع الاستخدامات لهذه التقنية في مجالات عديدة، إذا ما توفرت الإرادة لدى إدارة المنظمة.	co. * شركة إسو ستاندرد أويل Esso Standard oil.	المجال. * يصبح استخدام هذه التقنية محدود الفائدة في حالة عدم وجود متخصصين على درجة عالية من المهارة في العلوم السلوكية. * تحتاج إلى وقت طويل قبل أن تصبح جزء من الممارسات التطويرية المستمرة في المنظمة ومن خلال تراكم الخبرات والمهارات.
* الشبكة الإدارية	* الارتقاء بالأنماط الإدارية والقيادية للمديرين إلى النمط (٩،٩) المتوازن والذي يولي اهتمام عالي بالعمل والإنتاج وكذلك بالعاملين. * حل المشكلات المرتبطة بالجوانب السلوكية والثقافية وكذلك بجوانب الاتصال والتفاعل. * تحسين الممارسات الإدارية وترقية الأداء التنظيمي وبالتالي تطوير المنظمة.	أولاً) ما قبل البدء بالإجراءات الفعلية يتم اختيار عدد من المديرين وهم من يصبح معلمين في المنظمة، يحضر هؤلاء حلقة دراسية عن الشبكة، حيث يتعلم هؤلاء لمدة كافية أفكار حول الشبكة ويتم تقييم الأنماط الإدارية من خلال استبيان، ويكون العمل هنا جماعي فرقي، يتم بعد ذلك استكشاف أكثر عن هذه التقنية، حيث تدرس المواد التي تدخل في المرحلة (٢ إلى ٦). يركز بعد ذلك على كيفية تطبيق الشبكة عملياً في المنظمة. ثانياً) الإجراءات الفعلية وتتكون من ستة مرحل كالآتي: ١. مرحلة ١)الشبكة الإدارية، عمل حلقة للشبكة لجميع المديرين، لتحديد نمط كل فرد ويتم هنا ممارسة حل المشاكل وانتقاد لمهارات الاتصال وتعلم مهارات الفريق، وتمثل هذه المرحلة تطوير وتعليم المديرين ليصبحو(٩،٩). ٢. مرحلة ٢) تطوير العمل	*) التحول إلى النمط الإداري والقيادي الأفضل والذي يحقق أفضل النتائج. *) تطوير العمل الجماعي وتحسين كفاءة الأداء والإنجاز للفرق والمجموعات وبالتالي المنظمة ككل. * تحسين ثقافة المنظمة وزيادة التماسك والعمل التعاوني، وإيجاد مناخ تنظيمي صحي يدعو إلى الابتكار والإبداع. *) ترقية الاتصال والتواصل في العمل وبين المجموعات والفرق وتحقيق تطور مقبول.	*) الشركة المتحدة التعاونية للتأمين على الحياة U.M.L.I.C *) الشركة الصناعية عبر القارات C.M.C *) شركة جنرال موتورز General Motors Co.	*) لكي تؤتي ثمارها كتقنية تطوير تنظيمي يحتاج هذا الأسلوب إلى وقت طويل نسبياً يمتد بين خمس إلى سبع سنوات. *) الاحتياج إلى خبراء متخصصين وممارسين متحفزين لاستخدام فعال لهذا الأسلوب. *) في أغلب الأحيان تحتاج إلى تكاليف عالية ومتابعة دقيقة لغرض النجاح فيها. *) لا يمكن أن تحقق المنظمة تطوير تنظيمي ملموس وفق هذا الأسلوب دون دعم ومشاركة الإدارة العليا.

بعض محددات الاستخدام وإشكالاته	أمثلة لمنظمات استخدمتها بنجاح	فوائد الاستخدام	الخطوات الإجرائية	الهدف	التقنية
			الجماعي ترقية العمل الجماعي والتعاون وتطوير ثقافة الفريق ومهارات التخطيط وتحديد الأهداف. ٣. مرحلة ٣) تطوير ما بين المجموعات تحسين العلاقات للانتقال إلى وضع مثالي جيد. ٤. مرحلة ٤) تطوير نموذج استراتيجي مثالي على مستوى المنظمة. وضع الأهداف على مستوى المنظمة من خلال عمليات التخطيط الإستراتيجي لتشترك الإدارة العليا في هذه المرحلة لتطوير نموذج استراتيجي مثالي. ويقارن الواقع الفعلي مع هذا النموذج المثالي. ٥. مرحلة ٥) تطبيق النموذج الاستراتيجي المثالي، يعاد تنظيم المنظمة لتحقيق التحول المطلوب. ٦. مرحلة ٦) النقد المنظم، يتم هنا يقاس النتائج من البداية إلى نهاية مرحلة ٥) لمعرفة التقدم الحاصل، ومعالجة العقبات إن وجدت.		
* إشكالية معرفة وتوضيح الترابط والعلاقات وبالتالي التأثيرات عند إجراء إعادة هيكلة على باقي الأنظمة الفرعية (الإداري، التكنولوجي، النفسي-الاجتماعي، الاستراتيجي والقيمي)لكي يصار إلى ترتيب وضعها الجديد بعد إدخال تطوير وتغيير على النظام الفرعي الهيكلي. * تحتاج إلى متخصصين جيدين وفريق متكامل للعمل، وعادةً ما تستغرق جهود إعادة التنظيم وقت طويل وتحتاج إلى موارد كبيرة.	* Ford Motor Co شركة فورد للسيارات. * General Foods جنرال فودز * Nissan Co شركة نيسان.	* ترقية الإبداع في المنظمات البيروقراطية وخاصة الكبيرة وجعل الهيكل أكثر مرونة. * معالجة القصور في أنماط الاتصالات ومعايير مواجهة المشاكل، مثل البطيء في تطوير القرارات وتوزيع الموارد في العملية التخطيطية. * حل مشاكل عدم التنسيق وتكامل مفردات انسيابية العمل على مختلف المنسوبات. * توفير قاعدة الانطلاق لتبني أنظمة إدارية أو	قد تحور الإجراءات والخطوات التي ستذكر أدناه وفق اعتبارات عديدة: - إعادة هيكلة شاملة أو جزئية. - إعادة هيكلة في الظروف العادية أو تحت ظروف الأزمة وضغط الزمن. - إعادة هيكلة في جوانب رسمية محدودة أم إعادة هيكلة جذرية للجانب الرسمي واللارسمي، وغيرها. ١. تكوين فريق إعادة الهيكلة الذي يقوم بتهيئة المناخ وتوفير المستلزمات للبدء بإجراء التغييرات في جوانب الهيكل	* حل مشكلات جزئية أو كلية في هيكل المنظمة لتطوير وترقية الإنجاز والأداء. * معالجة عدم الكفاءة في الإنجاز وتضارب المسؤوليات والصلاحيات والأدوار. * زيادة تكامل وتنسيق انسيابية العمل من خلال ترتيب معطيات العمل والموارد بطرق أكثر فاعلية وكفاءة. * جعل التلائم والتطابق عالياً بين الهيكل والتوجهات	* إعادة الهيكلة

التقنية	الهدف	الخطوات الإجرائية	فوائد الاستخدام	أمثلة لمنظمات استخدمتها بنجاح	بعض محددات الاستخدام وإشكالاته
	الإستراتيجية الجديدة للمنظمة. * متابعة الانسجام بين جوانب العمل ومفردات الهيكل وطبيعة الأحداث والاتجاهات في البيئة الخارجية. * الرغبة في انعكاس إيجابي لجوانب وآليات العمل في الهيكل وطبيعة الممارسات الإدارية في المنظمة.	التنظيمي المختلفة. ٢. يقوم الفريق بالاتصال بالمعنيين بالأمر لتشخيص جوانب القصور أو لتبيان الجوانب المحتمل إجراء تغيير وتطوير مهم فيها، يتم هذا الأمر من خلال جمع بيانات ومعلومات وإجراء مقابلات وتقديم استبيانات وأي وسيلة مناسبة. ٣. تناقش التغييرات المزمع إدخالها لغرض حل المشاكل أو تطوير الحالة ويتم تحديد المستلزمات الضرورية لذلك ويتفق على أسلوب وتواريخ مناسبة للبدء ومتابعة تطور الحالة من خلال مشاهدات عملية ميدانية. ٤. يتم إدخال التغييرات وتتابع وتراقب عملية إعادة الهيكلة بمؤشرات دقيقة وصحيحة، ويتم التدخل لمعالجة الاختناقات والانحرافات، ويستمر الأمر إلى أن تصبح ممارسة مفيدة وتطور عمل المنظمة.	تنظيمية أو قيادية جديدة، مثل الانتقال من المركزية إلى اللامركزية وغيرها.		* إن سرعة وكثرة التغيرات الحالة في بيئة عمل المنظمات، تطلب أن تكون هذه الأنشطة والآليات لإعادة الهيكلة والتنظيم مستمرة ودائمة كتجربة ذاتية للمنظمة والتي يفترض أن تعمل باستقرار نسبي مع جاهزية عالية لتفعيل هذه التقنية بسرعة لتعطي نتائج مرجوة، وهذه ليست بالعملية السهلة.
- هياكل التعليم المتوازية	- إدخال تعديلات في منظمة ملحقة تتعايش مع المنظمة الرسمية العادية، إن هذا الأمر يتيح تعلم عالي ومناقشة للأفكار دون عرقلة للعمل ومن ثم إدخالها في المنظمة.	* نفس الخطوات أعلاه عدا كون الأمر هنا يجري داخل إطار هيكل موازي لهيكل المنظمة الرسمي، إن هذا الأمر يساهم في زيادة تعلم المنظمة وإمكانية إجراء تطوير وتغيير كبير يدرس بعناية من كافة الجوانب قبل أن يتم تبنيه فعلياً.	* تتاح نفس الفوائد أعلاه بالإضافة إلى : - حرية التفكير والتصرف بشكل يختلف عن الأدوار واللوائح المعتادة في المنظمة، وبذلك توجد ثقافة مختلفة في هيكل التعلم المتوازي.	* Ford Motor Co شركة فورد للسيارات * General Motors Co. شركة جنرال موتورز.	* بالإضافة إلى ما ذكر أعلاه من قيود، هناك إشكالية إيجاد فريق متمكن ليقود ويرسخ هذه التقنية في المنظمة باعتبارها تجارب مستمرة تحتاج إلى تكامل معارف ومهارات عديدة.
*** بناء الفرق والعمل الجماعي**	* حل المشاكل البسيطة والمعقدة جداً، لإمكانية تشكيل الفرق بأساليب وطرق متعددة ومنوعة (حلقات الجودة، مفاوضات الدور، الفرق المدارة ذاتياً.... الخ). * تأثير أكبر على سلوكيات الفرد، لكون	رغم أن الفرق متنوعة ومتجددة الوجود في المنظمات (المجموعة الرسمية، فرق البدء، الفرق المشكلة حديثاً، فرق المشاريع، اللجان...). فإن هناك إمكانية لتبسيط الخطوات العملية الإجرائية لاستخدام هذا الأسلوب لحل المشاكل وتطوير المنظمة. ١. المرحلة التمهيدية والتشخيصية لتشكيل الفريق	* موارد لا ملموسة تكرس بشكل أفضل لحل المشكلات سواء كانت خبرات مكملة لبعضها البعض أو مهارات أو تجارب أو غيرها والتي يمتلكها أعضاء الفريق، أن هذا الأمر يؤدي إلى ترقية الأداء وتطوير المنظمة. * تؤدي الفرق إلى التزام	* خطوط سكك حديد الباسفيك P.R.W.L * شركة أنظمة المعلومات الإلكترونية E.I.S.C * شركة آسيا براون بوفاري A.B.B	* إذا لم ترتب مدخلات العمل الفرقي من اعتبارات تنظيمية، وحجم الفريق، وطبيعة المهام وخصائص الأعضاء لتكمل بعضها الآخر، فقد يتحول العمل إلى مجرد عمل جماعي كلاسيكي يضيع فيه الجهد والوقت والموارد. * نجاح العمل الفرقي

التقنية	الهدف	الخطوات الإجرائية	فوائد الاستخدام	أمثلة لمنظمات استخدمتها بنجاح	بعض محددات الاستخدام وإشكالاته
	سلوك الأفراد ذات منحى اجتماعي وثقافي وقيمي ومستمدة منها لذلك يغير الفرد سلوكه بشكل أسرع من خلال الفريق. * تعاون أكبر، حيث الفريق يولد تداوب عالي في الجهود. * العمل في المنظمات مركب ولا يمكن أداءه من قبل الأفراد منعزلين لذلك يكون تأدية المهام جماعي. * تحقق الفرق حاجات الأفراد من خلال التفاعل الاجتماعي وهذا ينعكس إيجابياً على التطوير.	والمعرفة المعمقة لأعضاءة بعضهم ببعض من خلال تفاعل وحوار ونقاش شفاف وصريح. ٢. البناء الفعلي للفريق والذي يفترض أن يكون مركزاً على طبيعة المهام والأدوار مثل: - انجاز مهام وحل مشكلات وتحديد أدوار وتوضيح الأهداف وغيرها. - تكوين العلاقات والارتقاء بها للانتقال من فريق فعال إلى فريق متميز ذو أداء عالي، تشمل هذه العلاقات (رئيس، مرؤوس) وكذلك زملاء العمل. - إدارة متميزة لعمليات الفريق وثقافته. - أساليب تحليل الدور وتوضيحه. - أساليب مفاوضة الدور. ٣. تفعيل العمل والممارسات بدءً من تحديد الأولويات في المشاكل والفرص، التي يجري حلها والتعامل معها بطرق أوجدها الفريق، لزيادة إمكانية وجود حلول واقعية وخطط للتنفيذ، يتم تطبيقها بحماس والتزام عالي، وتتابع للتقييم ومقارنة المتحقق بالمتوقع.	عالي تجاه العمل والمهام في إطار تحفيز أعلى من خلال الممارسات والأفعال المشتركة. * مزيد من الرضا للعاملين ينعكس إيجابياً على استجابات المنظمة للزبائن ومتطلبات المنافسة، كذلك تتحسن ممارسات صنع القرارات والتنفيذ والرقابة. * تتولد خبره ذاتية وتراكم معرفي من خلال التجربة والحوار والنقاش ويولد هذا طاقات عالية جداً للإبداع والابتكار والتطوير التنظيمي.	* شركة ستارباك Starbucks Coffee Company.	يفترض أن يسبقه تمكين عالي على المستوى الفردي والجماعي، ليساهم في ترقية الحوار والنقاش ويبعده عن النزاع الشخصي إلى الاختلاف والتنوع الفكري، وهذا يغني عمل الفرق وإمكاناتها في التطوير. * ضرورة أن يكون هناك دعم من الإدارة العليا، وأن تدعم ممارسة العمل الفرقي للتحول إلى صيغة مقبولة تؤدي إلى التطوير.
- الفرق المدارة ذاتياً	* نفس الأهداف أعلاه مع ملاحظة كون هذه الفرق تكون: - منوعة في التخصصات والأنشطة. - تدار بأدنى مستوى من الإشراف والتدخل من قبل المدراء. - تحاول المنظمة من خلالها بناء ثقافة تنظيمية تتبنى الأداء	- إن المراحل الإجرائية السابقة مفيدة في بناء الفرق المدارة ذاتياً، لكن من الضروري تفعيل إلى أقصى الحدود صيرورة العمليات والممارسات لتتشكل فرق بإدارة ذاتية تدمج العاملين في العمل بحيث تحفزهم على استغلال أقصى طاقاتهم، هكذا ينشط الإبداع والإنتاجية والتطوير المنظمي.	بالإضافة إلى فوائد الاستخدام أعلاه من المحتمل أن تؤدي هذه التقنية إلى: - توليد ثقافة تنظيمية لأداء متميز وعالي جداً. - خفض لكثير من الكلف دون ان يؤدي ذلك إلى المساس بالنوعية بل العكس قد يحصل.	* شركة هيولت بكارد. Hewlett- Packard. * شركة هوني ول Honey Well * شركة بيبسي كولا Pepsi Cola * شركة ديبون DuPont Co.	* تحتاج في الغالب إلى إعادة هيكلة جذرية إذا لم تعد هناك حاجة لمشرفي الخط الأول، حيث يتحول بعضهم إلى منسقين ومدربين وربما ينظم البعض الآخر إلى فرق العمل. * الحاجة الكبيرة جداً إلى تدريب متخصص في اكتساب مهارات القيادة والقدرة على التفويض، للمنسقين الذين يصبحون

بعض محددات الاستخدام وإشكالاته	أمثلة لمنظمات استخدمتها بنجاح	فوائد الاستخدام	الخطوات الإجرائية	الهدف	التقنية
في مستوى أعلى من الفرق ويعملون على التخطيط والتنسيق والتسهيل.				المتميز والعظمة في الإنجاز والسبق في المنافسة.	
* المحاولات الأولى لاستخدام هكذا تقنيه قد لا تأتي بنتائج كفؤة وسريعة لاحتياجها إلى إعداد وتجهيز مسبق وبشكل كافي. * تحتاج إلى استمرارية ومطاولة قبل أن تصبح تقنية مألوفة تعطي تحسين وتطوير للعمل والمنظمة. * قد تبقى في أغلب الأحيان أسلوب محدود في الاستخدام يعطي حلول للمشاكل الواضحة والظاهرة، دون أن يتحول إلى ممارسة دائميه ومفيدة.	* مجموعة لوسنت التكنولوجية للإلكترونيات الجزئية. L.T.M.G	* الحصول على نتائج سريعة تؤدي إلى حل مشاكل المنظمة وتؤدي إلى تحسن أداء المنظمة وتطويرها. * يساهم الأسلوب في تشخيص سريع ومتعدد الأوجه لصحة المنظمة، وأهم المشاكل والإشكالات فيها وبحسب أولوية واضحة ومتفق عليها.	١- تهيئة الأجواء، افتتاح اللقاء وذكر أهداف الاجتماع، وتوفير أجواء مناسبة للحوار والنقاش. ٢- جمع المعلومات، من خلال مجموعات صغيرة مختلفة التخصصات حول الموقف أو المشكلة، يفكر كل فرد باعتبار مهتم جداً بالمنظمة ككل، ليبدأ بتحديد المعوقات، الأهداف غير الواضحة، وفي كيفية جعل المنظمة أكثر فاعلية، يرفع تقرر تثبت فيه مجمل هذه الجوانب. ٣- تبادل المعلومات، المقررون في كل مجموعة صغيرة يكتبون تقرير عن نتائج المجموعة توضع على الحائط كنشرة جدارية، ومن الضروري تصنيف المشاكل هنا، مثلاً مشاكل اتصالات، مشاكل تخصيص موارد وغيرها. ٤- تحديد الأولويات وتخطيط المجموعة للتنفيذ، توزع البنود على الجميع، ويتم هنا: - تناقش كل مجموعة المشاكل المرتبطة بمجالهم. - المشاكل التي يكون لها الأولوية. - تحديد كيف يبلغون نتائج المواجهة إلى مرؤوسيهم. ٥- متابعة فورية من قبل الفريق الأعلى. ٦- مراجعة التقدم، للوصول إلى حل للمشاكل وتطوير العمل.	* التعامل مع مشاكل المنظمة من خلال لقاءات وأنشطة منهجية وبتدخل سريع ومبسط. * تحسين التفاعل وترقية التواصل والثقة من خلال الاتصالات السريعة.	* لقاء بكهارد للمواجهة
* ليس من السهل دائماً تشخيص العمليات والخطوات التي لا تضيف قيمة لغرض حذفها والتخلص منها لتكون	* Western Digital شركة ويسترن * شركة Dell للحاسبات.	* المساهمة من خلال هذه التقنية بإدارة وابتكار وإيجاد القيمة على نطاق واسع. * السيطرة النوعية الجيدة	١. ترقية وتحسين كفاءة سلسلة الإمداد الوظيفية، من خلال سلامة أنظمة التخطيط، اتصالات فعالة، العلم الجيد بعمليات التصنيع ومصادر التسليم.	* تقوية قدرات المنظمة التنافسية من خلال ترقية سلسلة الإمداد والتي أصبحت تستخدم تكنولوجيا	* إدارة سلسلة العرض والتوريد

التقنية	الهدف	الخطوات الإجرائية	فوائد الاستخدام	أمثلة لمنظمات استخدمتها بنجاح	بعض محددات الاستخدام وإشكالاته
	معلومات فائقة السرعة. * تطوير أداء المنظمة وتوسيع حضورها العالمي حتى لو كانت منظمة صغيرة.	٢. ترشيد سلسلة الإمداد العالمية وتكاملها، وهذا يكون في ضوء توحيد قاعدة الإمداد، نقل النظام إلى موردين من الدرجة العليا، تبني عمليات عامه معززة بتخطيط المصادر. ٣. جعل سلسلة الإمداد العالمية مثالية، تحديد وإزالة العوائق، وتخطيط مستقبلي، استخدام برامج حاسوبية متطورة. ٤. إدارة سلسلة الإمداد العالمية الفعلية حيث يتم دمج التجارة الإلكترونية في جميع جوانب إدارة سلسلة الأمد، والتركيب والتفكيك السريع لسلاسل الأمد العالمية لتلبية حاجات السوق المتغيرة، إدارة أعلى عمليات القيمة المضافة، الاهتمام العالي بالمعلومات. إن مجمل هذه الخطوات تساهم في تطوير تنظيمي ذو شأن وأهمية قصوى على صعيد المنظمة.	على بنية الكلف، وترقية قيمة المنظمة ككل. * يتطلب عولمة الأسواق والبيع وجود رابط جديد لسلاسل الموردين والزبائن عالمياً. * تمثل سلسلة الإمداد مقارنة تكاملية شاملة للتعامل مع تخطيط الموارد والمعلومات وضبطها بدءاً من العارضين حتى الزبائن النهائيين، لذلك فأنها ذات شأن مهم في تطوير المنظمة.	* شركة Good year للإطارات.	سلسلة الأمد مثالية تقدم إمكانيات جبارة لتطوير المنظمة. * تكون جهود جعل سلسلة الإمداد مثالية مضيعه للوقت والجهد والأموال ومكلفة جداً إذا بدءت بها الإدارة قبل إنجاز أساسيات الكفاءة والفاعلية بشكل متكامل.
* وضع الأهداف	* إيجاد آليات مناسبة ومرنة تتطور باستمرار لوضع الأهداف على مختلف المستويات. * تركيز الجهود على أهداف محددة وواضحة تساهم في تطوير المنظمة. * تشكل التزام عالي في الإنجاز وطرق مناسبة لتخصص الموارد. * إن القدرة العالية على تحديد الأهداف بصيغ متجددة تساهم في حل العديد من المشاكل وتتيح الإمكانية للمنظمة لاقتناص الفرص.	رغم تعدد نماذج وآليات وصيغ وضع الأهداف وفق قدرات المنظمة وقيم إدارتها العليا، إلا أن ذلك لا يلغي إمكانية صيغ عملية إجرائية تساعد على وضع الأهداف. ١. تبني صيغه تنظيمية مناسبة (فرق العمل) لتنسيق عمليات صياغة الأهداف ووضعها في إطار رسمي للحوار. ٢. جمع بيانات ومعلومات حول واقع محيط المنظمة وما متاح من فرص يمكن الولوج فيها وفق قدرات وإمكانات المنظمة. ٣. يصار إلى عقد اجتماعات تشاركية حيث يساهم الجميع في وضع الأهداف وتخصيص الموارد اللازمة لها. كما يلاحظ ضرورة ترابط هذه الأهداف على المستويات المختلفة.	* يعطي هذا الأسلوب الإمكانية التركيز على الأولويات وفق صيغ متكاملة للتطور. * لهذه التقنية تأثير إيجابي على تحقيق النتائج سواء على المستوى الفردي أو التنظيمي. * تساهم آليات وضع الأهداف التشاركية في التأثير الإيجابي على اتجاهات وسلوكيات العامل نحو الآخرين وكذلك نحو الإدارة، ويتحقق بالتالي تطوير ملموس.	* شركة ول مارت Wal-Mart Stores . * شركة رينو للسيارات Renault Corporation . * شركة بروكتر أند كمبل Procter and Gamble.	* لا تعطي هذه التقنية النتائج المرجوة منها ما لم تستند بنظام مكافئات وتحفيز جيد وواضح المعايير ومقبول. * تحتاج إلى رعاية وجهد يكرس ودعم فعلي من الإدارة العليا للمنظمة. * تحتاج إلى مطاولة واستمرارية في الاستخدام وليس التراجع عنها عند أول إشكالية تظهر أو صعوبة تواجه عملية تجذيرها في المنظمة لكونها ترتبط بالعملية التخطيطية.

التقنية	الهدف	الخطوات الإجرائية	فوائد الاستخدام	أمثلة لمنظمات استخدمتها بنجاح	بعض محددات الاستخدام وإشكالاته
		٤. يتم البدء بتنفيذ هذه الأهداف والتي تكون واردة ضمن الخطة بالالتزام عالي للوصول إلى النتائج المحددة. ٥. تتابع عمليات التنفيذ بأساليب رقابية وتقييم مناسب لتصحيح الانحرافات ومتابعة تقدم الإنجاز.			
* الإدارة بالأهداف	* تركيز جهود الإدارة والعاملين على الأنشطة المؤدية إلى انجاز الأهداف. * تحفيز عالي للعاملين وبالتالي الالتزام في تحقيق الأهداف. * ربط أهداف الأفراد والمجموعات والأقسام بالأهداف الكلية للمنظمة بطرق واضحة وفاعلة.	١. وضع الأهداف، من خلال إشراك العاملين آخذين في الاعتبار الأنشطة اليومية لهم والسؤال المهم هنا ماذا يفترض أن ننجز ولماذا؟، يركز على خصائص الأهداف الجيدة، وكذلك صيغ الاتفاق. ٢. تطوير خطط العمل، خطوات الوصول للأهداف والأساليب المؤدية لذلك. ٣. مراجعة التقدم الحاصل، بدء التنفيذ، ومراجعة ميدانية دقيقة لتصحيح الانحرافات، في الغالب تجري المراجعة بفترات متفق عليها بين الإدارة والعاملين. ٤. تقييم الأداء، لجميع المستويات الفردي والجماعي وللأقسام، وترتبط ذلك بنظام المكافآت في المنظمة.	* تركيز الجهود والموارد للأنشطة المؤدية إلى إنجاز أهداف واضحة ودقيقة وضعت بصيغ المشاركة. * آلية بناءة للتخلص من البيروقراطية السلبية وتدعيم الالتزام المتبادل بين الإدارة والعاملين. * إمكانية تطبيقها بصيغ وأساليب مختلفة وفق قدرات المنظمة وإمكاناتها.	* شركة روشى دياكنوستك Roche Diagnostics Corporation * شركة بيوركس Purex Corporation	* تحتاج إلى تهيئة واسعة وتمكين للموارد البشرية في المنظمة قبل الاستخدام. * إذا لم تؤخذ بإطار مرن قد تحد قدرة المنظمة على التعامل مع التغييرات. * من المحتمل ؟أن تفقد الإستراتيجية من أهميتها بسبب التركيز الكبير على الأهداف التشغيلية.
* حلقات الجودة	* آليات فعالة لتحفيز وإشراك العاملين في تطوير نوعية العمل. * مصدر مهم للأفكار الجديدة والابتكارات التي تساهم في تطوير المنظمة. * حل المشكلات المتعلقة بالجودة وترقية المنتجات وتحقيق رضا الزبون.	١- تتشكل مجموعة من العاملين كفريق يلتقي بشكل طوعي وفق صيغه منتظمة، وهي تختلف عن الزمرة التقليدية التي تتكون من عمال نفس القسم، حيث تكون حلقة الجودة من عاملين يعملون في سلسلة الأعمال المكملة لبعضها البعض دون مشرف. ٢- يجتمع الفريق ليحلل ويدرس المشاكل المرتبطة بالجودة ويقدم مقترحات وتوصيات ترسل إلى منسق أو لجنة موجهة. ٣- تتابع عمليات تطبيق المقترحات من خلال درجة عالية من المشاركة وفي أحيان كثيرة	* فتحت هذه التقنية الآفاق لتحسين مستمر باعتبارها عملية لا نهائية لترقية الجودة في ظل المنافسة الحادة والتطور التكنولوجي. * توجد ثقافة تشاركية عالية تحفز من خلالها إمكانية تقديم مقترحات عديدة تساهم في تطوير المنظمة. * تجعل من المنظمة رائدة في تقديم منتجات ذات جودة عالية مطابقة لمواصفات يرغبها الزبون.	* شركة كولهيد للصواريخ والفضاء L.M.S.C * شركة وستنكهاوي Westinghouse * شركة نيبون كوكون Nippon Kokon K-K.	* تحتاج إلى دعم عالي من الإدارة العليا، دون تدخل بالإجراءات والآليات المناسبة التي يوجدها العاملون بأنفسهم بحرية تامة. * قد لا يولد وثبات كبيرة، دون مواصلة وجهود قد تستمر لفترات زمنية طويلة، لكنه يخلق بيئة تحفز عالياً على تقديم مقترحات تراكمية المضمون، لتولد سلسلة من التحسينات المستمرة.

التقنية	الهدف	الخطوات الإجرائية	فوائد الاستخدام	أمثلة لمنظمات استخدمتها بنجاح	بعض محددات الاستخدام وإشكالاته
		يسمح للمجموعات بإحداث تغييرات مهمة بدون موافقة السلطات العليا متى ما كان ذلك ممكن.			
* الحيود السداسية 6σ	* الارتقاء بالجودة وجعلها صيغة عملية تصل إلى حد الكمال، من خلال (٣,٤) قصور في كل مليون وحدة أو فرصة. * حل المشاكل المرتبطة بالعمليات وصيرورتها من خلال التركيز على توجهات الزبون والسوق.	١. دورة التحسين في الحيود السداسية [مثلاً في شركة موتورولا تتكون من تحديد- قياس- تحليل- تحسين- رقابة. (DMAIC)]. ٢. أدوار الأفراد في الحيود السداسية، تدريب وتأهيل متدرج بالمعارف والمهارات للمساعدة من أجل الحيود السداسية (الحزام الأصفر، الحزام الأخضر، الحزام الأسود، معلم الحزام الأسود، المناصر، الحزام البلاتيني (التنفيذي). ٣. الأدوات في الحيود السداسية، مجمل الأدوات التي تساعد المدراء في ممارسات التخطيط والتحليل والرقابة على الجودة، وكذلك تساعد العاملين في فهم الجودة وكشف الانحرافات مبكراً والوقاية من التلف، وتمثل هذه الأدوات اليوم مجموعات من الأساليب الفنية الصلبة والناعمة. ٤. مقدرة العملية، تحسين معلمات العملية من خلال القياس والفحص بوسائل مختلفة منها الوسائل الإحصائية، كما يفترض التأكد من مقدرة العملية من خلال مؤشرات عديدة. ٥. الزبون في الحيود السداسية، الثقل الأكبر يعطي للزبون بالمعنى الواسع للمعنى من الضروري أن تصبح تقنيه الحيود السداسية متجسدة بمفردات ثقافة المنظمة لكي تساهم في التطوير التنظيمي فيها.	* تساهم هذه التقنية بإجراء تغييرات عميقة وواسعة في المنظمة. * يمكن ربط هذه التقنية بإستراتيجيات وخطط المنظمة طويلة الأمد لجعلها مفردة وممارسة دائمة. * تولد هذه التقنية عمليات وأنشطة مرنة يمكن إدخال التغييرات والتطوير لها بسهولة.	* شركة موتورولا Motorola. * شركة جنرال الكترك GE * شركة جنرال موتورز GM	* تحتاج إلى بناء تراكمي وفترات زمنية طويلة لكي تصبح منهجية وثقافة للعمل في المنظمة. * ضرورة تطوير وتأهيل أفراد مدربين ليساهموا في تبني مفردات هذه التقنية. * ضرورة دعم الإدارة العليا الدائم لغرض النجاح وتطوير المنظمة.

** تقنيات OT

التقنية	الهدف	الخطوات الإجرائية	فوائد الاستخدام	أمثلة لمنظمات استخدمتها بنجاح	بعض محددات الاستخدام وإشكالاته
*** مدخل الجشتالت لبناء الفريق**	* الحصول على أعلى أداء ممكن من الفرد من خلال تحريره من كل قيود. * أن الوعي الكامل والنضج والأصالة وضبط الذات يؤدي إلى أفضل أداء ممكن وتطوير فردي وبالتالي للمجموعة والمنظمة. * تغيير دائمي وايجابي لسلوك الفرد في العمل والعلاقات.	١. تحليل وتشخيص لكل فرد على حده لغرض معرفته ووضعه في فريق عمل ليساعده على استخراج كوامنه الذاتية في العمل دون كبت لها ليعطي الفرد أقصى- ما لديه لفريق العمل والمنظمة. ٢. يعبر الفرد عن شعوره كاملاًَ ايجابي كان أو سلبي، وهكذا يجد الفرد ذاته وعلاقته مع نفسه والآخرين ليعطي أعلى أداء بالتزام وقناعة وثقة عاليه. ٣. ينفذ الفرد أعماله وواجباته بصبر وجلد وثبات حتى النهاية دون تردد، ودون كبت لمشاعره سلبية كانت أو ايجابية، هنا يتعلم كيفية التعامل والعمل مع التناقضات داخل النفس ومع الآخرين، إن هذا الأمر يعطي إمكانية لاكتشاف مكامن القوة والضعف واستخدامها بأفضل السبل لتحقيق التطور إن تكرار هذه الجوانب تولد ثقافة متماسكة وتدعو للتطوير المنظمي المستمر.	* الفرد يعرف ذاته جيداً ويتحمل مسؤولية تصرفاته، لذلك لا وجود لحجب الوعي والتصرف الضار كما يفرض على الفرد. * تقنية مهمة لتطوير المنظمات لكونها مركزة على علاقة المدراء بالعاملين وبناء فرق متميزة في الأداء والتطوير. * الفرد أكثر ثقة وقوة وأكثر إحساس بالذات والعمل.	* شركة مايكروسوفت Microsoft	* تقنيه محدودة الإستخدام حالياً في تطوير المنظمات، لكونها تحتاج إلى أعداد وتمكين عالي جداً ومتميز للأفراد. * يحتاج بناء الفرق ضمن مدخل الجشتالت إلى ممارسين مدربين عالية على استخدام هذه الطريقة بآلياتها وأساليبها التي تبدو معقدة جداً. * ربما لا يرغب الأفراد العاملين اعتماد هذا المدخل لأنه يعرضهم إلى تغييرات عميقة وجذرية غير مستعدين نفسياً لها.
*** تحليل شاين الثقافي**	* إجراء تغيير عميق وشامل في مستوى ثقافة المنظمة، ليؤدي ذلك إلى تحسين الأداء والتطوير المستمر.	١- بعد الاتفاق بين المستشار المتخصص والمنظمة على ضرورة التدخل، يجري أولاً تحديد الغرض من ذلك من خلال مجموعة لقاءات بين المستشار ومجموعات المديرين والموظفين، في هذه الاجتماعات تناقش مفاهيم الثقافة والافتراضات لدى الأفراد. ٢- يتم عرض قصير عن الفرق وما يضعه الإنسان والقيم والافتراضات وراء ذلك، وهذه تمثل جلسة عصف ذهني، تكتب الآراء وتوضع على الجدران ويستمر النقاش حولها لملاحظة تناقض القيم مع المصنوعات البشرية.	* إمكانية إجراء تغييرات شاملة وعميقة في ثقافة المنظمة لغرض تطوير المنظمة من خلال التركيز على الأهداف الإستراتيجية التي تسندها مفردات هذه الثقافة. * تغيير الافتراضات والسلوكيات التي لا تؤدي إلى ترقيه وتحسين الأداء والتطوير.	* مؤسسة دزني Walt Disney	* صعب الإستخدام ويحتاج إلى مستشار في التطوير التنظيمي متخصص جداً وذو خبرة عاليه. * يحتاج إلى وقت طويل لكونه يكرس إلى تغيير في الثقافة عميق جداً. * تكون الإستفادة من هذا التحليل قليلة إذا لم تكن ضمن استراتيجية وأهداف تكتيكية تسعى المجموعة إلى تحقيقها.

التقنية	الهدف	الخطوات الإجرائية	فوائد الاستخدام	أمثلة لمنظمات استخدمتها بنجاح	بعض محددات الاستخدام وإشكالاته
		٣- تتشكل مجموعات صغيرة من المشاركين مهمتها تحديد الافتراضات الثقافية التي تساعد للوصول إلى الأهداف وتلك التي تعيق الوصول لها. ٤- ترفع تقارير المجموعات الصغيرة إلى المجموعة الرئيسية وبحضور المستشار لتحديد خطوات التطوير المناسبة ليصار إلى تنفيذها.			
*** الابتكار والإبداع للأفكار والمنتجات الجديدة.**	* تحسين وتطوير المنظمة من خلال ترابط ابتكار الأفكار الجديدة والعمل على مواصلة الجهود لإبداع منتجات جديدة. * جعل هذه الممارسات آليات ذاتيه وقدرات متجذره في جميع أقسام المنظمة وأنشطتها.	بعد إيجاد الأجواء والمناخ الملائم لترقية الابتكار وربطه بآليات وطرق للإبداع من خلال وجود أسلوب أو نمط تنظيمي ملائم مثل الفرق أو غيرها فإن تبسيط ذلك بخطوات إجرائية يأخذ صيغ عديدة منها: ١- اكتشاف الفرص وتحليل المشاكل ومناقشتها وفحصها بدقة وشمولية. ٢- احتضان الفرصة والمشكلة والتركيز عليها من خلال المعلومات وطرح خيارات جديدة، ويدخل ضمن إطار ذلك ومضه الإبداع والابتكار. ٣- التبصر والحدس وتشغيل العقل بطرق عملية للحل وتصميم للمنتج الجديد. ٤- التنفيذ ومتابعة ذلك وتقييم الأداء بالوصول إلى النتائج المستهدفة.	* إن القدرة على توليد الأفكار الجديدة تمثل الينبوع الدائم للإبداع في المنظمة، وهنا تتعلم المنظمة كل ما هو جديد ويساهم في تطويرها.	* شركة Analog Devices واليوم أغلب الشركات الرائدة والباحثة عن التميز.	* الاحتياج إلى انفاق في جوانب البحث والتطوير والتعلم كبيرة إذا كان ميل المنظمة نحو الإبداع الجذري الشامل والعميق الذي يحمل مخاطر عالية. * ضرورة الإنتباه إلى خطورة الإبداع التدريجي والتحسين الجزئي في الأسواق سريعة التغيير.
*** الخصخصة**	* إعادة إنعاش الوحدات الاقتصادية وتطوير الإنتاجية والأداء في المؤسسات الحكومية من خلال نقلها إلى أسس الأعمال الخاصة.	رغم عدم وجود آليات موحدة وطرق متفق عليها بين جميع الدول، واختلاف المؤسسات، إلا أنه يمكن تبسيط هذه الآليات كالآتي: ١. وجود جهة، هيئة أو لجنة عليا للإشراف على عمليات الخصخصة تدرس كل حالة وظروفها وأنسب الطرق لنقلها إلى القطاع الخاص.	* التخلص من أسلوب الإدارة البيروقراطي وعدم فعالية وكفاءة المؤسسات الحكومية. * تفعيل دور القطاع الخاص وتقليل عجز ميزانية الدولة. * إعادة تنظيم الاقتصاد على أسس جديدة وتشجيع الاستثمار وتطوير وضع	هناك العديد من التجارب الجيدة، مثل: * التجربة البريطانية. * التجربة الجزائرية.	* المحددات والإشكالات السياسية المعارضة والمنتقدة لمبادئ السوق الحرة. * عدم وضوح آليات الخصخصة وشفافية إجراءاتها في الدول النامية. * نقص الإستراتيجية المدروسة للقيام بهذه

التقنية	الهدف	الخطوات الإجرائية	فوائد الاستخدام	أمثلة لمنظمات استخدمتها بنجاح	بعض محددات الاستخدام وإشكالاته
		٢. يتم دراسة وضع المؤسسة المراد نقل ملكيتها وتحويل أساليبها التنظيمية والإدارية من قبل لجان متخصصة وبالتعاون مع إدارتها وتحت إشراف الهيئة العليا للخصخصة في الدول. ٣. توضع خطة تنفيذية لذلك ويتم مباشرة التنفيذ والرقابة والتقييم، وتستمر عملية التقييم لفترات زمنية لاحقة لتأشير جوانب النجاح وإشكالات الوصول إلى المستهدف لغرض تذليل الصعاب.	المنظمات.		الخصخصة على نطاق واسع.
* الهندرة	* إعادة تصميم العمليات بتغيرها جذرياً وصولاً إلى إنجاز تحسينات وتطوير متميز في الجودة والكلفة والسرعة. * التركيز على العمليات الأساسية ذات الصلة بتحقيق القيمة المضافة للوصول إلى تعظيم تدفق العمل وانسيابه لزيادة معدلات الإنتاجية إلى أقصى الحدود واستمرارية التطوير والتحسين.	١- الأعداد للهندرة، من خلال بناء رؤية وتصور عن المشكلة المطلوب حلها أو الفرصة الواجب استثمارها، وإقناع الإدارة، وتدريب فريق الهندرة وإعداد خطة العمل. ٢- تحديد نطاق الهندرة، مدى وإطار التغيير والتطوير المطلوب انجازه، يتم التركيز هنا على العمليات ذات الصلة بتحقيق القيمة المضافة. ٣- التوعية بالهندرة، إيصال الأهداف وتحديد المتطلبات وتعريف المنافع الفردية وتنسيق الجهود لضمان الإنجاز. ٤- المعالجة بالهندرة، وهذا يمثل تصميم الرؤية وصيغ المعالجة المطلوبة لهندرة العمليات وتتمثل بإعادة التصميم الفني والاجتماعي. ٥- تنفيذ الهندرة، أي تحقيق رؤية التطوير والتغيير بجوانبه الفنية والاجتماعية من خلال تطبيق النماذج الجديدة في العمل. ٦- التوثيق من خلال قاعدة المعلومات.	* منهج تفكير إبداعي للتطوير، يستخدم فيه نظم المعلومات المتقدمة والآليات المتطورة لإسناد عمليات التغيير الجذري لإجراءات العمل. * التطوير الجذري من خلال إعادة تصميم تدفق العمليات لتحقيق انتاج أكبر بطاقة أقل. * تسهيل عملية ترشيق المنظمة بإلغاء البيروقراطية، واستبدال العمليات في إطار البدء من جديد، ضمن منظور ابتكاري إبداعي متجدد.	* شركة كابيتال هولدنج Capital Holding Corporation. * شركة فورد Ford Co.	* قد تتطلب إعادة تسريح للعاملين على نطاق واسع وإن هذا الأمر لهُ سلبيات عديدة من الناحية الاجتماعية. * تحتاج إلى محللين ومشخصين كفوئين لمعرفة ترابطات العمليات وانسيابه العمل، لغرض التركيز على العمليات الأساسية وتفعيلها في إطار إضافة القيمة وكذلك التخلص من الأنشطة والعمليات غير الضرورية والتي تهدر القيمة.
* تغيير الأنظمة وتطويرها على نطاق واسع.	* إعادة توجيه شاملة للمنظمة تتأثر بذلك عدد أكبر من الوحدات	لا توجد خطوات معيارية واحدة وهذا يعتمد على كل حالة من حالات التطوير ففي الخطوط	* وقف تداعي حاد وأزمات تعاني منها المنظمة، من خلال تدخلات	* شركة الخطوط الجوية البريطانية.	* في الغالب تحتاج إلى وقت طويل يمتد إلى عدة سنوات.

التقنية	الهدف	الخطوات الإجرائية	فوائد الاستخدام	أمثلة لمنظمات استخدمتها بنجاح	بعض محددات الاستخدام وإشكالاته
	وأعداد كبيرة من العاملين، ويجري هذا الأمر لغرض تطوير شامل وكبير بتحقيق نتائج أداء متميزة. * إحداث تطوير عميق في ثقافة وسلوكيات العمل في إطار تحسين واضح يؤدي إلى تطوير مهم وكبير.	الجوية البريطانية كانت العملية كالآتي: ١- تبديل فريق الإدارة العليا. ٢- إعادة تحديد مفهوم العمل وطبيعته من النقل إلى الخدمات. ٣- تشكيل مجموعات مهام منوعة لتخطيط التغيير. ٤- تخفيض المستويات الإدارية. ٥- تخفيض كبير لقوة العمل وخاصة على مستوى الإدارة الوسطى. ٦- بناء الفرق، توضيح الأدوار والمفاوضة. ٧- استشارات العمليات. ٨- تعديل عملية الموازنة. ٩- التزام وانخراط الإدارة العليا. ١٠- تدريب الموظفين ليصبحوا مستشارين داخليين. ١١- مجموعات دعم الزملاء. ١٢- تحدد الأجور بناء على الأداء والمشاركة في الأرباح. ١٣- برامج تدريب تجريبية للإدارة العليا. ١٤- اتصالات مفتوحة. ١٥- استمرار التغذية العكسية. ١٦- وضع نظام تقييم جديد يركز على الأداء والسلوك. ١٧- الاستمرار في استخدام مجموعات المهام.	جذرية وعميقة في الهيكل، والمستويات الإدارية، وتدفق العمليات، وأساليب المشاركة في القرارات والعملية التخطيطية وكذلك في ثقافة المنظمة. * مجارات حالة المنافسة الشديدة والقيام بتغييرات جذرية وشاملة على مستويات السلوك والجانب الفني التقني للعمل والإنجاز.	* شركة بل كندا Bell Canada .	* من الضروري أن تكرس موارد وجهود، وتحتاج إلى مطاولة وصبر ومثابرة لغرض النجاح.
* بطاقة الأهداف المتوازنة BSc	* تطوير المنظمة من خلال منهج أو مدخل يوازن أبعاد الأداء المالية وغير المالية، وتقديمه كنظام متكامل لتقييم أداء المنظمة، إن	١- التحضير: في هذه المرحلة يصار إلى بناء نموذج البطاقة لكل وحدة أعمال من وحدات المنظمة. ٢- المقابلات، الجولة الأولى: يتم تعريف المدراء في وحدات الأعمال	* إمكانية عالية لترجمة الأهداف الإستراتيجية إلى مفردات تكتيكية ومقاييس متوازنة في أربعة منظورات أداء متكاملة.	* شركة Analog Devices. * شركة Du pont	* يحتاج تنفيذها إلى دعم عالي من القيادة العليا للمنظمة ومتابعة لتصبح ممارسة تطور من خلال الاستخدام.

التقنية	الهدف	الخطوات الإجرائية	فوائد الاستخدام	أمثلة لمنظمات استخدمتها بنجاح	بعض محددات الاستخدام وإشكالاته
	هذا الأمر يعطي المدراء معلومات أكثر ملاءمة ووضوح حول الأنشطة التي يديرونها وترابط هذه الأنشطة. * إن ارتباط مختلف جوانب العمل، مثل التدريب والتطوير، المكافآت، الترقيات، بنتائج الأداء وتحقيق الأهداف، فإن دقة القياس وصحته وشموليته ينعكس إيجابياً على تطوير المنظمة.	بخلفيه عن النظام ومفاهيمه، وكيفية تضمين رؤية المنظمة ورسالتها وإستراتيجيتها ضمن البطاقة (في حالات معينة يتم الاعتماد على مستشار خارجي متخصص يكون منسق لهذا الأمر). ٣- ورشة العمل التنفيذية الأولى: العمل الأساسي هنا هو بداية الربط بين المقاييس والإستراتيجية بحيث يتشكل النموذج الابتدائي لبطاقة القياس. ٤- المقابلات، الجولة الثانية: يتم استطلاع رأي كل من المدراء التنفيذيين والبعض من لهم علاقة حول النموذج الابتدائي ويتم توثيق هذا الأمر. ٥- ورشة العمل التنفيذية الثانية: يشارك جميع أفراد الفريق وعدد كبير من أعضاء الإدارة الوسطى لمناقشة جوانب رسالة المنظمة ورؤيتها ومحتوى استراتيجيتها والنظام التجريبي المقترح للبطاقة. وتتشكل مجاميع صغيرة لمناقشة: * المقاييس المقترحة. * طريقة ربط برامج العمل الجارية مع المقاييس. * البدء بتطوير خطط عمل لتنفيذ النظام. ٦- ورشة العمل التنفيذية الثالثة: يتم فيها وضع اللمسات الأخيرة على النظام قبل البدء بالتنفيذ، حيث: * إجماع نهائي على رؤية المنظمة وأهدافها والمقاييس التي طورت لها. * تحديد دقيق للمعدلات المستهدفة لكل مقياس.	* تركيز عالي على تحقيق رضا الزبائن من خلال جعل التعلم والنمو ينعكس على العمليات الداخلية والتي تتحسن وتتطور بتأثير ملحوظة لتعطي الزبائن منتجات وخدمات ذات جودة عالية. * معالجة النقص والمشاكل الموجودة في الأنظمة الإدارية التقليدية التي لا تعطي تصور لربط الأنظمة بإستراتيجية المنظمة بعيدة المدى مع فعالياتها وأنشطتها قصيرة المدى.	* شركة Rock Water * شركة FMc * شركة Siemens * شركة Apple Computer * شركة Intel * شركة Bp Chemicals	* ضرورة وجود أنظمة معلومات دقيقة ومتطورة تسند القياس بالبيانات والمعلومات الدقيقة والصادقة في الوقت المناسب. * ضرورة توفير المستلزمات الضرورية لنجاح تطبيق النظام واستخدامه كتقنية للتطوير التنظيمي وترقية الأداء باستمرار.

التقنية	الهدف	الخطوات الإجرائية	فوائد الاستخدام	أمثلة لمنظمات استخدمتها بنجاح	بعض محددات الاستخدام وإشكالاته
		* تشخيص برامج العمل. * الاتفاق النهائي على برنامج التنفيذ. * تطوير نظام معلومات مساعد للبطاقة. ٧- التنفيذ: قد يتطلب الأمر تشكيل فريق عمل جديد يتولى مهمة التنفيذ بما فيها ربط المقاييس بقواعد البيانات ونظام المعلومات. ٨- المراجعة الدورية: تجري مراجعة شهرية أو فصلية لعمل النظام عن طريق تخصيص سجلات خاصة بالمتابعة تكون لدى الإدارة العليا بهدف مراجعتها ومناقشتها مع مدراء الوحدات الفرعية في المنظمة وأقسامها وشعبها المختلفة.			
* إدارة الجودة الشاملة TQM	* تغيير وتطوير عميق الفلسفة والأسس والممارسات لإحداث تحسين مستمر في قيمة المنظمة عبر سلسلة قيمة مترابطة من رضا الزبائن والعاملين وأصحاب المصالح كافة. * تؤدي إلى ترقية وتحسين مستمر تغطي كافة المجالات وصولاً لتطوير المنظمة بشكل كامل وتام. * تركيز عالي على إيجاد نظام إدارة تطبق فيه الأساليب والأدوات التكنولوجية والإجراءات المعيارية للوقاية من الخطأ والتلف، وكذلك بناء ثقافة تنظيمية متماسكة ومرنة، وأخلاقيات عمل	إن تداخل أعداد كبيرة من آليات وإجراءات وتقنيات ضمن منهج إدارة الجودة الشاملة جعل منها مدخل تكاملي واسع النطاق للتغيير والتطوير قد تتشعب خطواته وإجراءاته، ومع ذلك يمكن أجمالها بالآتي: ١- الاستعداد والتهيئة: إن كون إدخال إدارة الجودة الشاملة يمثل هدف طويل ومستمر للتحسين والتطوير، لذلك يتطلب الأمر من الإدارة أن تجيب بوضوح على تبني هذا الأمر دون تردد وحتى النهاية. إن الالتزام يتطلب إطلاق برنامج تدريب أولي مناسب وتحديد مدى الحاجة إلى مساعدة الاستشاريين ووضع التوجه المرتبط بذلك، ومن الضروري إيصال هذا الأمر إلى الجميع. ٢- التخطيط: هنا يجري وضع الخطة بجميع مفرداتها ومن ضمنها الموازنة والجدولة التنفيذية	* منهج للإدارة المتكاملة ترى أن الجودة تمثل مسؤولية للجميع، وفي إطار مختلف العمليات والأنشطة والموارد وحتى يصل المنتج إلى الزبون الذي تم التركيز عليه عالياً، إن هذا الأمر يحاكي تطوير شامل وتحسين لكل شيء في المنظمة. * إزالة مختلف جوانب الهدر في مفردات الإنتاج وباقي الأنشطة المؤدية إلى خلق القيمة وزيادة رضا الزبائن. * تؤدي إلى تحسين مستمر كعمليات وإجراءات لا تنتهي من خلال تمكين ومشاركة فعالة، إن هذا الأمر يؤدي إلى زيادة القدرة التنافسية للمنظمة.	* شركة كاتربلر Cater Piller Co. * شركة هيولت بكارد Hewlett Packard * شركة بوينج Boeing Co.	* إن كون برامج إدارة الجودة الشاملة من برامج التغيير الجذري الواسعة النطاق على كافة المستويات في المنظمة، فإنه من الصعوبة بمكان ضمان كامل جوانب التزام الإدارة العليا أو تحويل في ثقافة المنظمة دون مقاومة للتغيير كبيرة. * إشكالية بطء عملية التنفيذ لأسباب عديدة بعضها يعود إلى شعور العاملين بتهديد مراكزهم أو إشكالية في نظام المعلومات أو صعوبة تشكيل فرق عمل منسجمة عالياً أو غير ذلك. * صعوبات عديدة مرتبطة بسوء الاتصالات أو بالسلوكيات والثقافات التقليدية الموجودة في المنظمة.

بعض محددات الاستخدام وإشكالاته	أمثلة لمنظمات استخدمتها بنجاح	فوائد الاستخدام	الخطوات الإجرائية	الهدف	التقنية
			والتخصيص المناسب للموارد لبدء التنفيذ. ٣- التقييم: وهو تقييم ذاتي مع ضرورة الأخذ في الاعتبار التداخلات مع الزبائن حول المنظمة ومنتجاتها والعاملين فيها. ٤- التنفيذ: بعد أن تكون المنظمة على كامل الاستعداد، يتطلب الأمر إثارة اهتمام العاملين بأسباب تبني نظام إدارة الجودة الشاملة، والالتزام في إنجاز الأهداف الواردة ضمن البرنامج. ٥- النشر والتنويع: وهنا يتم اجتذاب الأطراف الخارجية الأخرى للعمل وفق منهج الـ TQM ويضمن هذا ترقيه كبيرة للجودة والأداء في مختلف الأنشطة.	تـــدعو إلى التمييز في كـل شيء.	

*** التقنيات الهجينه (OI + OT)

التقنية	الهدف	الخطوات الإجرائية	فوائد الاستخدام	أمثلة لمنظمات استخدمتها بنجاح	بعض محددات الاستخدام وإشكالاته
* نافذة جوهاري	* تقنية ووسيلة فعاله لتقوية وتحسين التفاعلات والتواصل بين الفرد والمجموعات، وبالتالي تطوير التفاهم والإدراك وتحسين الأداء. * إدارة فعالة لتقليل الصراع السلبي من خلال التبادل الحر للمعلومات والمعرفة الجيدة من قبل الجميع.	١. التشخيص والمعرفة، أين يقع كل طرف في مصفوفة جوهاري من وجهة نظر الطرف الآخر، وكيف يضع هو نفسه في المصفوفة. ٢. تكثيف اللقاءات وتبادل المعلومات والحوار لمزيد من الفهم المشترك وبناء الثقة العالية، وفي حالة الصراع يتم التركيز على الأسباب وقد يكون بمساعدة طرف ثالث. ٣. يتحول كل من الطرفين إلى مربع (Public Area) وفيها يكون كل طرف معروف لنفسه وللطرف الآخر، وهنا تزداد التواصل وتتعزز الثقة وتحل المشاكل.	* الإتصال والتفاعل الصحيح يمثل جانب حيوي في كفاءة وفاعلية المنظمة. * توليد مناخ تفاهم عالي في إطار معرفة لسلوكيات وإدراك الآخرين. * تقنية تطوير تنظيمي ممتازة على الصعيد الفردي والجماعي تبنى من خلالها ثقافة إيجابية في العمل.	* شركة فورد Ford Co. * شركة مازدا Mazda Co.	* يحتاج إلى تهيئة الأرضية والأجواء المناسبة لتفاعل الأطراف وخاصة في حالة الصراع وهذا يتطلب متخصصين جيدين في التفاوض وحل المشاكل. * تتطلب مثابرة وقدرة على تغير النفس والسلوك وبالتالي المواقف.
* طريقة دلفي **Delphi Method**	* الرجوع إلى أصحاب الخبرة والمعرفة والرأي لغرض خلق معطيات حول موضوع معين. * معالجة المشاكل المعقدة التي يحترم حولها الجدل في إطار الرجوع للخبراء لكي لا يهدر الوقت ويتم الوصول إلى الهدف المنشود. * تقنية استشراف ممتازة لوضع الخطط الإستراتيجية للمنظمة.	١. المرحلة التمهيدية: هنا يتم اختيار الخبراء في ضوء لعلاقة جيدة بينهم وبين المشاكل المطروحة أو طبيعة الدراسة الاستشرافيه، ربما يصار إلى أسلوب المقابلات الشخصية لتساعد في الاختيار. ٢. الاستفتاء الأولي: يتم تحديد المجال من قبل القائم بالدراسة (المستقصي)، ويطلب قائمة بالأحداث المهمة ذات التأثير على المنظمة، وكذلك تحديد التاريخ المتوقع للأحداث يتم إرسال الاستبيان وتعاد الأجوبة للمستقصي. ٣. الاستكشاف والاستغلال: تعالج البيانات والمعلومات الأولية، لغرض تحرير استبيان جديد، ومن الضروري الانتباه لعدم الوقوع بأخطاء في هذه	* الحصول على معلومات كمية ونوعية تساعد في احتواء جميع الفروض حول المشكلة أو الحالة، لذلك تعتبر أداة تطوير شاملة ودقيقة. * تسمح هذه التقنية بتجنب الاحترام الزائد أو النفور من آراء اشخاص معينين وبذلك تقوي الترابط والإنسجام من خلال فريق دلفي.	* شركة بل كندا Bell Canada * مؤسسة راند Rand Corporation * شركة بريجو Perrigo Company * مجلس المؤتمر الوطني للصناعة N.I.C.B	* اختيار غير موفق للخبراء. * معالجة غير صحيحة للبيانات والمعلومات، وكذلك بالنسبة للمعلومات المرتده من الخبراء، ويحصل أيضاً أن توجه بشكل خاطىء. * خبراء غير متحفزين بفعالية للدراسة وملىء الاستبانات المعدة. * هفوات وأخطاء محتملة في الاستفتاءات أو المعالجات، وكذلك عدم الأخذ في الاعتبار تداخل الأحداث.

التقنية	الهدف	الخطوات الإجرائية	فوائد الاستخدام	أمثلة لمنظمات استخدمتها بنجاح	بعض محددات الاستخدام وإشكالاته
		المرحلة. ٤. الاستفتاء الثاني: يخاطب الخبراء بإعلامهم بالأحداث المهمة مثلما تم فرزها من الاستفتاء الأول يعاد تسجيل هذه القائمة لكل حدث من الأحداث مع النتائج الإحصائية لمجموع الخبراء بشكل وسيط ومتوسطات وغيرهما من المؤشرات. يطلب من الخبراء الذين أعطوا أجوبة منحرفة كثيراً توضح الأسباب أو يرتأون إعادة النظر في أحكامهم، هكذا تظهر مؤشرات إحصائية جديدة يحرر منها استفتاء ثالث إذا كان الاتفاق غير كافي وهكذا ألا أن يتم التوصل إلى نتائج مفيدة مشتركة.			
* السيناريو Scenario Method	* تقاطع لمجموعة كبيرة من المتغيرات والأحداث لغرض استخلاص ما يحدث مستقبلاً وتهيئة المنظمة للتعامل الجيد معها. * تطوير شامل للأمد البعيد للمنظمة من خلال نضج معرفي ومعلوماتي.	١- تهيئة المقدمات المنطقية. ٢- إيجاد الأسلوب المناسب لاختيار المتغيرات الرئيسية الفاعلة والتي لها دور كبير في رسم مستقبل المنظمة. ٣- دراسة وتحليل السلوكيات السابقة لهذه المتغيرات الرئيسية. ٤- تأشير انعكاس سلوكيات هذه المؤشرات مستقبلاً. ٥- الدراسة بأسلوب جمعي لمنظورات المؤشرات والتفاعلات بينها، والهدف انتفاء أهم المؤشرات ذات الدور الفاعل في الصورة المستقبلية للمنظمة. ٦- يتم كتابة السيناريو وفق مدخل واسع واحتمالية التأثيرات من حوار وتغذيه عكسية ليصار إلى اعتماد السيناريو الأفضل.	* تقنية جيده للتعامل مع حالات الاضطراب وعدم التأكد العالي ونقص المعطيات وعدم وضوحها. * مفيد جداً في البيئة شديدة المنافسة كحالة تطويرية فعالة للمنظمة، تفعل الثقافة التقليدية المحافظة.	* شركة شل Shell Co. * شركة جنرال اليكتريك G.E * الحكومة الفرنسية لتطوير سواحل البلاد وإيجاد أفضل استغلال لها.	* أسلوب معقد يحتاج إلى خبراء ممتازين ومتخصصين في الدراسات الإستشرافيه. * قد يكون مكلف كثيراً لذلك يكون محدود الاستخدام في المنظمات المتوسطة والصغيرة. * فيه درجة عالية من المخاطرة وعدم التأكد ويحتاج إلى وقت طويل نسبياً للأعداد.

التقنية	الهدف	الخطوات الإجرائية	فوائد الاستخدام	أمثلة لمنظمات استخدمتها بنجاح	بعض محددات الاستخدام وإشكالاته
* الإدارة على المكشوف Open-Book Management	* إن الإفصاح الكامل عن جميع جوانب عمل المنظمة إلى جميع العاملين، مصحوبة بتمكين عالي لهم يساهم بشكل ملحوظ في تطوير المنظمة وحل أي إشكالات ومشاكل تظهر فيها بروح التعاون والثقة العالية. * تتولد قدرات عالية لدى العاملين لتحليل وحل المشاكل بأنفسهم.	١. تقاسم Share، كافة المعلومات والمؤشرات المالية وسعر السهم في المنظمة وتعلن في أماكن بارزة فيها ليطلع عليها الجميع. ٢. تدريس Teach، جميع العاملين كيفية قراءة وفهم وتفسير المؤشرات المالية والتقارير المتعلقة بالأداء والتكاليف وغيرها. ٣. تمكين Empower، العاملين لإحداث التغيير والتطوير الضروري واتخاذ القرارات اللازمة للنجاح. ٤. دفع Pay، أجور ومرتبات عادله للعاملين وحصة من الأرباح والحوافز بأشكال مختلفة ومنها أسهم للعاملين.	* خلق ثقة عالية لدى العاملين وزيادة تفاعلهم والتزامهم في تحقيق أداء عالي. * التدريب والتمكين يرقي قابليات العاملين وإمكاناتهم في المشاركة الإيجابية. * يتولد لدى الجميع الصبر والمطاولة في انتظار تحقيق النتائج.	* شركة بيترسون المحدودة Petersen Company * شركة Setpoint * شركة جنرال ميلز General Mills.	* الاحتياج إلى أقصى درجات التمكين والتعلم للعاملين ضروري لنجاح الأسلوب، وبعكسه سوف يواجه مشاكل كثيرة ومحددات عند التنفيذ. * يحتاج أعلى درجات الدعم والمساندة من الإدارة العليا.
* تشكيل موضع المنظمة من خلال الموارد والقدرات.	* اعتماد منظور استراتيجي صحيح لبناء قدرات مميزه قائمة على موارد مرنه ومتفاعلة، لتعطي المنظمة إمكانية تكوين ميزات تنافس مستدامة.	١. فرز وتحليل ومتبعة على درجة عالية من الدقة لموارد المنظمة البشرية والمادية الملموسة وغير الملموسة، يعطي هذا الأمر توضيح للموارد وفق قاعدة (VRIO) بمعنى أن المورد الجيد يكون: * ذو قيمة، تعطي للمنظمة تفرد. * نادر. * لا يمكن تقليده. * تستطيع المنظمة الاستفادة منه إلى أقصى الحدود ضمن صيغها التنظيمية الحالية. ٢. يتم بناء قاعدة واسعة من قدرات وقابليات عامة تستطيع المنظمة تفعيلها وفق الاتجاهات الصحيحة والظروف. ٣. تبنى استناداً لقاعدة القدرات والقابليات العامة، قدرات محورية تشكل الأساس للتنافس والنجاح، ومنها يتم	* إعطاء توجه بعيد الأمد ومستمر لتطور المنظمة وفق صيغ إستراتيجية مرنة وذكية. * تفعيل الموارد واستخدامها إلى أقصى الحدود وبناء ميزات تنافس مستدامة. * إمكانية تفعيل قابليات مميزة جديدة من خلال وجود قاعدة عامة وواسعة للقدرات والقابليات.	* شركة south west Airline . * شركة Good year	لكي يصبح هذا الأسلوب صيغه عملية ومفيد بتميز على كافة المستويات في المنظمة، فإنه يحتاج إلى أنظمة معلومات دقيقة ومتطورة، وكذلك إلى موارد بشرية مؤهلة جداً. * إن دعم الإدارة العليا ضرورة قصوى لتفعيل هذا الأسلوب باعتباره مفرده مهمة من عمليات الإدارة الإستراتيجية. * برغم من كل الفوائد المحتملة تبقى هناك مخاطر عالية للوقوع بأخطاء في مراحل هذه التقنية المتطورة والذكية.

التقنية	الهدف	الخطوات الإجرائية	فوائد الاستخدام	أمثلة لمنظمات استخدمتها بنجاح	بعض محددات الاستخدام وإشكالاته
		التركيز الدقيق على القابليات المميزة للمنظمة. ٤. تشكيل القابليات المميزة القاعدة القوية والمرنة لميزات تنافس مستدامة تؤدي إلى التطور والنجاح.			
* أنشطة وفعاليات الإدارة الإستراتيجية	* تدخلات شاملة من خلال فعاليات وأنشطة متعددة تصب باتجاه بناء إستراتيجية فعالة توصل إلى أهداف مرغوبة، وهكذا تتطور المنظمة وتتقدم باستمرار. * حل المشكلات بأساليب منهجية منظمة شاملة وجذرية.	إن تنوع الأساليب والطرق في هذه الأنشطة والفعاليات جعلها أدوات مهمة في التنافس وتطوير المنظمة، إن مفردات مهمة من قبيل التحليل والصياغة للأهداف ووضع الخطط الإستراتيجية وتفعيل آليات التنفيذ والرقابة والتقييم تصبح ضرورية لاستخدام هذه الأنشطة والفعاليات. ومع ذلك فإن هناك إمكانية لوضع هذه الجوانب في ستة مهام أساسية كخطوات منهجية منظمة لهذه الأنشطة والفعاليات وهي: ١- التحليل البيئي، الداخلي والخارجي. ٢- وضع الأهداف وصياغة الخطة الإستراتيجية. ٣- بلورة سياسات تنفيذية وبرامج توصل للأهداف المرغوبة. ٤- تنفيذ فعال من خلال مشاركة واسعة وبأساليب متطورة. ٥- رقابة عمليات التنفيذ ووجود مؤشرات للتقييم.	* تطوير شامل للمنظمة من خلال منهج علمي متميز مرن ومتغير. * إمكانية كبيرة في التعامل مع البيئة التنافسية المتغيرة. * أساليب متعددة للتعامل مع الأحداث والإشكالات الكبيرة (الاندماج، الشراء، تغيير ثقافة المنظمة... الخ).	* شركة Royal Dutch Shell * شركة ستاربكس Starbucks Corporation * شركة فيليبس Philips NV.Co	* ضرورة توفر موارد مؤهلة في التحليل والتشخيص للمعطيات العديدة. * يحتاج إلى جهود منظمة ومطاولة ودعم من الإدارة العليا لكي تصبح ممارسة هذه الأنشطة والفعاليات حالة دائمة في المنظمة.

المصادر:

(1) Donald R. Brown and Don Harvey (2006), "An experiential approach to organization development", Pearson, Prentice-Hall.

(2) Charles, Hill and Gareth, Jones (1998), "Strategic Management, an integrated approach", Houghton Mifflin Company.

(٣) وندل، فرنش وسيسل جوينر (٢٠٠٠)، "تطوير المنظمات، تدخلات علم السلوك لتحسين المنظمة"، مترجم معهد الإدارة العامة، السعودية.

(٤) روبرت، غروس (٢٠٠١)، استراتيجية العولمة، مترجم، مكتبة العبيكان، السعودية.

(٥) محمد حربي حسن (١٩٩٩)، هندرة المنظمات تقنية المستقبل، مركز الدراسات والاستشارات وخدمة المجتمع، الجامعة الهاشمية، الأردن.

(٦) نجم عبود نجم (٢٠١٠)، إدارة الجودة الشاملة في عصر الانترنت، دار صفاء للنشر والتوزيع، عمان، الأردن.

(٧) العامر ي، صالح مهدي وطاهر محسن الغالبي (٢٠٠٨)، الإدارة والأعمال، طبعة ثانية، دار وائل للنشر، عمان، الأردن.

(٨) الغالبي، طاهر محسن وادريس، وائل محمد صبحي (٢٠٠٩)، الإدارة الاستراتيجية، منظور منهجي متكامل، طبعة ثانية، دار وائل للنشر، عمان، الأردن.

(٩) الغالبي، طاهر محسن، وادريس، وائل محمد صبحي (٢٠٠٧)، دراسات في الاستراتيجية وبطاقة التقييم المتوازن، دار زهران للنشر والتوزيع، عمان، الأردن.

(١٠) الغالبي، طاهر محسن (٢٠٠٩)، ادارة واستراتيجية منظمات الأعمال المتوسطة والصغيرة، دار وائل للنشر، عمان، الأردن.

(١١) الغالبي، طاهر محسن (١٩٩٢)، التنبؤ بطريقة دلفي وتطبيقاتها الكلاسيكية والحديثة، المجلة القومية للادارة، العدد (٨)، ليبيا.

(١٢) الغالبي، طاهر محسن واحمد علي صالح (٢٠٠٩)، "تصميم مصفوفة لتقنيات ادارة التغيير مستندة إلى سمات التنافس المعرفي"، مجلة العلوم الاقتصادية، العدد (٢٥)، جامعة البصرة - العراق.

أسئلة الفصل الرابع

*** أسئلة التذكر والاسترجاع**

١- بين كيف يؤثر غياب مناهج التطوير التنظيمي في فشل حالات الاندماج بين المنظمات؟

٢- عرف مفهوم منهج التطوير التنظيمي، ثم بين أهمية اعتماده؟

٣- أذكر المجالات المستهدفة بالتطوير والتي يفترض أن يغطيها منهج التطوير التنظيمي؟

٤- بين من خلال مخطط مسببات تطوير ثقافة المنظمة كمجال مهم مستهدف بالتطوير، رابطاً ذلك بالنتائج التي تروم الإدارة تحقيقها من خلال هذا التطوير؟

٥- ما هي أهم الحالات التي تدعو المنظمة إلى إعادة تصميم هيكلها وتغييره وتطويره؟

٦- ما المقصود بمكعب الاستشارة الذي طورهُ (Blacke and Mouton)، اشرحه باختصار من خلال الرسم؟

٧- أذكر قنوات مناهج التطوير التنظيمي، أيهما الأفضل ولماذا؟

٨- استعرض من خلال الرسم المنهج الإنساني كأحد المناهج المهمة للتطوير التنظيمي؟

٩- رغم تعدد مناهج التطوير التنظيمي، إلا أن هناك علاقة قوية بينها، وضح ذلك؟

١٠- عرف مفهوم تقنية التطوير التنظيمي، وأذكر جوانب تدلل على أهمية تقنيات التطوير التنظيمي.

١١- ضع مجموعة من تقنيات التطوير التنظيمي في مصفوفة ذات بعدين هما:

* حجم التطوير وأهميته

منخفض
وسط
عالي

* سرعة التطوير

قليلة
وسط
عالية

١٢- أذكر بعض تقنيات التطوير التنظيمي على المستوى الفردي، وأخرى على المستوى المنظمي؟

١٣- أذكر أهم تقنيات التطوير التنظيمي التدريجي (OI)، وكذلك أهم تقنيات التحول التنظيمي (OT)؟

١٤-حدد الهدف، والخطوات الإجرائية، وفوائد الاستخدام ومحددات وإشكالات الاستخدام، لتقنية إعادة الهيكلة؟

١٥- أذكر الأهداف، وفوائد الاستخدام، والخطوات الإجرائية، وأعط أمثلة لمنظمات استخدمت تقنيات التطوير التنظيمي التالية:

* الفرق المدارة ذاتياً.
* بطاقة الأهداف المتوازنة.
* الإدارة بالأهداف.
* إدارة الجودة الشاملة.
* الحيود السداسية.
* طريقة دلفي.
* تحليل شاين الثقافي.
* الإدارة على المكشوف.
* الهندرة.

**** أسئلة الرأي والتفكير**

١- يمثل التطوير التنظيمي حلقات حيوية متتابعة تبدأ بوضع رؤية التطوير لتصل في النهاية إلى تحقيق الأهداف المرسومة ضمن برامج التطوير التنظيمي المتكاملة، علق على ذلك، وأعط أمثلة للتوضيح؟

٢- إذا لم تتوافق ثقافة المنظمة الحالية بشكل كبير مع التغييرات الكبيرة الواردة في إستراتيجية التطوير التنظيمي، ماذا تفعل الإدارة، وكيف تصل إلى ما تريد؟ علق على ذلك، مع ذكر أمثلة إن أمكن.

٣- علق على ما يلي "يشير الواقع الميداني بكون مناهج التطوير التنظيمي تعمل بصيغ العلاقات المتبادلة بينها، ومن الصعوبة أن تكون التأثيرات محدودة بمنهج واحد، إلا في حالة كون التغير والتطوير المطلوب محدود جداً".

٤- حاول تصنيف تقنيات التطوير التنظيمي في إطار تطورها التاريخي، وعلق بما تريد على المهم والشائع منها؟

٥- خذ تقنيه واحدة من تقنيات التطوير التنظيمي التدريجي (OI)، وأخرى (OT) وقارن بينهما في إطار الأهداف وفوائد الاستخدام والخطوات الإجرائية؟

*** أسئلة الخيار من متعدد

١- جميع الآتي مفردات تبين أهمية اعتماد مناهج التطوير التنظيمي ما عدا

أ- يطور الرؤية المستقبلية.

ب- يسعى لرصف ومحاذاة المنظمة مع الرؤية التطويرية.

جـ- يساهم في تثبيت الإجراءات ورسمية العمليات.

د- يرسم معمارية عمليات التطوير.

٢- الآتي بعض المجالات المستهدفة بالتطوير التنظيمي ما عدا واحدة.

أ- الإستراتيجية.

ب- المستوى الفردي.

جـ- الهيكل التنظيمي.

د- الثقافة التنظيمية.

٣- إن المبررات الرئيسة للتطوير والتغيير التكنولوجي تتمثل بالآتي ما عدا واحدة.

أ- إيجاد منتجات جديدة.

ب- تقصير دورة حياة المنتجات.

جـ- تكييف المنظمة مع التغييرات الحاصلة في الأسواق.

د- جعل الهيكل التنظيمي أقل مرونة.

٤- بموجب هذه القناة للتطوير التنظيمي تقدم المناهج على وفق بـرامج موحـدة وأوقـات محـددة يشـترك فيهـا المتعلمـون الـذين يشـغلون وظـائف أو مهـن متماثلـة ويـراد توصيـل المعلومـات الجديدة لهم بأسرع وقت وأقل جهد.

أ- قناة الاتجاه الواحد، التعلم البيداغوجي.

ب- قناة الاتجاهين، التعلم الاندراغوجي.

جـ- قناة التعاضد، التعلم السينوروجي.

د- عدم وجود قناة، التعلم المباشر.

٥- إذا كانت النتائج المستهدفة تتمثل بـ (تحليل كفء للسلوك الشخصي، حل المشكلات الفردية والجماعية) فإن المنهج المعتمد للتطوير التنظيمي هو:

أ- المنهج الإنساني.

ب- المنهج التكنوهيكلي.

جـ- منهج إدارة الموارد البشرية.

د- المنهج الإستراتيجي.

٦- يستهدف المنهج المستقبلي للتطوير التنظيمي جميع الجوانب التالية ما عدا:

أ- اختزال الوقت.

ب- زيادة العائد.

جـ- عدم التصرف والانتظار لما يمكن أن يكون.

د- تحقيق فاعلية في الجهد من أجل صنع المستقبل.

٧- يسمى الأسلوب والآليات والطرق والمراحل المرتبطة بها، والتي يمكن أن تستخدم بشكل تداخلات لمساعدة ممارس أو استشاري التطوير على إحداث تغييرات إيجابية لحل المشكلات والتعامل مع الفرص للارتقاء بواقع المنظمة نحو الرقي والتميز.

أ- التطوير التنظيمي.

ب- التغيير التنظيمي.

جـ- النمو التنظيمي.

د- تقنيه التطوير التنظيمي.

٨- واحدة من الترتيبات أدناه صحيحة لظهور تقنيات التطوير التنظيمي أدناه من الأقدم إلى الأحدث في الإطار التاريخي الزمني.

أ- التدريب المختبري، بطاقة الأهداف المتوازنة، الإدارة بالأهداف، إعادة الهيكلة.

ب- التدريب المختبري، الإدارة بالأهداف، إعادة الهيكلة، بطاقة الأهداف المتوازنة.

جـ- الإدارة بالأهداف، إعادة الهيكلة، التدريب المختبري، بطاقة الأهداف المتوازنة.

د- إعادة الهيكلة، الإدارة بالأهداف، بطاقة الأهداف المتوازنة، التدريب المختبري.

٩- جميع التقنيات أدناه أكثر ارتباطاً بالعملية التخطيطية والتطوير ضمن إستراتيجية المنظمة ما عدا:

أ- وضع الأهداف.

ب- التخطيط الاستراتيجي.

جـ- تصميم المنظمة.

د- أنشطة الإدارة الإستراتيجية.

١٠- إذا كان الهدف من التطوير كبير وإن سرعة الوصول إليه تحتاج إلى وقت أطول وإن حجم وأهمية التطوير كبيرة وعالية فإن الأصلح من التقنيات أدناه هي:

أ- إدارة الجودة الشاملة.

ب- تصميم العمل.

جـ- التدريب المختبري.

د- تحليل الدور.

١١- جميع التقنيات أدناه، تعتبر تقنيات تطوير تنظيمي ثوري وجذري ما عدا:

أ- الهندرة.

ب- الإدارة على المكشوف.

جـ- بطاقة الأهداف المتوازنة.

د- تحليل الدور.

١٢- تصلح تقنيات التطوير التنظيمي أدناه لإجراء تغير وتطوير على المستوى الفردي ما عدا:

أ- نافذة جوهاري.

ب- إعادة الهيكلة.

جـ- تحليل الوظيفة.

د- تحليل الدور الفردي.

١٣- واحدة من التقنيات أدناه تمثل تقنية تطوير على المستوى الجماعي أما الأخريات فتمثل تقنيات على المستوى المنظمي.

أ- إدارة الجودة الشاملة.

ب- تحليل المحافظ الإستثمارية.

جـ- بناء الفريق.

د- تغيير الأنظمة على نطاق واسع.

١٤- تمثل تقنيات التطوير التنظيمي أدناه تقنيات تستهدف مجال الهيكل التنظيمي ما عدا:

أ- تصميم العمل.

ب- تصميم المنظمة.

جـ- إعادة الهيكلة.

د- إدارة الأزمات.

١٥- جميع الجوانب أدناه تمثل محددات استخدام وإشكالات في إطار تطبيق تقنية البحث الإجرائي ما عدا:

أ- التدريب والتعلم وزيادة المهارات.

ب- الأخطاء المحتملة في مرحلة التشخيص.

جـ- ظهور محتمل لمقاومة التغيير والتطوير.

د- التكاليف العالية لإجراء مثل هذه البحوث الميدانية.

١٦- يهدف اغناء العمل جميع الجوانب التالية ما عدا:

أ- حل مشاكل محدودة بعمق أكبر من توسيع العمل.

ب- ترقية الأداء وتقوية روابط مجاميع العمل.

جـ- منح مزيد من الرقابة والصلاحيات بالإضافة إلى توسيع المسؤوليات.

د- تطوير عمل الموارد البشرية وبالتالي المنظمة ككل.

١٧- إن الإجراءات الفعلية لتطبيق تقنية الشبكة الإدارية في التطوير التنظيمي تتكون من:

أ- ستة مراحل.

ب- خمسة مراحل.

جـ- أربعة مراحل.

د- سبعة مراحل.

١٨- هياكل التعلم المتوازية تمثل تقنية تطوير تنظيمي تعتمد:

أ- حل مشاكل جزئية على واقع العمل الفعلي.

ب- إدخال تعديلات في منظمة ملحقه تتعايش مع المنظمة الرسمية العادية.

جـ- الارتقاء بالجوانب الرسمية أثناء العمل.

د- لا تعتبر من تقنيات التطوير التنظيمي المهمة.

١٩- إن الحيود السداسية، تقنية تركز على الارتقاء بالجودة لتصل إلى.... من كل مليون وحدة منتجة:

أ- ٤,٣

ب- ٣٤

جـ- ٤٣

د- ٣,٤

٢٠- الهندرة تمثل تقنيه تعتمد:

أ- إعادة تصميم جذرية للعمليات بتغييرها وتطويرها وصولاً إلى انجاز تحسينات وتطوير متميز في الجودة والكلفة والسرعة.

ب- تغيير سطحي وشكلي في الوظائف.

جـ- طرق بسيطة تلامس فقط الجوانب الظاهرة من العمل.

د- إجراء تغييرات في الهيكل ولا يمكن أن تستخدم في جوانب ثقافة المنظمة.

مصادر الفصل الرابع

١- ابراهيم، مجدي عزيز (٢٠٠٢)، **المنهج التربوي وتحديات العصر**، دار علا للكتب، القاهرة.

٢- جيرنيبرج، جيرالد وبارون، روبرت، (٢٠٠٤)، **إدارة السلوك في المنظمات**، ترجمة رفاعي محمد وإسماعيل علي بسيوني، دار المريخ للنشر، الرياض.

٣- الدوري، زكريا وصالح، أحمد علي، (٢٠٠٩)، **الإدارة الدولية- منظور سلوكي واستراتيجي**- دار اليازوري للنشر والتوزيع، عمان.

٤- ديب، الياس، (١٩٨١)، **مناهج وأساليب في التربية والتعليم**، دار الكتاب اللبناني، بيروت.

٥- ديسلر، جاري، (٢٠٠٣)، **إدارة الموارد البشرية**، ترجمة أحمد سيد أحمد عبد المتعال، دار المريخ، الرياض.

٦- روبرت، غروس (٢٠٠١)، **إستراتيجية العولمة**، مترجم، مكتبة العبيكان، السعودية.

٧- سيزلاقي، أندرو والآس، مارك (١٩٩١)، **السلوك التنظيمي والأداء**، ترجمة جعفر أبو القاسم محمد، معهد الإدارة العامة، الرياض.

٨- العامري، صالح والغالبي، طاهر، (٢٠٠٨) **الإدارة والأعمال**، ط/٢، دار وائل للنشر، عمان.

٩- عبوي، زيد منير، (٢٠٠٦)، **إدارة التغيير والتطوير**، دار كنوز المعرفة للنشر والتوزيع، عمان.

١٠- الغالبي، طاهر محسن (١٩٩٢): التنبؤ بطريقة دلفي وتطبيقاتها الكلاسيكية والحديثة، **المجلة القومية للإدارة**، العدد (٨)، ليبيا.

١١- الغالبي، طاهر محسن (٢٠٠٩): **إدارة وإستراتيجية منظمات الأعمال المتوسطة والصغيرة**، دار وائل للنشر، عمان، الأردن.

١٢- الغالبي، طاهر محسن وصالح، أحمد علي (٢٠٠٩): "تصميم مصفوفة لتقنيات إدارة التغيير مستندة إلى سمات التنافس المعرفي"، **مجلة العلوم الاقتصادية**، العدد (٢٥) جامعة البصرة- العراق.

١٣- الغالبي، طاهر محسن وإدريس، وائل محمد صبحي (٢٠٠٧)، **دراسات في الإستراتيجية وبطاقة التقييم المتوازن**، دار زهران للنشر والتوزيع، عمان، الأردن.

١٤- الغالبي، طاهر محسن وإدريس، وائل محمد صبحي (٢٠٠٩)، **الإدارة الإستراتيجية**، منظور منهجي متكامل، طبعة ثانية، دار وائل للنشر، عمان، الأردن.

١٥- فرنش، ندل وجونير، سيسل، (٢٠٠٠)، **تطوير المنظمات: تدخلات علم السلوك لتحسين المنظمة**، ترجمة وحيد بن أحمد الهندي، معهد الإدارة العامة، الرياض.

١٦- الكبيسي ـ عامر، (٢٠٠٥)، **إدارة المعرفة وتطوير المنظمات**، المكتب الجامعي الحديث- الإسكندرية.

١٧- محمد حربي حسن (١٩٩٩)، **هندرة المنظمات تقنية المستقبل**، مركز الدراسات والاستشارات وخدمة المجتمع، الجامعة الهاشمية، الأردن.

١٨- نجم عبود نجم (٢٠٠١)، **إدارة الجودة الشاملة في عصر الإنترنت**، دار صفاء للنشر ـ والتوزيع، عمان، الأردن.

١٩- هاميل، كاري، (٢٠٠٢)، **ريادة الثورة في الأعمال**، دار العبيكان، الرياض.

٢٠- هل، شارلزو جونز، جاريت، (٢٠٠١) **الإدارة الإستراتيجية- مدخل متكامل- الجزء الأول**، ترجمة رفاعي محمد ومحمد عبد المتعال، دار المريخ للنشر، الرياض.

21- Brown, D., & Harvey, D., (2006) **An Experimental Approach to Organization Development,** 7th ed, Prentice-Hall International, New Jersey.

22- Buchanan, D., & Huczynski, A., (1997) **Organizational Behavior-an introductuetory text,** 3rd ed., Prentice Hall, London.

23- Charles, Hill and Gareth, Jones (1998): **Strategic Management, an integrated Approach",** Houghton Mifflin company.

24- Daft, R., (2001), **Organization Theory and Design,** 7th ed., Cincinnati.

25- Kotter, J., & Heskett, J., (1992), **Corporate Culture and performance,** Free Press, New- York.

26- Miles, R., (1997), **leading corporate transformation,** a blueprint for business renewal, Jossey-Bass Publishers.

27- Ringland, W., (2002), **Forecasting Metheds and Applications,** John Wiley & Sons, New York.

28- Saraph, V., Sebastian, R., (1993) Developing a quality Culture, **Quality Progress,** Vol:26, No:9, September.

Printed in the United States
By Bookmasters